Weisheit für Unweise

Das Buch

In einer Zeit, da eine polarisierende Unweisheit das Tagesgeschehen in Wirtschaft, Politik und Kultur, in Kirchen und Hochschulen, in Familien und Unternehmen bestimmt, scheint Weisheit bedeutungslos, ja hinderlich geworden zu sein. Rupert Lay, Moralphilosoph und Vordenker einer ethischen Unternehmens- und Wirtschaftspolitik, nimmt den Begriff auf neue Weise ernst. Denn nur in der Einheit von Emotionalität, Rationalität und Sozialität liegt der Schlüssel zu mehr Lebensqualität und -freude.

Der Autor

Prof. Dr. Rupert Lay, Jesuitenpater, lehrte ehemals am Lehrstuhl für Philosophie an der Hochschule St. Georgen in Frankfurt am Main. Durch Diktat seines Ordens wurde ihm die Lehrerlaubnis entzogen. Er hält weltweit Seminare für Manager und hat bereits zahlreiche Erfolgstitel bei Econ veröffentlicht.

In unserem Hause sind von Rupert Lay bereits erschienen:
Die Macht der Unmoral
Ethik für Manager
Die Ketzer
Ketzer, Dogmen, Denkverbote
Nachkirchliches Christentum
Dialektik für Manager

Rupert Lay

Weisheit für Unweise

Econ Taschenbuch Verlag

Econ Taschenbuch Verlag 2000
Der Econ Taschenbuch Verlag ist ein Unternehmen der
Econ Ullstein List Verlag GmbH & Co. KG, München

Umschlagkonzept: Büro Meyer & Schmidt, München –
Jorge Schmidt
Umschlaggestaltung: Init GmbH, Bielefeld
Titelabbildung: teutopress
Druck und Bindearbeiten: Ebner Ulm
Printed in Germany
ISBN 3-612-26742-6

Inhaltsverzeichnis

Vorwort

Da dieses Buch keinerlei wissenschaftlichen Anspruch erhebt, darf es wohl mit dem Satz beginnen: Menschliche Gesellschaften sind einem Termitenbau vergleichbar. Solch ein Bau ist ein außerordentlich komplexes System mit Wasserreservoir, Kühlrippen und Schloten für die Klimaregulierung, Räumen für die Königin und für Eier, Larven und Pilzgärten. Obschon keiner Termite bewußt ist, wie der Bau zu konstruieren ist (keine Termite kennt den Bauplan ihres Baus), gibt es dennoch ein Prinzip, welches das Volk dazu bringt, über einen Bauplan zu verfügen, den niemand kennt. *»Es wäre blind, behaupten zu wollen, daß so etwas für uns Menschen nicht auch gilt« (Werner Wolfrum)*. In der Tat wirken Strukturen sozialer Systeme und Informationen erzeugende Signale auf uns ein, die uns steuern, lenken und leiten, ohne daß wir uns dessen bewußt sind – ohne auch nur etwas davon ahnen. Was aber ist das, was uns Menschen dazu bringt, »Bauten« (etwa in Form sozialer Systeme) zu entwickeln, die wir nicht verstehen, nicht beherrschen, vielleicht nicht einmal wollen? Offenbar gibt es ein Prinzip, das unsere Rationalität übersteigt – ihr wesentlich unzugänglich ist –, weil es eben, menschlich gesehen, transrational ist. Es gab da einen Menschen, in dem sich das Göttliche verweltlichte, Jesus von Nazaret, der über Zusammenhänge wußte, die unserer Rationalität unendlich überlegen sind, der das Transrationale vermittelte: sei es die transrationale Wahrheit oder die ebenfalls transrationale Liebe.[1] *»Ratio-*

---

1 Es soll hier nicht ausgeschlossen werden, daß sich das Göttliche auch in anderen verweltlichte oder verweltlichen kann. Für mich ist dieser Jesus von Nazaret, den ich in meinem Buch »Nachkirchliches Christentum« (Econ 1996) nachzuempfinden versucht habe, die Inkarnation der Weisheit. Und dieses Buch kann durchaus als Fortsetzung des genannten gelesen werden, wennschon der Jesusname nicht mehr auftauchen wird.

nal und logisch gesehen, muß man sich wirklich wundern, was dieser Mensch vor 2000 Jahren schon wußte. Emotional gesehen, fühle ich mich momentan wie eine kleine Termite, der es vergönnt war, einen kurzen Blick auf die Blaupausen und Konstruktionszeichnungen ihres Baus zu werfen« (W. Wolfrum).
Weisheit bedeutet, etwas von dem Bauplan zu erahnen, der uns Menschen Lebenssinn gibt, der unsere Beziehungen im Zusammen und Auseinander steuert und lenkt, der uns zu dem werden läßt, zu dem wir geworden sind. Weisheit liegt jenseits aller Rationalität, ohne aber sich in den Untiefen der Emotionalität zu verlieren. Sie gründet an der Stelle menschlichen Personseins, an der Emotionalität, Sozialität und Rationalität noch in einem sind. Weisheit ist niemals etwas, das wir besitzen oder nicht, sondern etwas, dem wir dienen oder nicht. *Antoine de Saint-Exupéry* schreibt in seinem Kleinen Prinzen: *»Man sieht nur mit dem Herzen gut. Das Wesentliche ist für die Augen unsichtbar.«* Weisheit will mit dem Herzen gesehen werden, wennschon nicht alles mit dem Herzen Gesehene weise ist.
Im folgenden wollen wir denn über Weisheit[2] handeln. Das Unterfangen ist deshalb fragwürdig,[3] weil Weisheit an einer Stelle siedelt, an der unsere Rationalität mit Emotionalität und Sozialität noch eine Einheit bildet. Ein Buch kann jedoch nur die rationale Außenseite der Weisheit beschreiben, ihre Bedingungen, ihre Möglichkeiten aufzuzeigen versuchen. Dem Leser ist damit eine Aufgabe gestellt, die *J. W. von Goethe* für das »Verstehen eines Kunstwerkes« einfordert:

---

2 Gelegentlich werden wir Menschen Weisheit zu- oder absprechen, obschon Weisheit immer nur im menschlichen Dazwischen, in Interaktionen spielt. »Weisheit« meint, auf Personen angewandt, also durch die besondere Ausbildung von Fähigkeiten in Interaktionen weise mit anderen umzugehen, mehr noch: Weisheit im Umgang mit anderen geschehen lassen.

3 Platon schreibt einmal in seinem berühmten »7. Brief«, in dem er über die Philosophie als »Liebe zur Weisheit« handelt: »... es gibt auch von mir keine Schrift und kann auch niemals eine geben, denn sie läßt sich keineswegs in Worte fassen wie andere Lerngegenstände, sondern aus häufiger gemeinsamer Bemühung um die Sache selbst und aus dem gemeinschaftlichen Leben entsteht sie plötzlich – wie ein Feuer, das von einem übergesprungenen Funken entfacht wurde – in der Seele und nährt sich dann schon aus sich heraus« (WA 341 cf).

Den Inhalt erkennt wohl gar leicht ein Jeder.
Den Gehalt nur der, der etwas von sich dazuzugeben hat.
Und die Form bleibt ein Geheimnis den Meisten.

Das »Verstehen eines Kunstwerks« gelingt ebenfalls nur dann, wenn es an einer Stelle wahrgenommen wurde, an der Emotionalität und Sozialität und Rationalität noch nicht gedrittelt wurden oder wieder zu einer Einheit zusammenfanden. Und so können wir schon eine Bestimmung der Unweisheit ausmachen. Sie gilt immer dann, wie noch gezeigt werden wird, wenn einer dieser Aspekte menschlichen Wahrnehmens abgespalten, desintegriert[4] wurde.

Über Weisheit zu handeln scheint in einer Zeit, in der die Menschen anscheinend andere Sorgen haben, wie das Ausschütteln eines vergessenen Staubwedels zu sein. Und dennoch ist Weisheit eng verbunden mit menschlichem Miteinander-Umgehen. In einer Zeit, in der die polarisierende Unweisheit das Tagesgeschehen in Wirtschaft, Politik, Kultur, in Kirchen und Hochschulen, in Familien und Unternehmen bestimmt, in einer Welt, in der es gilt, mit einem Minimum an Aufwand ein selbst- oder fremdgestecktes Ziel zu erreichen, scheint Weisheit bedeutungslos, ja hinderlich geworden zu sein.

Vor uns steht die Welt des Cyberspace, das unbegrenzt Fachwissen bereitstellt und Lebenswissen, die der Weisheit zugrunde liegende Form des Wissens,[5] zu ersticken droht. Gelingt es uns

---

4 Wir sprechen dann von Desintegration, wenn Menschen einen oder mehrere der aus der menschlichen Mitte kommenden und in ihr wurzelnden Faktoren Emotionalität, Sozialität und Rationalität abgespalten haben. Solche Abspaltungen sind nahezu unvermeidbar, wenn ein Mensch situational oder ständig mit sich nicht versöhnt ist. Die Integration, selbst wenn sie suboptimal orientiert ist, kann empirisch ausgemacht werden an der Authentizität eines Menschen.

5 Lebenswissen dürfte hirnphysiologisch von einer Zusammenarbeit der Neocortexregionen, die Episodisches und Faktenwissen speichern, erklärt werden können. Episodisches Wissen betrifft in aller Regel emotional besetzte Erinnerungen an Ereignisse der eigenen Lebensgeschichte. Es ist schwerpunktmäßig (bei Rechtshändern) auf der rechten Hemisphäre beheimatet. Faktenwissen enthält Sach- und Erfahrungswissen. Es dürfte vorwiegend auf der linken Hemisphäre abgelegt worden sein. Wird Lebenswissen akti-

nicht, dieses Lebenswisssen zu kultivieren, gehen wir einer vermutlich unmenschlichen Welt entgegen. Lebenswissen ist sehr wohl von allen anderen Formen menschlichen Wissens (Sachwissen, Erfahrungswissen, Gewohnheitswissen) zu unterscheiden. Man besitzt es nicht, sondern es geschieht. Es geschieht immer dann, wenn Menschen so miteinander umgehen, daß sich in ihnen, mit ihnen und zwischen ihnen Menschlichkeit entfaltet. Doch ehe wir das Thema Weisheit weiter behandeln, scheint es nötig zu sein, einige Gedanken voranzustellen, die uns den Zugang zum Thema »Weisheit« erleichtern werden.

---

viert oder abgerufen, werden beide Hemisphären komplementär aktiv. Im PET (Positronen-Emissions-Tomographen) gewittert es dann über nahezu alle Areale des Neocortex.

1. Kapitel
Gedanken im vorhinein

In diesen »Gedanken im vorhinein« seien einige Inhalte vermittelt, die für eine Abhandlung zum Thema »Weisheit« nicht übersehen werden sollten:

- *Sokrates* und *Platon* über Weisheit,
- Über Konstruktivismus,
- Über Biophilie,
- Über Selbsterkenntnis,
- Über die Macht der Sprache,
- Über soziale Kompetenz.

1. Sokrates und Platon über Weisheit

Platon läßt in seiner »Apologie des Sokrates« diesen über seinen Ankläger sagen: »*Verglichen mit diesem Menschen bin ich doch weiser. Wahrscheinlich weiß ja keiner von uns beiden etwas Rechtes; aber der glaubt etwas zu wissen, obwohl er es nicht weiß; ich dagegen weiß zwar auch nichts, glaube aber auch nicht, etwas zu wissen. Um diesen kleinen Unterschied bin ich also offenbar weiser, daß ich eben das, was ich nicht weiß, auch nicht zu wissen vermeine.*«[6]
Was aber machte schon *Platon* aus diesem Wissen um Weisheit? Er machte aus dem Philosophen, der wie *Sokrates* nach Wahrheit sucht, wohl wissend, daß er sie nie erreiche, einen Menschen, der

---

6 Apologie 21 CD (ed. Zürich 1974, II, 217); Sokrates bezieht sich hier auf eine Antwort der Pythia (des Delphischen Orakels), das dem Chairephon, einem Freund des Sokrates von Jugend an, auf die Frage, ob jemand weiser sei als Sokrates, antwortete, daß niemand weiser sei (ibd. 21A; 216).

Wahrheit besitzt (genauer: zu besitzen meint). Jener pervertierte Philosoph – und insoweit ist *Platon* dazuzurechnen – ist als Seher der ewigen göttlichen Ordnung (der »Ideen«[7]) bestimmt, die Geschicke der Menschen und des Staates zu lenken. Und so schreibt er den erschreckenden Satz: *»Wenn nicht entweder die Philosophen Könige werden in den Städten, oder die, die man heute Könige und Machthaber nennt, echte und gründliche Philosophen werden, und wenn dies nicht in eines zusammenfällt: die Macht in der Stadt und die Philosophie, und all die vielen Naturen, die heute ausschließlich nach dem einen oder anderen streben,* gewaltsam *davon ausgeschlossen werden, so wird es mit dem Elend kein Ende haben, nicht für die Städte und auch nicht, meine ich, für das menschliche Geschlecht«.*[8] »Das Wissen der Weisen um die ewige Wahrheit muß den Unwissenden vermittelt werden – wenn nötig auch gegen deren Willen. Das berechtigt den Philosophen-König, auch Unwahrheiten in den Dienst der Wahrheit zu stellen. Jede individuelle Auslegung der Wahrheit muß unterdrückt werden... Eine Rasse von Menschen muß herangezüchtet werden, die vorbehaltlos hinter dem Führer, dem Philosophenkönig steht.«[9] In den »Gesetzen« treten an die Stelle

---

7 Platon erläutert sein Verstehen von »Idee« u. a. so: Der Philosoph erkennt »das Schöne« (als Idee) »als auch alles das, was an ihm teilhat« (Der Staat, V, 20; 476 d; 299), und somit verfügt er über Wissen, während der, der nur die schönen Dinge erkennt, im Meinen befangen bleibt. Das Wissen ist ein psychisches kognitives unfehlbares Vermögen, das Meinen jedoch hat nur die Funktion, Meinungen zu bilden (ibd., V, 21; 477 e–478 a; 302). »Und auch ein Schönes selbst und ein Gutes selbst gebe es; und setzen wir bei allem, was wir vorhin als Vieles gesetzt haben, auch wiederum eine einzige Idee von jeglichem an, da sie einheitlich ist, und sprechen jegliches als das an, was es ist. Und von dem ersten sagen wir, es sei sichtbar, aber nicht einsehbar; während die Ideen eingesehen, aber nicht gesehen werden« (ibd., VI, 18; 507 b; 344 f.). Der Philosoph weiß also, der Nicht-Philosoph meint nur zu wissen, bildet sich Meinungen. Wer aber weiß, darf sein Wissen gegen Widerstand gewaltsam gegen Meinungen durchsetzen. Das soll aber nicht heißen, daß Platon sich in der Definition eines Philosophen stets treu bleibt. So bestimmt er: »Wer aber mit Freuden von jedem Wissensgebiet genießt, sich gern ans Lernen macht und darin unersättlich ist, den werden wir mit Recht einen Philosophen nennen« (ibd., V, 19; 475 d; 297).

8 Ibd., V, 18; 473 d; IV, 294.

9 Paul Watzlawick, Vom Schlechten des Guten, 1994, 108. Platon möchte hier Institutionen eingerichtet sehen, die der Inquisition der katholischen Kirche

des Philosophenkönigs die »Wächter des Staates«. Auch die Wächter müssen in der Lage sein, ihren *»Blick von dem Vielen und dem Ungleichen weg auf eine Idee zu richten«*[10]. Und sie sind Wächter über unerbittliche Gesetze. Gesetze sind zwar nur vonnöten für Menschen, *»die von so robuster Natur sind, daß man sie nicht weich kriegen kann und daß dann solche Leute, wie gewisse Samenkörner auf dem Feuer, durch unsere Gesetze, so streng diese auch sein mögen, nicht mürbe zu kriegen sind«.*[11] Gegen solche ist in der Regel die Todesstrafe zu verhängen. Richter über Leben und Tod sollen die Wächter sein. Die Liste aber der todeswürdigen Verbrechen ist lang.

Paul Watzlawick rechnet die Lösung des *Platon*, dessen Ziel die Bildung einer glücklichen Menschheit ist, zu den »Patentlösungen« (zu den Lösungen also, die eine Patentlösung mit einer Endlösung verbinden). Er verweist auf einen Irrtum, dem nicht nur *Platon*, sondern nach ihm zahlreiche Menschen erlegen sind: *»Wenn etwas schlecht ist, muß das Gegenteil gut sein.«*[12] Dieses dualistische Denken, nachdem etwas entweder gut oder böse, wahr oder falsch, sinnvoll oder sinnlos sei, mag von *Mani* (216 bis 276) und dem von ihm begründeten Manichäismus in die später christlich gewordene Welt gekommen sein. Daß die meisten Ereignisse, Handlungen, Aussagen, Meinungen im Dazwischen spielen, scheint auch den modernen Manichäern, die sich in allen menschlichen Lebensbereichen in großer Zahl tummeln, nicht bewußt zu sein.

2. Über Konstruktivismus und Weisheit

Weisheit setzt eine meist implizit zugrunde gelegte Theorie unseres Erkennens von uns selbst, von anderen Menschen, von sozialen Beziehungen und anderen Sachverhalten, die in Welt sind

---

und den Konzentrationslagern der Nazis zum Verwechseln ähneln. Vgl. dazu auch Karl R. Popper, Die offene Gesellschaft und ihre Feinde I (Der Zauber Platons), Bern, 1984.

10 Die Gesetze, XII, 12; 965 C, ed. Zürich 1974, VII, 543.

11 Ibd., IX, 1; 853 D; 358.

12 a. a. O., 31.

oder geschehen, voraus. Ein weiser Mensch weiß, daß alles, was wir in seinem Sosein erkennen, von unserem Erkenntnisvermögen konstruiert wurde, und er verfügt über ein so hohes Maß an Selbsterkenntnis, daß das Konstrukt, was er sich von sich selbst macht, ziemlich nahe an dem ist, was er unabhängig von allem eigenen Erkennen »an sich« ist.
Seit alle rekonstruktivistischen Erkenntnistheorien (nach denen unser Erkenntnissystem ein Abbild vom erkannten Sachverhalt rekonstruiert) empirisch widerlegt wurden, bleibt uns nur eine konstruktivistische. Die wichtigsten Thesen einer solchen Theorie sind:

- Wir erkennen im allgemeinen zutreffend das Da von unmittelbar sinnlich wahrgenommenen Sachverhalten. Nicht unmittelbar sinnlich wahrgenommene Sachverhalte wie Werteinstellungen, Erwartungen, Interessen, Bedürfnisse unseres Interaktionspartners zu erkennen erfordert eine eigene, innerhalb bestimmter Grenzen zu entwickelnde Kompetenz ein, die interpersonale Intelligenz.[13]
- Das So eines Sachverhalts wird von unserem Erkenntnissystem selbst nach eigenen Regeln konstruiert. Diese Regeln sind zum Teil angeboren, werden aber vor allem in der Zeit der Ausbildung des Erkenntnissystems (d.h. vor allem im ersten Lebensjahr) entwickelt. Das gilt vor allem für das Selbstbild,[14] das Bild von Welt, das Bild von sozialen Beziehungen. Auf Grund dieser philogenetischen und ontogenetischen Vorgaben kommt es bei der Konstruktion des So zu einer »Konfusion« des kognitiven Systems (als einer Art »Subjekt«) und Erkennt-

---

13 Vgl. dazu Daniel Golemann, Emotionale Intelligenz, München 1996, 60 und passim. Howald Gardner definiert: »Interpersonale Intelligenz ist die Fähigkeit, andere Menschen zu verstehen, was sie motiviert, wie sie arbeiten, wie man kooperativ mit ihnen zusammen arbeiten kann ... Interpersonale Intelligenz ... ist die entsprechende, nach innen gerichtete Fähigkeit. Sie besteht darin, ein zutreffendes, wahrheitsgemäßes Modell von sich selbst (wir sprechen hier von ›Selbstkonstrukt‹) zu bilden und mit Hilfe dieses Modells erfolgreich im Leben aufzutreten.«

14 Man kann anstelle von Konstrukt auch Bild sagen, wenn ausdrücklich ausgeschlossen ist, daß es sich dabei um ein Abbild handelt.

nisobjekts, so daß die Diffenzierungen und Änderungen innerhalb des Objekts innerhalb bestimmter von Mensch zu Mensch wechselnder Toleranzen zu Differenzierungen und Änderungen des Subjekts führen.[15]

- Wir gehen hier – im Gegensatz zur naturwissenschaftlichen konstruktivistischen Kognitionstheorie, die sich mit dem Wie des Erkennens beschäftigt – in einer konstruktivistischen Erkenntnistheorie davon aus, daß wir zutreffend das So der Sachverhalte, wie sie vom eigenen Erkenntnissystem gebildet werden, zutreffend (in einer Art Metaerkenntnis) wahrnehmen. Dazu bilden wir das Konstrukt eines »Inneren Beobachters«, der über die genannte Fähigkeit verfügt. Dieses ist also das einzige So, das wir zutreffend wahrnehmen können. Alles andere Wahrgenommene wird durch einen »Äußeren Beobachter« nur von außen wahrgenommen. Das Innen des Wahrgenommenen wird von uns hinzugefügt (etwa im Wahrnehmen der Werteinstellungen, Erwartungen, Interessen und Bedürfnisse einer anderen Person).
- Ein dritter, der »Verstehende Beobachter«, fragt den Inneren Beobachter, was in ihm vorgehen müsse, damit er die Meldungen des Äußeren Beobachters interpretieren könne, im Bereich der Werteinstellung, Erwartung, des Bedürfnisses und Interesses.
- Für die Feststellung der Realitätsdichte des Konstrukts kennen wir nur zwei Kriterien: (1) Der dem Konstrukt zugrunde liegende Sachverhalt verhält sich erwartungsgemäß (leistete also keinen unerwarteten sozialen, emotionalen, rationalen, physischen Widerstand. (2) Die Interaktionen führen zu einer Mehrung an Biophilie.

15 »Dies schließt eine abbildtheoretische Reduktion des Subjekts auf das Objekt ebenso aus wie eine rein idealistische Reduktion des Objekts auf das Subjekt, sondern impliziert eine ökologische Betrachtungsweise, die infolge der Differenzierungspotentiale der Relationsbeziehungen über eine genetische und evolutionäre Perspektive verfügt.« (Georg W. Oesterdiekhoff, Kulturelle Bedingungen kognitiver Entwicklung, Frankfurt 1997, 11).

3. Über Biophilie

»Biophilie« bezeichnet wörtlich die »Liebe zum Leben«[16]. Als praktische oder ethische Maxime fordert sie: *»Handle und entscheide dich stets so, daß du durch dein Handeln und Entscheiden eigenes und fremdes personales Leben eher mehrst als minderst.«* Gemeint sind hier alle Dimensionen des personalen Lebens, das emotionale wie das soziale, das intellektuelle wie das handwerklich-praktische, das sittliche wie das religiöse, das kreative wie das bewahrende Leben. Die diesem Buch zugrunde liegende Ethik sieht in der Biophilie das höchste sittliche Gut. Während alle moralischen Normen spezifisch auf den Erhalt sozialer Systeme ausgerichtet sind, transzendiert die höchste sittliche Norm alle sozialen Systeme. Die klassische »europäische Moral« mit ihren Normen und Werten,[17] weitgehend vom Chri-

16 Der Terminus »Leben« ist außerordentlich schwer zu definieren. In jedem Fall ist Leben stets mit einer Form der Dynamik verbunden, die dem Nicht-Belebten fremd ist. Zugegeben sei, daß der »Wert des Lebens«, wie dieses Wort sich in der europäischen Tradition ausgebildet hat, nicht philosophisch, sondern nur theologisch zu rechtfertigen ist. Mit dem Fortfall der theologischen Begründung »blieben ihm nur, aber immerhin, der Wert und die Würde, die wir ihm zu geben fähig, bereit und willens sind« (Tilman Borsche, Leben des Begriffs nach Hegel und Nietzsches Begriff des Lebens, in: Josef Simon, Orientierung in Zeichen, Frankfurt 1997, 266).

17 »Wert« bezeichnet Vorstellungen über das Wünschbare, die sich in sozio-kulturellen Entwicklungsprozessen herausbildeten und von einer Mehrheit der Menschen in diesen sozio-kulturellen Systemen internalisiert und damit geteilt werden. Sie sind allgemeine Orientierungsmaßstäbe bei der Wahl zwischen Handlungsalternativen. Sie stabilisieren damit auch das sozio-kulturelle System, und dieses als stabilisiertes wie stabilisierendes gibt sozialen Halt und Sicherheit. Unter den Werten nehmen die moralischen eine besondere Rolle ein: Sie sind Metawerte, die dafür sorgen, daß etwa politische, kulturelle, ökonomische, soziale und private Werte im Sinne einer Definition von Sozialverträglichkeit eines Handelns oder Entscheidens, die durch das System selbst festgestellt werden, praktisch gemacht werden. Mitunter wird nicht bedacht, daß soziale Systeme, gleich welcher Art, von einer von dem Menschen in diesen Systemen nicht steuerbaren Eigendynamik gelenkt werden, die sie – wie alle chaotischen Systeme – früher oder später in die Nähe eines Bifurkationspunktes bringt, in der die standardisierten moralischen Werte kollabieren und kein Wertekonsens mehr die Sozialverträglichkeit etwa des politischen oder ökonomischen Verhaltens sichert. Da solche Situationen viele Jahrzehnte andauern können, müssen

stentum geprägt, ging an eigenem Versagen zugrunde.Sie war nicht mehr in der Lage, Probleme wie Überbevölkerung, Kontrolle des technischen Fortschritts, sozialverträgliches Verhalten sozialer Systeme (wie Staaten, Parteien, Gewerkschaften, Unternehmen, Kirchen...), nachhaltige Bewahrung der Umwelt vor irreparablen Schäden zu sichern. Aber nicht nur ihr Versagen vor den wichtigsten Fragen, vor die sich heute die Menschheit gestellt sieht, führten zu ihrem Enden, sondern auch autodynamische gesellschaftliche Prozesse, nach denen Menschen sich von heteronomen Steuerungen zu befreien versuchten und ihr Leben möglichst eigengesteuert und eigenverantwortet (autonom) zu leben wünschten. Sozialunverträgliches Verhalten wird jetzt nur deshalb vermieden, weil es mit sozialen Strafen (wie Entzug von Anerkennung, von Zuwendung, von Geborgenheit, von Einbezogensein in Informationsströme) verbunden ist. Da alle Moralsysteme die Aufgabe haben, Sozialverträglichkeit bei der Realisierung anderer Werte (ökonomischer, kultureller, politischer, sozialer und privater) zu sichern, bedeutet ihr Absterben, daß sich diese Werte sozialunverträglich zu realisieren begannen. An Stelle der moralischen Werte treten Werteinstellungen, die Sozialverträglichkeit des Handelns und Entscheidens sichern (können). Orientieren sich solche Werteinstellungen an ethischen Vorgaben, wie etwa der Biophilie, spricht man von einer sittlichen Lebensorientierung oder auch von einer sittlichen Moral. Dabei ist jedoch zu beachten, daß eine solche sittliche Moral der Generalisierungsmaxime *Immanuel Kants* gehorchen können muß: *»Handle so, daß die Maxime deines Willens jederzeit zugleich als Prinzip einer allgemeinen Gesetzgebung gelten könnte!«*[18] Diesem Generalisierungpostulat gehorcht die Biophiliemaxime ohne Einschränkung.

Andererseits gilt es jedoch auch zu bedenken, daß, obzwar soziale Systeme niemals aus sich heraus biophile Ziele haben, dennoch ihr Bestand mittelbar biophil sein kann, insoweit sie es Men-

---

an die Stelle der generalisierten Werte individuelle Werteinstellungen treten. Wenn dieses verantwortet übernommen wurde, sprechen wir von Sittlichkeit.

18 KPV § 7; A A V, 30.

schen erlauben, ihr Leben gemäß der Biophiliemaxime zu gestalten. Nun kann es durchaus Situationen geben, in denen diese mittelbare systemische Biophilie konkurriert mit einer unmittelbar personalen. Evident kann eine solche Situation etwa bei der Entlassung eines Mitarbeiters gegeben sein. In solchen Konkurrenzfällen muß dann das sittlich geschulte Gewissen entscheiden, was hier zu tun ist. Es hat die Aufgabe, gleichsam eine »Biophiliebilanz« zu erstellen und dann zu beurteilen, ob ein möglicher systemischer Schaden, der bei Nicht-Entlassung des Mitarbeiters entsteht, deutlich größer ist als der personale Schaden, der bei der Entlassung des Mitarbeiters eintritt. Wird diese Entscheidung von einer Person getroffen, deren Gewissen nicht sittlich gebildet ist, ist davon auszugehen, daß eine Entlassungsentscheidung nekrophil (= lebensmindernd) ist.

4. Über Selbsterkenntnis

Das *»Erkenne dich selbst«*, galt den Griechen als höchstes philosophisches und religiöses Ziel allen menschlichen Mühens, so daß sie das *»gnothi seauton«* in großen Lettern über ihrem wichtigsten Heiligtum, dem Apollontempel zu Delphi, eingruben. Die Antwort des delphischen Orakels über den weisesten aller Menschen mag uns ahnen lassen, was Selbsterkenntnis bedeutet. Sie beginnt mit dem Erkennen des eigenen Nicht-Wissens, was im Horizont einer konstruktivistischen Erkenntnistheorie nahezu trivial erscheint. Da wir Menschen aber dazu neigen, Sachverhalte, darunter auch uns selbst, in ihrem Sosein zutreffend wahrzunehmen (= »als wahr zu nehmen«), wird Selbsterkenntnis ein lebenslanger Prozeß sein, der seine Realitätsdichte stets an der Biophilie seines Wirkens mißt. Das Umgehen mit sich selbst und anderen in durch Biophilie gesicherter Realitätsdichte ist sicher eine Voraussetzung der Weisheit, ist doch nur biophile Weisheit oder weise Biophilie ein Ausweis von gelungenem Lebenswissen.
Wie entsteht das früheste Selbstkonstrukt? Schon in den ersten Lebenswochen erkennt ein Kind, daß es etwas gibt, das es nicht selbst ist. Es grenzt sich aus vom anderen, von Nicht-Selbst. Damit wird es sich selbst nicht nur zum Subjekt, sondern auch

zum Objekt.[19] Wie und mit welchen emotionalen Besetzungen (Angst, Liebe, Freude) diese Abgrenzung geschieht, ist für die weitere Entwicklung des Selbstkonstrukts von entscheidender Bedeutung. Vermutlich werden also in dieser Aus- und Abgrenzungsphase wichtige Voraussetzungen geschaffen, die für die Entfaltung der Weisheit von entscheidender Bedeutung sind. Ist die Trennung mit negativen Emotionen (wie Angst) besetzt gewesen, wird sich kaum ein Mensch entwickeln, dem weise Biophilie, hilfreiches Lebenswissen zu Verfügung steht. Die Trennung von Selbst und Nicht-Selbst, die durch die Brücke der Sprachlichkeit überwunden werden soll/kann, wird sprachliches Miteinander-Umgehen nicht selten weitgehend bestimmen. Und so gilt es jetzt, die Macht der Sprache, die dem Selbst zur Verfügung steht, genauer zu bedenken.

5. Über die biophile und nekrophile Macht der Sprache

Ein weiser Mensch unterscheidet sich vom unweisen auch darin, daß er über die Macht seiner Worte informiert ist. Sein Lebenswissen sagt ihm, daß Worte:

- einen Menschen größer oder kleiner machen können,
- einen Menschen aufbauen oder zerstören können,
- menschliches Leben entfalten oder mindern können,

---

19 W. James und G. H. Mead unterscheiden sozialpsychologisch am Selbst einen Subjektaspekt (»Ich«) und einen Objektaspekt (»Mich«). Dieser Objektaspekt wurde in der Folge immer stärker betont und reicht vom Körperfühlen (materielles Selbst) über soziale Stellung und Rolle (soziales Selbst) bis hin zu Werteinstellungen und Weltanschauungen (geistiges Selbst). Der konstruktivistische Ansatz wird eine solche Aufspaltung vermeiden. Das reale Selbst in seinem Sosein ist uns prinzipiell unerkenntlich. Wir wissen nur Sicheres über unser Da. Das So erfahren und erschließen wir aus den Reaktionen unserer personalen Umwelt auf unsere Interaktionsangebote und aus den Interaktionsangeboten, die wir den Konstrukten, die wir uns von anderen Menschen bildeten, machen. Richtig ist also, daß wir uns nahezu ausschließlich in der Selbsterkenntnis um den Objektaspekt, wie er sich in der Frage »Wer bin ich?« vorstellt, bemühen.

- Menschen dem physischen, psychischen oder sozialen Tod ausliefern oder ihn davor retten können.

Über solche Funktionen der Sprache soll hier gehandelt werden, weil sie im Vorfeld der Weisheit ebenso spielen wie in ihrer Verwirklichung. Doch zunächst gilt es, einige Vorfragen zu behandeln. Sprache geschieht immer im Horizont des Erkennens (von Worten, von Personen, von Beziehungen, von Intentionen, Interessen, Erwartungen...). Sprache setzt also, wenn sie verantwortet verwaltet werden soll, eine Theorie unseres Erkennens voraus, da sie implizite und in aller Regel unbewußt unsere Erkenntnis steuert. Wir haben aufzuzeigen versucht, daß nur eine konstruktivistische in der Lage ist, mit Sprache, da sie sich immer an ein Du-Konstrukt (oder Wir-Konstrukt) wendet, verantwortet umzugehen.

(a) Sprache kann einen Menschen größer oder kleiner machen.

Mitunter wird fälschlich vermutet, daß Lob oder Tadel Menschen größer oder kleiner macht. Diese Vermutung gilt allenfalls für Kinder und manche noch ich-schwache[20] Jugendliche. Tatsächlich verbirgt sich hinter Loben und Tadeln die Ausübung von Dominanz (die des Richters). Menschen werden größer, wenn man folgendes deutlich macht:

- Man anerkennt nicht nur ihre Leistungen, sondern auch sie selbst,
- man erkennt und akzeptiert die Grenzen ihrer Konflikt- und

20 Ich-schwach ist ein Mensch, der seine Selbstdefinition vorwiegend oder gar ausschließlich von der Beurteilung und der Wertung seines Handelns, seines Charakters, seiner Kompetenzen... vom Urteil anderer abhängig macht und so in der Gefahr schwebt, ein Leben aus zweiter Hand zu leben, um von den anderen ein Konstrukt zurückgespiegelt zu erhalten, das seinem Selbst-Ideal möglichst nahekommt. Ich-stark dagegen ist ein Mensch, der sich das Urteil über seine Handlungen und Entscheidungen, seine Erfolge und Mißerfolge, seine Fähigkeiten und deren Grenzen realitätsdicht sich selbst vorbehält und somit *sein* Leben lebt. Die realitätsdichte Lebensorganisation ist an zwei Kriterien auszumachen: Es erfolgt 1. kein emotionaler, sozialer, physischer Widerstand, und 2. der Handlungsausgang ist biophil.

Toleranzfähigkeit (das schließt vor allem die Fähigkeit ein, die fremde Meinung – unter Ceteris-paribus-Bedingungen vergleichbaren materialen Wissens – als der eigenen so lange für gleichberechtigt zu halten, als sie nicht nachweislich zu sozialunverträglichem Handeln führt),

- man berücksichtigt die dominanten Steuerungen,[21] denen sie im Verhalten einem anderen gegenüber unterworfen sind,
- man versucht, das Verhalten, die Meinungen, Einstellungen, Ansichten des anderen aus dem Horizont dessen Werteinstellungen, Erwartungen, Interessen und Bedürfnisse im Rahmen der konstruktivistisch gezogenen Grenzen zu verstehen, indem man sich ein Konstrukt (oder ein »Modell«[22]) des anderen

---

21 Wir unterscheiden verschiedene elementare Steuerungen, die das Sozialverhalten von Menschen regulieren. Dominant nennen wir solche Steuerungen, weil in aller Regel mehrere eine Rolle spielen, die dominante aber unter allen Umständen beachtet werden muß. Die wichtigsten Steuerungsstrukturen sind:
- das Es (Ehrgeiz, Rechthaberei, Sieg- und andere Zwänge),
- das Über-Ich (moralisches Gewissen und Selbstideal),
- Außensteuerungen (von privat oder beruflich nahestehenden Personen).

Diese Steuerungen sind heteronom. Autonom sind die folgenden Ich-Steuerungen, denen gemeinsam ist, daß sie über mehr oder minder bewußte und/oder verantwortete handlungsleitende Werte (hdl. Werte) das Handeln und Verhalten regulieren. Hierher gehören vor allem:
- inkonsistente hdl. Werte (in wichtigen Entscheidungssituationen hängt es weitgehend von durch physische, psychische und/oder soziale Konstellationen hervorgerufenen Zufällen ab, wie eine Entscheidung ausfällt),
- desorientierte hdl. Werte (meistens werden Werte des moralischen Gewissens – wie Wahrhaftigkeit oder Gerechtigkeit – absolut gesetzt – unabhängig von der Orientierung an eigenpsychischen oder sozialen Vorgaben, etwa das Michael-Kohlhaas-Syndrom,
- orientierte hdl. Wertorientierungen (an einer nicht-nekrophilen sozialen Umwelt und nicht-nekrophilen eigenpsychischen Vorgaben). Der Sachverhalt der Orientierung der hdl. Werte ist an einer ausgeprägten Konfliktfähigkeit empirisch auszumachen. Die ich-orientierte Persönlichkeit (psychologische Kategorie) ist im übrigen identisch mit der sittlichen Persönlichkeit (ethische Kategorie).

22 Manche Konstruktivisten bevorzugen das Wort »Modell«. Es ist der Erklärungstyp der Handlungswissenschaften. Durch weitgehende Reduktion von Beziehungen und Eigenschaften machen wir uns von sozialen Sachverhalten (etwa einer anderen Person, mit der wir interagieren, aber auch über die Interaktion selbst) durch Reduktion ein Bild, bei dem wir niemals sicher

anfertigt. Zudem macht man das auch deutlich, indem die den anderen Meinungen ... zugrunde liegenden Werteinstellungen, Erwartungen, Bedürfnisse und Interessen mit eigenen als gleichberechtigt angesehen werden, solange sie nicht zu sozialunverträglichem Verhalten führen.[23] Die fremde Meinung, insofern wir sie verstehen, muß – konstruktivistisch – eine solche sein, zu deren Bildung wir im Prinzip selbst fähig sein könnten.

(b) Sprache kann einen Menschen aufbauen oder zerstören.

Die destruktive Kraft der Sprache dürfte eine der ersten Erfindungen gewesen sein, die der über Sprache verfügende Mensch (irgendwann im Neolithikum) machte. Der Mißbrauch einer beherrschten Technik ist nun einmal eine der fatalen Möglichkeiten des Wesens, das sich selbst in seiner unübertrefflichen Arroganz den Namen *Homo sapiens sapiens* gegeben hat. Welches sind die wichtigsten Instrumente, mit denen man Menschen zerstören kann:

- Die Verleumdung. Über andere Menschen schlecht gegenüber Dritten zu sprechen scheint eine der Lieblingsbeschäftigungen mancher menschlicher Exemplare zu sein. In ihrer unbegreiflichen Dummheit oder Bosheit wissen sie nicht, daß lediglich ihr Konstrukt,[24] das ihre Großhirnrinde von anderen Menschen

---

sein können, daß es mit dem realen Sachverhalt zureichend übereinstimmt. Erst gelingende Rekursionen lassen uns zu Recht solche Übereinstimmung vermuten.

23 Das schließt nicht das selbstverständliche Recht (vielleicht gar die Pflicht) aus, die eigenen Meinungen ... als denen des anderen für wertiger zu halten, denn schließlich muß man an ihnen sein eigenes Leben orientieren.

24 Es ist eine empirisch gut begründete These der Erkenntnistheorie, daß das Sosein der Dinge von unserem Erkenntnissystem nach autonomen, selbstreferentiellen Regeln dieses Systems erzeugt wird. Dabei werden zwar Signale, die unsere Sinnesorgane dem kognitiven System melden, nachdem sie im limbischen System mit Emotionen besetzt wurden, mitverarbeitet – jedoch nach den eigenen inhaltlichen und formalen Vorgaben des Systems selbst (und nicht etwa orientiert an dem realen Sosein der erkannten Sachverhalte).

auf Grund eigenen Potentials schuf, Gegenstand ihrer abwertenden Ansichten, Bemerkungen, Abhandlungen ist. Sie identifizieren das von ihnen konstruierte Bild eines Menschen mit diesem selbst. Daß sie damit sehr viel mehr über sich selbst aussagen als über den anderen Menschen, sprechen sie doch von einer Produktion der eigenen Großhirnrinde (genauer: den äußersten Schichten ihres Neocortex), wird ihnen stets ein Geheimnis bleiben, dessen Existenz sie gar oft noch zu leugnen versuchen. Besonders gründen Verleumdungen in »kommunikativen Phantombildern«, das sind kollektive Konstrukte, die sich Menschen machen, wenn sie konsensuell in Abwesenheit des Betroffenen über ihn reden. Zwar ist die Mutter der Verleumdung der Haß, die meisten Verleumder werden ihren Haß jedoch als Sorge, als Ausdruck ihres Gerechtigkeitsempfindens, als Verantwortung vor dem Anspruch der Sache maskieren.

- Die Intrige. Intrigen haben das Ziel, durch Indiskretionen, aber auch durch einfache Lügen, einen anderen Menschen vor allem bei dessen Vorgesetzten schlechtzumachen. Immer da, wo der relative Ehrgeiz[25] herrscht, wird das Instrument der Intrige zu vermuten sein. Intrigen dürften um so häufiger vorkommen, als der Wettbewerb zwischen Menschen den Charakter des Spielens (wobei selbstredend jeder Mitspieler gewinnen will – sonst ist er Spielverderber) verliert (bei dem es Gewinner und Verlierer gibt) und den des Kampfes (bei dem es Sieger und Besiegte gibt) annimmt.

Konstruktivistisch bedeutet jedoch jede Form der Fremdzerstörung auch Eigenzerstörung. Man kann das Konstrukt, das man sich von einem anderen Menschen macht, nur dann mindern, wenn man sich selbst mindert – selbst wenn man vom Konstruktivismus keine Ahnung hat. Umgekehrt bedeutet jede lebensför-

25 »Relativer Ehrgeiz« ist ein Ehrgeiz, der sich vor anderen Vorteile verschaffen will, ohne die Mittel moralisch zu bedenken. Er steht im Gegensatz zum »absoluten Ehrgeiz«, der einen Menschen dazu bringt, alle seine Begabungen zu eigenem und fremdem Nutzen zu entfalten, ohne den Willen, einem anderen dadurch zu schaden.

derliche (biophile) Interaktion eine Mehrung eigenen Lebens. Beide, lebensfördernde und lebensmindernde Interaktionen werden – wie vorausgesetzt – von unserem »Inneren Beobachter« zutreffend wahrgenommen.

(c) Sprache kann aber auch Menschen aufbauen, wenngleich ihre zerstörerische Gewalt nicht selten offensichtlicher ist.

Die biophile (= personales Leben entfaltende und mehrende) Funktion von Sprache wird vor allem da anzutreffen sein, wo Menschen verantwortet mit Sprache umgehen. »Verantwortet mit Sprache umgehen« setzt voraus, daß man bedenkt, was man mit Sprache erreichen will. Die wichtigsten Situationen, in denen Sprache ihre biophile Funktion entfalten kann, mögen folgende sein:

- Die Ausbildung von Kommunikationsgemeinschaften. Kommunikationsgemeinschaften sind soziale Systeme, in denen durch rekursives Interagieren die Form der Kommunikation und ihr Inhalt bewußt die Werteinstellungen, Erwartungen, Bedürfnisse und Interessen zu finden versucht und sie berücksichtigt. So kann man erfolgreich versuchen, Irrtümer und Täuschungen, die jeder einzelne in die Kommunikation mit einbringt, zu minimieren. Solche Kommunikationsgemeinschaften nennt man oft »Team«[26].
- Sprachsituationen, in denen bewußt Konstrukte über sich selbst und andere dynamisiert werden. Konstrukte zu dynamisieren ist Grundlage jeder Humanität. Das Bild, das ich mir von mir selbst und von anderen Menschen mache, muß stets varia-

26 Ein Team unterscheidet sich psychologisch von einer Gruppe, insofern Teams aufgabenorientiert arbeiten, während in einer Gruppe Beziehungen aufgebaut, getestet werden, Claims abgesteckt oder erweitert werden, Hierarchien aufgebaut oder verändert werden. Selbstredend können auch Gruppen biophil sein, doch muß dieses Ziel als der Gruppendynamik exogen stets neu von außen vorgegeben werden. Es ist tragisch, daß der weite Bereich der Soziodynamik das deutsche Sprachgebiet nur in der eingeschränkten Form der Gruppendynamik erreichte. Soziodynamische Prozesse in Paarbeziehungen oder in Teams wurden kaum untersucht.

bel bleiben gegenüber dem Einfluß neuer Einsichten. Die Erkenntnis des Selbst etwa ist nicht möglich über Reflexionen über mein Selbst, sondern ausschließlich über Reflexionen, wie ich mit anderen Menschen umgehe, was ich bei ihnen verändere, welche sozialen Felder ich aufbaue (erkennbar für den »Inneren Beobachter« an den Veränderungen des Selbstkonstrukts). Diese Erkenntnismodifikationen sind jedoch stets an Interaktionen mit anderen gebunden. Hier haben sie sich zu bewähren und zu modifizieren. Bewährt hat sich ein Selbst- oder Fremdkonstrukt, wenn es – wie schon gesagt – zu Handlungen oder zu handlungsorientierenden Einstellungen führt, die biophiler sind als die aus bestehenden Konstrukten. Es gibt Menschen, die sich mit anderen nur dann etwa in Parteien oder Vereinen, in Kirchen oder Gewerkschaften assoziieren, wenn in solchen Assoziationen ihre Konstrukte bestätigt werden. Typische Bestätigungsgruppen sind Stammtische, an denen die gerade gängigen Witze (etwa über Ostfriesen, Österreicher, den Bundeskanzler, Manta-Fahrer, Blondinen, Polen ...) ausgetauscht werden. Lebensfördernde Sprache hat also stets das Ziel, Vorurteile[27] abzubauen, niemals aber, sie zu bestätigen oder gar zu verhärten.

(d) Sprache kann Menschen dem physischen, psychischen oder sozialen Tod ausliefern oder sie vor solchem Schicksal bewahren.

Die Strafgesetze nahezu aller Völker bestrafen den physischen Mord oder andere physische Tötungsdelikte, die durch materielle Gewaltanwendung (Gifte sollen hier dazugezählt werden) begangen werden. Zumindest im deutschen Strafrecht ist eine Tötung ohne Anwendung materieller Gewalt im allgemeinen nicht strafbar. Die Tötung durch Sprache ist also offensichtlich vom Strafrecht entweder bewußt oder unbewußt ausgenommen worden,

27 Vorurteile sind Urteile, denen bestimmte subjektive oder auch kollektive Gewißheiten zugrunde liegen, die jedoch als wahr (das meint frei von Irrtum und Täuschung) angenommen werden. Da wir Menschen – außer vielleicht in Sachverhaltsbereichen, die unmittelbar der Sinneserkenntnis offenstehen – niemals über irrtums- und täuschungsfreie Erkenntnis verfügen, zeugen Vorurteile stets von Realitätsablösung.

obschon es sich hierbei in aller Regel um Mord (niedere Beweggründe, Hinterlist liegen vor) handelt, um physischen, psychischen oder sozialen Mord. Wie aber kann man durch Sprache morden?

- Ein physisches Morden durch Sprache liegt nicht selten dem Selbstmord zugrunde. Ein Mensch flieht durch die verbalen Nachstellungen seiner Mitmenschen in die absolute Einsamkeit des Todes, die ihm immer noch erträglicher zu sein scheint als das Ertragen menschlicher Bosheit. Man könnte hier von einem *Hamlet*-Syndrom sprechen, obwohl *Shakespeares Hamlet* sich auch in solcher Krise für das Leben entscheidet, wennschon er später im Zweikampf seinen Tod finden wird.
- Das physische Morden durch Sprache muß sich jedoch keineswegs immer im akuten Selbstmord realisieren. Es kann auch ein schleichender Selbstmord durch Sprache erzwungen werden. Der Lebenswille eines Menschen erlischt wie eine niedergebrannte Kerze im Zeitlupentempo. Seine physischen und psychischen Abwehrkräfte (darunter auch die Abwehr etwa gegen Infektionen, die Abwehr gegen psychosomatische Leiden) schwinden, so daß es zu einer deutlichen Verkürzung des Lebens kommt.
- Häufiger noch als der physische Mord durch Sprache ist der soziale. Ein Mensch wird durch üble Nachrede, durch Verleumdung und Beleidigung (die durchaus unterhalb der Schwelle liegen können, in denen das Strafrecht greift) in eine Situation gebracht, in der kein »anständiger Mensch« mehr etwas mit ihm zu tun haben will. Er hat dann je nach charakterlichen Vorgaben die Möglichkeit, in die Einsamkeit (bis hin zu jener der Paranoia) zu fliehen oder in die »asoziale Unterwelt« abzutauchen (wenn die ihn schon aufnehmen sollte). Hier findet sich gelegentlich mehr an solidarischer Mitmenschlichkeit als unter »anständigen Bürgern«.
- Doch auch der psychische Mord durch Sprache ist nicht selten. In fast allen Lebensläufen psychisch gestörter oder kranker Menschen als bewußt oder unbewußt durch Sprache begangene Verbrechen nachzuweisen. Es mag sich dabei um jahrelange

kommunikative Kränkungen handeln, um Ausschluß aus der Kommunikationsgesellschaft der »anständigen und wohlmeinenden Bürger«. Oft aber ist der Grund und Auslöser einer psychischen Störung oder Erkrankung einfach das kommunikative Abdrängen in die Unerheblichkeit *(»Was hat der denn schon zu sagen!«)* oder Minderwertigkeit. Die meisten Mindergefühle (seien es Minderwertgefühle oder Minderanerkennungs- bzw. Minderleistungsgefühle), die sich in psychischen Störungen manifestieren können, haben ihren Grund im sprachlichen oder sprachvermittelten Verhalten von Menschen, die sich anmaßen, über andere Menschen moralisch zu richten. Mindergefühle werden zumeist in der Kindheit erworben, bleiben aber nicht selten prägend für ein ganzes Menschenleben.

- Minderwertgefühle werden einem Kind vermittelt, indem man es immer wieder auf seine moralische Minderwertigkeit aufmerksam macht. Kinder, die Erfundenes als wahr erzählen, werden als Lügner gebrandmarkt, obschon sie noch nicht in der Lage sind, zwischen Märchen- und Realwelt[28] zu unterscheiden. Kinder, die etwas an sich nehmen, was ihnen nicht gehört, werden als Diebe abgehandelt, obschon sie noch kein ausgeprägtes Verhältnis zum persönlichen Eigentum (außer im Bereich der Spielsachen) haben.
- Minderleistungsgefühle werden einem Kind vermittelt, wenn es in irgendeinem Bereich weniger geschickt oder weniger leistungsfähig ist als andere Kinder. Wer Kindern ständig andere Kinder als Vorbilder für gute Leistungen vorstellt, erzeugt solche oft ein Leben prägende Minderleistungsgefühle. Mag die Leistung eines Kindes »objektiv gesehen« auch noch so kläglich sein, gemessen an den Wertvorstellungen der Erwachsenenwelt, es muß an seinen eigenen physisch und psychisch zu erbringenden Leistungen gelobt und anerkannt werden. Selbst wenn die Leistungsforderungen der Erwachsenen zur kindlichen Totalverweigerung führen, muß akzeptiert werden, daß Erwachsene das Kind in die Verweigerung getrieben haben, und jede erbrachte Leistung,

---

28 Ein So einer solchen »Realwelt« gibt es nicht an sich, sondern nur als ein kollektives Konstrukt innerhalb einer soziokulturellen Einheit.

mag sie in der Erwachsenenwelt auch kaum eine Rolle spielen, muß anerkannt werden.
- Die Minderanerkennungsgefühle gründen in ebendieser Anerkenntnisverweigerung. Eltern, die glauben, ihr Kind immer weiter in Leistungen, die von der Erwachsenenwelt honoriert werden, durch Worte hineinzwingen zu können, wenn sie prinzipiell oder faktisch Anerkennung verweigern, werden einen Menschen heranbilden, der zeitlebens nach Anerkennung giert, ohne das Maß zu erhalten, das er zu einem psychisch und sozial optimal entfalteten Leben benötigt. Minderanerkennungsgefühle treiben ähnlich wie Minderleistungsgefühle die psychisch Stabileren im Erwachsenenalter in die Position: *»Denen werde ich es aber zeigen! Ich kann wenigstens ebensoviel leisten und verdiene wenigstens ebensoviel Anerkennung wie jene, die mich durch ihre Verweigerungshaltung in diese Situation* (etwa des kompensatorischen Aktivismus) *getrieben haben.«* Diese oder ähnliche Reaktionen sind zwar neurotisch, weil sie niemals die Ursache beseitigen, doch lernen die meisten der so durch Worte oder fehlende Worte Gekränkten, ein Leben zu führen, das in unserer Gesellschaft als »normal« gilt. Kommt es nicht zu solchen »Trotzreaktionen«, wandern weniger psychisch stabile Menschen in die Resignation ab, in der sie sich dauerhaft in der Selbstdefinition als minderwertig akzeptieren.

(e) Doch Sprache kann auch das genaue Gegenteil bewirken.

Sprache kann heilen, wie wir aus nahezu allen erfolgreichen Methoden der Psychotherapie wissen. Sie kann helfen, psychischen, physischen und sozialen Mord zu verhindern.

- Ich habe im Laufe meiner seelsorglichen und therapeutischen Tätigkeit nicht selten durch eine Gesprächsfolge Menschen davon abgehalten, in die endgültige Einsamkeit des Selbstmordes zu fliehen, wenn es mir gelang, ihnen deutlich zu machen, wie wichtig sie mir sind. Ich habe gelernt, Menschen nicht von außen zu sehen, sondern von innen – also den »Verstehenden Beobachter« zu aktivieren. Ich sehe in ihnen ein oft verwirrendes Bündel von Ängsten und Hoffnungen, von Sorgen und Freuden, von Kränkungen und Erfolgen, von Versagen und Anerkennung, von fehlender Akzeptation und Einsamkeit, von Sehnsucht und Liebe, von gekränkter Liebe und Hoffnungslosigkeit ... wie ich sie auch aus meinem eigenen Leben kenne. Ich vermute, wenn es uns gelingt, Menschen von innen zu sehen, wird uns jeder Mensch mit seinem Schicksal wichtig werden können. Er ist jedenfalls wichtiger als aller Besitz, alles Ansehen, aller äußerer Erfolg.

6. Über soziale Kompetenz

Über soziale Kompetenz ist schon so vieles in mehr oder weniger qualifizierter Management-Literatur geschrieben worden, so daß man vielleicht mit *Howard Gardener* von *»interpersonaler Intelligenz«*[29] sprechen sollte. Diese teilt sich nach Gardener in vier gesonderte Fähigkeiten: die Kunst zu führen, die Fähigkeit, Beziehungen zu pflegen, die Fähigkeit, Freunde zu behalten, die Fähigkeit, Konflikte zu lösen. Er schreibt: *»Interpersonale Intelligenz ist die Fähigkeit, andere Menschen zu verstehen: was sie moti-*

---

29 »Intelligenz« bezeichnet eine Gruppe von Fähigkeiten, die sich in der Erfassung und Herstellung anschaulicher und abstrakter Beziehungen äußert, dadurch die Bewältigung neuartiger Situationen durch problemlösendes Verhalten ermöglicht. Sie macht insoweit Lernen über Versuch-Irrtum oder über sich wie zufällig einstellende Erfolge entbehrlich. Die Psychologie versuchte in ihrem wissenschaftlichen Anspruch, Intelligenz über Tests meßbar zu machen (IQ-Tests). Gemessen werden: sprachliches Verständnis, Assoziationsflüssigkeit, Rechengewandtheit, räumliches Denken, Gedächtnis, Auffassungsgeschwindigkeit und schlußfolgerndes Denken (so L. L. Thurstone in: Primary Mental Abilities, 1938). Die Psychologie der Intelligenz orientierte sich in der Folgezeit meist an diesem Faktorenmodell. So führte die analytische Unterscheidung von Operationen, Produkten und Inhalten J. P. Guilford (Nature of Human Intelligence, 1967) zur Erstellung eines dreidimensionalen Modells mit 120 Faktoren, von denen allerdings erst etwa 80 empirisch nachgewiesen werden konnten. Nicht selten versteht man »Intelligenz« als Funktion des Lebensalters und ermittelt auf diese Weise Intelligenzkoeffizienten. Diese IQ-Intelligenz wächst in der frühen und mittleren Kindheit rapide an, verlangsamt sich im Wachsen um das 10. Lebensjahr. Zwischen dem 20. und 30. Lebensjahr setzt ein allmählicher

viert, wie sie arbeiten, wie man kooperativ mit ihnen zusammenarbeiten kann... Sie besteht darin, ein zutreffendes, realitätsdichtes Modell von sich selbst zu bilden und mit Hilfe dieses Modells erfolgreich im Leben aufzutreten.«[30] *»Viele, die einen IQ von 160 haben, arbeiten für Leute mit einem IQ von 100, wenn die ersten eine geringe und die letzteren eine hohe interpersonale Intelligenz haben. Und im Alltag ist keine Form der Intelligenz so wichtig wie die interpersonale. Wer sie nicht hat, trifft keine gute Wahl, was den Ehepartner, den Beruf und dergleichen angeht. Wir müssen die Kinder in der Schule in den Formen personaler Intelligenz ausbilden.«*[31] Die soziale Intelligenz, vor allem die Fähigkeit, andere zu verstehen und *»in menschlichen Beziehungen klug zu handeln« (E. L. Thorndike)*, ist sicherlich eine notwendige Voraussetzung für Weisheit. Daß rationale Intelligenz und Emotionen miteinander in enger Beziehung stehen, wenn Lebenswissen eingefordert wird, ist unstrittig. In diesen Situationen hat die Vernunft die Aufgabe, die Emotionen zu kontrollieren, zu kanalisieren, sie in die Rolle der die Ratio befruchtenden Kreativität zu bringen. So gemeint ist zwar das Wort von der »emotionalen Intelligenz« vielleicht unglücklich gewählt, hat

---

Abfall der gemessenen – für verschiedene Faktoren unterschiedlichen – Intelligenzleistungen ein. Das 1983 erschienen Buch Gardeners (Frames of Mind) widerlegte überzeugend die IQ-Denkweise. Der IQ sei in keiner Weise geeignet, den potentiellen Lebenserfolg zu messen. Gardener nähert sich wieder der ursprünglichen vorwissenschaftlichen Bestimmung von »Intelligenz« an.

30 Zitiert nach Daniel Goleman, Emotionale Intelligenz, 1996, 60 f. Goleman stellt fest: »Es gibt eine Dimension der personalen Intelligenz, auf die in Gardners Ausführungen immer wieder verwiesen, die aber kaum untersucht wird: die Rolle der Gefühle.« – »Wo Gardner über Formen der personalen Intelligenz schreibt, geht er ausführlich auf die Einsicht in das Spiel der Emotionen und auf die Meisterschaft im Umgang mit ihnen ein, doch mit der Rolle des Gefühls in diesen Formen der Intelligenz haben er und seine Mitarbeiter sich nicht näher befaßt und statt dessen stärker Kognitionen über Gefühle behandelt« (ibd.). Diesem Übel will er in seinem Buch abhelfen. Die Frage, ob die Definition von »Intelligenz« bei Goleman valide sei, ist eher mit einem Zögern zu beantworten. Er rechnet zur emotionalen Intelligenz: Selbstbeherrschung, Eifer und Beharrlichkeit und die Fähigkeit, sich selbst zu motivieren (a.a.O., 12). Hier wird doch wohl eher der volitive denn der kognitive Bereich angesprochen.

31 Zitiert nach Goleman, a.a.O., 63.

aber der Sache nach sein Recht. Wenn *Goleman* der emotionalen Intelligenz fünf Funktionen zuordnet, mag man sich über die Wortwahl streiten. Die gemeinte Sache ist jedoch wichtig. Diese Funktionen sind:[32]

- Die Kenntnis der eigenen Emotionen. *»Wer seine eignen Gefühle nicht zu erkennen vermag, ist ihnen ausgeliefert.«* Und das gibt, wie jedes Ausgeliefertsein, einen guten Hintergrund für mangelnde Weisheit.
- Die Fähigkeit, eigene Emotionen so zu handhaben, daß sie der Situation angemessen sind.
- Die Fähigkeit, Emotionen in die Tat umzusetzen, indem man sie in den Dienst einer Zielerreichung stellt. Dann werden sie wichtig für Aufmerksamkeit, Selbstmotivation, Kreativität. *»Emotionale Selbstbeherrschung – Gratifikationen herausschieben und Impulsivität unterdrücken – ist die Grundlage jeder Art von Erfolg.«*
- Die Fähigkeit zur Empathie, zu erkennen, was andere fühlen, ist sicherlich die Grundlage jeder »Menschenkenntnis«. *»Wer einfühlsam ist, vernimmt eher die verstecken Signale, die einem anzeigen, was ein anderer braucht oder wünscht.«*
- Der gekonnte Umgang mit zwischenmenschlichen Beziehungen, der darin besteht, mit den Emotionen anderer Menschen sinnvoll umzugehen. Er ist die *»Grundlage der Beliebtheit, Führung und interpersonaler Effektivität«*.

Kurzum: *Goleman* zählt hier wichtige Voraussetzungen auf, die im Spannungsfeld zwischen Vernunft und Emotion Weisheit keimen lassen. Im folgenden wird der eine oder andere Punkt noch weiter auszuführen sein.

---

32 a.a.O., 65.

2. Kapitel

Die Welt, in der wir leben: Über Globalisierung und Multioptionalität

Um die Bedeutung der Weisheit (des weitgehend gesellschafts- und zeittranszendenten Lebenswissens) zu erkunden, ist es nötig, etwas von der Situation, in der wir leben, zu reflektieren. Man kann diese Situation mit einigen Schlagworten abtun. Doch gilt es zu bedenken, was diese Worte bedeuten, um sie von der Versuchung zu befreien, zu schlagen, um sich zu schlagen, durch Etikettierung sich der Mühsal des Begriffs zu entziehen. Und so soll denn zunächst über zwei Worte gehandelt werden, die heute auf dem Markt der Gedanken ein ebenso notwendiges und zutreffendes Bild auszeichnen, wie sie in ebensolcher Inbrunst mißbraucht werden. Es sind die Worte »Globalisierung« und »Multioptionalität«. Wir werden uns dem Thema zu nähern versuchen, indem wir folgende Fragen zu beantworten versuchen:

- Was meint »Globalisierung«?
- Was meint »Multioptionalität«?
- Humanisierung von Globalisierung und Multioptionalität?
- Wege in ein neues Allgemeines Bewußtsein?

1. Was meint »Globalisierung«?

Das Wort »Globalisierung« erhielt seine erste Aktualität im Rahmen der Umweltdiskussion anläßlich der Konferenz von Rio de Janeiro (1992). Es wurde deutlich, daß die Umweltproblematik nur global und nicht national zu lösen ist. Volkswirtschaften werden stets versuchen, sich von dem vermeintlich freien Gut »intakte Umwelt« so viel gratis anzueignen, daß sie so im zwischenvolkswirtschaftlichen Wettbewerb Vorteile vor ihren Konkurrenten erlangen. Es kam in Rio darauf an, den Verbrauch von »intakter Umwelt« global zu regeln. Dem liegt die Einsicht zugrunde, daß inzwischen das einst »freie Gut« der intakten Umwelt inzwischen zu einem Wirtschaftsgut geworden war, das nicht jedermann in beliebiger Menge zur freien Verfügung stehe, sondern bewirtschaftet werden müsse. Da der Eigentümer der intakten Umwelt die ganze Menschheit ist, kann nur eine globale Steuerungsinstanz – im Namen der Menschheit handelnd – das Wirtschaftsgut »intakte Umwelt« verkaufen. Gleichzeitig muß jedoch eine Instanz bereitgestellt werden, die Übertretungen der Verteilungsnormen (etwa Nicht-Zahlung für verbrauchte Umwelt) ahndet, so daß einer Volkswirtschaft, wenn sie mehr als die ihr zugeteilte Umwelt verbraucht, zumindest der aus dem Mehrverbrauch hervorgehende Gewinn entzogen wird. Zuzuteilen ist er unterentwickelten Volkswirtschaften, die eben auf Grund ihrer Unterentwicklung unnötig Umwelt belasten (etwa durch Abholzen tropischer Regenwälder oder der russischen Taiga). Ist einmal ein Wort gefunden, dehnt es sich zumeist auf andere Sachverhaltsbereiche aus. So ging es auch dem Wort von der Globalisierung. Zunächst gedacht als notwendige ökologische Voraussetzung, weltweit eine »nachhaltige Entwicklung« in Gang zu setzen, wurde es von der Ökonomie okkupiert.

In dieser Sprache bezeichnet »Globalisierung« eine in einer bestimmten Phase seiner Entwicklung notwendige Ausdrucksform des Kapitalismus. Das Problem einer kapitalistischen Gesellschafts- und Wirtschaftsordnung ist es, anlagewilligem Kapital eine zureichende Rendite zu sichern. Zu diesem Zweck benötigt der Kapitalismus eine permanente Erweiterung der Märkte, da lokale Nachfragemärkte nach einiger Zeit saturiert werden, so daß die Nachfrage nach Konsumgütern (und sie allein schaffen die Vernichtung von Gütern, die notwendig ist, um einen wachsenden Angebotsmarkt zu ermöglichen) zwingend einfordert, neue Absatzmärkte so wie Märkte, die zu niederen Preisen Ressourcen – wie Rohstoffe und Arbeit – anliefern, zu suchen, zu schaffen, zu finden, herzustellen. Unmittelbar vor dem Ersten Weltkrieg (und später in allen wirtschaftlichen Krisensituationen) war es der Rüstungsmarkt, der diese Bedingungen erfüllte. Vor und nach dem Ersten Weltkrieg waren es vor allem die Kolonien, die sowohl als Absatzmärkte als auch als Lieferanten billi-

ger Arbeit und auch Rohstoffe erobert werden mußten. Nach dem Zweiten Weltkrieg begann das anlagewillige Kapital sich des Staates zu bemächtigen und über Subventionen und Zölle dem Kapital auf noch national organisierten Märkten zureichende Rendite zu sichern. Heute sind wir in einer Situation, die, solange der chinesische Markt als Nachfragemarkt – aus Mangel an Devisen – noch vergleichsweise schwach ist, verlangt, den Weg über die Globalisierung der Waren- und Arbeitsmärkte zu gehen. Während die Globalisierung der Warenmärkte – wenngleich auch mit gelegentlichen Rückschlägen durch Abschottung etwa der EU – oder des japanischen oder US-Marktes – schon eingesetzt hat (GATT und die Folgen), begann die Globalisierung des Arbeitsmarktes, wennschon schleichend seit vielen Jahren im Gange, erst in den letzten Jahren ins Allgemeine Bewußtsein vorzudringen – und führte hier zu gelegentlich panischen Reaktionen. Die gegenwärtige Fokussierung der Globalisierungsproblematik, weg von den zwingend notwendigen Dynamiken einer marktwirtschaftlichen Ordnung hin auf den Arbeitsmarkt, ist eine der eigentümlichsten Phänomene der Gegenwart. Als letztes wird der Außenmarkt, als Kartellelement einer Volkswirtschaft inzwischen zur leeren Hülse verkommen, im Ganzen eines Weltmarktes untergehen. Festzuhalten ist: Die Globalisierung des Arbeitsmarktes ist eine selbstverständliche, ja zwingende Folge der Globalisierung der anderen Märkte.
Diese Globalisierung des nicht national abgeschotteten und zu schützenden Arbeitsmarktes wird dazu führen, daß die Faktorverantwortung sicher verschwindet. Die Verantwortung für den Faktor »Arbeit« wird im Globalisierungsprozeß zur leeren Worthülse verkommen und bloß noch im Rufen der um ihren Bestand kämpfenden Gewerkschaften untergehen. Der immer wichtiger werdende Faktor »Innovationsfreude« und »Kreativität« wird zwar erheblich an Bedeutung zunehmen, aber dort siedeln, wo seine Aneignung am kostengünstigsten möglich wird. So werden kleine Unternehmen entstehen mit hoher Kreativität und Innovationsaktivität, die dann zu guten Preisen von globalen Großunternehmen aufgekauft werden, die auf solche Weise sich den erheblichen Aufwand für Forschung und Entwicklung innerhalb ihrer eigenen – oft undynamisch gewordenen – Strukturen ersparen.

Die Orte, an denen weltweit Kreativität und Innovationsfähigkeit am besten gedeihen, sind noch nicht auszumachen. Es könnte ebenso Indien wie China wie auch das alt gewordene Europa sein, das auf diese Weise seine ökonomische Rechtfertigung erhalten und bewahren könnte. Das jedoch setzt voraus, daß es gelingt, die an sich in Fülle vorhandenen Faktoren Kapital, Arbeit und kreative Ideen zusammenzubringen. Das mag möglich sein, wenn entweder dafür vorgesehene Geldinstitute Risikokapital zur Verfügung stellen oder der Staat Bürgschaften für von »normalen Banken« bereitgestelltes Risikokapital übernimmt.
Mit der Globalisierung ist eng verbunden das Anwachsen der Optionen auf allen Bereichen des Lebens. Da die Globalisierung nicht haltmacht an den Schranken ökonomischer Interaktionen, wird sie – wie schon so oft in der Geschichte – die Globalisierung in kulturellen, sozialen und politischen Räumen zur Folge haben. Das aber bedeutet, daß die Menge der Optionen durch das Verschwinden nationaler Selbstverständlichkeiten, nationaler Traditionen, nationaler Vorlieben erheblich zunehmen wird. Die Multioptionalität wird schließlich alle Lebensbereiche erreichen:

- den der Produkte (die »Jeanskultur«, die japanischen Kameras und Autos und die chinesischen, italienischen, indonesischen ... Restaurants sind nur die ersten Vorläufer).
- Den der Berufe. Auch erleben wir in der Akupunktur, der Massagepraxis die ersten Vorboten einer sich globalisierenden multioptionalen Arbeitswelt.
- Den der Beziehungsgestaltung. Institutionalisierte Paarbeziehungen (Ehe) werden im Allgemeinen Bewußtsein gleichgestellt mit nicht-institutionalisierten Paarbeziehungen, die heteroerotischen den homoerotischen. Sexualität wird ähnlich enttabuisiert wie in manchen Regionen Ostasiens (etwa Indiens).
- Die der Bildung und Ausbildung.
- Die der Forschung und Entwicklung, der Unterhaltung, des Erwerbs von Sachwissen, Reisen, Berufen ... Wir sprechen von einer Multioptionsgesellschaft, weil Personen immer mehr Möglichkeiten zwischen zahlreichen Alternativen haben. Im gesellschaftlichen Bereich liegt der Generierung der Multioptionsgesellschaft die unaufhebbare Regel zugrunde: *»Das*

Mögliche wird auch das Wirkliche« oder »Was wir erzeugen können, erzeugen wir auch.« Vor dem Anspruch der Globalisierung führt die Multioptionalität in der Ökonomie nicht selten von der Faktorveranwortung zu Wahl einer Null-Option, in der ausschließlich noch der »Faktor« (eigentlich nur *eine* Produktionsbedingung) Kapital berücksichtigt wird *(shareholder value)*.

Der Kapitalismus wird wieder pur. Die soziale Komponente wird sich im Globalisierungsschock an die der Nationalökonomien anpassen, in der dem Kapital nicht durch soziale oder ökologische Maßnahmen Substanz genommen wird. Tendenziell wird das zum Manchesterkapitalismus führen, der sich selbst nicht mehr soziale und ökologische Grenzen zieht, sondern diese allein durch den Staat und die (tendenziell sinkende) Grenzmoral (Verschiebung der Grenzmoralkurve so, daß nur noch wenige Bereiche anfallen, für die $dA/dE < 1$ ist) vorgegeben sieht. D. h., unter dem Globalisierungsschock kommt die Öffentliche Meinung (das Allgemeine Bewußtsein) über das, was im ökonomischen Handeln und Entscheiden sozialverträglich ist oder nicht, zum Schweigen. Betriebsbedingte Entlassungen in Oberhausen führten in den siebziger Jahren nur zur moralischen Verurteilung des Managements. Heute werden Massenentlassungen nicht mehr als sozialschädlich und insoweit unmoralisch abgewiesen. Der nackte – nicht mehr von innen moralisch orientierte – Kapitalismus wird so weit, als ihm das bestehende Gesetze erlauben, je nach dem Interesse der *shareholders* Arbeit freisetzen oder exportieren und möglichst das noch scheinbar »freie« Gut Umwelt verbrauchen. Wo es möglich ist, wird nach der erweiterten *Cobb-Douglas*-Formel ($Y_{opt} = A^{\alpha} + K^{\beta} + U^{\tau}$) Arbeit durch Umweltverbrauch und Kapitaleinsatz vernichtet.

2. Was meint »Multioptionalität«?

Da diese Multioptionalität die meisten Menschen – wennschon sie sich seit Jahrzehnten deutlich abzeichnet – im Bewußtsein revolutionär überfällt, selektieren sie zwischen existentieller

Multioptionalität und nicht-existentieller. Während im nicht-existentiellen Raum (Unterhaltung, Reisen, Nahrung) meist angstfrei zwischen den verschiedenen Optionen gewählt werden kann, ist das nicht der Fall im Bereich der existentiellen Optionen (Beruf, Partnerschaft, Wissenserwerb). In dieser existentiellen Multioptionalität wählen die meisten Menschen eine konservative Null-Option oder die der »fortschrittlich-kritischen« Desorientierung (Beispiel: Regierung und Opposition). Auch in vielen Unternehmen spielen allein diese beiden Pole eine wichtige Rolle. Nur eine selbstgegebene Lebensorientierung ermöglichst es, aus der Vielzahl der existentiellen Optionen die zu wählen, die zu einem kohärenten und konsistentem Hintereinander führen. Eine solche selbstgegebene Lebensorientierung muß sich verantworten vor dem Anspruch eines höchsten sittlichen Gutes (etwa der Biophilie).

3. Humanisierung von Globalisierung und Multioptionalität?

Wie muß sich menschliches Bewußtsein ändern, um die mit der Globalisierung verbundene Multioptionalität (beides unbestreitbare Seinsphänomene) menschlich zu gestalten? Um diese Frage, von deren Beantwortung das Überleben der Menschheit abhängt, zu beantworten, muß sich Weisheit in besonderer Weise bewähren.
Um sie zu beantworten, orientieren wir uns am »anthropologischen Pentagramm«[33].

33 Gemeint ist ein Fünfeck, das folgende Merkmale der menschlichen Person zu einer dialektischen Einheit zusammenfaßt: Individualität, Sozialität, Welthaftigkeit, Grenzhaftigkeit und Geschichtlichkeit. Wie bei jeder dialektischen Einheit mehrerer Merkmale gilt auch hier: Die Merkmale sind voneinander unterschiedlich, sie können nicht ohneeinander sein, und die Veränderung des einen hat die Veränderung aller anderen zur Folge. Vgl. dazu: R. Lay, Wie man menschlich miteinander umgeht; Das Menschenbild der Dialektik, Düsseldorf 1995.

(a) Die Einheit der Menschheit

Die Globalisierung aller Werteordnungen führt dazu, daß die Menschheit eine von den bestehenden Wertordnungen qualitativ unterschiedene neue Wertordnung findet, welche die ökonomischen, politischen, sozialen, kulturellen, privaten und moralischen Werte auf Menschheitsebene neu definiert. Daß dies auf der Ebene der Ökologie zwingend notwendig ist, erscheint unmittelbar einsichtig. Das Gut »intakte Umwelt« ist Eigentum nicht eines Volkes, sondern der gesamten Menschheit. Zum anderen ist es kein freies Gut mehr, sondern es ist, da es nicht allen zur beliebigen Verfügung stehen darf, wenn die Menschheit nicht eines ökologisch verursachten Todes sterben soll, ein Wirtschaftsgut. Dieses Wirtschaftsgut muß weltweit zu ähnlichen Preisen erworben werden. Die einzige Instanz, die in der Lage wäre, dieses Wirtschaftsgut zu verwalten und zu veräußern sowie Sanktionen zu verhängen, wenn es über das Maß des Einkaufs verwendet oder verbraucht wird, ist eine weltumspannende zentrale Ökokratie. Diese Ökokratie wird früher oder später politische, wirtschaftliche, soziale Normen feststellen müssen, um ihr Ziel zu erreichen. Dabei muß sie sicherstellen, daß diese Ziele transsystemisch-sozialverträglich erreicht werden. Diese neue Institution wird, ja muß, wenn sie erfolgreich sein will, ein neues Bewußtsein schaffen: das der einen Menschheit.

Die Evolution geht über die vor allem von der Neuzeit in den Mittelpunkt gestellten Konzeption eines Menschenbildes, das den Menschen vor allem als Individuum sieht, weit hinaus. Individualität geht im globalen Bewußtsein von der einen Menschheit als dem entscheidenden Subjekt aller Werte zwar nicht vollständig unter. Die individuellen Werteinstellungen, Bedürfnisse, Erwartungen und Interessen bleiben sicherlich erhalten, nicht jedoch die völkischen, ethnischen, nationalen, kontinentalen, regionalen. Sie werden eine untergeordnete Rolle spielen. Die überindividuellen, gesellschaftlich-gemeinsamen Werteinstellungen, Bedürfnisse, Erwartungen und Interessen werden sich in der einen und geeinten Menschheit zusammenfinden, wie es schon Pierre Teilhard de Chardin vermutete.[34]

---

34 Pierre Teilhard de Chardin († 1955) führte mit guten Gründen an, daß »die Natur« ihre Probleme löse, daß sie mit der Zeit immer komplexere Struktu-

(b) Die Sozialität der einen Menschheit wird bestimmt:

- durch das Verfügen über eine gemeinsame Sprache, ohne daß lokale Idiome untergehen müßten. Sie werden zu einer Art von »Dialekten der Weltsprache«. Die Ethnien werden sich stark durchmischen, so daß zwar noch in manchen Regionen ethnische Nester bestehenbleiben. Jedoch wird die Bedeutung von Ethnien und damit auch der ethnisch bestimmten ideologischen Eliten sehr gemindert werden.
- Ferner ist damit zu rechnen, daß Traditionen mit ihrer Funktion, staatsvölkische oder ethnische Ansprüche zu legitimieren oder zu delegitimieren, enden werden. Die Labilität der Traditionen, die – zumindest im Bereich der schriftlichen Weiterga-

---

ren ausbilde. Am Anfang stand die in die Divergenz gehende (d. h. immer mehr komplexe Verbindungen erzeugende) chemische Evolution. Als DNA und Aminosäuren ausgebildet wurden, die in der Lage waren, miteinander wechselzuwirken, begann eine chemische Evolution konvergierenden Typs (d. h., die immer komplexer werdenden miteinander wechselwirkenden Aminosäuren und DNA wurden zahlenmäßig immer weniger). Bis eines Tages eine Komplexität erreicht war, die es den miteinander wechselwirkenden Amino- und Desoxyribonukleinsäuren erlaubte, Lebensfunktionen zu zeigen. Nun begann die biologische Evolution. Es entstanden immer neue Arten, bis eine dieser Arten ein ZNS ausbilden *konnte*: Von hierher kann wiederum eine Evolution konvergierenden Typs in Gang. Immer weniger Arten bildeten immer komplexere ZNS-Strukturen aus, bis diese so komplex geworden waren, daß sie typisch menschliche Eigenschaften (Selbstbewußtsein, Denken, abstraktes Planen ...) beherrschten. Es folgte die divergierende soziale Evolution. Immer mehr soziale Einheiten entstanden, die nicht mehr sinnvoll miteinander agieren konnten. Erst als die Menschen erkannten, daß diese Aufsplitterung nicht nur zu vernichtenden Kriegen führte, sondern auch die ökologischen Bedingungen für ein menschliches Leben auf dieser Erde – etwa durch den privaten oder volkswirtschaftlichen Egoismus – gefährdet wurden, begann sie eine Evolution konvergierenden Typs. Die höhere Komplexität, die inzwischen längst die des menschlichen Verstehenkönnens überschritten hatte, führte zu den ersten Versuchen, diese fatale neuzeitliche egoistische Einstellung zu überwinden. Am Ende dieser Entwicklung wird, selbst wenn die bestehenden, dann archaisch anmutetenden Strukturen beibehalten werden sollten, das Auftreten der einen Menschheit sich vermutlich erst als Bewußtseinsphänomen, dann aber auch sich durch diesem Bewußtsein entsprechende Werte- und Gesellschaftsordnungen manifestieren.

be[35] – außerordentlich dynamisch sind und sich bei den bestehenden soziokulturellen und sozioökonomischen Verhältnisse in entsprechenden Geschichten niederschlagen, werden weitgehend untergehen. Die alten Geschichten werden abgelöst durch eine oder mehrere neue. Aus der gemeinsamen Lebenserfahrung aller werden neue in Geschichten gefaßte Traditionen den entstehenden Weltstaat zu legitimieren und Nationalstaaten zu delegitimieren versuchen.

- Die Rolle der Alterozentrierung, das heißt das Mitbedenken fremder Werteinstellungen, Bedürfnisse, Erwartungen und Interessen, wird zunehmen unter dem Einfluß vergleichbaren Sachwissens und Erfahrungswissens.
- Das Besitzstandsdenken wird erheblich reduziert werden. Die Wahrung des einmal erreichten Besitzstandes, des Lebensstandards, des Habens wird an Bedeutung abnehmen. Die Globalisierung des Arbeitsmarktes wird dazu führen, das soziale Ansehen eines Menschen nicht an den Besitz von Arbeit, Kapital, Einfluß, Macht zu binden, nicht also an sein Wassein, sondern an sein Wersein. *»Wer ist dieser Mensch?«* wird zu einer wichtigeren Frage werden als: *»Was ist dieser Mensch?«*
- Das Sozialversicherungswesen wird sich unter den mit der Globalisierung verbundenen Mobilitätszwängen und -bereitschaften entnationalisieren und damit deregulieren. In Frage kommt allenfalls eine gewisse Verpflichtung zur Vorsorge (ähnlich jener, in den meisten Staaten sein Kfz haftpflichtzuversichern). Der persönlichen Lebensvorsorge wird breiter Raum gegeben werden.
- Unter dem Einfluß transsystemischer Rationalität werden neue ökonomische, politische, soziale und kulturelle Systeme entstehen, deren äußere (etwa die Weisen der Organisation) und innere Strukturelemente (wie etwa die standardisierten Weisen der Interaktionen und Überzeugungen) werden sich von den jetzigen, an alle möglichen Egoismen gebundenen

---

35 Die mündlichen Traditionen ändern sich meist gar nicht, und wenn, dann nur sehr langsam. So hat sich die Tradition der Massai in den letzten 300 Jahren in kaum geänderten erzählten Geschichten unverändert erhalten können. Sie überlebte unverändert den Einfall der Bantus in ihre Siedlungsgebiete, den der Engländer und schließlich den der Touristen.

unterscheiden. Wie sie im einzelnen aussehen, läßt sich heute nicht vorhersagen, weder durch Visionen noch durch Extrapolationen.

- Der Begriff der »Einheit einer Kultur« wird sich von dem völkischen Gedanken (die kulturelle Einheit werde definiert durch die Einheit von Sprache und Geschichte, nach der etwa alle deutschsprechenden Nachkommen eines deutschen Auswanderers im 18. Jahrhundert Deutsche seien) ablösen und zunächst durch die Einheit der kollektiven oder kollektivierbaren Werte definieren. Es wird sich herausstellen, daß diese Dynamik des kulturellen Einheitsbegriffs zur Ausbildung des Begriffs einer transkulturellen Gesellschaft führt. Damit wird eine Gesellschaft bezeichnet, innerhalb deren die kulturellen Einheiten nicht mehr primär an Regionen, Sprachen, Traditionen gebunden sind, sondern sehr viel mehr an Berufe oder Funktionen. Ein europäischer, amerikanischer, indischer, afrikanischer ... Arzt wird sich wertmäßig eher in seinen Werten seinen Kollegen verbunden fühlen als ein europäischer, amerikanischer, indischer, afrikanischer Anwalt, Schuhputzer, Müllmann, Zahnarzt, Philosoph ...

(c) Die Welthaftigkeit wird sich im Bewußtsein der einen Menschheit etwa in folgenden Merkmalen brechen:

- Um – wie gesagt – das Wirtschaftsgut »Umwelt« vor dem Anspruch nationaler ökonomischer Interessen zu schützen, wird eine weltumgreifende Ökokratie ausgebildet. Diese wird sich in Richtung auf einen Weltstaat entwickeln, der Kants Vorstellung in dessen Schrift *»Zum ewigen Frieden«* (1795) nahekommen dürfte.
- Die Globalisierung des Bewußtseins wird dazu führen, daß Menschen sich erststellig als Weltbürger verstehen, denn nur so wird eine stabile Ökokratie mit sich weitendem Einflußfeld möglich sein.
- Das Wissen um die Unversöhnlichkeit der Naturwelt mit der Kulturwelt wird in eben dem Umfang wachsen, als das – bei entsprechender Vorbildung – allzeit jedermann verfügbare Sachwissen deutlich macht, daß wir sowohl von Natur als von

Gesellschaften, ihren Regeln, ihren autodynamischen Prozessen nur einen verschwindend kleinen Teil kennen. Vieles zu wissen, bringt unweigerlich die Erkenntnis, daß das Unwissen um ein Vielfaches größer ist. Nur die von jeder Empirie abgelösten spekulativen Wissenschaften werden von diesem Wandeln nichts wahrnehmen, so der Globalisierung entgehen und Gebilde phantastischer Realitätsferne errichten. Dennoch wird die Überzeugung wachsen, daß diese Erde unsere Heimat ist, die wir – um dem Kuran zu folgen – im göttlichen Auftrag (oder im Auftrag zukünftiger Generationen) bewahren und pflegen müssen. Unsere Angst vor der grundsätzlichen Unbeherrschbarkeit der Naturwelt (und dazu zählen auch die sozialen Systeme, die mit und in der Evolution der Naturwelt entstanden) wird der weisen Einsicht weichen, daß das Unveränderliche akzeptiert werden muß.

(d) Die Einsicht in die Grenzhaftigkeit der einen Menschheit

Hier werden folgende Selbstverständlichkeiten aufgegeben werden müssen:

- Der Wettbewerb der Volkswirtschaften ist mit Fortfallen der Außenmärkte unmöglich geworden. Damit wird weltweit eine »Nivellierung des Armutsgefälles« selbst politisch kaum mehr dauerhaft aufzuhalten sein.
- Der Wettbewerb der Industriebetriebe[36] wird sich im globalen Wettbewerb ausschließlich an Standortvorteilen (etwa Infrastruktur, Angebot an zureichend qualifizierter Arbeit, niedere Steuern und Abgaben, einfache Genehmigungsverfahren, geringe Regulation des Faktors »Arbeit«...) orientieren.

---

36 Das gilt weder für Handwerksbetriebe, die nicht den Standort wechseln, wohl aber die kostengünstigsten Arbeitskräfte einstellen, noch für Dienstleistungsbetriebe (das sind Betriebe, bei denen die Produktion eines Gutes zusammenfällt mit dessen Verbrauch – wie die Leistungen der Zahnärzte, der Friseure, der Erzieher, der Banken...). Auch sie sind nachfrageorientiert an bestimmte Standorte gebunden, an denen ihre Dienstleistung nachgefragt wird.

- Die eigenen physischen, sozialen und emotionalen Grenzen müssen neu definiert werden. So werden vermutlich die durchschnittliche Lebenserwartung, die Mobilitätsbereitschaft, die Konflikt- und Kommunikationsfähigkeit steigen.
- Die Grenzen an Lebenswissen werden erheblicher als die von Sachwissen (Methodenwissen und Verfügungswissen, die über das Internet und seine Nachfolger abgerufen werden können).
- Die Menge dessen, was für selbstverständlich gehalten wird, wird drastisch abnehmen. Dieser Aspekt des *business reengineering* wird universalisiert zu einem *social reengineering.* Auch in den Bereichen von Volkswirtschaften, von Politik, von Kultur, von Sozialem, von Moral wird es kaum mehr Selbstverständlichkeiten geben. Das bedeutet, daß eine Lebensorientierung an Vorgaben aus diesen Gebieten nicht mehr möglich sein wird. So kommt es dazu, daß ein jeder Mensch das Gelingen seines Lebens nicht mehr an irgendwelche Institutionen oder Organisationen delegieren kann, sondern allein dafür verantwortlich ist, daß ihm sein Leben glückt.
- Das Bildungswesen – und damit die durch Sachwissen bestimmte »Bildung« – wird sich fundamental ändern. Für die Handlungswissenschaften und die historisch-hermeneutischen Wissenschaften wird sich im Vollzug der Globalisierung des Sachwissens etwa das Schul- und Universitätssystem grundlegend ändern. Wenn in diesen Bereichen die 1000 besten Lehrer und Professoren – durchaus interaktiv – ihre Vorlesungen halten, werden weltweit einige Tausend Professoren sich einer nützlicheren Beschäftigung zuwenden und die Universitätsbauten einer sinnvolleren Verwendung zugeführt werden können. Unbestritten sei, daß Examina noch zentral abgenommen werden müssen. Ebenfalls unbestritten, daß das soziale Lernen in Lerngruppen effektiver ist als in überfüllten Seminaren und Vorlesungen.
- Die Grenzen der Toleranz werden erheblich gedehnt werden müssen, da die Multioptionalität neue Grenzen gegenüber anderen Meinungen, Ethnien, Ritualen, Religiositäten ... einfordert.
- Die Grenzen der intellektuellen Begabungen (synthetisches versus analytisches Denken, konkretes versus abstraktes Den-

ken werden neu organisiert werden müssen. Die formale Intelligenz verliert gegenüber sozialer viel von Bedeutung.

- Die Grenzen des eigenen Charakters (Charakterfehler) erhalten neue Bedeutungen. Manche bisherigen Fehler im Bereich der Primärtugenden werden wichtiger. Die Bereitschaft, Verantwortung zu übernehmen wird zentraler, Kreativität und Innovationsmut werden gefragter.
- Die Grenzen, die durch die eigene Lebensorganisation gezogen werden (mangelnde Mobilität, mangelnde Bereitschaft, ständig neu zu lernen, nichts für selbstverständlich zu halten), die Variabilität der eigenen Geschicht werden erheblicher werden.

(e) Die Veränderungen der einen Menschheit in bezug auf ihre Geschichtlichkeit:

- Die eigene Geschichtlichkeit wird vor dem Horizont einer globalen Weltkultur anders verstanden werden und zu anderen Geschichten führen.
- Die eigene Geschichtlichkeit wird durch die Veränderung legitimierender und delegitimierender Traditionen sich anders rechtfertigen. Das Selbstkonstrukt (wie auch das Weltkonstrukt) wird von den globalisierenden und multioptionalen Prozessen erheblich beeinflußt werden. Das bedeutet, daß die eigene Geschichtlichkeit sich in anderen und neuen Geschichten darstellen wird. Die eigene Geschichtlichkeit wird mit Brüchen weniger dramatisch umgehen, da Brüche eher als Adaptationsphänomene verstanden werden können.
- Niemand wird sich auf vergangene »Verdienste« berufen können. Es zählt in einer weitgehend enttraditionalisierten Gesellschaft zunehmend mehr nur die Zukunft (mit ihrem Anfangspunkt: der Gegenwart).

4. Wege in ein neues Allgemeines Bewußtsein

Damit das Bewußtsein das veränderte Sein trägt/erträgt, muß es sich wandeln, um die einzigen sonstigen Möglichkeiten (Null-Option oder Desorientierung) nicht wählen zu *müssen.* Wir haben im vorhergehenden aufzuweisen versucht, in welche Richtung das Allgemeine Bewußtsein driften müßte, um das Sein in seinem Funktionieren menschlich bleiben zu lassen, sich nicht gegen den Menschen zu wenden. *Karl Marx* vertrat die Ansicht, daß die Produktionsbedingungen (das ökonomische Sein: vor allem die Eigentumsverhältnisse und die Produktionsverhältnisse) sich weiterentwickeln, während das alte politische und ökonomische Bewußtsein diese neuen Seinsverhältnisse nicht mehr abdecke. Dann käme es zwingend dazu, da die ökonomische Basis nicht mehr durch den Überbau (Bewußtsein und seine Erzeugnisse, wie politische und ökonomische Herrschaftsstrukturen, Ideologien, Rechtssysteme) beherrscht werde, daß dieser gesamte Überbau zusammenbrechen werde, damit er den autodynamischen Prozessen der Entfaltung des Seins nicht im Wege stehe. Dieses Sein evolviert zwingend weiter, das Bewußtsein jedoch nicht, also wird es revolutionär geändert werden.[37] Damit dieses möglich wird, ist folgendes anzustreben:

a) Besonders akzeptierte Massenmedien müssen sich auf den höchsten ethischen Wert hin orientieren und die Weltereignisse unter diesem Gesichtspunkt interpretieren.
b) Neue Geschichten, Feste, Symbole müssen das Weltethos tragen und internalisieren helfen.
c) Es muß zu einer Neubestimmung der Menschenrechte kommen, die nicht nur die aus christlicher Tradition fixiert, sondern auch deren Gemeinsamkeiten mit islamischen, konfuzianischen … als Schnittmenge universalisiert.
d) Das nationale Denken muß zu einer Art folkloristischer Ernsthaftigkeit zurückgenommen werden. Die Schaffung eines Allgemeinen Bewußtseins, das dieses neue Sein emotional und sozial bewältigt, ist als die dialektische Einheit von Sein – Wert – Bewußtsein zu sehen, die sich als Ausdrucksfor-

---

37 Nach Karl Marx ist Revolution nicht unbedingt ein gewaltsamer Umsturz etwa der Eigentums- und Rechtsverhältnisse oder des Politischen und Sozialen. »Revolution« bedeutet vielmehr eine quantitativ erhebliche Beschleunigung hin auf die Entwicklung eines neuen Überbaus, eines neuen Allgemeinen Bewußtseins, die diesen neuen Überbau schafft.

men von Sprache – Kommunikation – Interaktion darstellen lassen.

In einiger Abweichung zu den Gedanken von *K. Marx* möchte ich einen anderen Ansatz vorstellen, den einige meiner Seminarteilnehmer entworfen haben:

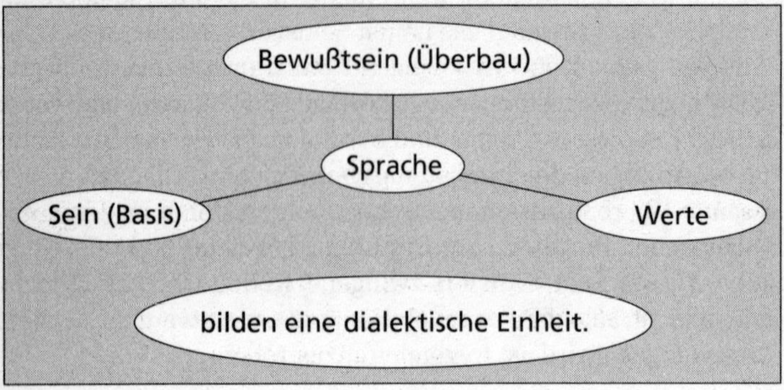

3. Kapitel

Auf der Suche nach der Bedeutung von »Weisheit«

Wir haben schon oft von »Weisheit« gesprochen, ohne zu sagen, was wir damit meinen. Es wird also höchste Zeit, zurückzukehren zu *Sokrates*, und wir machen von dort einen Sprung von mehr als 2400 Jahren bis hin in die Gegenwart. Zwar ist das Dilemma: *Sokrates–Platon* bis ins Heute ungelöst, weil das Problem des »Schlechten im Guten« ein ewig für Menschen ungelöstes Problem ist, solange sie nicht erkennen, daß bei uns Menschen im Inneren des Guten auch immer das Schlechte zu Hause ist. Diese Einsicht dürfte die erste Einsicht auf dem Wege zur Weisheit sein: *»Nichts darf als selbstverständlich verstanden werden. Nur indem es sich verändert, bleibt das Wahre wahr, das Gute gut, das Sinnvolle sinnvoll und das Nützliche nützlich.«*

Die kognitive Pragmatik[38] ist die Software unseres kognitiven Systems. Sie umfaßt alles, was die menschliche Kultur an faktisch-prozeduralem Wissen über Welt und die Bedingungen menschlicher Existenz bereithält.[39] Die kognitive Pragmatik ist

---

38 Wir unterscheiden kognitive Mechanik von kognitiver Pragmatik. Die kognitive Mechanik ist die biologisch-evolutionär geprägte Hardware des kognitiven Systems. Ihre Leistungsfähigkeit kann bestimmt werden durch Geschwindigkeit und Präzision der Informationsverarbeitung. Sie wird benötigt in fundamentalen Wahrnehmungsfunktionen, Unterscheidungen, im Vergleichen und Klassifizieren. Hier scheint in fortschreitendem Alter ein Leistungsrückgang vorprogrammiert zu sein. Die kognitive Pragmatik dagegen wird bestimmt durch die kulturellen Aspekte der Intelligenz. Sie zeigt software-artig, was an kulturellem Erfahrungswissen bereitsteht und was davon ein Mensch im Laufe seiner Ontogenese erwerben und verfeinern konnte. Beide, Mechanik und Pragmatik, sind in der Regel eng miteinander verwoben und aufeinander abgestimmt. »Pragmatik« bezeichnet allgemein die Orientierung hin auf das Nützliche, den Sinn für Tatsachen.

39 Vgl. hierzu: Paul B. Baltes u. a., Die zwei Gesichter der Intelligenz im Alter, in: Spektrum der Wissenschaft, Okt. 1995, 57–61.

also weitgehend bestimmt durch die Sozialisationen,[40] die sich im Austausch mit anderen Individuen ausbilden. Sie äußert sich etwa:

- in der Fähigkeit des Schreibens und Lesens,
- in beruflichem Fachwissen,
- in alltagsrelevanten Fähigkeiten (etwa der praktischen Intelligenz),
- in der Weisheit.

Vor allem dem ausgehenden Mittelalter galt die Weisheit als Gipfel menschlicher Erkenntnis- und Verstandestätigkeit, den der »gute Mensch« anstrebt. In der Kunst fand sie ihre Darstellung im »Weisheitsbaum«. Die linken Äste des Baumes repräsentieren die sieben »freien Künste« (Musik, Geometrie, Astronomie und Mathematik einerseits und Grammatik, Rhetorik und Dialektik andererseits). Die rechten Äste repräsentieren die sieben »Kardinaltugenden« (Glaube, Hoffnung, Liebe, einerseits und Gerechtigkeit, Mut, Klugheit, Mäßigung andererseits). Dieser Baum soll symbolisieren, wie sich in Weisheit Natur (Charakter) und Philosophie (Wissen) in gelungener Weise verbinden. Im Gegensatz zur Klugheit (= eine dem Verstand zugeordnete Eigenschaft bzw. Fähigkeit, Handlungsziele zu erkennen und bei rationalem Mitteleinsatz ihre Realisierung zu verfolgen) bezeichnete im ausgehenden Mittelalter Weisheit ein auf Handlungen ausgerichtetes Wissen und Verstehen um Ursprung, Sinn und Ziel dieser Welt, des menschlichen Lebens und der »letzten Dinge« (Tod, Himmel, Hölle ...). Weisheit[41] war also im Gegensatz zur Klugheit eng mit Reli-

40 Wir unterscheiden vier Sozialisationen: 1. Die primäre im Kindesalter, in der vor allem elementare kulturelle Fähigkeiten (Sprache, Über-Ich-Fähigkeiten, Einordnung, Religiosität) eingeübt werden. 2. Die sekundäre der Ausbildungsjahre, in der kulturelle Fähigkeiten (etwa des Lesens und Schreibens, des Rechnens, wissenschaftlicher Zugang zu Natur und Kultur, musische und handwerkliche Fähigkeiten) eingeübt werden. 3. Die tertiäre Sozialisation, in der kulturelle Fähigkeiten spezifischer Berufsausübung trainiert werden. 4. Die quartäre Sozialisation, in der die Fähigkeiten zum partnerschaftlichen Miteinander (etwa in der Ehe) vermittelt werden.

41 In der Religionsgeschichte begegnet uns »Weisheit« vor allem als Eigenschaft des Göttlichen, die im Hebräischen als Chokma und im Griechischen

giosität verbunden. Und da diese Religiosität weitgehend von christlicher Dogmatik beherrscht wurde, entfernte sie sich bis ins Heute von dem ersten Aufleuchten der erkannten Weisheit bei *Sokrates*.

Heute gilt die Weisheit als prototypisches Beispiel der kognitiven Pragmatik. Sie repräsentiert den Gipfel menschlicher Erkenntnisfähigkeit und Verstandestätigkeit. Hier stellt sich das Problem, ob sich dieses Thema einem empirisch-experimentellen Ansatz überhaupt stellt oder ob es sich hier um einen der vielen unscharfen und nicht zu schärfenden Begriffe (»Denkzeichen«) handelt, die sich jeder validen[42] Definition entziehen und somit reine Klischees sind, die bestimmte Emotionen oder undefinierte Werte transportieren.

Dennoch hat die moderne kognitive Pragmatik eine valide »beschreibende Definition« erstellt. Nach dieser gründet Weisheit

- in den Basiskriterien: Wissen um die Gegebenheiten des Lebens und um die Strategien, dieses Wissen praktisch zu machen;
- in den Metakriterien (das sind die Kriterien, die erfüllt sein müssen, um das Basiskriterium praktisch zu machen):
  - Wissen um die Zusammenhänge des Lebensverlaufs (*Life-span*-Kontextualismus),
  - das Wissen um die Relativität nahezu aller Werte[43] (ausge-

---

als Sophia personifiziert wurden. In polytheistischen Religionen wird die Weisheit verschiedentlich einem bestimmten Gott zugeeignet, so dem sumerischen Gott (dem Herrn des unterirdischen Süßwasserozeans Apsu) Enki, der im Flutmythos den Menschen mit List rettet (entspricht dem babylonischen Ea), dem ägyptischen Mondgott Thot (der in der griechischen Antike »Hermes Trismegistos« genannt wurde und als Verfasser der hermetischen Literatur galt). Im jüdischen »Buch der Weisheit« (vermutlich im 1. vorchristlichen Jahrhundert in griechischer Sprache verfaßt) soll die jüdische Weisheit als der griechischen Philosophie überlegen dargestellt werden, um den Verfall jüdischer Sitten zu stoppen.

42 Eine Definition ist valide, wenn sie von einer zureichend großen Wissenschaftlergesellschaft akzeptiert wird.

43 Werte bilden sich im Entstehungs- und Entwicklungsprozeß jedes sozialen Systems heraus, wenn sie von einer Mehrheit der Mitglieder dieser Gesellschaft internalisiert wurden und konsensuell das Wünschenswerte bestimmen. Bildet eine Gesellschaft keine Werte aus, bildet sie kein soziales Sy-

nommen der höchste sittliche Wert, der eine sittliche Moral begründet: etwa die Biophilie)
- und das Wissen um die Tatsache, daß nahezu alle Entscheidungen unter Ungewißheit (der Voraussetzungen, der Randbedingungen und der Folgen) getroffen werden.

Die von ihr geregelten Prozesse sind:

- Lebensplanung (Zukunft),
- Lebensbewältigung (Gegenwart),
- Lebensrückblick (Vergangenheit).

Weisheit bezeichnet also das den genannten Kriterien gehorchende Lebenswissen, das von anderen Formen des Wissens (wie Fachwissen, vor allem aber auch vom Erfahrungs- und Gewohnheitswissen) sehr wohl unterschieden werden kann und muß. Sie ist neben dem Erfahrungs- und Gewohnheitswissen vielmehr eine eigene Facette im »Alltagswissen« (= verfügbare Orientierungen im Rahmen alltäglicher Handlungs- und Sachzusammenhänge). Weisheit ist also ein »Wissen, das aus dem Leben folgt«. Es ist eine Ausdrucksform gelebten und realisierten Lebens. Weisheit ist die andere Seite der Biophilie[44], beide können ohneeinander nicht sein. Ein vermeintlich biophiles Handeln, das nur der rationalen Einsicht folgt, wird in der Regel nicht-biophil ausgehen. So ist denn dieses Buch zu verstehen als eine Präzisierung des von mir als das höchste sittliche Gut bezeichneten Biophiliebegriffs.
So läßt sich denn Weisheit (bei aller möglichen Begriffsunschärfe) so definieren:[45]

---

stem, sondern ein Konglomerat von Individuen und Gruppen, die ihre egoistischen Ziele verfolgen. In Handlungsalternativen sind als Werte Orientierungsvorgaben, die Verhaltenssicherheit vermitteln. Aus Werten leiten sich Normen (etwa moralische oder juristische) und Rollen (etwa Geschlechterrollen, Berufsrollen) her.

44 »Biophilie« bezeichnet die Qualität einer Handlung oder Entscheidung, die personales Leben in allen seinen Dimensionen (den physischen, den psychischen, den sozialen, den musischen, den sportlichen, den handwerklichen, den intellektuellen, den religiösen...) eher mehrt als mindert.

45 Die vorgestellte Definition wurde erzeugt nach dem Prinzip: »Der Gebrauch eines Wortes bestimmt seine Bedeutung.« Analysiert man etwa 1000 Sätze,

»Weisheit« bezeichnet
(a) ein Expertenwissen
(b) auf dem Gebiet der fundamentalen Pragmatik des Lebens,
(c) das zu besonders ausgewogenen Urteilen und fundierten Ratschlägen bei schwierigen Lebensproblemen befähigt,
(d) die gleichzeitig mit einem hohen Grad an Ungewißheit verbunden sind.

Folgende Begriffe der Definition sollten nun weiter abgeklärt werden:

(a) Expertenwissen,
(b) fundamentale Pragmatik des Lebens,
(c) Urteilen und Raten und
(d) Ungewißheit.

(a) Das Wort »Expertenwissen« mag störend wirken.

Dennoch ist ein weiser Mensch ein Experte. »Expertenwissen« bezeichnet eine Form des vom Alltagswissen unterschiedenen Wissens, das »qualitativ zuteilbar ist«. Das hat es gemeinsam mit Erfahrungs- und Fachwissen. Wie es Menschen gibt, die ein qualitativ von anderen unterschiedenes Wissen in Sachverhaltsbereichen (wie etwa der theoretischen Physik oder der Medizin oder der Juristerei) oder im Erfahrungsbereich haben (wie etwa ein Meister gegenüber einem Gesellen, ein Kind gegenüber einem Erwachsenen), so gibt es Menschen, denen ein qualitativ höheres Lebenswissen zugesprochen werden kann, das weder

in denen das Wort »Weisheit« verwandt wird, kann man nach Aussonderung von singulären, mit den übrigen Bedeutungen nicht kompatiblen, eine Bedeutung herausarbeiten, die den benutzten (unter Beiseitelassen individueller Randbedeutungen) zureichend gerecht wird. Die so herausgearbeitete »Definition« wird nun in den Sprachgebrauch einer konkreten Wissenschaftlergesellschaft transponiert. Damit wird eine valide Definition erzeugt, die in dieser Wissenschaftlergesellschaft als brauchbar akzeptiert wird.

in Fach- noch in Erfahrungswissen gründet (wennschon beide im Einzelfall hilfreich sein können). So unterscheiden sich im Wissensbereich qualitativ Dogmatiker (die meinen, über täuschungs- und irrtumsfreies Wissen zu verfügen) von Nicht-Dogmatikern, die solchem fundamentalen Irrtum nicht erliegen. So unterscheiden sich Menschen, die der Meinung sind, viele Sachverhalte seien selbstverständlich sinnvoll, brauchbar, nützlich, von solchen, denen zunächst nichts selbstverständlich ist, so daß der Sinn, die Brauchbarkeit, der Nutzen von Routinen immer wieder überprüft werden müssen. Die Menschen, welche in einer Welt voller Wahrheiten und Selbstverständlichkeiten leben, sind qualitativ unweiser als Menschen, die in einer Welt voller möglicher Täuschungen und Unselbstverständlichkeiten, ja Ungewißheiten leben. Letztere sind »Experten für Lebenswissen«. Nur weise Menschen verfügen über Einsichten, welche über zugängliche Einsichten in die Grundfragen der biologischen, sozialen und emotionalen Existenz verfügen. Sie sind – meist ohne es zu wissen – Konstruktivisten (im erkenntnistheoretischen Sinn).[46] Konstruktivistisch sind vor allem einige existentielle Bedingtheiten zu bedenken, die zur fundamentalen Pragmatik des Lebens gehören.

---

46 Der erkenntnistheoretische Konstruktivismus gründet wie schon erwähnt in einer naturwissenschaftlichen Kognitionstheorie, die das Wie unserer Erkenntnis ausmacht (also die Frage zu beantworten versucht: »Wie erkennen wir?«). Diese Theorie konnte sicherstellen, daß unser Erkenntnissystem, angeregt durch innere oder äußere Signale, Informationen selbstreferentiell (d. h. nach Gesetzmäßigkeiten, die bei jedem Menschen anders ablaufen und von dem Verlauf der Entwicklung des Erkenntnissystems vor allem in der frühen Kindheit abhängen) verarbeitet. Auf dieser Grundlage der modernen Kognitionstheorie läßt sich unschwer eine konstruktivistische Erkenntnistheorie entwickeln, welche die Frage beantwortet: »Was erkennen wir?« Diese Theorie stellt sicher, daß unsere Erkenntnisse nicht Rekonstruktionen von Selbst, Welt und sozialen Beziehungen sind, sondern Konstruktionen. Jeder Mensch hat also ein anderes Bild vom eigenen Selbst, von Welt und von sozialen Beziehungen. Wer diesen Sachverhalt nicht internalisierte (und also in einer Welt voller für alle Menschen gültigen Wahrheiten und Gewißheiten lebt), wird kaum als weise gelten können.

(b) Zur »fundamentalen Pragmatik des Lebens« gehören:

- die individuellen Bedingtheiten (etwa Begabungen, Charakterfehler, Fertigkeiten, Geschlecht, Alter),
- die sozialen Bedingtheiten (etwa Altruismus, Alterozentriertheit, Kontaktstärke, Konflikt- und Kommunikationsfähigkeit,[47] Moral und deren Gegenteile),
- die historischen Bedingtheiten (etwa individuelle Erfahrungen mit Personen, Sachen oder Beziehungen, aber auch die geschichtliche Eingebundenheit der eigenen Familie, des eigenen Volkes...),
- die Bedingtheiten, die aus der Einbindung in Welt folgen (etwa die Verwiesenheit auf Sachverhalte dieser Welt wie Umwelt, Klima, Naturerscheinungen und -katastrophen, Wohnort, Speise und Trank...),
- die grenzgebundenen Bedingtheiten (etwa Grenzen der sozialen, physischen, psychischen, musischen... Begabungen sowie vor allem die existentielle Notwendigkeit des eigenen Sterbens),
- die kulturellen Bedingtheiten (etwa der Zugehörigkeit zu

---

47 Die Konfliktfähigkeit umfaßt vor allem die Fähigkeiten,
(a) überflüssige von notwendigen Konflikten und
(b) lösbare von unlösbaren Konflikten zu unterscheiden,
(c) überflüssige Konflikte zu vermeiden,
(d) notwendige Konflikte mit einem minimalen sozialen und emotionalen Aufwand bei sich und dem Konfliktpartner durchzustehen und
(e) unter unlösbaren Konflikten nicht zu leiden.
Die Kommunikationsfähigkeit umfaßt vor allem
(a) die Fähigkeit, verständlich eine Meinung zu vertreten,
(b) das Wissen, daß Wahrheit und Gewißheit voneinander unterschieden sind (Dogmatiker sind im Bereich ihrer Dogmen stets kommunikationsunfähig),
(c) das Wissen, daß Signale, die komplexe Sachverhalte beschreiben, von allen Menschen zu anderen Informationen verarbeitet werden,
(d) das Wissen, daß diese Verarbeitung um so unterschiedlicher ist, wenn Interessen, Erwartungen, Bedürfnisse und Werteinstellungen verschieden sind.
Über die Kommunikationsfähigkeiten handeln u. a. Psychologie, Soziologie (vor allem in den Theorien zur Soziodynamik), Informationstheorie, Spieltheorie, Linguistik, die ihre Beiträge zur Kommunikationswissenschaft lieferten.

bestimmten sozio-kulturellen und sozio-ökonomischen Systemen mit ihren normativen Ansprüchen).

(c) Weise zu raten, zu Bedenken zu geben, Alternativen aufzuweisen...

(wobei das Aufweisen von Alternativen dem Raten, vor allem dem unerbetenen, unbedingt vorzuziehen ist) setzt in aller Regel zwei Begabungen voraus:

- Die Integration der dialektischen Einheit[48] von Emotionalität, Sozialität und Rationalität. Ist eines dieser Elemente desintegriert, ist eine Person nicht authentisch. Sie wirkt in eigenartiger Weise desintegriert.
- Die dialektische Einheit der Letztkonstrukte (Selbst, Welt und soziale Beziehungen) muß konsistent und kohärent (also nicht gestört) sein. Sie muß ferner möglichst realitätsdicht organisiert sein. Die Realitätsdichte läßt sich operationalisieren (erfahrbar machen) mittels zweier Erfahrungen: (a) Die soziale, physische, psychische In- und Umwelt leistet keinen Widerstand (es kommt also nicht zu unerwarteten Ausgängen und Folgen der Handlungen), und (b) es kommt zu einer Optimierung der Biophilie (des physischen, psychischen, sozialen, emotionalen, rationalen... Lebens des Ratsuchenden wie des Ratenden).

(d) Der »hohe Grad der Ungewißheit«

meint nicht primär die Tatsache, daß aller Rat aufgrund unvollständiger Information erfolgt, sondern die elementare Feststellung, daß uns niemals alle Folgen eines Tuns oder Lassens bekannt sein können. Zur Weisheit gehört nicht nur die Fähigkeit, risikobeladene Ausgänge möglichst zu vermeiden, sondern auch

---

48 Mehrere Elemente bilden eine dialektische Einheit genau dann, wenn sie drei Bedingungen erfüllen:
1. Sie sind voneinander real unterschieden und unterscheidbar,
2. eines kann ohne die anderen oder das andere nicht sein, und
3. eine Veränderung eines Elements führt zwingend zur Veränderung der (des) übrigen.

So bildet etwa eine dynamische Partnerschaft eine dialektische Einheit.

mögliche unerwünschte Nebenfolgen (etwa Umweltreaktionen) zu bedenken und zu berücksichtigen.
Ob es eine signifikante Korrelation zwischen Weisheit und Alter gibt, ist umstritten, obschon eine Korrelation zwischen Weisheit und »älter als 60« aufweisbar zu sein scheint.[49] Jedenfalls macht Altern allein nicht weise. Zu viele Menschen altern, ohne Lebenssituationen und Charaktermerkmale zu besitzen, die für die Entwicklung von Weisheit unverzichtbar sind. Die Entfaltung von Weisheit erfordert ein hohes Maß an Übung im Umgehen mit Grundfragen menschlicher Existenz im Kontext einer Vielfalt von Lebensverläufen. Ferner scheint eine Erfahrung mit guten Mentoren und eigenen Mentorenaktivitäten eine wichtige Rolle zu spielen. Diese Bedingungen werden nun sicherlich häufiger von älteren als von jungen Menschen erfüllt. Andererseits muß bedacht werden, daß die Mechanik (etwa das Lösen von Denkaufgaben) des kognitiven Systems – statistisch gesehen – im Alter abnimmt und somit auch der Entwicklung von Weisheit Grenzen zieht.
Weisheit ist ein wichtiger, vielleicht der wichtigste Aspekt des menschlichen Zusammenseins überhaupt – vor allem in einer Zeit, in der Fachwissen und gelegentlich auch Erfahrungswissen alleinige Kriterien von Entscheidungen zu werden drohen. Die Vision einer Welt, in der personale Verantwortung in Unternehmen, Kirchen, Familien nicht mehr von Weisheit (mit)gelenkt werden, erzeugt Bilder der Horrors einer bloß funktional organisierten und interagierenden Menschheit. Das Abhandenkommen von Weisheit dürfte die erheblichste Gefahr sein, die uns als Inweltkatastrophe vor oder nach der Umweltkatastrophe einzuholen droht.

---

49 Vgl. hierzu Paul B. Baltes u. a., a.a.O., 59. »Bei weisheitsbezogenen Leistungen als Paradebeispiel kognitiver Pragmatik fand sich kein wesentlicher Altersabbau; verglichen wurden Personen zwischen 25 und 90 Jahren, die keine erkennbare Demenz aufwiesen. Dies gilt auch für den Bereich der Hoch- und Spitzenleistungen; bei den obersten 20 Prozent aller Personen – jenen mit den qualifiziertesten Antworten auf unsere Weisheitsaufgaben – waren 60- und 70jährige ebenso stark vertreten wie jüngere Menschen« (ibd., 60). Für einen durchschnittlichen Erwachsenen mag das Maximum an Fachwissen bei etwa 30 Jahren liegen, das an Erfahrungswissen bei 60, während das Lebenswissen nach 25 kaum noch zunimmt.

Es sollen hier einige weisheitsbezogene Fälle vorgestellt werden,[50] auf die Sie, der Leser, bitte Ihre Antwort formulieren mögen, um den Bestand Ihres Lebenswissens zu testen. Dabei bezeugen unerbetene gute Ratschläge stets einen Mangel an Weisheit. Es kommt vielmehr darauf an, der betroffenen Person durch Aufweisen von Alternativen, durch erkenntnisleitende Fragen … eine möglichst allen Beteiligten nützende Güterabwägung zu ermöglichen. Im Anhang werden einige mögliche Reaktionen von hohem und niedrigem Weisheitswert vorgestellt.

1. Fall (betrifft Lebensplanung):

Eine 60jährige Frau hat kürzlich ein Examen in Betriebswirtschaftslehre abgelegt und voller Hoffnungen mit einer Angestellten ein eigenes kleines Unternehmen (Boutique) gegründet. Nun erfährt sie, daß sich ihr Sohn nach dem Tod seiner Frau als alleinerziehender, voll berufstätiger Vater um seine zwei Kinder im Alter von 10 und 12 Jahren kümmern muß. Was könnte man in dieser Situation (a) gemeinsam bedenken, (b) welche weiteren Informationen sind notwendig, um den richtigen Weg zu finden, und (c) was ist eventuell zu tun? Was würden Sie der Frau raten, wenn Sie um Rat gefragt würden?

2. Fall (betrifft Lebensrückblick):

Eine ältere Frau hatte sich zu Beginn ihrer Ehe für die Sorge um die Familie und gegen einen Beruf entschieden. Sie trifft eine Freundin, die damals die genau gegenteilige Entscheidung zugunsten einer Berufstätigkeit traf. Diese Begegnung veranlaßt die Frau, auf ihr Leben zurückzublicken. Was könnte sie (könnte man) in einer solchen Situation bedenken/tun? Was würden Sie ihr raten, wenn Sie um Rat gefragt würden?

3. Fall (betrifft Lebensbewältigung):

Jemand wird von einem guten Freund angerufen. Dieser erklärt, er wisse nicht mehr weiter, habe das Pro und Contra für ein Weiterleben zusammengestellt. Er stehe allein auf der Welt und sei seit Jahren arbeitslos – und falle anderen Menschen nur zur

---

50 Wir folgen auch hier Paul B. Baltes u. a., a.a.O., 60.

Last. Sein Leben sei nicht nur sinnlos geworden, sondern sogar widersinnig. Die Bilanz spreche eindeutig gegen ein Weiterleben. So habe er beschlossen, sich selbst zu töten. Sie seien der einzige Mensch, mit dem er die Stimmigkeit seiner Bilanz durchsprechen könne. Was könnte man in einer solchen Situation bedenken oder tun? Welchen Rat würden Sie geben, wenn Sie denn schon um einen solchen gebeten würden? Wie würden Sie sich verhalten?[51]

An einem weiteren Beispiel soll deutlich gemacht werden, welche Reaktionen einen niedrigen und hohen Weisheitswert haben.

Der Fall: Ein 15jähriges schwangeres Mädchen will unbedingt sofort heiraten. Was sollte sie (sollte man) bedenken und tun? Welche Alternativen kämen in Frage?

1. Antwort mit niedrigem Weisheitswert:
Ein 15jähriges Mädchen und heiraten? Auf keinen Fall! Mit 15 zu heiraten wäre ein arger Fehler. Man muß dem Mädchen sagen, daß eine Heirat unmöglich sei. Wo kämen wir hin, wenn unreife 15jährige sich schon für ihr Leben festlegten? Nein, das ist ganz klar, es wäre unverantwortlich, das als Erwachsener zuzulassen. Man muß es ihr ausreden, heiraten mit 15 ist einfach falsch. Sie solle die Schwangerschaft abbrechen oder das Kind austragen und unmittelbar nach der Geburt zur Adoption freigeben.

2. Antwort mit hohem Weisheitswert:
Auf den ersten Blick scheint das Problem einfach zu liegen. Im allgemeinen gilt, daß heiraten mit 15 zu früh ist, selbst wenn Schwangerschaft vorliegt und der Vater heiratswillig ist... Viele Mädchen denken vielleicht daran, wenn sie zum ersten Mal richtig verliebt sind. Es gibt aber auch Situationen, in denen solche Bedenken nicht gelten. So könnte etwa das Mädchen unheilbar krank sein, es könnte gerade seine einzigen Bezugspersonen (etwa seine Eltern) verloren haben, oder es entstammt einem

---

51 Siehe Anhang Seite 295–297.

anderen Kulturkreis (etwa aus Indien), in dem frühe Ehen üblich sind. Zudem ist, selbst wenn keiner dieser Gründe vorliegt, unter den gegebenen Umständen (heiratswilliger Freund, Schwangerschaft) durchaus nicht eine Ehe auszuschließen, gibt es doch 15jährige, die reifer sind als manche 20jährige.

Antworten mit niedrigem Weisheitswert haben folgende Merkmale gemeinsam: Ihnen fehlt eine autonome Steuerung der Kritikfähigkeit. Diese Menschen sind in Situationen, die Weisheit einfordern, heteronom (vom Über-Ich oder von Dogmen) gesteuert. Das manifestiert sich in folgenden Merkmalen:

- Der Antwortende hält seine Gewißheiten für wahr.
- Er denkt undifferenziert und bedenkt keine Alternativen.
- Er fragt nicht nach den Randbedingungen, zwischen denen der Fall spielt, und setzt seine eigenen Erfahrungen absolut.
- Er wertet (beurteilt, verurteilt) moralisch mehr oder minder absolut und nicht orientiert an einer systemtranszendenten Sozialverträglichkeit (etwa der Biophilie).
- Er bleibt den systemischen Vorurteilen, Wertungen und anderen scheinbaren Selbstverständlichkeiten verhaftet.

Beschäftigen wir uns zunächst im folgenden mit den Ausdrucksformen mangelnder Weisheit, um dann die verschiedenen Felder, in denen Weisheit spielen sollte (Hilfloser – Helfender, Ratsuchender – Ratgebender, Partnerschaft, Politik, Wirtschaft, Religion), abzuschreiten. Wir werden erkennen, daß allen »Weisen« gemeinsam ist, daß sie in Prozessen und Netzwerken denken können.

4. Kapitel

Einige notwendige Bedingungen, weise zu sein

Die Disposition zur Weisheit ist vermutlich angeboren. In ihr vereinigt sich dispositiv das Menschheitswissen, das in langen Jahrhunderttausenden als Lebens- bzw. Überlebenswissen erworben wurde. Durch Erfahrungswissen kann diese Disposition aktiviert, entwickelt, ausgebaut werden. Dieses Erfahrungswissen gründet, um zur Entfaltung von Weisheit beizutragen, in angeborenen oder erworbenen charakterlichen Merkmalen. Einige davon wurden in der Einführung schon genannt: etwa die Fähigkeit, konstruktivistisch zu erkennen, zu denken, zu verstehen. Hier sollen nun einige weitere genannt werden, die sich sicher nicht alle bei jedem weisen Menschen finden, doch die Ausbildung von Weisheit erleichtern oder gar bedingen.
Wir unterscheiden folgende Bedingungskomplexe, die für die Ausbildung von Weisheit notwendig oder zumindest äußerst nützlich sind:

- Bedingungen der Erkenntnis,
- sittliche Bedingungen,
- eher psychische Bedingungen,
- eher soziale Bedingungen.

Die psychischen Bedingungen sind oft mit den sozialen zu psychosozialen Einheiten verbunden.

1. Bedingungen der Erkenntnis

a. Die Fähigkeit und Bereitschaft, im Erkennen fortzuschreiten und Erkenntnis zu erweitern

Erkennen ist – außer vielleicht im scheinbar oberflächlich Selbstverständlichen – niemals frei von Täuschung und Irrtum.[52] Das bedeutet, daß die Konstrukte, in denen sich Erkanntes verdichtet und objektiviert, stets dynamisch bleiben müssen, um Täuschung und Irrtum minimieren zu können.

Erkennen geschieht in der Ausbildung oder der Modifikation von Konstrukten. Diese können als Denkzeichen (als Allgemeinbegriffe) oder Gestalten (etwa von singulären Sachverhalten wie Personen, Szenen, Ereignissen) oder Komplexe von Denkzeichen und/oder Gestalten[53] auf den äußeren Schichten beider Hemisphären des Neocortex gespeichert werden oder gespeichert worden sein. Nicht alles Erkannte ist sprachlich verfügbar. Nicht immer gelingt die Übersetzung von Denkzeichen oder

---

52 Daß wir uns auch im Selbstverständlichen täuschen können, ist der modernen Erkenntnistheorie offensichtlich. Das Prinzip vom Nicht-Widerspruch, das der Annahme möglicher irrtums- und täuschungsfreier Erkenntnis zugrunde liegt, ist nicht etwa ein Prinzip, das auch die Welt außerhalb unserer Erkenntnis bestimmen muß (es kann sein, daß sie von ihm bestimmt wird – aber wir wissen es nicht), sondern ein Programm, das unser kognitives System gleichsam schon in seinem BIOS befolgen muß. Wir können nicht gegen dieses Prinzip denken, das aber sagt nicht, daß es auch außerhalb unseres Erkennens gültig ist. Es erhielt seine klassische Formulierung von Aristoteles: »Etwas kann nicht zugleich und unter der gleichen Rücksicht sein und nicht sein« (Met. III, 2; 996 b 28 f.).

53 »Gestalten« sind Figuren oder Fakten, die nur in ihrer Gesamtheit als geschlossen von einem Hinter- oder Untergrund sich abhebendes Ganzes zu erfassen, zu erkennen sind. Zumeist gilt bei der Ausbildung von Gestalten das »Prägnanzprinzip«. Es besagt, daß von allen Möglichkeiten, Elemente zu einem Ganzen (der Gestalt) zu fügen, diejenige bevorzugt werden, welche die strukturell einfachsten und damit deutlichsten sind. Offensichtlich können wir Gestalten erkennen, wenn auch nicht mit ihnen denken (wohl über sie denken). Denken ist ein Verbinden von Konstrukten vom Typ Denkzeichen und führt in aller Regel zur Ausbildung neuer Konstrukte oder zu Anlagerungen oder Systembildungen von Konstrukten. Im letzteren Fall können Gestalten integriert werden.

Gestalten bzw. deren komplexer Systeme[54] in Sprachzeichen. So gibt es Hirnschäden, die es dem Betroffenen zwar erlauben, zu denken oder zu sprechen, nicht aber beides. Der Konstruktspeicher, der Wortspeicher, die Übersetzungs- und Transportmechanismen können gestört oder zerstört worden sein.
Von Erkenntnisfortschritt sprechen wir, wenn Denksysteme denkend so organisiert werden, daß sie möglichst realitätsdicht (das heißt Täuschungen und Irrtümer mindernd) neue Konstrukte erzeugen oder bestehende verändern. Von Erkenntniserweiterung sprechen wir, wenn neue Impulse (etwa optische oder akustische Signale) vom kognitiven System über Empfindungen zu Informationen verarbeitet werden, die dann Konstrukte bilden oder modifizieren können. Der Unterschied zwischen Signalen und Informationen ist so groß, daß man sagen kann: Wir leben in zwei Welten.
Die erste Welt ist die der physikalisch interpretierbaren optischen, akustischen, taktilen ... Signale. Für sie gelten die Regeln des Determinismus (das heißt, es besteht eine eindeutige Ursache-Wirkungs-Beziehung, wennschon wir auch aus einer Wirkung nicht immer eindeutig auf uns bekannte Ursachen zurückschließen können. Dieser Rückschluß ist uns vor allem bei chaotischen, aber determinierten Systemen zumeist unmöglich. Die andere Welt ist die der Informationen. Sie, ihre Entstehung und Verarbeitung (etwa im Denken) gehorchen nicht mehr den Regeln des physikalischen Determinismus. Sie sind nicht einmal physikalische Sachverhalte. Physikalisch gesehen werden Informationen mittels Attraktoren erzeugt, die bestimmt sind durch kleine Klappenbewegungen von bestimmten Neuronen. Diese bewegen so kleine Massen für so kurze Zeiten, daß sie der Unschärferelation gehorchen: $\delta m x \delta t < h/4\pi c^2$. Elementarteilchen, die unterhalb der Schwelle der *Heisenbergschen* Unschärfe liegen, nennt man gemeinhin »virtuell«[55]. Tabellarisch aufgelistet mag der Unterschied beider Welten so darzustellen sein:

---

54 Solche komplexe Systeme von Konstrukten, die ihrerseits wieder Konstrukte (Denkzeichen oder Gestalten) sind, sind etwa das Selbstkonstrukt, das Du-Konstrukt, alle Formen von Wir-Konstrukten, das Weltkonstrukt...

55 Die Existenz solcher virtueller Elementarteilchen ist nicht nur quantenelektrodynamisch zu fordern, sie können vielmehr auch in ihren Wechselwirkungen mit realen Teilchen »beobachtet« werden (etwa im Lambshift).

	Welt 1	*Welt 2*
	Signale	Information
	Sein	Bewußtsein[56]
	Ursache → Wirkung	Ursache ↔ Wirkung
physikalisch	»reale Welt«	»virtuelle Welt«

Das Wissen um ein Leben in beiden Welten ist eine Voraussetzung, daß Weisheit geschieht. Vielleicht gar kann menschliches Leben bestimmt und geortet werden als ein Ereignis, das sich auf der Schnittstelle beider Welten ereignet. Jedenfalls ist dieses Wissen hilfreich für wirksames Lebenswissen.

Was für die Erkenntnis gilt, gilt in besonderer Weise für den Erkenntnisfortschritt. Jene Dynamik, die im Erkenntnisfortschritt und in der Erkenntniserweiterung liegt, die somit die Bedingung schafft, Irrtümer und Täuschungen zu minimieren, ist sicherlich eine notwendige Voraussetzung von Weisheit. Fehlt diese Dynamik, ist ein Mensch eingebunden in seine Welt, die sich autodynamisch immer weiter von der realen entfernt.

b. Wissen um Informationsursachen

Wir unterscheiden – wie gesagt – zwei Welten. In der ersten gilt das materielle deterministische Prinzip von Ursache und Wirkung (gemeinhin spricht man hier von Wirkursächlichkeit). Uns interessiert hier die Welt der Informationen. Die Welt der Informationen ist stets chaotisch. In einem indeterministisch-chaotischen System kann die Wirkung auf die Ursache – sie verändernd – einwirken. Die Welt der Wirkursächlichkeit, die Welt des *Isaak Newton*, bleibt hinter uns. Ein solches indeterministisch-chaotisches System bilden etwa zwei Gesprächspartner, insofern beide aufgrund erzeugter Signale des anderen Informationen erzeugen, sie indeterminiert mit anderen verbinden, sie verarbeiten ... Diese doppelte Weise (Informationen des Sprechenden – Signale des Sprechenden – Informationen des Hörenden – Signale des Hören-

56 Bewußtsein wird durch Informationserzeugung und -verarbeitung generiert. Bewußtsein ist also keineswegs ausschließlich bewußt gewordenes Sein (Marx), sondern gründet in bewußt gewordenen Informationen.

den [und jetzt Sprechenden])sorgt dafür, daß der gesamte Prozeß des Dialogs nicht nur chaotisch (das heißt nichtlinear kausal beschreibbar) ist, sondern auch indeterminiert. Von der Außenseite des Dialogs her betrachtet, kann man sagen: Der Sprechende wird durch die Erwartung der Reaktion des Hörenden sein Sprechen ursächlich organisieren. Die erwartete, aber auch die reale Wirkung geht, wenn auch nicht deterministisch, in die Ursache ein. Der Grund für dieses Phänomen mag die enge Verschränkung beider Welten im menschlichen Interagieren sein.
In der Informationswelt tritt an die Stelle der Wirkursächlichkeit die immaterielle Informationsursächlichkeit. Informationen können ausschließlich auf dem Neocortex von Tieren oder Menschen aufgrund von Signalen, die der materiellen Welt zugehören, gebildet werden. Informationen können – wie gesagt – Konstrukte erzeugen oder modifizieren. Insofern sie dieses tun, begründen sie die Welt, die von Informationsursächlichkeit bestimmt ist. Wie diese beiden Welten genau zusammenhängen, wissen wir nicht. Nur daß in ihnen völlig andere Regeln, Gesetze herrschen, ist uns bewußt. Der Zusammenhang zwischen beiden Welten wird immer dann hergestellt, wenn Signale (etwa Worte = Sprechzeichen) beim Hörenden zu Begriffen (= Denkzeichen) verwandelt werden oder umgekehrt Denkzeichen zu Wortzeichen (beim Sprechenden). Wer nichts über solche Verarbeitungsregeln weiß, wird selten weise sein können, denn die Welt fremder Konstrukte bleibt uns ewiges Geheimnis. Hiermit hängt eng zusammen eine realistische Interpretation der Containermetapher.

c. Wissen um die Tücken der Containermetapher

Da die Erklärung menschlicher Kommunikation äußerst kompliziert ist, verwendet man – ähnlich wie in der Theologie[57] – Meta-

57 So ist etwa die Trinitätsmetapher, Gott ist Vater, Sohn und Heiliger Geist, zentral für christliches Glauben, wennschon sie durch andere Metaphern ersetzt werden kann. Die heute vermutlich unmißverständlichste Trinitätsmetapher könnte etwa sagen: Gott ist der Liebende, der Geliebte und die Liebe. Auch Metaphern wie »Himmel«, »Hölle«, »Teufel«... sind im Denken der semitischen Religionen nicht fremd. Es ist wichtig, sie nicht realistisch zu interpretieren, sondern in ihrer metaphorischen Bedeutung zu belassen.

phern, um das zu deuten, was man meint. Die gebräuchlichste Metapher, um das kommunikative Geschehen zu deuten, ist die sogenannte Containermetapher. Sie nimmt an, daß der Sprechende Informationen in einen Container (etwa in einen gesprochenen oder geschriebenen Satz) lädt und dieser Container sich beim Hörenden entlädt, so daß jetzt beide über dieselbe Information verfügen. Diese Metapher, realistisch interpretiert, so verbreitet sie auch heute noch unter unweisen Kommunizierenden ist, ist vielfach als unbrauchbar erkannt worden. Zum einen durch die Soziologie: Wenn man ein kurzes Referat über einen nicht-trivialen[58] Sachverhalt von den Hörern reproduzieren läßt, stellt sich heraus, daß alle etwas anderes gehört haben.[59] Zum anderen über die Hirnphysiologie: Wenn verschiedene Menschen identische Signale empfangen, werden bei allen – wie im Positronen-Emis-

---

58 »Trivial« soll hier bedeuten: Unmittelbar der Sinneserkenntnis leicht zugänglich, wenn diese Erkenntnis nicht pathologisch (etwa halluzinatorisch) oder durch Unschärfen (etwa illusorisch) beeinträchtigt ist.

59 Daß das nicht etwa für die europäischen Naturwissenschaften gilt, liegt daran, daß wir alle in sehr ähnlicher Weise in die Naturwissenschaften sozialisiert wurden. Andererseits sind wichtige Grundlagen unserer europäischen Kultur damit in Frage gestellt. Wenn wir miteinander oft nach langen Rekursionen schriftliche Verträge schließen, sich aber im Zeitverlauf die Werteinstellungen, Erwartungen, Interessen und Bedürfnisse ändern, wird jede der vertragschließenden Parteien den Vertragswortlaut anders interpretieren. Wenn es zu einem Gerichtsverfahren kommt, wird der berichterstattende Richter, da in einem Verfahren nur beschränkte Rekursionen möglich sind und die WEIB bei Richter und Parteien verschieden sind, eine dritte Interpretation vorlegen, die mehr dem Zufall als dem Recht entsprechend der einen oder anderen Partei »recht gibt«. Hat ein weiser Richter einmal dieses essentielle Gerechtigkeitsdilemma erkannt, wird er ein Urteil sprechen, das den geringsten Schaden anrichtet. Doch auch eine andere Säule unserer neuzeitlichen Wertordnung gerät ins Wanken, wenn man die Heimtücken der realistisch interpretierten Containermetapher nicht mehr zu folgen bereit ist: die parlamentarische Demokratie. Da die Abgeordneten die meisten Gesetze (vor allem auch in ihren Folgen) nicht mehr durchschauen, würde sie ein jeder anders interpretieren. Um das zu verhüten, gibt es den Fraktionszwang. Gesetze werden im allgemeinen von der Ministerialbürokratie – natürlich den Vorteil der Exekutive suchend – ausgearbeitet und dann von den Fraktionsspitzen, die etwas von der Sache verstehen sollten, verabschiedet. Die Zustimmung des Kabinetts und des Parlaments ist reine Formsache und deshalb in der Regel überflüssig. Entscheidet sich einmal eine Fraktion gegen den »Vorschlag« der Fraktionsspitze, gilt das als mittlere Sensation.

sions-Tomographen (PET) leicht erkennbar – verschiedene Neocortex-Regionen (in der Sprache der Chaostheorie: Attraktoren) und damit andere Konstrukte oder gar Konstrukttypen aktiviert. Ein weiser Mensch wird durch Rekursionen (etwa Rückfragen, einen Bericht über das Gehörte...) und die nachfolgenden Korrekturen und Ergänzungen des Sprechers einerseits und die Gleichartigkeit ausgebildeter Werteinstellungen[60], Erwartungen, Interessen, Bedürfnisse andererseits dafür sorgen können, daß beide über zureichend annähernd gleichartige Informationen verfügen, daß er zum einen den Partner richtig verstanden hat und zum anderen sich ihm recht verständlich machen kann.

d. Unterscheidung des Veränderbaren vom Unveränderbaren

Eines der weisesten Gebete, die ich kenne, wird der heiligen *Teresa von Ávila* (1515–1582) zugeschrieben: »*Herr, gib mir die Weisheit, das, was ich ändern kann, von dem zu unterscheiden, was ich nicht ändern kann, die Kraft, das zu ändern, was ich ändern kann, und die Gelassenheit, das zu ertragen, was ich nicht ändern kann.*« Es ist eine wichtige Ausdrucksform der Weisheit, das Änderbare vom nicht zu Verändernden zu unterscheiden. Etwas ändern zu wollen, zu dem die eigenen Kräfte, der eigene Einfluß, die eigene Geduld und die eigene Zeit nicht ausreichen, ist ebenso unweise wie die Nicht-Beachtung der Verhältnismäßigkeit der eingesetzten Mittel unter Rücksicht der Bedeutung des zu Verändernden. Bagatellen mit gewaltigem Aufwand zu ändern ist sicherlich nicht weise. Welches sind nun solche Sachverhalte, die Menschen zu ändern versuchen, ohne Aussicht auf Erfolg:

- Da ist vor allem zu nennen die Eigendynamik sozialer Systeme, die, wenn sie ins sozial Unverträgliche führt, nicht zu ändern ist. Man kann – zureichenden Einfluß vorausgesetzt – allenfalls

60 »Werteinstellung« bezeichnet etwas individuell (etwa ökonomisch, sozial, moralisch) Wünschbares, während »Werte« etwas kollektiv Wünschbares bezeichnen. In einer Welt zerbrochener Werte wird deren Stelle, mehr noch als zuvor, durch Werteinstellungen besetzt. Wie noch zu zeigen sein wird, gibt es Werteinstellungen, die dem nahestehen, was wir »Sinn« nennen werden.

das System zerstören. Da die systemische Rationalität der menschlichen in aller Regel so weit überlegen ist, wird sie gegen alle menschlichen Strategien, ihre als »systemvernünftig« ausgebildeten Strukturen ändernd anzugehen, Strategien entwickeln, die solche Veränderung unterlaufen. Wir sind also nicht in der Lage, etwa Parteien, Gewerkschaften, Kirchen zu ändern, sondern bestenfalls durch Setzung bestimmter Randbedingungen sie dazu zu bringen, sich selbst in ihrem Sosein zu zerstören.

- Da ist aber auch zu nennen die Evolution, die über uns Menschen hinausführt.
- Welche sozialen Systeme jenseits unserer Einflußsphären mit welcher Art uns unerreichbarer »Systemrationalität« entstehen, läßt sich nicht vorhersagen.
- Nahezu von außen unveränderlich sind die Charakterstrukturen eines Erwachsenen. Sie unterliegen zwar einer Eigendynamik, die im wesentlichen durch das Selbstkonstrukt definiert ist, sie können in bestimmten sozialen Feldern auch zu Verschiebungen in der Menge der beherrschten Eigenschaften führen. Aber etwas, das nicht da ist, läßt sich nicht mehr schaffen, sondern nur das vielleicht Verschüttete, das vielleicht nie recht Entfaltete kann unter geeigneten Umständen wieder lebendig werden. Und ist dieses scheinbar Neue sozial wünschenswert, dann ist es klug, solche sozialen Felder zu wählen, in denen es sich realisieren kann. Nur wenn der Betroffene seine scheinbar neue Orientierung für sich für günstiger hält, wird er sie unter günstigen Umständen beibehalten. Es gilt hier, wie bei sozialen Systemen, das Trägheitsprinzip: *Ein Mensch oder ein soziales System bleibt so lange im Zustand der Ruhe oder gleichförmigen Bewegung, so lange es nicht durch äußere Kräfte daran gehindert wird.* Im Gegensatz zu physikalischen Systemen führt der Einsatz äußerer Kräfte nicht zu sicher vorherberechenbaren Erfolgen. Die Ergebnisse liegen stets im Horizont des Angelegten.
- Kriegerische Konflikte wird es so lange geben, wie wir Menschen uns nicht von unserem Claim-Denken befreien können. Die Aggressivität, die uns unser eigenes Revier verteidigen läßt, war über lange Jahrhunderttausende Garant für menschliches Überleben. Sie gehört also – über Selektionsprozesse er-

worben – zu unserem instinktoiden Grundbestand. Solange diese Revierverteidigungsaggression nicht dauerhaft und für die meisten von Nachteil ist, werden wir Menschen sie kaum verlernen. Und diese Bedingung ist im Dschungel marktwirtschaftlicher Ordnung kaum zu erfüllen. Revierverteidigungsaggression ist um so wichtiger, je höher ein Mensch auf der politischen oder ökonomischen Leiter emporgeklettert ist.

- Alpha-Kämpfe wird es so lange geben, wie unser archaisches Muster von Subordination in Gruppen[61] funktioniert. Alpha[62] ist derjenige in einer Gruppe, der das Sagen hat. Da in vielen Gruppen wenigstens ein weiteres Mitglied Alpha sein möchte, kommt es unvermeidbar zwischen dem »Platzhirsch« und seinem Rivalen zu mehr oder minder versteckten Alpha-Kämpfen. Da Alphas nur dann optimal agieren, wenn sie niemanden haben, der ihnen in ihre Arbeit dreinredet, ihnen Weisungen erteilt, sie lobt oder tadelt, sind solche verhinderten Alphas bestenfalls dann in kommunikativen und fachlichen Bereichen gut, wenn sie das tatsächliche Alpha menschlich und fachlich als ihnen in diesen Bereichen nicht unterlegen akzeptieren. Da Menschen wesentlich »Herdentiere« sind und also nahezu

---

61 Unter einer »Gruppe« wollen wir hier eine relativ stabile Menge von mehr als zwei Menschen verstehen, die alle miteinander interagieren. Gruppen bilden in der Regel Interaktionsstereotype aus, denen nicht selten gemeinsame oder auch strittige Werteinstellungen zugrunde liegen. Primärgruppen sind soziale Systeme, die relativ stark aneinander gebunden sind, wie Familien, Freundeskreise, Nachbarschaften, Kollegenkreise in Unternehmen... Sekundärgruppen sind das soziologische Pendant zu dem, was wir »Team« nennen. Die Gruppendynamik, als Teil der Soziodynamik, die alle autodynamischen Prozesse in sozialen Systemen (Paarbeziehungen, Gruppen, Teams, Gesellschaften) untersucht, ist eine sozio-psychologische Disziplin. Sie berücksichtigt neben Erkenntnissen der Psychoanalyse auch Elemente der Informationstheorie. Mitunter stellt sie die Resultate ihrer Untersuchungen in Soziogrammen dar, in denen die Beziehungen der einzelnen Gruppenmitglieder zueinander und gegeneinander im Augenblick graphisch vorgestellt werden.

62 Die Bezeichnung »Alpha« (der erste Buchstabe des griechischen Alphabets) stammt ursprünglich aus der Hühnerhofpsychologie. »Alpha« ist das Huhn, das alle pickt, aber von keinem anderen (etwa an der Futterstelle) gepickt werden darf. Über gruppendynamische Prozesse bildet die Gruppe nahezu zwingend eine Struktur aus, in der ein Mitglied (unter Umständen von diesem gar nicht angestrebt) zum Alpha wird.

zwingend Gruppen[63] ausbilden, werden Alpha-Kämpfe nur selten zu vermeiden sein. Ein weiser Mensch wird darum wissen. Er wird sich zwar möglicherweise in Gruppen integrieren, wird sich aber nicht unter Gruppenzwänge stellen oder von Gruppenüberzeugungen vereinnahmen lassen. Es ist das ein wichtiger Schritt auf dem Wege zur Weisheit: das Bemerken von Gruppenzwängen und Gruppenüberzeugungen – um sich von ihnen zu emanzipieren.

Zu den unvermeidbaren Handlungen von Menschen gehört der Verbrauch von Umwelt. Da intakte Umwelt schon lange kein freies Gut mehr ist, das allen in gleicher Weise unentgeltlich zur Verfügung steht, sondern längst zu einem Wirtschaftsgut geworden ist, das sich möglichst alle zu möglichst niederem (wenn möglich, gar keinem Preis) anzueignen versuchen, wird die Umweltverschmutzung ihren unaufhaltsamen Weg gehen. Selbst wenn ein Staat (insoweit als Vertreter des Staatsvolkes handelnd, dem die intakte Umwelt gehört) intakte Umwelt als Wirtschaftsgut verkaufen würde, ohne die eigene Volkswirtschaft zu schädigen,[64] wird der Wettbewerb unter den Volkswirtschaften zu einer totalen Vernichtung intakter Umwelten führen.[65] Das Gerede vom *sustainable development* (von nachhaltender Entwicklung also) wird kaum den rasanten Zu-

---

63 Es gibt zwar Menschen, die sozio-psychisch nicht auf eine Zugehörigkeit zu wenigstens einer Gruppe angewiesen sind. Sie gelten oft aber als Außenseiter. Leben sie in nächster Nähe zu einer Gruppe, werden sie zumeist als nicht-integrierbar verfolgt.

64 Solche Modelle gibt es in großer Zahl. So wäre es etwa möglich, den Umweltverbrauch von Industriebetrieben dadurch zu drosseln, daß der Staat zu Jahresanfang handelbare Zertifikate versteigert, die einen bestimmten Umweltverbrauch (belastetes Wasser, Produktion von Stickoxyden, von Kohlendioxyd, Kohlenmonoxyd...) erlauben, den Unternehmen, die ihre erworbenen Quoten überschreiten, den durch diese Überschreitung gemachten Gewinn samt einer Strafe abnimmt und die Gesamteinnahmen branchenspezifisch etwa Steuern senkend an die Unternehmen zurückgibt. Ähnliches könnte etwa auch für den Energieverbrauch privater und öffentlicher Haushalte gelten. Doch bislang hat keine Staatsregierung auch nur schwache Versuche in solcher Richtung gemacht.

65 Der einzige Ausweg aus diesem Dilemma scheint eine Weltökokratie zu sein, welche jene Volkswirtschaften bestraft, deren Umweltverbrauch unverhältnismäßig ist, und jene belohnt, die verantwortet ihren Umweltver-

wachs an Umweltvernichtung stoppen. Der Menschheit scheint ein Selbstmordprogramm mitgegeben worden zu sein, das sie in den letzten Jahrzehnten zu realisieren versucht. Ein weiser Mensch wird nicht versuchen, gegen Windmühlen zu kämpfen. Er wird sehr wohl warnen – wohl wissend, daß seine Warnungen möglicherweise von einigen Menschen ernst genommen werden und zu Verhaltensänderungen führen, daß aber der Prozeß als ganzer nicht aufzuhalten ist. Eine einmal losgetretene Lawine rollt unaufhaltsam zu Tal.[66]

- Ändern oder gar aufhalten läßt sich ebenfalls nicht der Fortschritt der Technik und der Informationssysteme[67]. Beide wer-

---

brauch zu drosseln versuchen, jedoch wird eine solche Weltökokratie stets in der Gefahr sein, zu einer Weltökodiktatur zu verkommen.

66 Es soll nicht geleugnet werden, daß es mancherlei gutgemeinte Versuche gibt, dem Begriff vom *sustainable development* (in schlechter deutscher Übersetzung: »nachhaltige Entwicklung«) mit Leben zu erfüllen. Der Begriff, inzwischen zum Schlagwort verkommen, wurde durch die von der einstigen norwegischen Ministerpräsidentin, Gro Harlem Brundland, angeführten »Weltkommission für Umwelt und Entwicklung« in einem Bericht an die UNO 1987 zu einem Leitbild über zukünftige Umweltplanung eingeführt. Gemeint ist damit ein Zustand, der die Bedürfnisse der heutigen Weltbevölkerung befriedigt, ohne die Chancen künftiger Generationen zu mindern. Auf den UNO-Umwelt-Gipfeln in Rio (1992), in Berlin (1995) und Istanbul (1996) spielte das eine zentrale Rolle. Der Begriff fand gelegentlich sogar Eingang in Unternehmen, von denen das Allgemeine Bewußtsein in besonderer Weise erwartet, daß sie zur Umweltbelastung beitragen könnten. So gibt es seit Herbst 1995 Gespräche zwischen dem Hoechst-Manager Wolfgang Brühl (Leiter der Gruppe »Wirtschafts- und Marktanalysen«) und Christoph Ewen vom Öko-Institut in Darmstadt. Sie arbeiten gemeinsame Checklisten aus zu den Themen »Bekämpfung der Armut«, »Umweltschutz und Meere«. Schwierige Themen wie »Gentechnik« oder »Chlorchemie« wurden einstweilen ausgeklammert. Der Hoechst-Manager stellte fest: »Es gibt kein Unternehmen, das den Anspruch auf sustainable development als strategische Größe meßbar und abfragbar in den Firmenalltag übernommen hat.« Das bedeutet sicher für die Manager der Hoechst AG eine Begegnung mit einer neuen Welt. Und der Ökologe meinte: »Vielleicht kann ein Chemiekonzern, der im Wettbewerb steht, gar nicht nachhaltig arbeiten.« Immerhin ist der Versuch der Hoechst AG sicherlich erfolgversprechender als die Initiativen, die vom Bundesministerium für Umwelt unter Angela Merkel (CDU) ausgehen. (Vgl. Der Spiegel vom 24. 3. 97, 200–203.)

67 Man spricht nicht ganz zutreffend von »Informationssystemen«. Da Informationen Geschöpfe der Aktivität des Neocortex sind, müßte es genauer heißen: »informationserzeugende Systeme« oder »Signale erzeugende und

den zunehmend mehr das Leben, das Denken und Entscheiden von Menschen bestimmen und sie immer tiefer in die Abgründe der Unweisheit führen – in demselben Umfang, wie sie über Unmengen von technischen (vor allem informationstechnischen) Instrumentarien mit Sachwissen überschwemmt werden.

e. Denken in Alternativen

Jede Lebenssituation, in der sich ein Mensch befindet, hat stets neben einer rationalen eine soziale und emotionale Komponente. Diese Mehrdimensionalität ist einer der Gründe für die Möglichkeit, daß in aller Regel unter Rücksicht einer Reaktion eine Mehrzahl von Optionen bedacht werden kann (soll, muß). Scheinbar rational identische Situationen können nach der Einstellung zur konkreten sozialen Umwelt und nach der momentanen eigenen Stimmung sowie den augenblicklichen Erwartungen, Befürchtungen, Interessen, Bedürfnissen... sehr verschieden interpretiert werden. Das führt zu sehr verschiedenen Optionen.[68]
Hat man sich einmal aufgrund rationaler, sozialer und emotionaler Vorgaben für die Prävalenz einer Option entschieden, sind die Handlungskonsequenzen zu bedenken. Diese können suboptimal sein, so daß eine andere Option aus dem zur Verfügung stehenden Arsenal gewählt werden muß. Erst das wechselseitige Bedenken von Option und Konsequenz kann zu einer optimalen Wahl führen.[69]

---

verarbeitende Systeme«. »Information« bezeichnet ursprünglich dasjenige, welches dem Materiellen zu einer Form verhilft. So kann man sagen, daß unser kognitives System erst durch Informationen seine Form erhält. Die Inflation des Wortes »Information« ist keineswegs hilfreich, Sachverhalte einwandfrei darstellen zu können. So verarbeitet ein Computer niemals Informationen, sondern nur Signale. Diese mangelnde Unterscheidung hat die überflüssige, weil unsinnige Diskussion über die Möglichkeit »künstlicher Intelligenz« losgetreten.

68 Selbstverständlich ist auch die rationale Komponente, da alle erheblichen Entscheidungen solche unter Unsicherheit sind, schon multioptional. Nur wenige Lebenssituationen sind so rational-eindeutig, daß sie nur einen Ausweg kennen.

69 Unter Bedenken oder doch unter Berücksichtigung der Konsequenzen kann

In einem dritten Schritt sind die Handlungen oder Handlungsfolgen auszumachen, die optimal diese auf ihre Konsequenzen bedachte Option realisieren. Zumeist steht auch hier wieder eine Mehrzahl von Strategien zur Verfügung, das erwünschte Ziel zu erreichen.
Doch die Mehrung von Alternativen hat nicht nur eine positive Seite. Sicherlich überschreibt *John Naisbitt*[70] den zehnten Trend in seinem Buch *»Megatrends«* zutreffend: »Vom Entweder-Oder zur multiplen Option«. *»Die freie Auswahl aus einer möglichst hohen Anzahl von Wahlmöglichkeiten bildet den mehr oder minder geheimen Lehrplan allen fortschrittlichen Denkens.«*[71] Aber dieses *»fortschrittliche Denken hat seinen Preis: Viele Menschen wissen vor der Menge potentieller Optionen nicht mehr (genau), was sie wollen, weil sie nicht mehr (genau) wissen, was sie sollen.«*[72] Die offene Gesellschaft scheint – wie *Peter Gross* vermutet – nach der Implosion des kommunistischen Ostens und dem Anspruch pluralen Denkens und der Akzeptation pluraler Beziehungs- und Weltkonstrukte keine Feinde mehr zu haben.[73] Und

---

der Neocortex aus mehreren Alternativen eine wählen, die dann zu einer Handlung (oder Unterlassung) führt. Beispiel: Das Signal-Schema »Bär« wird vom limbischen System mit Angst besetzt an den Neocortex weitergeleitet. Der durch Angst ausgelöste Fluchtreflex kann jedoch etwa durch Neugier ersetzt werden, wenn der Speicher für Denkzeichen für die Realisierung des Schemas auch andere Optionen bereithält und somit andere Konsequenzen als Flucht lernte. Das kann geschehen etwa in der Begegnung mit »harmlosen Bären« (Koalas, Braunbären...).

70 John Naisbitt, Megatrends, 1984, 323 ff. (zitiert nach Peter Gross, Die Multioptionsgesellschaft, 1994, 41).

71 Peter Gross, a.a.O., 41.

72 Vgl. Peter Gross, a.a.O., 32.

73 a.a.O., 14 f. »In einer nie dagewesenen Weise erscheint dementsprechend auch die Zukunft offen. Immer mehr Grenzen werden fallen... Auch zeitlich und sozial hat sich das Verfügbare unabsehbar erweitert. Die offene Gesellschaft, für die noch vor wenigen Jahrzehnten erbittert gekämpft werden mußte, hat keine Feinde mehr, sondern ist mitten unter uns. Der Rhythmus von Öffnung und Schließung von Handlungs- und Entscheidungsräumen ist einer weltweit akzeptierten, monotonen Steigerungsgrammatik gewichen. Zur Erweiterung, Steigerung und Vertiefung von Erlebnis-, Lebens- und Handlungsmöglichkeiten tritt die Forderung einer Steigerung der Teilhabe. Öffnen heißt offenbaren und das Geoffenbarte allen zugänglich zu machen« (ibd., 15 f.).

dieser Zustand kann gefährlich werden für Menschen, Ethnien, Völker, die sich aus dem Entgegen, dem Entweder-Oder definieren. Dieser eher soziologisch-theoretischen Sicht der Lage widerspricht teilweise die psychologische Erfahrung. Zum einen – und hier entspricht sie der Analyse von *Peter Gross* – nehmen Desorientierungskrisen vor allen bei ich-schwachen Menschen, die in der Pluralität von Optionen gründen, zu. Andererseits begegnen wir in der therapeutischen und beratenden Praxis immer mehr Menschen, die nicht mehr in der Lage sind, mehrere Optionen für die Weiterführung ihres Lebens zu sehen.[74] Die Möglichkeit einer optionslosen Existenz, die vermutet, daß die eigene Zukunft keine Weichen (also keine Optionen) mehr kennt, ist weit verbreitet. Gerade die teils dramatisch wachsende Zahl depressiver Erkrankungen macht das deutlich.
Die Multioptionalität kennt eine Vielzahl von Reaktionen:

(a) das wohlgefällige Schwimmen im Meer der Optionen, in der Regel verbunden mit dem Gefühl einer nahezu grenzenlosen Freiheit,
(b) die Lähmung angesichts der Vielzahl von Wahlmöglichkeiten, die mit dem Gedanken einhergehen kann: »Was auch immer ich tue, es ist falsch!«,
(c) der bewußte Entscheid für eine Null-Option, der sich gewollt gegen jede sich bietende Alternative wendet und so jedem Versuch einer eigenverantworteten Problemlösung aus dem Wege geht,
(d) eine bewußte neokonservativistische Entscheidung für eine Rück- und Umkehr zu einst lebendigen Traditionen,
(e) die Selektion aus der Vielzahl der Optionen nach Maßgabe eines verantwortet übernommenen Lebensziels. Nur in diesem Fall wird Weisheit realisierbar.

74 Peter Gross spricht hier zu Recht von einer »Optionsparalyse«, von der er vermutet, daß sie ähnlicher Lähmung entspreche wie der der Buridans Esel, der zwischen zwei Heuhaufen verhungerte, weil er sich nicht für einen entscheiden konnte (oder Avicennas Kamel, das zwischen zwei Brunnen verdurstete; a.a.O., 230). Ich vermute, daß solche Paralyse zumeist nicht ihren Grund in der Unfähigkeit findet, zwischen zwei oder mehreren vergleichbar guten Alternativen zu wählen, sondern in der Vermutung, es gäbe keine Optionen.

Die Null-Option scheint deshalb suboptimal, weil sie, ebenso wie die konservativistische Entscheidung für die »Werte« der Vergangenheit, nichts beiträgt, die tatsächlichen Probleme, die aus der Multioptionalität erwachsen, zu lösen. Beide sind Verweigerungsstrategien.[75]

Sicherlich hat *Peter Gross* recht, daß, wie schon 1938 *Alfred Döblin* in seiner Romantrilogie »Amazonas« dramatisch beschrieben hat, mit der immensen Steigerung von Optionen Traditionen vernichtet werden.[76] Die Verbindung von liberalem Freiheitsverständnis mit der Vorgabe der Multioptionen ist sicherlich zutreffend, wennschon dieses Verständnis von Freiheit, wie es sich die bundesdeutschen Politiker aller Parteien vor der »Wende« (1989) zu eigen machten – man denke nur an das blödsinnige Wort von der »Flucht in die Freiheit« –, mehr als problematisch ist. Multioptionalität hat allenfalls mit der längst begrabenen »Entscheidungsfreiheit« zu tun, die davon ausging, daß wir Menschen – nahezu indeterminiert – stets vor einer Mehrzahl von Optionen stehen, von denen die eine besser, richtiger, weiser, sinnvoller, wünschenswerter (alles im ethischen und nicht nur im moralischen[77] Sinn verstanden) sei als alle anderen. Dieser Begriff (= dieses Denkzeichen) von »Freiheit« ist – philosophisch – längst dem von einer »personalen Freiheit« gewichen. »Personale Freiheit« bezeichnet die Fähigkeit und Bereitschaft, selbstver-

---

75 Peter Gross schreibt: »Alle Rückzüge sind in der modernen Gesellschaft auf die Mittel verwiesen, die die Gesellschaft zur Verfügung stellt. Die schätzungsweise neunzigtausend Menschen, die jährlich in Deutschland verschwinden und großteils nicht zurückkehren, verschwinden nicht in die Seen- und Gletscherwelt..., sondern in Menschenmassen... Die Welt kann nicht hinter sich gelassen werden, weil die Welt überall ist, in alle Poren dringt« (a.a.O., 232 f.).

76 »Erst, wenn es keine Selbstverständlichkeiten mehr gibt, kann man sich frei bewegen und entscheiden... Erst, wenn alles beseitigt ist, was die Entfaltung des Individuums verhindert, tritt strahlend die Freiheit hervor« (ibd., 16).

77 Während die (philosophische) Moral die Normen vorgibt, welche Sozialverträglichkeit des Handelns und Entscheidens in verschiedenen sozialen Systemen sichern sollen, und deshalb sozial-relativ ist (so gelten in der Familie etwa andere Sozialverträglichkeit sichernde Normen als in den meisten Berufswelten), so strebt die philosophische Ethik danach, einen höchsten sittlichen Wert auszumachen, der in allen möglichen sozialen Systemen gilt. Wir haben uns hier für die Biophilie entschieden.

antwortet das eigene Leben zu gestalten und nicht die Verantwortung für das Gelingen des eigenen Lebens auf andere Personen oder Institutionen zu übertragen. Sicher setzt dieses Freiheitsverstehen Kontingenz[78] voraus.

Freiheit bedeutet immer auch Wagnis. Es ist jedoch ein Wagen, das, mit Weisheit verbunden, menschliches Leben in allen seinen Dimensionen entfalten hilft. Ist jedoch solche Freiheit nicht mit Weisheit verbunden, kann die Zunahme der Optionen ins nahezu Grenzenlose Handlungen und Entscheidungen eher lähmen denn begünstigen. So kann denn die Multioptionsgesellschaft durchaus in einen sozialen Zustand hineinführen, in dem konkrete Menschen in ihrem Entscheiden und Handeln in erschreckender Weise verunsichert und gelähmt erscheinen. Es kann zu einem Mangel an Entscheidungen führen, die soziale Systeme, aber auch individuelle Existenzen radikal gefährden. So kann die verpaßte Chance zu einem Leben in Freiheit mit der mit ihrer Realisierung unvermeidlichen Zerstörung von Traditionen und Selbstverständlichkeiten durchaus in die personale Unfreiheit führen. Sie kann (vor allem ich-schwache) Menschen jeder Fähigkeit und Bereitschaft berauben, selbstverantwortet ihr Leben zu gestalten. Und weil niemand mehr da ist, der überzeugend und tragfähig Sinn vermitteln kann, geraten sie in den Sog der Sinnlosigkeit.[79]

---

78 »Kontingenz« bezeichnet die Qualität einer Situation, in der kein innerer oder äußerer Zwang das Tun eines Menschen determiniert, sondern wenigstens eine Alternative zuläßt. Solche Kontingenz ist eine der Bedingungen, um von »Handeln« sprechen zu können (andernfalls handelt es sich um »Verhalten«). Handlungstheoretisch ist das Kontingenzprinzip eng dem Responsibilitätsprinzip (dem Prinzip, nach dem der Handelnde sein Handeln und dessen Folgen verantworten muß) verpflichtet. Verantwortbarkeit setzt insoweit Kontingenz voraus.

79 Das soll nicht heißen, daß sich auf dem Markt der Sinnstifter nicht mancherlei Scharlatane tummeln. Dazu gehören keineswegs nur sogenannte »Jugendsekten«, sondern auch Bewegungen wie Scientologen, Opus Dei, Chaostheoretiker (insofern sie unwissenschaftlich Chaostheorien verallgemeinern), Marktwirtschaftler (wenn sie den Markt zum allmächtigen Gott machen und die Werbung als Kulthandlungen zu Ehren dieses Gottes begreifen)... Sie alle gehen davon aus, daß es eine objektive Sinnvorgabe gäbe, die dem Menschen auch erkenntlich sei. Dabei vergessen sie, daß ein Menschenleben nur jenen Sinn hat, den es sich selbst gibt. »Sinn hat das, was man verstanden hat. Ihr Leben hat Sinn, wenn Sie Ihr Leben verstanden

Eine besondere Form der artifiziellen Sinngabe ist die Orientierung an den Normen der Tradition, die jedoch keine Probleme der Gegenwart lösen. Dennoch wird sie nicht selten als Option gewählt.[80]
In einer sinnlosen Welt, sei sie nun voller Optionen oder nicht, verliert das Leben an Selbstverständlichkeiten. Es muß improvisiert werden, weil alle Optionen gleichwertig werden.[81]
Zureichend ich-starke Menschen werden die Orientierung nicht in verschwundenen oder unerheblich gewordenen moralischen Werten suchen, sondern in der Übernahme einer ethisch verantworteten sinngebenden Werteinstellung, die, obschon subjektiv, dennoch Orientierung zu finden erlaubt. Eine solche Orientierung begrenzt das Überangebot an Alternativen auf eine meist recht überschaubare Zahl.
Die Improvisation bezieht sich also auf die Individualisierung der ethischen Wertordnung, nicht aber auf deren Verpflichtung. Wert-

---

haben. Zugleich aber gibt das Verstandene neuen Sinn.« R. Lay, Vom Sinn des Lebens, München 1985, 7.

80 Dieser Aspekt der multioptionalen Sklaverei wird von Peter Gross vermutlich nicht zureichend gewürdigt. Zwar sieht er die Möglichkeit einer apokalyptischen Interpretation dieser Situation durchaus, macht sie sich selbst aber kaum zu eigen. »Steigerung und Zerstörung, Kontingenzerhöhung und Enttraditionalisierung, Konstruktion und Destruktion geben sich … gezwungenermaßen oder liebevoll die Hand. Sie erscheinen, je nach Perspektive, als apokalyptisches oder freundliches, mit Schwert oder Trost durch die Geschichte reitendes Paar. Die Optionssteigerung läuft der Vernichtung von Obligationen, von Gewißheiten parallel, ist ohne sie nicht denkbar … In der Kombination von Schöpfung und Zerstörung oder von Zerstörung und Schöpfung wird die Wirklichkeit umgebaut. Aber was zerstört wird, wird nur in seiner bisherigen Bedeutung zerstört … Die Kirchen werden nicht geschlossen, aber der Küster mutiert zum Kustos. Enttraditionalisierung bedeutet also nicht endgültiger Verlust von Traditionen, sondern ihr Wiedergewinn als Option« (ibd., 105 f.). Über den Zusammenhang von Weisheit und Sinn soll das folgende Kapitel handeln.

81 Peter Gross vertritt die These, daß, »wenn alle Möglichkeiten gleichwertig werden, man unter den Druck gerät, mit der Überfülle an Möglichkeiten in immer kürzerer Zeit fertig werden zu wollen« (a.a.O., 227). Das gilt sicherlich für Menschen, die ihre Orientierung im Selbst-Außen suchen – und sie in einer multioptionalen Gesellschaft nicht finden werden. Doch ist diese – wie gesagt – nicht die einzige Möglichkeit.

einstellungen treten an die Stelle der Werte.[82] Ich-schwachen Personen gilt die Vermutung von *Peter Gross: »Im Beruf ist es die Angst zu versagen, in der Freizeit ist es die Angst, etwas zu verpassen.«*[83]

2. Psychische Merkmale, die zur Weisheit disponieren

a. Orientierung, Integration und Zentrierung

Orientiert ist eine Persönlichkeit genau dann, wenn sie ihre handlungsleitenden Werte verantwortet übernommen hat und ernsthaft versucht, ihr Leben danach einzurichten. In der Ethik nennt man solche Menschen sittliche Persönlichkeiten, in der Psychologie konfliktfähige. Wie aber kann das »Verantwortet übernommen« objektiviert werden. Es kann empirisch gemacht werden an der Konfliktfähigkeit. Die Konfliktfähigkeit ist genau dann optimiert, wenn es einem Menschen gelingt, in konfliktbesetzten Situationen biophil (das eigene und das des Konfliktpartners personale Leben eher mehrend als mindernd) zu handeln und zu ent-

82 Werte beziehen sich auf das Wünschbare, insofern dieses innerhalb eines sozialen Systems konsensuell festgestellt werden kann (wennschon in aller Regel nicht festgestellt wird). Werteinstellungen beruhen auf mehr oder minder verantworteten Entscheidungen des handelnden und/oder entscheidenden individuellen Subjekts. Werte sind Strukturelemente eines sozialen Systems, Werteinstellungen solche eines personalen Systems.

83 a.a.O., 228. »Weil man, wegen der abnehmenden Selektionskraft der Traditionen, nicht mehr so recht weiß, was man angesichts der sich vervielfältigenden Handlungsmöglichkeiten tun soll, versucht man möglichst alles zu realisieren ... Eine ganze Industrie hat sich an die Angst, nicht alles bewältigen zu können, gehängt: Speicher- und Aufzeichnungsgeräte, aber auch Jubel, Trubel, um zu vergessen. Der immer wieder zitierte Satz von Mark Twain, ›Als wir das Ziel aus den Augen verloren, verdoppelten wir unsere Anstrengungen‹, ist alltägliche Erfahrung und Kurzdiagnose der Gegenwart zugleich« (ibd.). Wieder stellt sich die Frage, ob hier eine unzulässige Verallgemeinerung vorgenommen wird. Sicher gilt das alles für Menschen, die nicht in der Lage sind, sich selbst Ziele zu setzen und damit die Menge möglicher Optionen drastisch zu verringern. Menschen, die einem Stern folgen, bedürfen keiner Neonröhren, um sich zu orientieren.

scheiden. Konfliktfähig ist also nicht etwa ein konfliktscheuer Mensch. Dieser würde in nekrophilen (etwa faschistoiden) Systemen[84] bei Beobachtung der Verhältnismäßigkeit und des Konflikterfolges den Konflikt eher suchen. Nur die orientierte Persönlichkeit lebt ein Leben aus erster Hand – ihr eigenes. Eine nicht-orientierte Persönlichkeit wird sich von der »normativen Kraft des Faktischen« und nicht von handlungsleitenden Werten bestimmen und orientieren lassen. Nur eine orientierte Persönlichkeit wird agieren und nicht bloß auf Situationen, Anordnungen, Weisungen, scheinbare Notwendigkeiten reagieren. Es gibt nicht wenige Menschen, die sich innerhalb einer Kette von reagierenden Menschen wahrnehmen. Sie sind weder willens noch in der Lage, ihr Leben in die eigene Hand zu nehmen. Ist es denn wirklich soviel leichter, gelebt zu werden, als zu leben? Ein weiser Mensch wird agieren und nicht bloß reagieren, denn im Reagieren wird eigenes Lebenswissen nicht oder doch nur selten angefragt.

Integriert ist eine Persönlichkeit genau dann, wenn sie wesentliche Persönlichkeitsmerkmale, die sie besitzt, auch in die Selbstdefinition, in das reflektierte Selbstkonstrukt, aufnimmt. Das Gegenteil: Die desintegrierte Persönlichkeit verbannt wesentliche Merkmale aus dem Selbstkonstrukt. Solche Merkmale können sein: Emotionalität,[85] praktizierte Sexuali-

---

84 Faschistoid ist ein soziales System genau dann, wenn es sich selbst und nicht etwa die in ihm lebenden Menschen zum höchsten zu schützenden Gut macht. Faschistoid wäre etwa ein Staat, der sich selbst zum höchst zu schützenden Rechtsgut machte. Faschistoid wäre ein Unternehmen, wenn es etwa unter dem Schlagwort *shareholder value* sich selbst zum höchsten zu schützenden ökonomischen Gut machte und nicht etwa die im Unternehmen Tätigen. Faschistoid wäre eine Kirche, wenn sie sich selbst (und nicht etwa das von Jesus begründete und gewollte Gottesreich) zum höchsten zu schützenden religiösen Wert machte.

85 Ist die Emotionalität weitgehend oder vollständig desintegriert, zeigt der Betroffene eine psychische Störung, die man »Alexithymie« (Sprachlosigkeit der Seele«) nennt. Der Begriff wurde 1972 von Peter Sifneos in die Psychologie eingeführt. Alexithymiker sind nicht etwa empfindungslos, sondern sie erkennen ihre Gefühle bestenfalls ungenau und können sie deshalb nicht in Worte fassen. Sie können mit eigenen und fremden Gefühlen nichts anfangen. Diese sind entsozialisiert. Manche Alexithymiker können beim Anschauen eines sentimentalen Films durchaus vor Rührung weinen.

tät,[86] strukturelle Konfliktbereiche,[87] Verhaltensbereiche, in denen das moralische Gewissen und das Selbstreal nicht miteinander übereinstimmen.[88] Die integrierte Persönlichkeit definiert sich nicht von irgendeinem Idealbild her, das – als Funktion des Über-Ich – in der ödipalen Ablösungskrise (also im 4. oder 5. Lebensjahr) strukturell angelegt wurde, sondern von ihren konkreten Begabungen und deren Grenzen her. Sie ist in der Lage, sich selbst zu verwirklichen, indem sie ihre Begabungen (innerhalb deren Grenzen) zu eigenem und fremdem Nutzen entfaltet. Ein Mensch, der sich von seinem Selbst-Ideal her bestimmt, wird niemals zu einem glückenden Leben finden, denn das Ideal ist allemal so groß und großartig, daß es von niemandem eingeholt werden kann. Ein solcher Mensch steht immer vor dem – meist nicht zum Bewußtsein zugelassenen – *So-what-Syndrom* (»Was soll denn eigentlich all mein Mühen und Arbeiten?«). Die Erfahrung der radikalen Sinnlosigkeit und des Mißglückens des eige-

---

86 Gemeint ist hier nicht die fundamentale Sexualität, sondern die Weisen, in denen Sexualität in Zärtlichkeit, Hilfsbereitschaft, Beischlaf ... realisiert wird. Symptome desintegrierter Sexualität sind vor allem (a) vagabundierende Sexualität, bei der nach Vollendung des 3. Lebensjahrzehnts Erotik und Sexualität noch nicht zusammengewachsen sind, sondern Sexualität sich in der Regel unerotisch artikuliert. (b) Frigidität, das meint beim Mann die grundsätzliche Unfähigkeit zum Ganzkörperorgasmus.

87 Strukturell sind Konfliktbereiche, wenn sie in die Struktur eines sozialen Systems eingegangen sind, von denen der Betroffene Mitglied der inneren Systemumwelt ist. So kann etwa in einer Ehe durch langzeitig verschiedene Werteeinstellungen, Erwartungen, Interessen und Bedürfnisse der Partner ein solcher struktureller Konflikt entstehen.

88 Diese stimmen nicht überein, wenn etwa im moralischen Gewissen, das strukturell während der ödipalen Ablösungskrise (4. und 5. Lebensjahr) ausgebildet wird, ein strenges Gebot oder Verbot internalisiert wurde, dem die Lebenspraxis nicht gehorcht. Hier ist etwa an Gebote zu denken, man dürfe nicht lügen, sich nicht vor Verantwortung drücken, man müsse gegebene Versprechen einhalten ... Wer regelmäßig gegen sein moralisches Gewissen handelt, kann es zum Schweigen bringen. Er wird sich nur dann sozialverträglich verhalten, wenn ihm ansonsten soziale Strafen (Entzug sozialer Geborgenheit, Sicherheit, Anerkennung ...) drohen würden. Ein sozial unauffälliges Fehlverhalten würde nicht mehr durch durch Gefühle der Schuld oder Scham geahndet. »Man kann alles machen, wenn es nur nicht auffällt!« In solcher Selbstdefinition bzw. im Selbstkonstrukt kommt das moralische Gewissen mit seinen Geboten und Verboten nicht mehr vor.

nen Lebens bleibt nur dem erspart, der sich von seinem Selbst-Real her versteht und dessen Möglichkeiten, insofern sie dem eigenen und fremden Nutzen dienen, zu realisieren versucht. Zentriert ist eine Persönlichkeit, wenn sie aus einer verantwortet übernommenen Mitte heraus lebt. Die Voraussetzungen der Zentrierung werden in den frühen Kindesjahren grundgelegt. Im ersten Lebensjahr ist ein noch sehr unreifes Menschenkind eingebettet in den emotionalen und sozialen *Uterus* seiner wesentlichen Bezugsperson – meist der Mutter. Seine elementare Angst (»Urangst«) läßt es befürchten, aus diesem *Uterus* abgetrieben zu werden und sterben zu müssen.[89] Diese Urangst kann nahezu vollständig verlernt werden, wenn das Kind immer wieder erfährt, daß sie unberechtigt ist (Mutter kommt immer wieder, ehe die Trennung als ein dauerhafter Verlust erlebt wurde). Wurde die Urangst optimal verlernt, entwickelt ein Kind ein elementares Vertrauen in sich, in andere Menschen, in Situationen und Verbindungen. Andernfalls bildet sich ein mehr oder minder starkes Urmißtrauen aus. Es scheint unmittelbar evident zu sein, daß nur ein urvertrauender Mensch in der Lage ist, aus sich selbst heraus, aus einer Mitte zu leben. Er organisiert sein Leben nicht an seiner Peripherie mit dem Ziel, die Urangst und das Urmißtrauen abzuwehren, abzuwenden. Ein urmißtrauischer Mensch entwickelt oft eine Flucht in alle möglichen Aktivitäten, die ihm die fehlende Mitte ersetzen sollen. Aber auch Menschen, die erst in späteren frühkindlichen Lebensjahren psychisch geschädigt wurden, fehlt die Disposition, ohne therapeutische Hilfe eine Mitte auszubilden. Wenn ein zwei- oder dreijähriges Kind keine Personen (am günstigsten wenigstens drei) hat, im Gegensatz zu denen es seine Selbstdefinition (sein frühes Selbst-Konstrukt) ausbilden kann (»Ich bin anders als die Mama, als Papa und Uschi«), wird es zeit-

---

89 Friedrich II. (der Staufer), seit 1220 deutscher Kaiser, soll einer Sage nach Maurenkinder durch stets wechselnde Ammen, denen er die Zunge hatte herausschneiden lassen, haben pflegen lassen. Sie alle sollen wegen emotionaler und sozialer Verwahrlosung gestorben sein. Wennschon diese Geschichte wahrscheinlich erfunden wurde, so ist sie dennoch gut erfunden, spricht sie doch von einem sehr frühen Wissen um die Notwendigkeit, daß ein Kind im ersten Lebensjahr einen sozialen und emotionalen Uterus benötigt, um überleben zu können.

lebens mit ungeeigneten Mitteln herauszufinden versuchen, wer es eigentlich sei. Das kann geschehen durch Hyperaktivitäten, durch alle mögliche Formen des Besitzens (von Geld, Anerkennung, Macht, Einfluß ...)[90] oder auch durch auffällig abweichendes Verhalten. Daß ein Mensch, der nicht weiß, wer er ist, ein äußerst labiles und gefährdetes Selbstkonstrukt aufbaut und nicht in der Lage ist, aus einer stabilen Mitte heraus zu leben, ist offensichtlich.

In einem weiteren Fall kann es ebenfalls zu einer psychischen Disposition kommen, welche die Ausbildung einer Persönlichkeitsmitte zumindest erschwert. Ein vier- und fünfjähriges Kind versucht herauszufinden, was es alles kann. Es geht dabei davon aus, daß es alles kann, was auch Erwachsene können. Kinder entwickeln in dieser Zeit ein gesundes Verhältnis zum eigenen Können und dessen Grenzen, wenn sie innerhalb stabiler, aber weit gezogener Grenzen möglichst viel und vieles »dürfen« (möglichst alles, was ihnen und anderen keinen Schaden zufügen könnte). Kinder, die sehr wenig durften und immer unverstehend auf ihre von Erwachsenen gezogenen Grenzen stießen, werden zeitlebens versuchen, ihre Grenzen zu finden – und wenn sie sie gefunden haben, bleiben sie mit ihnen unversöhnt. Daß auch solche Menschen, die stets auf der Suche nach ihren Grenzen sind, kaum ihre Mitte finden werden, scheint einsichtig.

Wir alle leben in der Gefahr, die eigene Mitte wieder zu verlieren, wenn wir sie denn schon einmal gefunden hätten. Das permanente Lösen von Problemen an der Peripherie menschlicher Existenz kann das Leben aus einer Mitte heraus vergessen lassen. Der Weg in diese eigene Mitte wird dann verschüttet. Sicherlich kann er wieder freigelegt werden etwa durch Meditieren oder durch die bewußte Kultur der Erlebniswelt (vor allem die des Naturschönen). Aber nicht wenige vermeinen, viel zuwenig Zeit für »so etwas« zu haben, das sie an den Grenzen des Esoterischen siedelnd vermuten. Die Leistungswelt frißt sie auf. Nicht wenige, die ihre Mitte vergaßen, zeigen mit 50 Jahren schon erste Anzeichen

---

90 Ein solcher Mensch bildet sein Selbst-Konstrukt nicht um einen Kern des Seins, sondern des Habens. Er ist vom Haben gehabt, vom Besitz besessen. Den Besitz zu verlieren bedeutet Selbstverlust und Orientierungslosigkeit.

eines *Burn-out-Syndroms*, sie wirken erschöpft, ideenarm, den Routinen verfallen.
Ein Mensch aber, der keine Mitte hat, nicht aus einer Mitte heraus lebt, ist zumeist auch desorientiert und kaum geeignet, Lebenswissen derart zu erlangen, das ihm und anderen hilft, menschlich (biophil) zu leben. Er wird unweise bleiben. Auf der anderen Seite werden Menschen, die aus einer eigenen Mitte heraus leben, oft als »starke Persönlichkeiten« verstanden und nicht selten um Rat angegangen. Man kann einem Menschen anmerken, ob er sein Leben aus einer Mitte heraus gestaltet oder nicht.

b. Gelassenheit und Ruhe

Es gibt Menschen, die um sich herum eine Wahrnehmung von Hektik verbreiten. Die Fähigkeit zur Gelassenheit[91] hängt meist mit dem Besitz einer eigenen Mitte zusammen: Gelassenheit, die in Ich-Stärke, im sicheren Wissen, sich selbst treu zu sein, seine Handlungen und Entscheidungen nicht vor Menschen, sondern allein vor sich selbst und seinem sittlichen Gewissen[92] zu verantworten. Jede Form der Fremdverantwortung, sei es vor einem Menschen, sei es vor einem sozialen System, dessen Organen ich vielleicht institutionell und formell verantwortlich bin, ist nur eine hergeleitete Verantwortung, die ihre Werthaftigkeit selbst nur aus der Selbstverantwortlichkeit bezieht.
Mir ist noch kein weiser Mensch begegnet, der nicht selbst in kritischen Situationen ein rechtes Maß an Gelassenheit, Ruhe, Contenance bewahrte. Der emotionale Ausbruch läßt kaum auf Weisheit schließen. Von der Gelassenheit ist deutlich zu unterschei-

---

91 Im Mittelhochdeutschen bezeichnet »gelâzenheit« Gottergebenheit als Grundlage alle Ruhe und aller maßvollen Reaktion. Vielleicht gründet tatsächlich reale (nicht gespielte, nicht andressierte, nicht in Resignation gründende) Gelassenheit im Religiösen, in der Überzeugung, daß mir letztlich nichts geschehen kann, weil das Göttliche mich birgt.

92 Das »sittliche Gewissen« wird begründet durch eine ethische Reflexion über den höchsten ethischen Wert, von dem alle anderen ethischen Werte (wie Wahrhaftigkeit, Treue, Verläßlichkeit...) ihre Werthaftigkeit erlangen. Ich setze in diesem Buch voraus, daß die Biophiliemaxime den höchsten ethischen Wert vorstellt.

den das Sich-Verweigern, das Sich-nicht-Einlassen,[93] die Gleichgültigkeit. Gelassenheit meint stets ein »Lassen von etwas«, vor allem von der Herrschaft aggressiver Emotionalität. Vermutlich ist der gelassene Mensch ein Mensch, der sich selbst nicht für das Maß aller Dinge, den Nabel des Kosmos hält und sich selbst nicht allzu ernst nimmt (also etwa noch in der Lage ist, humorvoll über sich und seine Fehler zu lachen). Weisheit setzt also ein gewisses positives Verhältnis der Distanz zu sich selbst, zu Lebenssituationen, zu Beziehungen und Ereignissen voraus. Das wird einem Menschen nicht schwerfallen, der innerlich vollzogen hat, daß er in seinem und fremdem Sosein nur in einer Welt von Konstrukten lebt, die mit der Realität bestenfalls locker verbunden sind. Und das Selbst-Konstrukt ist so sehr voller Irrtümer und Täuschungen, daß man es nicht zu ernst nehmen sollte.

c. Ich-Stärke

Das »Ich« ist – wie schon gesagt – jene psychische Instanz, die es uns erlaubt, Strategien zu entwickeln, um in konkreten Welten ein Optimum an positiven Emotionen (Lust, Freude, Begeisterung, Selbstachtung ...) auszubilden. Die Entwicklung vom infantilen bis hin zum reifen Ich[94] ist ein oft langer und nicht selten mißlingender Weg. Das reife Ich orientiert sich in seinem Handeln und Entscheiden an verantwortet übernommenen handlungslei-

---

93 Aristoteles schreibt in seiner Nikomachischen Ethik: »Ebenso kann ein jeder leicht in Zorn geraten ... Das Wem, Wieviel, Wann und Wie zu bestimmen, ist nicht jedermanns Sache und nicht leicht.« Gottman nennt den sozialen Rückzug in eisiges Schweigen, das einen emotionalen Ausbruch verhindert, »Mauern«. »Mauern ist die äußerste Abwehr. Letzlich zieht derjenige, der mauert, sich aus dem Gespräch zurück, indem er ein ausdrucksloses Gesicht zeigt und verstummt. Das Mauern sendet eine wirkungsvolle, entnervende Botschaft aus, so etwa wie eine Mischung aus eisiger Distanz, Überlegenheit und Widerwillen ... In 85 Prozent dieser Fälle (es handelt sich um Fälle eines Ehekrachs) mauerte der Mann in Reaktion auf eine Frau, die ihn mit Kritik und Verachtung attackierte.« (Nach John Gottman, What Predicts Divorce?, New York 1993.)

94 Das infantile Ich entsteht, wenn das Kind etwa entdeckt, daß es zwar durch zweimaliges Herausschreien elterliche Zuwendung erhält, nicht aber, wenn es zum dritten Mal brüllt. Es ermittelt auf diese Weise eine Methode, die zum Optimum an Lustgewinn und einem Minimum an Frustration führt. Durch

tenden Werten. Die Orientierung an solchen Werten bringt als »Lustgewinn« ein: Lebenssinn, Lebensziel, personale Identität. Das reife Ich korrespondiert also weitgehend mit der sittlichen Persönlichkeit. Je stärker die verantwortet übernommenen handlungsleitenden Werte sich am Leben orientieren, um so stärker ist das Ich ausgebildet. Die Stärke ist jedoch sehr wohl von jeder Rigidität zu unterscheiden. Um die Ausbildung eines rigiden, fanatischen Ichs zu vermeiden, ist es notwendig, daß die obersten handlungsleitenden Werte formal und nicht etwa material formuliert werden. Ein materialer Wert gilt immer und unter allen Umständen, was auch immer damit angerichtet wird. Ein formaler fordert jedoch den Handelnden in die Verantwortung zu entscheiden, was in dieser Situation material zu tun ist, um das formale Ziel zu erreichen. Im Zusammenhang der Biophilie als einem solch formalen Wert wurde das Gemeinte schon verdeutlicht.

d. Trauern können

Trauern ist die »normale Reaktion« des Abschiednehmens von einem Menschen, einem Beruf, einer Lebensorientierung, die wichtig geworden waren. Die Trauer über einen Verlust ist abgearbeitet, wenn man endgültig von etwas Liebgewonnenem Abschied genommen hat. Da Weisheit die Fähigkeit, mit eigener und fremder Trauer umzugehen, einschließt, sollte Abschiednehmen durchaus eingeübt werden. Täglich nehmen wir von irgend etwas Abschied: Eine schöne Situation wird so niemals wiederkehren, ein geachteter Mensch wird auf immer aus unserem Blickfeld schwinden, eine schöne Landschaft werden wir niemals wiedersehen...
Mitunter gelingt Menschen solcher Abschied nicht. Die Trauer wird zur Institution, geht ein in die Selbstdefinition eines Menschen. Wir sprechen dann von depressiven Episoden (wenn sie ohne therapeutische Hilfe meist aufgrund einer selbstverantworteten neuen Lebenseinstellung oder herausfordernder Erfahrun-

---

Versuch – Irrtum werden dann zunehmend mehr Areale erobert, in denen strategisches Handeln zu Lustmehrung führen. Das kindliche Ich ist entstanden.

gen, Erlebnisse, Begegnungen verschwinden) oder depressiven Erkrankungen.[95]

e. Orientierung im Chaos

Vermutlich gibt es lineare (physikalische, biologische, soziale) Systeme nur in Lehrbüchern und in unseren Gehirnen. Die Realität ist chaotisch. Linear ist ein System genau dann, wenn ein bestimmter Input zu einem exakt vorhersagbaren Output führt. Das soll nun keineswegs heißen, daß es solche Systeme nicht in brauchbarer Annäherung gäbe. So kann man ziemlich genau etwa die Sonnen- und Mondbahn berechnen, so daß es schon im alten Babylon möglich war, Finsternisse recht exakt vorauszusagen. Ebenfalls gehorcht mein Auto ziemlich exakt den Regeln der Newtonschen Mechanik, wenngleich es auch mitunter anders reagiert, als ich es vorhatte. Unsere gesamte Technik geht von der

---

95 Da nicht wenige depressiv-organisierte Menschen weisen Rat suchen, sollte wenigstens eine gewisse Information über diese psychische Fehleinstellung einem weisen Mensch bekannt sein:

	»Leere Depression«	Manisch-depressives Syndrom	Reaktive Depression
Dominanter Affekt	Angst	Schuld	Kummer
Dominante Selbst-Wahrnehmung	kein Wertgefühl	Versagen	»normal«
Werteinstellung	nivelliert	rigide-unreif	»normal«
Schübe	insgesamt meist 4 bis 5; Dauer: Wochen bis Jahre (Mittel: 6–12 Monate). 1. Schub öfters nicht erkannt		keine
Alter: 1. Schub	15–70; meist 30–50	bipolar: 18–25	15–30

Da die beiden erstgenannten Formen der Depression psychotischer Art sind, kann dauerhaft nur ein Psychiater sinnvoll helfen. Für einen Laien ist es wichtig, wenn der Kranke menschliche Nähe oder Ansprache sucht, für ihn dazusein und zuzuhören (möglichst wenig zu sprechen, es sei denn zu dem Zweck, den Partner am Sprechen zu halten).

Annahme aus, daß alle physikalischen Systeme letztlich linearen Gleichungen gehorchten. Und dabei hat sie bislang erhebliche Erfolge. Anders ist das schon bei der Behandlung biologischer oder sozialer Systeme.
Lineare Systeme sind Systeme,[96] die zwei Eigenschaften haben:

① Eine genau bestimmte Ursache führt zu genau bestimmten Wirkungen, und
② die Wirkung wirkt niemals in einer von uns nicht vorhersagbaren Weise auf die Ursache zurück.

Nicht-linear sind demnach solche Systeme, denen eine dieser beiden Eigenschaften fehlt. Nun sind in vielen physikalischen Systemen (angefangen von der Bildung von Wolken, von Stürmen, von

---

96 Dabei geht die Chaosforschung davon aus, daß solche Systeme deterministisch funktionieren. Deterministisch funktioniert ein System genau dann, wenn alle Orts- und Impulskoordinaten zu einem bestimmten Zeitpunkt genau bekannt sind: dann läßt sich jeder beliebige vergangene oder zukünftige Zustand eines Systems vorausberechnen, wenn nicht unbekannte oder unerkannte Kräfte auf es einwirken. Die ersten Ansätze der Chaostheorie entwickelte die Mathematik, indem sie Wirkungen von etwas auf Ursachen rückwirken ließ. So kam es denn zu Mandelbrot- und Juliaprogrammen, mit denen man nach einem vielfachen Erzeugen von Wirkungen, die dann ihrerseits Ursachen des folgenden Schritts waren, die eigentümlichsten mathematischen Systeme ausbilden konnte. Das bekannteste dürfte das von Benoît Mandelbrot erzeugte »Apfelmännchen« sein. Mandelbrot ging aus von dem Ausdruck $Z^2 + C$ (wobei Z eine sich ändernde und C eine konstante komplexe Zahl darstellt). Läßt man diese Formel etwa 1000mal durch einen Computer wiederholen (wobei das neue Ergebnis das neue C darstellt) und bildet man das Ergebnis auf der komplexen Zahlenebene ab, erhält man etwa das berühmte »Apfelmännchen«. Solchen Figuren ist gemeinsam, daß sie einen endlichen und stabilen Kernbereich besitzen, während an den »fraktalen Rändern« sich bizarre Strukturen ausbilden, die selbstähnlich sind. Eine Struktur ist genau dann selbstähnlich, wenn man sie etwa um das 1000fache vergrößert und damit eine der Ursprungsstrukturen ähnliche erhält. Dieser Prozeß ist selbstredend an sich deterministisch. Die moderne Chaosforschung erschloß sich aber einen Raum, in dem deterministische Spielregeln nicht mehr gelten – nämlich bei Übergang deterministisch regulierter Signale in indeterministisch funktionierende und sich organisierende Informationen. Die Verwandlung solcher Signale in Informationen kann offensichtlich nur von den äußeren Schichten des Neocortex von Tieren und Menschen geleistet werden.

Wellen) keineswegs alle Ursachen bestimmt oder auch nur bestimmbar, und somit ist auch die Wirkung bei allem Determinismus nicht vorhersehbar (insoweit sind sie chaotische Systeme). Zum anderen erzeugen die so nicht vorhersehbaren Wirkungen als Ursachen neue Wirkungen, die uns erst recht nicht erkennbar sind (insoweit haben sie den Charakter von Fraktalen[97]).

Ein chaotisches System kann durchaus lange Zeit in einem stabilen Zustand verharren. Chaotisches Verhalten folgt also durchaus unter Umständen lange Zeit differenziert geordneten Mustern »normaler« Attraktoren.[98] Jedes System enthält aber nur für es selbst typische »seltsame« Attraktoren. Gerät ein System unter die strukturelle Funktion eines oder mehrerer solcher Attraktoren, gerät es in die Nähe von Bifurkationspunkten, an denen es sich in einer nicht vorhersehbaren Weise gabelt oder verzweigt. Das Auftreten solcher Bifurkationen unterliegt nun – wie könnte es anderes in einem deterministischen System sein – nicht dem Zufall, sondern kann durch eine Universalkonstante (vergleichbar etwa dem $\pi = 3{,}14159\ldots$), der »Feigenbaumschen Zahl« ($\delta = 4{,}669201\ldots$) bestimmt werden. Diese Zahl ist eine universell gültige Naturkonstante, der alle sprunghaften Übergänge in der deterministischen Natur folgen.[99]

---

97 »Fraktale« sind selbstähnliche Strukturen. Sie verdanken ihren Namen (vom lateinischen »fraktum« hergeleitet) der Eigenschaft, daß ihre Dimensionen nicht ganzzahlig sein müssen, wie wir es von der selbstreferentiellen Regel unseres Erkenntnissystems her gewohnt sind (so ist der Raum dreidimensional, die Zeit eindimensional), sondern zumeist gebrochen sind. So haben etwa ein menschliches Gehirn die fraktale Dimension 2,79, und Wolken haben die fraktale Dimension 2,35. (Vgl. dazu Andreas Huber, Chaosforschung, München 1996, 23.)

98 »Normale« Attraktoren bestimmen die Zustände eines Systems, auf die hin sich das Gesamtsystem einschwingt. Sie können prinzipiell als geometrische Zustandsräume, in denen sich ein nichtlineares-chaotisches System bewegt, beschrieben werden. Doch gibt es auch »seltsame« Attraktoren, die ein System labilisieren, es zu einem »Bifurkationspunkt« treiben. Diese »seltsamen« Attraktoren haben eine hochkomplizierte geometrische Struktur. Sie sind – im Gegensatz zu den »normalen« – niemals einfach oder glatt, sondern fraktal und letztlich unendlich gefaltet.

99 »Das läßt den Schluß zu, daß es sich beim Chaos um eine regelhafte, in der Natur und ihrer Ordnung vorgesehene Zustandsform handelt« (Andreas Huber, a.a.O., 21).

Was nun für die unbelebte Natur gilt, gilt erst recht für die belebte. Doch die Regeln, denen die unbelebte Natur folgt, sind – sieht man einmal von der Informationserzeugung auf Großhirnrinden ab – nicht etwa von belebter Natur aufgehoben, sondern werden nur durch weitere ergänzt (so löst etwa die belebte Natur ihre Probleme, indem sie immer komplexere Strukturen hervorbringt, die das Problem zum Verschwinden bringen oder doch in die biologische Unerheblichkeit abdrängen).
Nun ist unser Erkenntnissystem chaotisch geordnet. Wer hätte noch nicht erlebt, daß plötzlich aus Selbstverständlichkeiten Unselbstverständliches, aus Sinnlosem Sinnhaftes, aus Vernünftigem Unvernünftiges wurde. Nur indem unser Erkenntnissystem zu solcher Dynamik in Bifurkationspunkten fähig ist, kann es sich an wechselnde emotionale oder soziale Situationen anpassen. Diese Einsicht ist von zentraler Bedeutung für alle Weisheit. Es kommt also nicht darauf an, irgendwelche Qualifikationen wie »selbstverständlich«, »sinnlos«, »vernünftig«, »wahr«, »richtig« zu verteilen, sondern zu prüfen, was in einer konkreten psychischen und/oder sozialen Situation meiner selbst und des anderen Menschen zur optimalen Meisterung einer Situation »selbstverständlich«, »sinnvoll«, »nützlich«, »vernünftig« ... ist.
Was oben für kognitive Systeme und deren Funktionen gesagt wurde, gilt auch ähnlich für soziale Systeme. Die moderne Soziodynamik geht davon aus, daß Gruppen, Paarbeziehungen, Teams solch chaotische System sind. Da sie durch Interaktionen geschaffen werden, die von Informationen gelenkt werden, sind sie indeterministisch organisiert. In der Nähe von Bifurkationspunkten zeigen sie Merkmale mehr oder minderer Instabilität. Welchen Ausgang das System nimmt, ist nicht nur wegen seiner Nicht-Linearität, sondern auch wegen seines Indeterminismus nicht vorhersagbar.

f. Empathie

»Empathie« ist ein wesentliches Merkmal der »sozialen Intelligenz«. Gemeint ist die Fähigkeit, sich in andere Menschen hineinzufühlen, Sachverhalte mit ihren Augen, ihrem Herzen wahrzunehmen. Ein Mensch, der dazu nicht oder nur in extremen

Situationen in der Lage ist, dürfte kaum weise sein. Lebenswissen bedeutet immer auch die Fähigkeit zur Alterozentrik. Alterozentrik bezeichnet die Fähigkeit, etwa bei Zuhörern, geduldig bis zum Ende zuzuhören und sich erst dann Rederecht einzuräumen, wenn der Partner einige Sekunden geschwiegen hat; es bedeutet im Reden, sich in die Werteinstellungen, Erwartungen, Interessen, Bedürfnisse des anderen zu versetzen und auch von hierher seine Situation zu verstehen. Im konstruktivistischen Kontext kann also dann ein Mensch als weise gelten, wenn er über eine breite Palette von Erfahrungen über sich selbst verfügt, die es ihm ermöglicht, viele Ereignisse seines eigenen Lebens zu verstehen.

g. Personale Toleranz

»Personale Toleranz« bezeichnet die Bereitschaft und Fähigkeit, einen anderen Menschen in seinem Anderssein (solange es nicht zu sozialunverträglichem Verhalten führt) zu akzeptieren.[100] Sie unterscheidet sich von der *sokratischen* Toleranz darin, daß jetzt nicht eine von meiner abweichende Meinung als der meinen gleichberechtigt akzeptiert wird. Ihr Subjekt ist nicht eine Meinung, sondern ein Mensch. Die personale Toleranz ist – das sei nur parenthetisch angemerkt – die Voraussetzung für christliche Nächstenliebe. Ein soziales System, gleich welcher Art, hat mit Christentum nichts zu tun, wenn es nicht nur das andere Meinen, nicht nur das Andersmeinen, sondern auch das Anderssein nicht nur akzeptiert (= personale Toleranz), sondern auch das Anderssein des anderen will.

h. Unselbstverständlichkeit alles Bestehenden

Daß alles Bestehende auch anders sein könnte, als es ist, dürfte zumindest für die Welt des Menschen unbestritten sein. Das aber

---

100 Wie stets in diesem Buch gehen wir in der Regel davon aus, daß das »Sozialverträglich« nicht systemspezifisch definiert werden soll, sondern transsystemisch. So ist etwa die Biophilie transsystemisch sozialverträglich. Zum anderen gehen wir davon aus, daß derjenige, der dem anderen sozialunverträgliches Verhalten unterstellt, die Beweislast für die Stimmigkeit seiner Annahme zu tragen hat.

bedeutet, daß alles Bestehende in seinem konkreten Dasein und Sosein niemals selbstverständlich sein kann. Das konkret Gegebene ist immer über eine oft lange Serie von Optionen zustande gekommen, die durchaus kontingent, das heißt auch anders sein können, waren und sind.

i. Authentizität

Authentisch ist ein Mensch genau dann, wenn er das sagt, wenn er so handelt, wie es von seinem Gewissen eingefordert wird.[101] Solche Authentizität setzt voraus, daß ein Mensch in emotionalem, sozialem und rationalem Gleichgewicht ist. Diese Trias, Emotionalität, Rationalität und Sozialität, sollte eine Einheit bilden, in der jeder Pol in etwa gleich stark zur Geltung kommt. Das aber setzt voraus, daß sich ein Mensch physisch, psychisch und sozial wohl befindet. Sich in einer kritischen Situation in allen drei Dimensionen wohl zu befinden, haben wir in unserem Kulturkreis nicht erlernt. Es muß also nachgelernt werden. Wie macht man das:

- Es gibt für Menschen, die nicht an physischen, psychischen oder sozialen Schmerzen leiden, Situationen, in denen sie sich physisch und psychisch wohl befinden (etwa in der Badewanne, bei der Massage, beim Saunagang...). Solche Situationen sollten bewußt aufgesucht und in ihnen das Wohlbefinden bewußtgemacht und damit verstärkt werden.
- In Situationen, in denen wir uns sozial wohl befinden, wird normalerweise das physische und psychische Wohlbefinden nicht

---

101 Selbstverständlich ist Authentizität in verschiedenen Lebenslagen sehr unterschiedlich wichtig. Mitunter, etwa bei einem Referat oder einem Kommentar, in dem eine Person über einen Sachverhalt berichtet, muß nur deutlich werden, daß sie von der Stimmigkeit dessen, was sie sagt, überzeugt ist. Will sie jedoch zu oder mit Menschen sprechen (etwa in einer Rede oder einem Gespräch, in dem der andere Hilfe sucht, ist ein weit höheres Maß an Authentizität eingefordert, weil diese Person in solchen Situationen auch ihre Botschaft sozial und emotional überbringen muß. Sie muß nicht nur (rational) überzeugt sein, sondern auch das, was sie spricht, emotional als wichtig besetzt haben, und es muß der Wille bemerkbar sein, daß ihre Botschaft ankommen soll.

bewußt. Dennoch kann es unschwer zugeschaltet werden, wenn die im Vorhergehenden genannte Übung zureichend oft und intensiv gemacht wurde.

Die wichtigsten Voraussetzungen für authentisches Sprechen und Handeln können also gelernt werden. Nicht gelernt werden kann das für Authentizität notwendige Charaktermerkmal einer fundamentalen Redlichkeit und Wahrhaftigkeit. Diese Merkmale sind für einen weisen Menschen ebenfalls unverzichtbar.

3. Soziale Begabungen, die für die Ausbildung von Weisheit erheblich sind

a. Soziale Intelligenz

Die soziale Intelligenz unterscheidet sich erheblich von der rationalen (deren Maß etwa im IQ angegeben werden kann). Für den Lebenserfolg und das Lebenswissen ist diese ohne besondere Bedeutung. Das gilt nicht für die soziale Intelligenz. Sie entscheidet nicht selten primär über Lebenserfolg und Lebenswissen. Beide müssen nicht miteinander in Beziehung stehen. Es gibt Menschen mit erheblichem Lebenserfolg und geringem Lebenswissen, wie auch Menschen mit erheblichem Lebenswissen nicht unbedingt erfolgreich sein müssen.
Es gibt sehr verschiedene Formen sozialer Intelligenz. Man unterscheidet hier drei Dimensionen sozialer Kontakte: ihre Dauer, ihre Intensität (oder ihre Belastbarkeit) und ihre Zahl. Ferner sind – davon unterschieden – soziale Begabungen zu nennen. Die wichtigsten sind:

- Schnell und sicher ein soziales Feld von Wir-Beziehungen aufbauen zu können. Die wichtigste Technik, schnell ein soziales (wenngleich schon wenig intensives) soziales Feld aufzubauen, ist der *small talk*. Menschen, die diese Begabung zum *small talk* nicht besitzen, tun sich erfahrungsgemäß schwer, schnell soziale Wir-Bindungen und Wir-Wahrnehmungen herzustellen. Meist maskieren sie ihre Unfähigkeit mit der eher faulen Entschuldigung, keine Zeit »für so etwas zu haben«. Doch sind solche Felder selten belastbar. Es kommt darauf an, sie zu einem Netzwerk informeller belastbarer Sozialkontakte auszubauen.

- Der Aufbau von stabilen Du-Beziehungen. Diese Fähigkeit ist vor allem gefordert, wenn es darum geht, soziale Intelligenz zu entwickeln, die sich darin zeigen soll, ob jemand in der Lage ist, formelle und/oder informelle Beziehungsfelder aufzubauen, in denen er sich nicht nur orientieren kann, sondern in denen er viele private und berufliche Probleme leicht(er) lösen kann. Diese Begabung zum Aufbau stabiler Du-Beziehungen ist für den Lebenserfolg nachweislich wichtiger als ein hoher Intelligenzquotient, der ausschließlich die formale (nicht aber die soziale) Intelligenz mißt.
- Die Fähigkeit, sich nicht unter Gruppenzwänge stellen zu lassen. Gruppen neigen dazu, eine transrationale Intelligenz zu entwickeln, die Gruppenmitglieder insoweit entmündigt, als sie Gruppenmitglieder sind. So sind Menschen in Gruppen bereit, Dinge zu tun, die sie unter normalen Bedingungen niemals übernehmen würden (etwa Sitzungsprotokolle anzufertigen, Menschen zu verurteilen, dominanzhörig zu werden...), nur um ihr Ansehen, ihre Akzeptanz durch die Gruppe, ihr Geborgensein in einer Gruppe nicht zu verlieren. Ein weiser Mensch kennt diese Dynamik und wird sie zu relativieren wissen.
- Die Fähigkeit und Bereitschaft, mit anderen in Teams zusammenzuarbeiten.[102] Es gilt, sorglichst zwischen Team (»Sekundärgruppe«) und Gruppe (= »Primärgruppe«) zu unterscheiden. Soziodynamische Theorien sind in Deutschland fast ausschließlich als Gruppendynamik entwickelt worden und bekannt geworden. Über andere soziodynamische Prozesse (wie etwa in der Paarbindung oder in Teams) gibt es kaum brauchbare und empirisch zureichend abgesicherte Literatur. Dabei sind Teams von Gruppen deutlich zu unterscheiden. In beiden sind völlig andere Weisen des Lebenswissens einzuset-

102 Gelegentlich wird behauptet, Führungspersönlichkeiten müßten teamfähig sein. Das ist keineswegs der Fall. Erfolgreiche Menschen sind oft wenig teamfähig, entwickelten aber die anderen Formen sozialer Intelligenz. Sie sollten jedoch in der Lage sein, funktionsfähige Teams zusammenzustellen und deren Effizienz zu beurteilen.

zen. Welches sind nun die wichtigsten Unterschiede zwischen Team und Gruppe?

	TEAM	GRUPPE
Orientierung	Aufgaben, Probleme	Beziehungen, Abhängigkeiten
Hierarchie-denken	nicht gegeben	ausgebildet und meist ausgeprägt
Techniken	Diskurs[103]	Debatte, Diskussion, Konferenz
Dominantes Ziel	Probleme, optimal lösen	recht behalten, durchsetzen, kämpfen – siegen
Leitungs-technik	natürliche Autorität[104]	Herrschaft, Gewalt
Denktypus	prozeßorientiert	claimorientiert, Abteilungsdenken
Beziehungen	kameradschaftlich	Freundschaft – Feindschaft

---

103 »Diskurs« bezeichnet eine Methode des Auflistens notwendiger Bedingungen oder der Ergänzung der drei in einem vollständigen Schluß vorkommenden Termini, nicht nur um emotionalen und rationalen Konsens zu erreichen, sondern auch eine optimale Lösung von Problemen, soweit diese durch die Minderung von Täuschungen und Irrtümern unter den Diskursbeteiligten möglich ist. Die Beherrschung diskursiver Techniken dürfte eine Voraussetzung sein, in Teams optimal auch Lebenswissen, Kreativität und innovatives Denken zu fördern. Leider werden Diskurstechniken heute weder an Schulen noch Universitäten gelehrt. Um sie sich anzueignen, ist man auf die Teilnahme an geeigneten Seminaren angewiesen. Solche werden u. a. auch vom Autor veranstaltet.

104 »Natürliche Autorität« bezeichnet eine Eigenschaft, aufgrund überdurchschnittlicher Sozial- oder Fachkompetenz zur Problemlösung überdurchschnittlich viel beizutragen. Sie ist situativ und somit nicht an einen Menschen, sondern an eine bestimmte Situation gebunden, in der sich ein Team im Verlauf seiner Problemlösungsarbeit befindet.

Da die Teamorientierung in Unternehmen, Parteien, Kirchen... immer wichtiger wird, wird diese soziale Begabung, die allein innovatives und kreatives Denken freizusetzen erlaubt, immer wichtiger werden. Operatives Führen wird zunehmend auf zwei zentrale Begabungen gestützt: 1. die Fähigkeit und Bereitschaft, teamfähige Sozialgebilde zu schaffen, und 2., die Lösungsangebote von Teams in der Praxis durchzusetzen. Eine Führungspersönlichkeit muß also selbst nicht teamfähig sein. Es muß jedoch unbedingt die soziale Begabung eingefordert werden, stabile Wir-Felder erzeugen zu können.
Die Teamfähigkeit setzt außer den genannten Eigenschaften des weiteren noch voraus: die Fähigkeit, nichts für selbstverständlich zu halten, auf keinen Fall aber Dogmatiker zu sein.

b. Menschenliebe

Menschen zu mögen ist nicht jedermanns Sache. Viele Menschen fühlen sich sehr schnell sozial überfordert und mögen deshalb allenfalls einige wenige Menschen – nicht aber Menschen, weil sie Menschen sind. Jedoch fordert Weisheit ein gewisses Maß an Philanthropie ein. Menschen, die Menschen nicht mögen (sondern allenfalls einige), sind selten weise. Menschenliebe ist nun keineswegs zu verwechseln mit einem überdurchschnittlichen Harmoniebedürfnis oder der Unfähigkeit, die Schwächen und Mängel anderer Menschen zu sehen, oder gar der Ideologie des »positiven Denkens« zu verfallen. Realitätsabgelöste Menschenliebe ist sicher nicht weisen Menschen zu eigen. Es kommt vielmehr darauf an, Menschen gern zu haben, sich mit ihnen zu identifizieren – auch in der Wahrnehmung und Akzeptation ihrer Fehler und Grenzen, ja der Ablehnung sozialunverträglichen Verhaltens (wobei die Sozialunverträglichkeit transsystemisch[105] ver-

---

105 Solange die »Sozialunverträglichkeit« bezogen wird auf einzelne soziale Systeme, die jedes für sich, den systemischen Nutzen suchend, Sozialverträglichkeit und Sozialunverträglichkeit systemisch bestimmen. Die hier gemeinte »Sozialunverträglichkeit« bezieht sich nicht auf die Bestimmungen sozialer Systeme, sondern auf die in der Biophilie wurzelnde und gründende transsystemische Sozialverträglichkeit, die das soziale Wohl aller Menschen umfaßt.

standen sein soll). Menschenliebe fordert, das Anderssein des anderen nicht nur zu akzeptieren (das meint personale Toleranz), sondern es auch zu wollen. Ein weiser Mensch wird darum wissen, daß nur in der Spannung mit dem Anders Kreativität freigesetzt wird, sich Lebenswissen entfalten kann.

c. Andere und anderes ernst nehmen

Gemeint ist hier nicht nur die elementare Toleranz, anderes und andere in ihrem vielleicht gar unverständlichen Verhalten (solange es nicht nekrophil ist) zu akzeptieren, sondern weit darüber hinaus auch Menschen und ihre Situationen, ihre Werteinstellungen, Bedürfnisse, Erwartungen und Interessen erkunden und erklären zu wollen, obschon sie zunächst unverständlich und eigentümlich erscheinen mögen. Viele Menschen neigen dazu, nur das ernst zu nehmen, was sie selbst ernst nehmen. Es kommt aber darauf an, auch das ernst zu nehmen, was zunächst eigentümlich oder gar unverständlich zu sein scheint. Ein weiser Mensch wird die Ängste eines Menschen ernst nehmen, selbst wenn er in vergleichbaren Situationen völlig angstfrei agieren oder reagieren kann. Das Lächeln über Menschen mit Sozialphobien, mit Agoraphobien, mit Kygnophobien... wird nicht nur einem Therapeuten abscheulich erscheinen, sondern jedem weisen Menschen (wobei das »Abscheulich« keine moralische Disqualifikation bedeutet, sondern eine soziale – im Sinne einer abzulehnenden Sozialunverträglichkeit). Manche Menschen neigen dazu, andere nicht ernst zu nehmen, weil sie selbst vergleichbare Situationen (Sorge um den Arbeitsplatz, Verlustängste jedwelcher Art) angstfrei bestanden haben. Nicht selten erfahre ich in gruppentherapeutischen Sitzungen, daß Menschen mit dem Hinweis auf eigene ähnliche Erlebnisse die Ernsthaftigkeit der Tragik des Erlebens eines anderen zu relativieren versuchen. Das scheint mir sehr unweise – von wenig Lebenswissen getragen – zu sein. Es ist sicherlich weise, darum zu wissen, daß jeder Mensch aufgrund seiner genetisch und erlebnismäßig vorgegebenen Strukturen ein und dieselbe Situation völlig anders interpretieren wird (und damit auch darf). Die Werteinstellungen, Bedürfnisse, Erwartungen und Interessen des anderen ernst zu nehmen, und mögen sie noch so sehr von den eigenen abweichen, ist sicherlich Grundlage jedwelchen Lebenswissens. Es kommt in solchen Situationen darauf an, daß weise Menschen das fremde – vielleicht gar unverständliche – Lebenswissen des anderen akzeptieren, selbst wenn es diesem nicht gelang, es biophil zu organisieren. Die Fähigkeit, aus der Sicht einer fremden Welt Alternativen aufzuweisen, ist sicherlich ein Merkmal weiser Menschen. Sie werden in jedem Fall darauf verzichten, anderen über die Vermittlung der eigenen Werteinstellungen, Bedürfnisse, Erwartungen und Interessen einen Weg zu weisen, sondern sich bemühen, ihren eigenen Weg zu finden: »*Those who love us, let us find our own way.*«

d. Konfliktfähigkeit

Die soziale Konfliktfähigkeit[106] eines Weisen umfaßt – wie schon gesagt – fünf Merkmale:

- die Fähigkeit, überflüssige von notwendigen Konflikten zu unterscheiden,
- die Fähigkeit, lösbare von unlösbaren Konflikten zu unterscheiden,
- die Fähigkeit, überflüssige Konflikte zu vermeiden,
- die Fähigkeit, notwendige Konflikte mit einem Mindestmaß an sozialem und psychischem Aufwand bei sich und dem Konfliktpartner zu lösen, das setzt vor allem die Fähigkeit voraus, den rechten Zeitpunkt zu erfassen und wahrzunehmen.

---

106 Neben den sozialen Konflikten kennen wir auch psychische Konflikte, die soziale begleiten können oder ohne soziale Konfliktbeziehung innerpsychisch sind. Sie können ebenso zu einer Konfliktscheu führen wie zu einer erhöhten Konfliktbereitschaft. Solche psychischen Konflikte können sich in Ängsten, Niedergeschlagenheit, »psychischer Lähmung«, nekrophilen Abhängigkeiten (= Sucht – wie lebensmindernden Abhängigkeiten von Alkohol, Nikotin, Koffein, Arbeit, Erfolgszwängen) ausdrücken. Psychische Konflikte entstehen, wenn das Ich-Konstrukt sich allzu weit entfernt vom Selbst-Real. Sie sind oft verfehlte und fehlschlagende Versuche, das Ich-Konstrukt gegen ein wie auch immer gegebenes Infragestellen zu retten, wenngleich gerade die Aufgabe von nekrophilen Selbstverständlichkeiten die Überwindung des psychischen Konflikts bedeuten kann.

- die Fähigkeit und Bereitschaft, mit unlösbaren Konflikten leben zu lernen, ohne unverhältnismäßige Beschränkung der eigenen Entfaltung psychischer und sozialer Fähigkeiten und Begabungen.

Viele Menschen fürchten sich vor Konflikten, weil sie mit eigener und fremder Aggressivität nicht umgehen können (das dritte Merkmal wird nicht beherrscht). Sinnvolles Umgehen mit fremder Aggressivität setzt die Erkenntnis voraus, daß sie nicht mir gilt, sondern dem Konstrukt, das ich durch Handeln oder Unterlassen, durch Gebaren oder Aussehen, durch Sprache oder Ausdruck erzeugt habe. Ein fremder aggressiver Ausbruch sollte dazu führen, die Verhaltensweisen..., die beim anderen ein Konstrukt erzeugten, auf das er aggressiv reagiert, auf ihre soziale Verträglichkeit und Nützlichkeit zu überprüfen. Ähnliches gilt, wenn ich selbst auf fremdes Verhalten aggressiv reagiere. Auch dann gilt meine Aggressivität nicht dem anderen Menschen, sondern meinem Konstrukt, das ich mir von ihm machte. Es kommt dann darauf an, daß ich mich in meiner Aggressivität zu beobachten lerne – und sie so zulasse, ohne von ihr besessen zu werden. Alles, was mich besitzt, macht mich unfrei, schränkt die Freiheit meiner Willensentscheidungen ein – und ist somit in aller Regel nekrophil. Ein weiser Mensch unterscheidet sich also von einem unweisen unter anderem auch darin, daß er von nichts gehabt, besessen wird, obwohl er alles haben kann (auch Aggressivität).
Doch auch die Fähigkeit, notwendige von überflüssigen Konflikten zu unterscheiden (1. Merkmal), ist bei nicht wenigen Menschen unzureichend entwickelt. Mitunter sind sie der Meinung, daß alles, was ihnen nicht paßt, was ihnen auf die Nerven fällt, Grund zu einem notwendigen Konflikt sei. Das ist insoweit falsch, als die Notwendigkeit, einen Konflikt durchzufechten, weniger von meinem individuellen Mißfallen abhängt als von dem sozialunverträglichen Verhalten meines Konfliktpartners. Sozialunverträglich ist das Verhalten des Konfliktpartners etwa dann,

- wenn er aktiv intolerant agiert. Diese Situation verlangt von mir, daß ich – unter Berücksichtigung der Verhältnismäßigkeit der Mittel – mit reaktiver Intoleranz reagiere (weil anders die

Toleranz und damit auch die Weisheit keine Überlebenschance hätte auf unserer Welt).

- Wenn er so agiert, daß ein anderer nur noch reagieren kann. Ein weiser Mensch wird sich niemals in eine Ecke drängen lassen, aus der heraus er nur noch reagieren kann. Er wird selbst in scheinbar verzweifelten Situationen sich nicht zum passiven Opfer machen lassen, sondern agieren, selbst die Grenzen bestimmen, innerhalb deren er sich zum Opfer fremder Aktivitäten macht.
- Wenn er seine Sozialverträglichkeit ausschließlich am Interesse eines einzigen sozialen Systems orientiert und somit, zum Systemagenten degeneriert, unsittlich handelt. Sittliches Handeln setzt stets eine transsystemische Orientierung voraus. Solche Unsittlichkeit ist allemal ein zureichender Grund für einen notwendigen Konflikt.
- Wenn er in faschistoider Manier die Interessen eines sozialen Systems vertritt. »Faschistoid« nennen wir ein soziales System, das sich selbst zum höchsten Zweck erhebt und alle anderen Zwecke (Würde, Freiheit, Gerechtigkeit) nur insoweit gelten läßt, als sie diesen primären Zweck nicht gefährden. So ist »politisch faschistoid« ein soziales System (vom Typ »Staat«), das sich zum höchsten Rechtsgut macht.[107] Gegenüber solchen Systemen, die es in durchaus vergleichbarer Weise auch im Bereich des Ökonomischen, des Sozialen und Kulturellen, ja selbst des Privaten (so sind mir Familien bekannt, die sich faschistoid organisierten) gibt, ist stets – bei Beobachtung der Verhältnismäßigkeit –, konfliktauslösender Widerstand angezeigt.
- Auch die Fähigkeit, mit unlösbaren Konflikten leben zu können (5. Merkmal der Konfliktfähigkeit), ist bei manchen Menschen unterentwickelt. Es gibt Konflikte, die in der eigenen psychischen und/oder sozialen Struktur bzw. in der charakter-

---

107 Politisch faschistoide Systeme (faschistoide Staaten) argumentieren meist so: Das ist höchstes zu schützendes Rechtsgut, was alle anderen Rechtsgüter schützt. Nun aber schützt ein Staat alle anderen Rechtsgüter. Also ist er selbst höchstes zu schützendes Rechtsgut. In Deutschland ist theoretisch die Würde des Menschen höchstes zu schützendes Rechtsgut (Art. 1 GG).

lichen Struktur des Konfliktpartners vorgegeben sind. Sind diese charakterlichen Vorgaben nicht zu ändern und scheint eine Trennung aus vernünftigen Gründen unangemessen, kann der Konflikt unlösbar sein und es dennoch angeraten erscheinen lassen, sich ihm nicht durch Trennung zu entziehen.

e. Kommunikationsfähigkeit

Die Kommunikationsfähigkeit von Menschen fordert eine Menge von Begabungen und Bereitschaften ein, von denen schon einige genannt wurden (Toleranz, die Überwindung des Realismus der Containermetapher...). Hier sollen einige weitere genannt werden, welche vor allem die Vermeidung kommunikativer Fehleinstellungen betreffen:

- das Vermeiden verdeckter Kommunikation,
- das Vermeiden der Ausbildung kommunikativer Phantombilder,
- das Vermeiden verletzender, verängstigender, herabsetzender Kommunikation,
- das Vermeiden von »Spielen«.

Es folgt dann eine Zusammenfassung der wichtigsten Übergänge von der kommunikativen Interaktion bis hin zu Interaktionsmustern allgemein.

(a) Das Vermeiden verdeckter Kommunikation

»Offen« nennt man eine kommunikative Interaktion, wenn das Gedachte auch ausgesprochen wird. »Verdeckt« ist eine Kommunikation, wenn das Ausgesprochene aus gleich welchen Gründen nicht mit dem Gedachten übereinstimmt. Verdeckte Kommunikation kann mehr oder minder wichtige Gründe für sich ins Feld führen, als da sind: Höflichkeit etwa in der Gestalt der *political correctness*,[108] Pädagogik, Geheimnisschutz. Aber es gibt auch

---

108 So ist mancher Europäer der Meinung, ein US-Amerikaner mache ihm ein Kompliment, wenn er dessen Meinung für *interesting* (= »Blödsinn«) oder *very interesting* (= »völliger Blödsinn«) hält.

andere Formen verdeckter Kommunikation, die das bewußte oder unbewußte Ziel verfolgen, den Kommunikationspartner zu verwirren oder zu verunsichern. Ein klassisches Beispiel sei hier angeführt. Zwei Eheleute unterhalten sich:[109]

Offen	*Verdeckt*
a) Schatz, findest du nicht, daß die Kinder ein wenig ruhiger sein könnten?	Sie läßt den Kindern zuviel durchgehen.
b) Die Kinder toben sich nur ein bißchen aus. Sie gehen sowieso gleich schlafen.	Ach, schon wieder muß er etwas bemäkeln.
a) (Wütend) Soll ich sie jetzt ins Bett bringen?	Immer widersetzt sie sich. Ich muß die Sache wohl selbst in die Hand nehmen.
b) (Fürchtend) Nein, ich bringe sie gleich ins Bett.	Gleich vergißt er sich. Er könnte den Kindern weh tun. Lieber gebe ich nach.

Verdeckte Kommunikation geschieht nahezu in allen sozialen Systemen vom Typ »Gruppe«. Kommt sie in sozialen Systemen vom Typ »Team« vor, ist das Team vermutlich zu einer Gruppe entartet.[110] Die Teamfähigkeit und die Zusammenstellung und Ausbildung von Teams erfordern neben einem guten Erfahrungswissen (»Menschenkenntnis«) auch ein gutes Stück Weisheit. Das gleiche gilt für das Unterscheiden von offener und verdeckter Kommunikation.

Verdeckte Kommunikation ist ebenfalls typisch für verdeckte Konflikte. Solche verdeckten Konflikte sind nicht untypisch für Carnegie-geschulte Personen. *Dale Carnegies* Buch »Wie man

---

109 Aaron Beck, Love is Never Enough, New York 1988, 145 f., zitiert nach Daniel Golemann, Emotionale Intelligenz, München 1995, 175 f.

110 Die wichtigsten Unterschiede zwischen Gruppen (primäre Gruppen) und Teams (sekundäre Gruppen) wurden schon erwähnt (Seite 96).

Freunde gewinnt« ist geradezu ein Lehrbuch verdeckter Kommunikation, die auch in Konfliktsituationen durchgehalten werden solle.

(b) Vermeiden kommunikativer Phantombilder

Kommunikative Phantombilder entstehen unvermeidlich, wenn eine Mehrzahl von Menschen häufiger über einen Abwesenden spricht. Es handelt sich dabei um eine Art der Bildung »kollektiver Konstrukte«. Sie können durchaus positiv sein, etwa in der Art, daß man Großes von einem Menschen erwartet. Das »Ihm eilt ein guter Ruf voraus!« kann ein Zeichen eines positiven Phantombildes sein. Oft aber sind sie – zumindest verglichen mit dem Selbstkonstrukt des Betreffenden – eher negativ. Menschen in Führungspositionen sollten unbedingt über das von ihren Mitarbeitern, Kunden, Lieferanten, Vorgesetzten, Kollegen gebildete kollektive Konstrukt informiert sein, denn nicht sie führen, verhandeln, entscheiden, sondern das »kollektive Konstrukt«. Diese Konstruktbildungen, die wir alle fast unausweichlich vornehmen, denen wir aber auch in ebendieser Unausweichlichkeit unterworfen sind, können durchaus ethisch vertreten werden, wenn sie einige Bedingungen erfüllen:

- Sie betreffen nicht den Charakter oder die Moral dessen, der durch die Konstrukte betroffen wird.
- Der Betroffene muß die Möglichkeit haben, sich über die ihn betreffenden »kollektiven Konstrukte« zu informieren.
- Die Bildner »kollektiver Konstrukte« müssen wissen, daß sie in Gefahr sind, realitätsfremde »kollektive Konstrukte« auszubilden.
- Es darf kein latentes aggressives Potential freigesetzt werden.
- Sie dürfen nicht der Selbstdarstellung, der Selbstprofilierung, der Stabilisierung einer Gruppe dienen.

Gibt es nun Methoden, sich gegen solche Phantombilder zu wehren? Ist erst einmal ein solches Phantombild entstanden, wird meist auch ein Wechsel des Arbeitsplatzes wenig hilfreich sein, da der »schlechte« Ruf sehr oft mittransportiert wird. Andererseits kann die Wahl einer anderen Lebenswelt durchaus zu einem

völlig anderen Phantombild führen. Nicht selten klagen Manager darüber, daß das Phantombild, das ihre Berufswelt von ihnen erzeugte, ganz anders ist als das familiäre. Die meisten Menschen werden also von sehr verschiedenen Phantombildern begleitet. Es kommt dann zur Erscheinung der sich selbst erfüllenden Prophezeiungen. Das kann durchaus bedeuten, daß ein Mensch sich den mitunter phantastisch verzerrten Phantombildern anpaßt.
Eine andere Form der Reaktion auf Phantombilder (wie auch auf Individualkonstrukte) ist die Flucht in die Einsamkeit. Zwar hat jeder Mensch ein gewisses Quantum an Einsamkeitsbedürfnissen, die, wenn sie nicht realisiert werden, zu Symptomen sozialer Überlastung oder Überforderung führen. Hier ist jedoch eine Einsamkeit gemeint, in die hinein sich Menschen zurückziehen, die sich von anderen nicht verstanden fühlen. Solcher Rückzug kann (muß nicht) Krankheitswert haben. Symptom einer psychischen und/oder sozialen Erkrankung kann etwa eine gewisse Menschenfurcht bis hin zu mit Panikreaktionen verbundenen Sozialphobien oder die Flucht in Wahnkrankheiten sein, die es dem Betroffenen erlauben, sein, wenn auch oft pathologisch verstelltes, Selbstkonstrukt zu bewahren.
Wie gesagt, es gibt nur geringe Chancen, ein kommunikatives Phantombild, das sich einmal eingefressen hat, zu ändern. Die Chance, irgendwo anders ein »neues Leben« beginnen zu können, wird nur dem gegeben sein, dessen Leidensdruck so groß ist, daß seine Immobilitätswünsche überwunden werden. Eines jedoch ist unbedingt anzuraten: Wenn ein Mensch unter kommunikativer Phantombildung leidet, sollte er sich unbedingt einen psychotherapeutisch geschulten Coach suchen, wenn er aus irgendeinem Grund den Ausweg der Flucht in ein Anderswo nicht wählen kann oder mag.

(c) Das Vermeiden entwürdigender, verletzender, verängstigender Kommunikation

Manche Menschen neigen dazu, andere etwa

- durch Sarkasmus (der dann meist mit Ironie verwechselt wird),
- durch Beschimpfen, das bis hin zum Anschreien gehen kann,

- durch Vorführen der vermeintlichen Inkompetenz,
- durch Einschüchtern mit Drohungen,
- durch Nichtbeachtung,
- durch unnötigen oder unbegründeten Tadel,
- durch die gezielte Ausbildung kommunikativer negativer Phantombilder,
- durch Verletzung der Selbstachtung,
- durch Positionierung in Omega-Positionen (also in weit untergeordnete Positionen)...

zu entwürdigen oder zu verletzten. Diese fatale Neigung hat in aller Regel einen oder mehrere Gründe:

- eine antipathische Besetzung des anderen, die nicht selten über Projektionsmechanismen zustande kommt,
- die Kompensation eigener Mindergefühle im Versuch, sich selbst groß zu machen, indem man den anderen mindert,
- Neid,
- die Sorge, vom anderen überholt zu werden,
- die Absicht, den anderen vor Dritten als minderwertig zu denunzieren.

In jedem Fall liegt bei dem, der mindert oder verängstigt, ein charakterliches, wenn nicht sittliches Versagen vor, das, weil nekrophil, mit Weisheit nichts zu tun hat.[111] Weise dagegen ist der

---

111 Im Coaching begegnete ich einmal einem Vorstand eines großen deutschen Unternehmens, der die ersten Sitzungen im gewohnt aufgeblasenen Zustand hinter sich brachte. Meine Aufgabe bestand nun darin, aus einem Vorstand einen Menschen zu machen. Ich wählte das drastischste Mittel, das mir in solchen Situationen zur Verfügung steht: Ich teilte ihm mit, daß wir Menschen mit allen unseren Schwächen und Grenzen »arme kleine Würstchen sind und daß es nichts Lächerlicheres gibt, als ein solches Würstchen im Zustand der Dauererektion« zu beobachten. Er hatte immerhin das menschliche Format, die Metapher zu verstehen. Nun gab es zwei Möglichkeiten: Er suchte sich einen anderen Coach, oder er bemühte sich, aus dem mühseligen Zustand der Dauererektion herauszukommen und ein Mensch wie andere auch zu werden. Er wählte die zweite Möglichkeit sehr zum Nutzen des ferneren Coachings wie auch zum Nutzen seiner Führungsqualitäten.

Mensch, dem es gelingt, andere größer zu machen, ohne auch nur die geringste Angst zu verspüren, sie könnten ihm »über den Kopf wachsen«. Ein weiser Mensch freut sich über wirkliche (und nicht angemaßte) fremde Größe. Es kommt ihm nicht in den Sinn, sie zu mindern.

(d) Das Vermeiden von »Spielen«

»Spiele« bezeichnet hier eine Art von Kommunikation, in der ein Partner mit dem anderen seine Spielchen treibt. In der Regel wird der Anschein erweckt, als ob sich zwei Personen im Zustand des Erwachsenen-Ichs[112] miteinander unterhalten. Tatsächlich übernimmt jedoch der eine die Rolle des Eltern-Ich und zwingt den anderen in einem Exzeß mangelnden Lebenswissens – meist ohne daß dieses fatale Spiel einem der Beteiligten bewußt ist – in die des Kind-Ichs. Das »Kind« wird von einem »Elter« in eine subdominante kommunikative Situation gezwungen, in der es sich verteidigen, erklären, entschuldigen muß, wenn es schon nicht aufbegehrt. Solche Spiele werden mitunter sogar von Management-Trainern gelehrt. Hierher gehört etwa das »Ja-aber-Spiel« (»Sie haben zwar recht, aber...«) oder auch das Partnerschaftsspiel (»Liebling, warum kommst du heute wieder so spät nach Hause?«). Nur zu Beginn einer Partnerschaft mag sich dabei das Interesse an der Arbeit des anderen objektivieren. Später beinhaltet es jedoch etwa den Vorwurf: »Du kommst immer so spät nach Hause, weil dir dein Beruf wichtiger ist als unsere Partnerschaft.« Tödlich für eine Partnerschaft können auch bestimmte »Du-Spiele« sein: »Warum hast du...?«, »Warum hast du nicht...?«, »Warum hast du wieder?«, »Du hast mal wieder...!« Dieser Typ von Spielen kennt zahllose Varianten. Eines ist allen diesen Spielen gemeinsam: Sie wollen und sollen beim anderen Schuldgefühle erzeugen oder ihn aggressiv und damit unkontrolliert und verwundbar machen. Ein weiser Mensch wird die Kommunikation des Erwachsenen-Ich zum Erwachsenen-Ich wählen.

---

112 Wir benutzen hier die Terminologie der Transaktionsanalyse, die gerade in der »Theorie der Spiele« wie etwa in dem Werk E. Bernes »Spiele der Erwachsenen« erhellenden Ausdruck fand.

(e) Zusammenfassung der Wege von der kommunikativen Interaktion bis zur Entwicklung interaktiver Fähigkeiten überhaupt

Wir unterscheiden mit *Konrad Lorenz*[113] zwischen Sagen – Hören – Verstehen – Einverstandensein, Anwendung des Verstandenen und Beibehaltung der Anwendung des Verstandenen:

- Gesagt ist nicht gehört. Damit etwas Gesagtes auch gehört wird, das meint, eine bewußte Empfindung[114] des Hörens zustande kommt, ist es notwendig, daß dem Gesagten oder dem Sprecher ein gewisses Interesse entgegengebracht wird. Andernfalls geht das Sagen im allgemeinen Rauschen der Signale unter. Da unser Körper etwa 1 000 000 000 bits Signale/sec. empfängt oder erzeugt, der Neocortex aber nur etwa 100 bits Signale/sec. zu Informationen verarbeitet (also eine Reduktion um den Faktor 10 000 000 stattfindet), werden nur die Signale zu Informationen verarbeitet, die im Bereich der aktuelle Werteinstellungen, Bedürfnisse, Erwartungen und Interessen liegen. Besonders das Interesse (die Fokussierung der Rationalität, der Emotionalität und Sozialität auf einen bestimmten Sachverhaltsbereich) ist hier von besonderer Erheblichkeit. Sind die Werteinstellungen, Bedürfnisse, Erwartungen und Interessen anders orientiert, wird vielleicht gehört, aber nicht zugehört. Es entsteht nur die Empfindung, daß jemand spricht. Was er spricht, scheint unerheblich, gleichgültig, längst gewußt zu sein. Nicht selten kommt es auch zu selektivem Hören. Es wird nur das gehört, was derzeit interessiert.
- Gehört ist nicht verstanden. Damit etwas Gehörtes verstanden

113 Lorenz entwickelte diese Unterscheidungen aus verhaltensbiologischer Sicht, wir verwenden sie hier in psychologischer und kommunikationstheoretischer Absicht. Daß sich dabei die Bedeutungen der verwendeten Worte wandeln, ist unvermeidlich.

114 Die Empfindung erzeugt einfachste Konstrukte, die erst, wenn sie räumlich in ihrem Nebeneinander und zeitlich in ihrem Aufeinanderfolgen geordnet werden, nach den selbstreferentiellen Regeln des Erkenntnissystems zu größeren Konstrukten wie Erscheinungen oder Erkenntnisinhalten zusammengefaßt werden.

wird, ist es nötig, daß es erklärt werden kann. Schlechthin Unerklärliches ist unverständlich. Wir Menschen unterliegen Erklärungszwängen, weil wir mit dem Unerklärten oder gar Unerklärlichen nur verängstigt zusammenleben können. Der Konstruktivismus geht davon aus, daß der Innere Beobachter seine Beobachtungen dem Verstehenden meldet, dieses den Inneren fragt, was an inneren Zuständen des kognitiven Systems vorgehen müßte, damit der Äußere Beobachter beim Subjekt des kognitiven Systems dieselben Erscheinungen wahrnehme, die der Äußere Beobachter in der Beobachtung anderer Subjekte meldet. Wenn das andere Subjekt etwa brüllt, die Fäuste ballt und auf mich einstürzt (so meldet es der Äußere Beobachter), fragt der Verstehende: Was müssen in dem Subjekt, dessen kognitives System ich bin, der Innere und Äußere Beobachter melden, damit ich mich ähnlich den Meldungen des Äußeren Beobachters über das Fremdsubjekt verhalte? – Etwa wütend. Wir können uns also nur immer selbst verstehen. Wir können unsere Verstehensmöglichkeit jedoch weiten, indem wir uns möglichst verschiedenen und verschiedenartigen sozialen Situationen aussetzen, um dem Verstehenden Beobachter ein möglichst großes Repertoire möglicher Erklärungen zur Verfügung zu stellen. Das wird eine unverzichtbare Voraussetzung für die Ausbildung von Weisheit und ihrer Anwendung sein.

- Verstanden ist nicht einverstanden. Um mit dem Verstandenen nicht nur rational, sondern auch emotional einverstanden zu sein, muß es im Horizont meiner gegenwärtigen Werteinstellungen, Bedürfnisse, Erwartungen und Interessen liegen.
- Einverstanden ist noch nicht angewandt. Damit etwas, mit dem ein Subjekt einverstanden ist, angewandt wird, muß es sich an den Bestand der vorhandenen Konstrukte einpassen lassen. Geschieht das nicht, bleibt das Einverstandensein wirkungslos – es übersetzt sich nicht in Handlungen, nicht einmal in Verhalten. Allerdings neigen viele Menschen dazu, das Verstandene so zum Einverstandenen zu machen, daß es handlungsrelevant werden kann. Diese Verschiebung vermeidet die Ausbildung eines singulären Konstrukts, das sich nicht in den bestehenden Konstruktbestand integrieren läßt.

- Angewandt ist nicht beibehalten. Damit etwas Angewandtes beibehalten wird, ist es nötig, daß es in die Selbstmotivation des Betroffenen eingeht und sich derselbe davon einen Nutzen verspricht.

f. Motivationsfähigkeit

»Motivation« bezeichnet eine Verhaltensbeeinflussung[115] zum Nutzen des Beeinflußten und zum Nutzen des Beeinflussenden oder eines Dritten. Die »unmittelbare Motivation« durch irgendwelche materiellen Belohnungen (Geldzuwendungen, Reisen...) ist heute zumindest in der Welt der Unternehmen weitgehend außer Gebrauch gekommen. Das mag zwei Gründe haben. Zum einen sind immer weniger Menschen bereit, etwas zu tun oder zu lassen, was sie sonst niemals täten oder unterließen, nur um in Besitz eines materiellen Gutes zu kommen. Sie fühlen sich nicht motiviert, sondern manipuliert – und entwickeln gegen solchen Etikettenschwindel eine gesunde Abwehr. Zum anderen sind die Motivationsergebnisse selten nachhaltig und bilden zudem eine überflüssige Kostenposition.
Motivation bedeutet heute »Hilfe zur Selbstmotivation«. Was sind nun diese Selbstmotivatoren, die Menschen dazu bringen, nachhaltig eine überdurchschnittliche »Leistung« (im Unternehmen also etwa einen überdurchschnittlichen Beitrag zur Wertschöp-

115 Eine Verhaltensbeeinflussung zum Nutzen des Beeinflussenden oder eines Dritten nennt man gemeinhin »Manipulation«. Sie ist an sich wertneutral oder gar wertpositiv (etwa in Bitten und deren Erhörung). Eine Verhaltensbeeinflussung zum Nutzen des Beeinflußten nennt man gemeinhin, da ein gutes deutsches Wort für diesen Sachverhalt fehlt, »Edukation«. Gemeint ist damit, einen Menschen aus einem Zustand in einen anderen hineinzuführen, der für ihn »nützlicher« ist. Alle drei Formen der Verhaltensbeeinflussung sind wertnegativ, wenn damit der Schaden des anderen intendiert wird, wenn der mögliche Schaden des anderen fahrlässig nicht bedacht wird oder wenn der Schaden des anderen ohne zureichende Güterabwägung und damit fahrlässig in Kauf genommen wird. Bei allen Formen der Verhaltensbeeinflussung ist die Intention vom Erfolg zu unterscheiden. Beide müssen keinesfalls zusammenfallen. So können etwa Eltern in edukatorischer Absicht ihr Kind erziehen, es aber tatsächlich manipulieren, um es zu einem brauchbaren Subjekt innerhalb dieser Gesellschaft werden zu lassen.

fung des Gesamtunternehmens) zu erbringen? Wir unterscheiden hier drei Felder solcher Selbstmotivatoren:

- die sozialen Selbstmotivatoren: unverbindliche Zusage eines Karrieresprungs, Stärken des Prestiges,[116] der Anerkennung, der sozialen Sicherheit ...
- die psychischen Selbstmotivatoren: Wohlbefinden, Anerkennung, Zufriedenheit, Sinnbegabung von Arbeit ...
- die physischen Selbstmotivatoren: Eustress statt Disstress, Gesundheitsschutz, Freizeit ...

Solche Selbstmotivatoren wirken erheblich nachhaltiger als der Versuch, im Unternehmen durch materielle Zuwendungen (Prämien, Reisen, übertarifliche Bezahlung ...) eine Leistungsverbesserung zu erreichen. Daß diese Fähigkeit, die Selbstmotivation zu entwickeln, ein ziemliches Maß an Weisheit im Vorgehen einfordert, wird unmittelbar dann einsichtig, wenn erkannt wird, daß jeder Mensch andere Präferenzen hat und deshalb nur Selbstmotivatoren optimal sind, die der Persönlichkeitsstruktur des Betreffenden entsprechen.

116 Diese beiden Selbstmotivatoren sind sittlich problematisch. Die unverbindliche Zusage eines Karrieresprungs ist eine vor allem in großen Konzernen verwendete Methode, aus den führenden Mitarbeitern etwa mit der Behauptung »Ein Vorstandsposten ist für Sie durchaus drin« das Letzte herauszuholen. Ich kenne mehrere Manager, die auf solche faulen Tricks hereingefallen sind. Man hielt ihnen eine Wurst vor die Nase, die sie niemals erreichen würden – bis sie ausgebrannt und damit überflüssig geworden waren. Daß eine solche Methode sittlich und moralisch verwerflich ist, zudem aber noch – und das ist vielleicht das Ärgste – dumm und für die Unternehmenskultur vernichtend ist, dürfte – außer den Betroffenen – allen Menschen, auch solchen, die nicht gerade weise sind, offensichtlich sein. Ebenfalls kann die Stärkung des Prestigedenkens (Dienstwagen, Klasse des Wagens, eigener Fahrer ...) zu den eigentümlichsten Verrenkungen dessen führen, der vom Prestigedenken besessen und somit alles andere als weise ist. Beide Methoden, ein Feld der Selbstmotivation aufzubauen, sind nekrophil und daher abzulehnen.

4. Sittliche Voraussetzungen, die für die Ausbildung von Weisheit erheblich sind

»Sittlichkeit« bezeichnet die Orientierung an einem von der Ethik ausgemachten »höchsten Gut«. Die Ethik ist eine philosophische Disziplin, deren wichtigste Aufgabe es ist, das höchste sittliche Gut ausfindig zu machen. Es muß unter anderem dem kategorischen Imperativ Kants gehorchen, nach dem es zur Grundlage einer allgemeinen Gesetzgebung werden könne. Dieses Prinzip der universellen Generalisierbarkeit demonstriert zugleich auch die Rolle der höchsten ethischen Werte. Ähnlich wie die Grundlage einer allgemeinen Gesetzgebung nicht fundamental relativiert werden kann und, wenn sie in Konkurrenz tritt mit nicht-ethischen verantworteten Rechtsgütern, den absoluten Vorrang hat, gilt das auch für den Fall, in dem der höchste sittliche Wert in Konkurrenz tritt zu ökonomischen, politischen, sozialen und kulturellen Werten. Konkurriert also ein ökonomisches Gut mit einem sittlichen, so gehört dem sittlichen der Vorrang.

Wir haben uns entschlossen, nicht mit Kant die Selbstzwecklichkeit des Menschen (d. h. seine Würde) als höchstes sittliches Gut zu wählen, wennschon auch das Grundgesetz der Bundesrepublik in Art. 1. an sich den Gesetzgeber auffordert, die Maxime, *»Handle stets so, daß du durch dein Handeln eigene und fremde Würde eher mehrst denn minderst!«*, zur Grundlage einer allgemeinen Gesetzgebung zu machen. Die praktische Nicht-Anwendbarkeit des kategorischen Imperativs auf diese Maxime läßt nach einem anderen höchsten sittlichen Gut Ausschau halten. Wir fanden es in der Biophilie. Zwar hat noch kein Staat die Biophiliemaxime zur Grundlage einer allgemeinen Gesetzgebung gemacht. In jedem Fall aber ist dieses »höchste sittliche Gut« leichter zu operationalisieren als das der menschlichen Würde. Es ist nicht einfach, auch im persönlichen Handeln und Entscheiden festzustellen, ob in ihm eher Würde (Selbstzwecklichkeit) gemehrt oder gemindert wurde. Wohl aber gibt es objektive Kriterien, ob durch mein Handeln und Entscheiden eigenes und fremdes personales Leben (etwa in den Dimensionen des Emotionalen und Sozialen, des Sittlichen wie des Intellektuellen...) eher gefördert als gemindert wurde. Zudem umschließt die Biophilie auch die Würde und ist somit universeller. Da nun aber die Grundlage einer allgemeinen Lebensorientierung (und damit auch einer allgemeinen Gesetzgebung) möglichst universell sein sollte, ist die Biophiliemaxime der Maxime über die Selbstzwecklichkeit vorzuziehen.[117] Die für die Weisheit und ihre Ausübung notwendigen sittlichen Forderungen sind unter anderem aber vor allem folgende: (a) ein verantwortlich gebildetes sittliches Gewissen, (b) die Meinungstoleranz und (c) die Klugheit *(sapientia)*.

a. Ein sittliches Gewissen

Das Gewissen beurteilt unmittelbar vor der Handlung oder Entscheidung (bzw. das Nicht-Handeln und Nicht-Entscheiden) auf moralische oder sittliche Qualität *(conscientia antecedens)*.[118]

---

117 Dabei sei gerne zugestanden, daß die Entscheidung, die Selbstzwecklichkeit der menschlichen Person sei höchstes sittliches Gut, auch ihre Vorteile hat. Sie entzieht es der Funktionalisierung, insofern sie um ihrer selbst willen gewählt werden muß. »A tut B um B willen«, wobei B für die Selbstzwecklichkeit steht. Die Biophiliemaxime kann dagegen gelesen werden: »A tut B um C willen« und läßt somit eine funktionale (und nicht rein-personale) Interpretation zu. Da aber die Ethik sich gerade gegen rein funktionale Lebensorganisationen wendet, scheint der Würde der Vorrang zu gehören. Doch sei darauf aufmerksam gemacht, daß in der hier vertretenen Biophiliemaxime die Selbstzwecklichkeit als enthalten gilt. Damit ist an sie auch die Forderung zu stellen, daß sie nicht funktional, sondern personal, ja in dem Sinne »A handelt biophil um der Biophilie willen« zu interpretieren ist.

118 Das die Handlung begleitende Gewissen *(conscientia concomitans)*, das letztendlich schon eine Option aus mehreren ausgewählt hat und diese Auswahl mit den eigenen moralischen oder sittlichen Normen vergleicht, liegt außerhalb der sittlichen und moralischen Verantwortung, wenn die Handlung oder Entscheidung so weit gediehen ist, daß sie nicht mehr rückgängig gemacht werden kann. Erst recht ist für die moralische oder sittliche Verantwortung für ein Handeln oder Entscheiden das nachfolgende Gewissen *(conscientia consequens)* ohne unmittelbaren Belang. Vor allem aber die nachträgliche moralische oder sittliche Beurteilung eines Handelns oder Entscheidens führt zu den endogenen Strafen, die auf die Verletzung der Normen des endogenen Gewissens ausgesetzt sind: Schuld-, Schamgefühle und Gefühle geminderter Selbstachtung. Das nachfolgende Gewissen kann dennoch eine moralische Bedeutung haben, insofern es Menschen dazu bringt, den angerichteten Schaden wiedergutzumachen und die Funktion des der Handlung unmittelbar vorausgehenden Gewissens zu stärken.

Wie jedes Urteil ist es primär von rationaler Einsicht geleitet. Sittlich verantwortet ist ein Gewissensurteil dieser Art nur dann, wenn es aufgrund einer ethischen Überlegung in einer sittlichen Entscheidung gründet. So wäre etwa für einen Menschen, der sich für die Biophiliemaxime als die sittliche Grundlage seines Tuns verantwortet entschieden hat, vor dem Handeln die sittliche Qualität des Handelns *vor* der Handlung zu bedenken. Dieses Bedenken betrifft das Ziel und die mit vertretbarem Aufwand auszumachenden Folgen des Handelns. Ein Mensch, der anderen Instanzen als der des der Handlung oder Entscheidung unmittelbar vorausliegenden Gewissensurteils nicht folgt, handelt unsittlich. Die Unsittlichkeit kann verschiedene Gründe haben: Sie kann (a) begründet sein in der fahrlässigen Nicht-Ausbildung des Gewissens oder (b) im Handeln gegen das Gewissensurteil. Da allein das sittliche Gewissen in einer multioptionalen Gesellschaft dem eigenen Leben Sinn und Ziel gibt, diese Vorgabe aber eine der Voraussetzungen für Weisheit ist, ist das Handeln und Entscheiden nach den Normen des sittlich verantworteten Gewissens eine unverzichtbare Voraussetzung für Weisheit. Lebenswissen, das orientierungslos auf dem Ozean der Möglichkeiten dahertreibt, hat mit Weisheit nichts zu tun.

b. Meinungstoleranz

Über die Meinungstoleranz, die *sokratische* Differenz zwischen Wissen (das es mit Wahrheit[119] zu tun hat) und Meinen (das es mit Gewißheiten zu tun hat), wurde schon ausreichend gehandelt.

---

119 »Wissen« kann im sokratischen Sinne verstanden werden. Dann steht es – wie hier verwandt – für ein Verfügen über wahre Sätze oder Überzeugungen. »Wissen« kann jedoch auch konstruktivistisch verstanden werden, dann bezeichnet es ein Überzeugtsein, das sich um größtmögliche Realitätsdichte, verstanden als derzeit für Personen und Zeiten bestmögliche Überwindung von Irrtümern und Täuschungen, müht. In diesem Sinn sprechen wir von Sach-, Erfahrungs- und Lebenswissen, die sich stets ihrer Möglichkeit, zu irren und sich zu täuschen, bewußt sind, aber – soweit als mit sinnvollem Aufwand möglich – darum bemüht haben, Irrtümer und Täuschungen zu minimieren, indem sie die Kriterien für Realitätsdichte (Widerstandserfahrungen mindern verbunden mit Optimieren der Biophilie) ernst nehmen.

Ein intoleranter Mensch, der sich, vergleichbares Sach-, Erfahrungs- und Lebenswissen vorausgesetzt, im Besitz eines Wissens glaubt, das dem des anderen überlegen ist, vielleicht gar meint, es sei frei von Irrtum und Täuschung, hat noch nicht einmal die ersten Schritte zur Weisheit versucht.

c. Klugheit

Klugheit *(prudentia)* ist jene Tugend, die es uns Menschen erlaubt, Handlungsziele zu erkennen und unter rationalem Einsatz der Mittel ihre Realisierung zu verfolgen. Sie hilft uns, unser Entscheiden und Handeln so zu organisieren, daß es überflüssige Konflikte vermeidet und unlösbare Konflikte nicht destruktiv oder kontraproduktiv ausgehen läßt. Die Klugheit führt dazu, daß ein Sich-Einfinden in nicht-nekrophile Gesellschaften möglich wird. Die Klugheit führt zu »gesundem Urteilen« über Menschen, Beziehungen, soziale Systeme. Das Urteilen ist genau dann gesund, wenn es die zuvor erwähnten Bedingungen der Konfliktfähigkeit erfüllt. So ist Klugheit oft verbunden mit Friedfertigkeit (das alles andere bezeichnet als eine Konfliktscheu oder ein übertriebenes Harmoniebedürfnis). Daß Klugheit eine der Voraussetzungen für Weisheit *(sapientia)* ist, wurde schon früh von antiken Philosophen erkannt. Ein kluger Mensch wird die optimalen Strategien zur Durchsetzung seiner verantwortet vorgenommenen Ziele bedenken und wählen. Klugheit bedeutet jedoch keinesfalls, den Versuch zu machen, in allen Lebensbereichen mit einem Minimum an Aufwand ein Optimum an Ertrag zu sichern. Dann wäre es äußerst unklug, selbstzweckliche Dinge zu tun, wie zu beten, zu lieben, Kinder aufzuziehen. Klugheit folgt nicht einem Minimalprinzip, sondern versucht, die vorhandenen Möglichkeiten zum eigenen und fremden Nutzen zu mehren.
Zum Schluß dieses Kapitels einige Weisheitsregeln:

① Verwechsele nie Mitleid mit Weisheit

Mitleid ist zwar nach *A. Schopenhauer* die Basis aller Moral, jedoch darf man nicht übersehen, daß Moral und erst recht Ethik und Sittlichkeit nicht erststellig oder gar einzig in Emotionen gründen, sondern in einer dialektischen Einheit von Emotionalität, Rationalität und Sozialität. Ein entsozialisiertes Mitleid entartet zur untätigen Betroffenheit, ein entrationalisiertes Mitleid degeneriert zu einer Form der Philanthropie, die das Eigene mit seinen Werteinstellungen, Bedürfnissen, Erwartungen und Interessen vergessen läßt. Das ist alles andere als biophil.

② Beachte die Redlichkeitsregeln der Antike

a. Die Redlichkeitsregel des *Sokrates: Verwechsle niemals deine Gewißheiten, die stets die Möglichkeit* (und bei nicht-trivialen Sachverhalten die Unausweichlichkeit) *beinhalten, voller Täuschungen* (durch die Sinne im Verlauf der Soseins-Konstruktion) *und Irrtümer* (beim Erklären und Verstehen) *zu sein.*
b. Die erste Redlichkeitsregel des *Aristoteles: Bemühe dich darum, stets sagen zu können, worüber du sprichst. Wenn du sprichst.* Wenn du von Gerechtigkeit, Freiheit, Würde, Christentum, Marxismus, Manipulation sprichst, solltest du sagen können, worüber dein Sprechen handelt.
c. Die zweite Redlichkeitsregel des *Aristoteles: Wenn du dein »Wissen« aus nur einer interessierten Quelle beziehst, orientiere daran nicht deine Gewißheiten. Nur wenn das »Wissen« aus wenigstens zwei verschiedenen interessierten Quellen oder einer uninteressierten Quelle stammt, kannst du es zum Aufbau deiner Gewißheiten verwenden.*

③ Weisheit

spielt im Spannungsfeld zwischen Egoismus und Altruismus, zwischen Egozentrik und Alterozentrik. Sie kennt keine monopolare Lebensorganisation. Es kommt vielmehr darauf an, dieses Spannungsfeld fruchtbar zu machen.

5. Kapitel
Weisheit und Sinn

Wir Menschen sind existentiell unversöhnte Wesen. Unversöhnt mit der uns umgebenden Natur, die wir ausbeuten und zerstören, obwohl wir ihre Kinder sind; unversöhnt mit den sozialen Systemen (wie Unternehmen, Staaten, Kirchen...), in denen wir leben, weil wir einerseits auf sie angewiesen sind, sie aber andererseits kaum über Wissen und/oder Wollen verfügen, mit ihrer sozialen Umwelt ethisch verantwortet umzugehen; unversöhnt mit unserer eigenen Geschichte, so daß wir sie immer wieder neu interpretieren müssen in immer neuen Geschichten; unversöhnt mit unseren eigenen physischen, sozialen, emotionalen, intellektuellen... Grenzen, denen wir immer wieder begegnen und an denen wir uns immer wieder neu erfahren müssen. Schließlich sind wir auch mit uns selbst unversöhnt, da wir im Spannungsfeld zwischen Geborgenheit und Entborgenheit, zwischen Sicherheit und Unsicherheit, zwischen Leben und Sterben, zwischen Heimat und Heimatlosigkeit, zwischen Angenommensein und Verstoßenwerden, zwischen Erfolg und Mißerfolg, zwischen Freude und Leiden uns und unser Leben gestalten müssen. Der Grund solcher Unversöhntheiten ist die Nicht-Identität von Wesen und Sein. »Wesen«, das meint hier, abweichend vom allgemeinen philosophischen Sprachgebrauch, unseren Entwurf, unser ideales Selbst, meint den, der wir sein könnten, wenn wir unter optimalen physischen, psychischen, sozialen, kulturellen, ökonomischen, politischen, familiären, betrieblichen, schulischen... Bedingungen aufgewachsen wären und uns in ihnen hätten entfalten können. »Sein« meint den Zustand unseres realen Selbst, meint den, der wir tatsächlich sind: unvollkommen und unvollendet, auf vielerlei Weise zerstört und verstört, weder zu Hause bei uns selbst noch anderswo, immer auch sich und anderen fremd, stets in der Fremde lebend. Das Heimweh nach dem Wesen, das wie das Sein in unserem Selbstkonstrukt eine fatale Legierung eingegangen ist, macht uns in allen existentiellen Dimensionen zu unversöhnten Menschen. Die Art, der Inhalt, die Wirksamkeit der Sinnantwort spiegelt die individuelle Unversöhntheit wider. Die Sinnantwort hat die Aufgabe, in den Horizonten der Unversöhntheit wenigstens so viel an Orientierung zu finden, daß dies es uns erlaubt zu leben.[120]

Das existentielle Fragen nach dem Sinn (etwa des Lebens)[121] ist ein relativ modernes Fragen. Dem 18. Jahrhundert bis hinein ins 19. war das Fragen etwa nach dem Sinn des Lebens fremd.[122] Die Frage erhielt erst ihre existentielle Dringlichkeit durch die Desorientierung, die durch eine Welt besorgt wurde, welche durch eine schnell zunehmende Multioptionalität charakterisierbar ist.

---

120 Vgl. Rupert Lay, Vom Sinn des Lebens, München 1985, 31. Hier werden die verschiedenen Arten der Unversöhntheit des näheren ausgeführt (a.a.O., 32–55).

121 Es gibt auch ein »kategoriales Fragen« nach dem Sinn von irgend etwas. »Was hat Bummeln für einen Sinn?«, »Was hat Wandern für einen Sinn?«, »Was hat Sport für einen Sinn?«, »Was hat Autofahren für einen Sinn?« Solche kategorialen Sinnfragen sind meist ohne Schwierigkeiten zu beantworten, wenn sie nicht in den Bereich der nekrophilen Abhängigkeiten oder den der Zwänge fallen. Dagegen ist die Frage nach dem existentiellen Sinn von Leben, Arbeit, Leiden... nicht mehr trivial und generalisierend zu beantworten. Hier muß jeder Mensch seine Antwort finden.

122 In der Nähe der heutigen Bedeutung begegnen wir dem Wort »Sinn« in W. Diltheys »Einleitung in die Geisteswissenschaften« (1883) erstmals. Dilthey vermutet, es gebe kein letztes und einfaches Wort der Geschichte, das »ihren wahren Sinn ausspräche«, wie denn auch die Natur ihren Sinn nicht verraten würde. Die Unmöglichkeit, in ihren Objektgebieten Sinn zu erkennen, sei den Geschichtswissenschaften wie den Naturwissenschaften gemeinsam. Mit der Einführung des Wortes »Sinn« in die Wissenschaftssprache stellt Dilthey jedoch irgendeinen erkennbaren »objektiven Sinn« in Frage. Die Frage nach dem Sinn von Geschichte war zunächst eine religiöse Frage des jüdischen Denkens. Jüdische Religiosität wurzelt in diesem Bedenken der Geschichte des Volkes Israel. Es erfuhr sich in solchem Bedenken als »auserwähltes Volk« und sah Jahwe als den Sinngeber seiner Geschichte. Jesus von Nazaret nahm diesen Gedanken auf und benannte das vollendete »Gottesreich« als Sinn und Ziel der christlichen Geschichte. Diesen Traditionen verbunden, zeigte Karl Marx in seiner Idee vom kommenden »Reich der Freiheit von Entfremdungen« einen Zustand, in dem Menschen zu ihrem wahren Wesen, zu ihrer totalen Ganzheit finden. Vgl. R. Lay, Vom Sinn des Lebens, München 1985, 57 f.

Welches mögen die Gründe gewesen sein, welche die existentielle Problematik der Sinnfrage evozierten?

- Sicherlich und vor allem die Erfahrung der Entfremdung, die Hand in Hand ging mit der Erfahrung der Sinnlosigkeit.
- Die Sinnvorgaben, welche die soziale Umwelt (die politische, die ökonomische, die kirchliche) vermittelte, wurden immer brüchiger, weil die Emanzipation von sozialen Systemen von einem neuen Autonomieverständnis spätestens als Folge der Revolution von 1848 rapide anwuchs.
- Mit der Multioptionalität verschwanden die Selbstverständlichkeiten, verschwand der stabile äußere Rahmen, innerhalb dessen jeder Mensch soviel an Orientierung erhielt, als er benötigte, um der Sinnlosigkeit zu entgehen. Heute scheint die Orientierung an einem Sinn jedoch so sehr in den Mittelpunkt gerückt zu sein, daß die sich in der *»So-what-Frage«* verdichtende Sinnlosigkeit immer mehr in den Mittelpunkt rückt. Immer mehr Menschen fragen sich – vor allem in Krisensituationen ihres Lebens –, was denn das alles (ihre Arbeit, ihr Mühen, ihre Sorge, ihre Ängste...) solle. Ist nicht letztes vor dem Anspruch eines gelingenden Lebens unendlich sinnlos?

1. Was meint »Sinn«?

»Sinn« bezeichnet ein Sein-Sollen.[123] Die Frage nach dem Sinn einer Handlung, dem Sinn von Welt, von Handlungen, von Geschichte, von Gesellschaft, von Kultur oder Politik, von Ökonomie, Arbeit, Kunst oder personalem Leben ist identisch mit der Frage: »Wie sollen sie sein?« Menschen und ihre Geschöpfe leben im Spannungsfeld zwischen Sein und Sinn, zwischen

---

123 Wir fragen hier also nicht mit der philosophischen Semantik nach dem »Sinn von Sätzen«. 1892 führte G. Frege die Unterscheidung zwischen sprachlichen Zeichen, deren Sinn und Bedeutung ein. So sei die Bedeutung von »Morgenstern« und »Abendstern« dieselbe, nicht aber deren Sinn. Diese Unterscheidung hat die wissenschaftstheoretische Arbeit einmal sehr befruchtet.

Real und Ideal.[124] Ontologisch geht zwar das Sein jedem Sollen voraus, nicht aber anthropologisch.[125] Das Sinn-Sollen, der Sinn geht dem Sein voraus, er zieht das Sein nach, er formt und fordert es. Offensichtlich liegt die Bedeutung von »Sinn« in der Nähe der Bedeutung von »Wert«. Beide begreifen etwas Wünschenswertes. »Sinn« löst in der Mitte des 18. Jahrhunderts sehr bald den im gemeinen Sprachgebrauch gerade aufgekommenen Terminus »Wert« ab, wenn »Wert« auf den Menschen und seine Sachen bezogen werden. Der »Wert des Lebens« wird gemessen an den Ansprüchen, die jemand stellt. Dabei gilt es nach *Immanuel Kant* als gleichermaßen unangemessen, wenn bloß nach dem Markt- oder Affektionspreis gefragt wird.[126]
Daß wir Menschen des 20. Jahrhunderts und vermutlich auch des folgenden nach dem Sinn von etwas fragen, liegt der deterministische Glaube zugrunde, alles habe einen Sinn. Dieser Sinnglaube ist (im Sinne *Kants*) eine transzendentale Kategorie. Hätte *Immanuel Kant* seine »Kritik der reinen Vernunft« nicht 1781, sondern heute geschrieben, hätte er »Sinn« unter die reinen Verstandesbegriffe zählen müssen, da wir allen Sachverhalten, Geschehnissen, Ereignissen, Zuständen irgendeinen Sinn zuschreiben müssen, wenn wir sie als Gegenstände erkennen wollen. Diese Kategorien gibt es an sich nicht, sie sind jedoch wesentliche Zutaten unserer Verstandestätigkeit, um aus dem Konstrukt einer »Erscheinung« das eines »Gegenstandes« bilden zu

---

124 Viktor E. Frankl schreibt: »Wir aber wissen, daß die Spannung zwischen Sein und Sinn unaufhebbar im Wesen des Menschen begründet ist. Die Spannung zwischen Sein und Seinsollen gehört eben zum Mensch-Sein mit dazu.« Er zitiert eine Arbeit von G. W. Allport, bekannt geworden vor allem durch seine Untersuchungen zur »Natur des Vorurteils«, nach der die normale Korrelation zwischen Selbstreal und Selbstideal durch einen Koeffizienten von 0,58 bestimmt sei (Der Mensch vor der Frage nach dem Sinn, München 1985, 226).

125 »Die letzte oder, wenn man will, die erste Frage der radikalen Skepsis gilt dem Sinn des Seins. Nach dem Sinn des Seins zu fragen, ist aber insofern sinnlos, als das Sein dem Sinn vorgängig ist. Denn das Sein von Sinn ist bei der Frage nach dem Sinn von Sein immer schon vorausgesetzt.« Viktor E. Frankl, a.a.O., 235.

126 Vorlesungen über Naturrecht, in AA 27/2, 1321.

können.[127] Es mag merkwürdig sein, daß der Traditionsverlust und mit ihm das Schwinden der ökonomischen, sozialen, kulturellen und politischen konsensuellen Werte und die existentielle Frage nach dem Sinn eher zu- als abnehmen. Das mag darin gründen, daß die universellen Werte – wenn das Werthafte überhaupt noch eine Rolle spielt – durch individuelle Werteinstellungen ersetzt wurden.[128] Sinn kann also, weil es sich nicht um ein objektives oder auch nur mental-generalisierbares Datum handelt, niemals vorgeschrieben oder gar verschrieben werden. Beschreiben läßt sich allenfalls das, was in einem Menschen vorgeht, der sich daranmacht, Sinn zu suchen. In der Sinnfindung wird die Möglichkeit oder die Wirklichkeit als veränderbar, von einem Ist in ein Sollen zu überführen wahrgenommen.

Was kann also Sinn machen, Sinn erhalten, Sinn geben? Da es viele menschliche Sachen zu bedenken gilt, wenn man nach ihrem Sinn fragt, seien hier einige exemplarisch angeführt. Oft ist es leichter, sich an den Sinn von etwas heranzutasten, wenn man nach dem Unsinn dieses Etwas fragt.

a. Der Sinn einer Handlung

Sicherlich gibt es offensichtlich unsinnige Handlungen. Hier wären etwa zu erwähnen alle Handlungen, die vorhersehbar ungeeignet sind, ihr Ziel zu erreichen. Ein weiser Mensch wird den Weg solcher Sinnlosigkeit vermeiden. Sinnlos sind auch Handlungen, die unnötig Leiden schaffen. So sind vermeidbare

---

127 Ludwig Wittgenstein schreibt in seinem Tractatus logico-philosophicus: »Der Sinn der Welt muß außerhalb ihrer liegen. In der Welt ist alles, wie es ist, und geschieht alles, wie es geschieht; es gibt in ihr keinen Wert – und wenn es in gäbe, so hätte er keinen Wert« (6.41).

128 »Das Dahinschwinden der Traditionen affiziert keineswegs den Sinn, sondern nur die Werte. Der Sinn bleibt vom Zusammenbrechen der Traditionen verschont. Der Sinn ist nämlich jeweils etwas Einmaliges und Einzigartiges, jeweils erst zu Entdeckendes, während die Werte Sinn-Universalien sind, wie sie nicht einmalig-einzigartigen Situationen, sondern typischen, sich wiederholenden Situationen innewohnen... Jedenfalls kann das Leben auch dann sinnvoll bleiben, wenn alle Traditionen der Welt dahinschwänden und kein einziger Wert übrig bliebe.« Viktor E. Frankl, a.a.O., 237.

Kriege, so ist vermeidbare Massenarbeitslosigkeit sinnlos. Aber wird damit die gegenteilige Handlung schon sinnvoll? Sicherlich sind nicht alle Handlungen, die ihr Ziel, etwa einem Menschen zu schaden, erreichen, nicht sinnvoll. Andererseits ist es jedoch in aller Regel sehr weise und sinnvoll, vermeidbare Kriege zu vermeiden, vermeidbare Arbeitslosigkeit zu verhindern... Wer urteilt denn über den Sinn einer Handlung? Sind der Erfolg, die Mitwelt, das eigene Selbst geeignete Richter? Liegt der Sinn einer Handlung in ihrem Erfolg oder in jener Intention gegründet, die zur Handlung führte?[129] Jedenfalls scheint eine unsittliche Handlung niemals sinnvoll sein zu können. An dieser Stelle sollen einige wenige Gedanken folgen, die versuchen, »Ethik« näher zu fassen. Die »normative Ethik« ist bemüht, die jeweils von konkreten sozialen Systemen zu deren Nutzen entwickelten moralischen Normen kritisch zu prüfen. Eine solche Prüfung ist jedoch nur möglich, wenn in der Entwicklung eines höchsten ethischen Wertes eine Richtschnur gegeben ist. Solche höchsten ethischen Werte könnten etwa sein: (a) die jede konkrete egoistische Systemforderung überschreitende (= systemtranszendente) Sozialverträglichkeit, (b) die »Goldene Regel«, nach der ein Mensch angehalten ist, sich zu anderen so zu verhalten, wie er sich vernünftigerweise wünschen kann, daß sie sich ihm gegenüber verhalten, oder (c) die Biophiliemaxime. Letztere zeichnet sich von den vorgenannten darin aus, daß sie kein Unterlassen einfordert, son-

---

129 Die »Gesinnungsethik« sieht die Sittlichkeit einer Handlung in der Gesinnung, dem endogenen Gewissen, der Motivation des Handelnden gegründet. Die »Erfolgsethik« mißt die sittliche Qualität einer Handlung nicht an einer bestimmten Qualität seines Wollens, sondern dem erfolgreichen Verfolgen sozialverträglicher Ziele. Beiden Ethiken ist eines gemeinsam: Sie regulieren das Verhalten von Individuen mit-, zu- und gegeneinander. Sie handeln über Pflichten des einzelnen und gründen in der Eigenverantwortlichkeit und Autonomie des handelnden Subjekts. Davon werden zumeist unterschieden die verschiedenen Formen einer Sozialethik, welche die Prinzipien menschlichen Zusammenlebens in Familie, Wirtschaft, Staat, Kirchen, Parteien... überhaupt untersucht, prüft, normiert. So wird von Max Weber für die politische Persönlichkeit verlangt, daß sie sich im Durchsetzungsvollzug politischen Wollens bei zu treffenden Entscheidungen an den unmittelbaren Folgen der den Zweck realisierenden Handlungen orientiert.

dern eine Handlungsorientierung vorgibt. Sinnvoll ist eine Handlung immer dann, wenn sie in weiser Auslegung der Situation die Biophiliemaxime zu realisieren trachtet. Sicherlich gibt es auch andere sittliche Kriterien, die Sinnhaftigkeit einer Handlung auszumachen.

b. Der Sinn der Geschichte

Die Frage nach dem Sinn von Geschichte eröffnete, wie gesagt, das existentielle Sinnfragen. Es nimmt nicht wunder, daß das Volk Israel den Sinn seiner Geschichte darin sah, einmal den Messias hervorzubringen. So nimmt es nicht wunder, daß die Christen, in einiger Entsprechung zum Judentum, den Sinn der Geschichte im Entstehen und Wachsen des Gottesreiches sahen. Erst relativ spät kamen profane Sinnantworten zu Wort.[130]
Die strukturgeschichtlichen Ansätze sahen in den historisch gewordenen soziokulturellen oder sozioökonomischen Systemen keineswegs stets nur die Regeln vom Auf- und Niedergang, sondern, etwa mit *Karl Marx*, den Sinn der Geschichte transsystemisch im Werden des »Reichs der Freiheit von Entfremdungen«. In der Nachfolge von *Pierre Teilhard de Chardin* sehen immer mehr Menschen den Sinn der Geschichte der Menschheit in dem Auftauchen der »einen Menschheit« als einer neuen evolutiven Qualität. Warum sollte denn auch die Evolution mit dem Auftauchen der Menschen auf dieser Erde zu Ende gekommen sein? Dann aber ist das Ziel der menschlichen, der sozialen Evolution die Entstehung der einen Menschheit. Sie ist das konsequen-

---

130 Karl Popper schreibt: »Anstatt nach einem verborgenen Sinn der Geschichte zu fragen, müssen wir der Geschichte einen Sinn geben. Wir müssen der politischen Geschichte eine Aufgabe stellen – und damit uns selbst. Statt nach einem... verborgenen Sinn oder Ziel der politischen Weltgeschichte zu fragen, müssen wir uns selbst fragen, welche Ziele der politischen Weltgeschichte sowohl menschenwürdig, als auch politisch möglich sind« (Selbstbefreiung durch das Wissen, in: L. Reinisch [Hrsg.], Der Sinn der Geschichte, München, 4. Aufl. 1970, 102). »Die Geschichte selbst... hat weder ein Ziel noch einen Sinn, aber wir können uns entschließen, ihr beides zu verleihen« (Die offene Gesellschaft und ihre Feinde II, Bern, 2. Aufl. 1970, 345). Vgl. R. Lay, Grundzüge einer komplexen Wissenschaftstheorie II, Frankfurt 1973, 371 f.

te Ergebnis einer universellen Globalisierung, die nicht nur etwa das ökonomische Sein erreicht, sondern das Allgemeine Bewußtsein der Weltbevölkerung.

c. Der Sinn der Ökonomie

Gemeint ist hier nicht der Sinn der Wirtschaftswissenschaften, sondern der des ihnen zugrunde liegenden Sachverhaltsbereichs. Was der Zweck der Ökonomie ist, mag man leicht ausfindig gemacht haben: die Versorgung von Menschen mit Gütern, das Bereitstellen von Arbeit... und anderen sogenannten »Externalitäten«[131]. Es geht hier vielmehr um die inneren Sinnvorgaben einer Ökonomie. Hat sie solche überhaupt? Sicherlich ist sie die Instanz, die nach der kultureller Systeme als erste den Schritt in die Globalisierung wagte. Aber ist damit schon der sinngebende Schritt in eine Weltökonomie hinein getan? Sicherlich nicht. Noch versuchen Unternehmen wie ganze Volkswirtschaften, sich möglichst viel an Umwelt anzueignen und zu verbrauchen, so als handele es sich um ein freies Gut, das jedem in beliebiger Menge zum Verbrauch zur Verfügung stünde. Das ökonomische System (sei es betriebs- oder volkswirtschaftlicher Art), das diese Strategie am wirkungsvollsten beherrscht, verfügt über mancherlei Wettbewerbsvorteile – und die will es nicht aufgeben. Die Politik macht sich nicht selten zum willigen Kumpanen solcher ökonomischer Systeme. Wenn wir erkennen, daß die saubere Umwelt ein Wirtschaftsgut der gesamten Menschheit ist, kann es nur von

131 »Externalität« bezeichnet einen dem Unternehmen äußerlichen, aber mit ihm eng verbundenen Sachverhalt. So sind etwa »positive« Externalitäten das, was das Unternehmen, ohne dafür eigens entlohnt zu werden, an seine äußere Umwelt abgibt (Bereitstellen von Arbeitsplätzen, Produktion nicht-verwerflicher Güter, Zahlen von Steuern, Versorgung einer Region mit Liquidität). Zu den »negativen« Externalitäten sind die Kostenpositionen zu rechnen, die zwar vom Unternehmen erzeugt werden, jedoch auf die Allgemeinheit abgewälzt werden (wie zum Beispiel: Umweltbelastung, Frühverrentung, Entlassungen, die nicht eigentlich betriebsbedingt sind, wohl aber im Interesse der Kapitaleigner liegen, Invalidität, berufsbedingte Erkrankungen...). Ein Unternehmen, das sich einer auch externen Sozialverträglichkeit verbunden weiß, wird versuchen, die Externalitätenbilanz aktiv zu gestalten.

Vertretern der gesamten Menschheit bewirtschaftet werden.[132] Um eine solche Verteilung, eine zureichende Überprüfung der innerhalb einer Nationalökonomie erzeugten Umweltbelastung zu erreichen, ist die Bildung einer weltzentralen Ökokratie nötig. Gelingt es gegen politischen und nationalökonomischen Druck nicht, sie zu errichten, wird die Menschheit an Umweltverschmutzung ein äußerst unweises Selbstmordprogramm realisieren. Und hier taucht jetzt der Sinn von Ökonomie auf: Wenn es ihr gelingt, die Globalisierung in solche Bahnen zu lenken, welche die Bildung einer Ökokratie erlauben, und sie damit den Untergang (besser würde man von einem von nationalökonomischem Egoismus inspirierten Mord sprechen) der Menschheit verhindert, dann und nur dann macht sie auch internen Sinn.

d. Der Sinn der Arbeit

Das Wort »Arbeit« und seine Äquivalente in den verschiedensten Sprachen wird zur Bezeichnung einer der elementaren menschlichen Tätigkeiten als eines der ersten eingebracht. Dennoch wurde erst relativ spät – im Zusammenhang mit der industriellen Revolution – über »Arbeit« philosophisch reflektiert. Das soll keineswegs heißen, daß nicht das von dem Wort »Arbeit« Bezeichnete nicht als existentielles, dem Menschen eigenes Tun verstanden worden wäre.[133] Die Bibel verbindet religiöse Erfahrung mit menschlicher Weisheit, wenn sie feststellt, daß Arbeit zum einen notwendig sei, um Gottes Schöpfungswerk zu vollenden, zum

---

132 Eine solche Bewirtschaftung könnte etwa so erfolgen, daß etwa zu Beginn eines jeden Jahres jede Volkswirtschaft entgeltlich eine bestimmte Menge an Zertifikaten ersteigern kann, wobei der Preis sich auch am BIP der betreffenden Volkswirtschaft orientieren sollte. Diese Zertifikate erlauben die Produktion einer bestimmten Menge an Kohlendioxyd, Stickoxyden, Schwefeloxyd und den Verbrauch einer bestimmten Menge an Pestiziden, Trinkwasser, lebendem Boden... Wird mehr an Umwelt verbraucht, als durch die ersteigerten Zertifikate erlaubt ist, treten Sanktionen (etwa Handelsbeschränkungen, Bußgeldzahlungen, Boykotte) in Kraft.

133 In nahezu allen Sprachen bezeichnet »Arbeit« stets das Mühsame, die harte Anstrengung einer Tätigkeit. Das deutsche »Arbeit« leitet sich her vom lateinischen *arvum* (= der gepflügte Acker). Ursprünglich drückt das Wort im Althochdeutschen wie im Altsächsischen die Vorstellung einer

anderen aber sieht sie den verpflichteten Charakter der Arbeit, mit dem ein Sühne- und Läuterungsaspekt verbunden wird.[134] Erst im Humanismus wendet sich das Blatt. *Giordano Bruno* lobt das Tätigsein im Gegensatz zur Muße, und *Thomas Campanella* sucht Gesetze für eine Gesellschaft, die ihren Bestand auf Arbeit gründet.[135] Die kalvinistische Arbeitsethik, nach welcher der wirtschaftliche Erfolg ein Ausweis für die göttliche Auserwählung schon hier auf Erden sei, folgte in manchem den Vorstellungen *Campanellas.*[136] Der technische und industrielle Fortschritt, der gekennzeichnet wird vom Übergang vom Handwerker zum Industriearbeiter, wird um die Mitte des 19. Jahrhunderts zu einem Problem für Staat, Gesellschaft, Erziehung und Philosophie. Zwar wurde die ökonomische Bedeutung der Arbeit als eines wertschöpfenden Produktionsfaktors von den Physiokraten bestritten. Nur die Natur ermögliche wertschöpfende Arbeit durch die in der Landwirtschaft Tätigen *(cultivateurs)*. Die erste Interpretation der Arbeit als eines wertschöpfenden Faktors findet sich bei *John Locke.* Die ins Eigentum eingebrachte Arbeit gibt jenem seine Legitimation. Eine weitere ökonomische Orientierung an der Arbeit als eines wertschaffenden Faktors findet sich bei *David Ricardo.* Er klammerte die noch von *Adam*

---

auferlegten beengenden Notwendigkeit aus, die Unbequemlichkeit, Erschöpfung und Müdigkeit mit sich bringt. So wird es oft synonym mit »Mühsal«, »Not«, »Beschwerde« verwendet. Es scheint eine kurze Episode zu Beginn des Mittelalters im 9. Jahrhundert gegeben zu haben, in der das Lateinische *labor* als eine Tätigkeit verstanden wurde, die etwa Neues hervorbringt. Die Laboratores, die produktiv mit Werkzeugen Arbeitenden, wurden im Gegensatz zu denen, die Handarbeit leisteten, zusammen mit den Oratores (etwa den Mönchen) und Bellatores (etwa den Offizieren) als gehobene Schicht betrachtet. Doch mit fortschreitender Entwicklung der neuen mittelalterlichen Wertordnung wurde die Klasse der Arbeitenden zunehmend weniger geachtet.

134 Gen. 1, 26 + 28; Gen. 3, 19.

135 G. Bruno, Degli eroici furori, Paris 1585; Th. Campanella, La città del sole, 1602.

136 Max Weber sah in seinem Werk »Die protestantische Ethik und der Geist des Kapitalismus« (in: Aufsätze zur Religionssoziologie, 5. Aufl. 1963, 63 ff.) in dieser religiös begründeten Einstellung zur Arbeit eine wichtige Voraussetzung für die Ausbildung einer kapitalkumulierenden Leistungsgesellschaft.

Smith behaupteten wertschaffenden Faktoren Kapital und Grund und Boden aus. Sie seien nichts als marktabhängige Variablen.[137] Die Arbeit wurde zum einzigen wertschöpfenden Produktionsfaktor.

Karl Marx wird zum Kritiker der Arbeit in einer vom Privateigentum[138] beherrschten Gesellschaft. Wir haben gezeigt, *»daß der Arbeiter zur Ware und zur elendsten Ware herabsinkt, daß das Elend des Arbeiters im umgekehrten Verhältnis zur Macht und zur Größe seiner Produktion steht, daß das notwendige Resultat der Konkurrenz die Akkumulation des Kapitals in wenigen Händen ist«*[139]. Und für den Arbeiter gilt: *»Zu Hause ist er, wenn er nicht arbeitet, und wenn er arbeitet, ist er nicht zu Hause. Seine Arbeit ist daher nicht freiwillig, sondern gezwungen, Zwangsarbeit. Sie ist daher nicht die Befriedigung eines Bedürfnisses, sondern sie ist nur ein Mittel, um Bedürfnisse außer ihr zu befriedigen.«*[140] Die Arbeit wird erst dann wieder ihre Würde erhalten, wenn es gelingt, das Institut des Privateigentums zu überwinden.[141]

Heute versteht man zumeist, wenn von »Arbeit« gesprochen wird, ein irgendwie technisches Tun, das sich auf die Beherrschung der Naturkräfte richtet einerseits und auf die Produktion und Verteilung der aus materiellen oder informationsbezogenen Güter andererseits sowie auf Dienstleistungen von Menschen an

---

137 Principles of political economy and taxation (1817), Kap. 1 bis 6.

138 Im Gegensatz zum persönlichen Eigentum bezeichnet seit Hegel, der das Wort »Privateigentum« schuf, dieses Wort Eigentum an fremder Arbeit und an Anlagevermögen, das es erlaubt, diese Arbeit profitabel auszunutzen. Gegen persönliches Eigentum hatte Marx nichts einzuwenden. »Was den Kommunismus auszeichnet, ist nicht die Abschaffung des Eigentums überhaupt, sondern die Abschaffung des bürgerlichen (privaten) Eigentums... In diesem Sinne können die Kommunisten ihre Theorie in dem einen Ausdruck zusammenfassen: Aufhebung des Privateigentums!« Manifest der Kommunistischen Partei (1847), in WW 2, 834.

139 1. Pariser Manuskript (1844), in WW 1, 559.

140 Ibd., 564.

141 Vgl. 3. Pariser Manuskript (1844) in WW 1, 599. »Das Privateigentum hat uns so dumm und einseitig gemacht, daß ein Gegenstand erst der unsrige ist, wenn wir ihn haben... An die Stelle aller physischen und geistigen Sinne ist daher die Entfremdung aller dieser Sinne, der Sinn des Habens, getreten« (ibd.).

Menschen oder sozialen Systemen abzielt. Sie ist für viele Menschen eine *Conditio humana* (eine Bedingung, unter der allein volles Menschsein realisiert werden kann) geworden. Dabei ist nicht zu übersehen, daß der Faktor »Arbeit« immer mehr durch andere Faktoren abgelöst wird: Hier sind vor allem zu nennen: die technisch verwertbaren wissenschaftlichen Erkenntnisse und die Information. Beide sind auf dem Wege, dem Faktor Arbeit nur noch solche Funktionen zuzuweisen, die nur von ihm erbracht werden können: Kreativität und innovatives Denken. Diese strukturelle Veränderung des kapitalistischen Wirtschaftssystems wird zu einer Massenarbeitslosigkeit im Bereich der Erwerbsarbeit führen. Was ist zu tun in einer Welt, die ihre Faktorverantwortung (= Verantwortung vor den Faktoren Arbeit, Kapital und Innovationskraft) nahezu ausschließlich auf den des Kapitals verengt, wie das Gerede und die Praxis vom *shareholder value* zureichend belegt? Ich vermute, daß sie mit der Globalisierung der Märkte, die gerade dabei ist, den Arbeitsmarkt zu entdecken, der Arbeit neue Dimensionen zuordnen muß, wenn man die unvermeidlichen Strukturänderungen weise zu meistern versuchen will.

- Die Erwerbsarbeit und die Nichterwerbsarbeit müssen in gleicher Weise gesellschaftlich anerkannt werden und so gleiche Würde erhalten.
- Es gilt, neben den klassischen Formen der Nichterwerbsarbeit (Führung des Haushalts, Erziehung der Kinder) neue Formen zu erschließen, die ebenfalls für die gesamtwirtschaftliche Wertschöpfung von erheblicher Bedeutung sind: vereinsamten Menschen mit Rat und Tat zur Seite zu stehen, Kranken, die nicht mehr die notwendige menschliche Zuwendung erhalten, diese zu geben ...
- Vormundschaften vor allem für junge Menschen sollen übernommen werden.
- Die Arbeitslosigkeit eines Arbeitswilligen darf nicht diskreditiert werden, sondern sollte in der öffentlichen Achtung der Würde des Arbeit Besitzenden gleichgestellt werden. Die Würde des Menschen darf nicht mit seinem Arbeitsbesitz in Beziehung gesetzt werden.

- Der Staat hat politische Methoden zu entwickeln, die es erlauben, die reichlich vorhandenen Faktoren qualifizierte Arbeit, Kapital und Innovationsfähigkeit, etwa über Bankenbürgschaften (in Entsprechung zu Hermes-Bürgschaften oder über stärkere Aktivierung seiner Sondervermögen) zusammenzuführen.
- Es gilt anzuerkennen, daß Arbeit zwar eine wirtschaftlich objektivierbare Größe ist. Zugleich aber sollte akzeptiert werden, daß sie als ethische Größe an sich wertneutral ist und nur insoweit Wert und Sinn erhält, als sie ihr vom arbeitenden Menschen gegeben wird. In ähnlicher Weise sollte es auch möglich sein, der Arbeitslosigkeit Sinn zu geben, wenn schon die Sinnvergabe Sache des stets einzelnen bleibt.

2. Vom Sinn des Lebens

Die Formel vom »Wert des Lebens« findet sich erstmals bei *Friedrich Ernst Daniel Schleiermacher*, der 1792 eine (postum veröffentlichte) Schrift unter diesem Titel verfaßte. »Leben« meint dabei das Dasein des Individuums, das sich selbst eine Antwort darauf geben will, warum und mit welchen Zielen es lebt. Die Frage ist auf »die ganze Kunst des Lebens« bezogen und wird somit in praktischer Absicht gestellt. Der Frage wird ein existentieller Zweifel vorausgehen. Eine befriedigende Antwort setzt nach Schleiermacher nicht voraus, daß ein Mensch sich den Wert seines Daseins selbst gibt. Entscheidend ist, daß die Antwort den in die Frage eingehenden Ansprüchen genügt. Solches Genügen setzt jedoch die Realisation von Weisheit voraus.

Wann aus der Wertfrage eine Sinnfrage wird, ist kaum genau anzugeben. Vermutlich verschiebt als erster *Ludwig Feuerbach den Wert zum Sinn: »Verliert nicht das Leben gerade durch das Jenseits, in dem es erst seinen Sinn finden soll, allen Sinn, allen Zweck?«*[142] *»In der Tat setzen alle tüchtigen Menschen*

---

142 Die Unsterblichkeitsfrage vom Standpunkte des Anthropologie (1846), GW 10 (1971), 282.

sich einen höchsten Zweck«.[143] *Lew N. Tolstoi* stellt in »Meine Beichte« die Suche nach dem Lebenssinn *(smysl schisni)* ins Zentrum seines Fragens.[144] Der junge *Friedrich Nietzsche* fragt radikal nach dem »Sinn des Daseins«[145]. Er gibt eine radikal individuelle, sich nur im jeweiligen Handeln einstellende Antwort, deren theoretische Unbrauchbarkeit sich vor allem darin erweist, daß sie letztlich keine Antwort ist: *»Stecke dir selber Ziele, hohe und edle Ziele, und gehe an ihnen zugrunde!«*[146] Nicht zufällig wird die Frage nach dem Sinn des Lebens bleibend entdeckt in der Frage nach dem Sinn von Geschichte: *Wilhelm Diltheys* »Einleitung in die Geisteswissenschaften« (1883) versucht dem »Sinn von Geschichte« profan nachzuspüren, doch deckt hier »Sinn« noch relativ unspezifisch das Feld – Richtung, Ziel, Zweck, Wert – eines lebendigen Geschehens ab. Ein historisches Verstehen ist jedoch nur möglich auf dem Sockel des in allen seinen Formen individuell verfaßten Lebens, dem der Verstehende als sich selbst verstehendes Individuum zugehört. Das Verstehen des eigenen Lebens ist jedoch auf das Erleben beschränkt. Also setzt das Erleben des eigenen Lebens die Bedingungen für das Verständnis eines jeden anderen voraus, da aber das Erleben stets auf Sinn bezogen ist, ist alles Verstehen Sinnverstehen. So wird der Sinn zur tragenden Kategorie des Selbst und Weltverständnisses. Das Wort »Sinn« hat ab jetzt seinen festen Platz in der philosophischen Reflexion und Literatur. »Selbstbezogenheit und Selbstbesinnung stellen sich nach *Nietzsche* und *Dilthey* im deutschen Sprachraum als die entscheidenden Momente in der Klärung der Sinnfrage heraus. In den Weltanschauungslehren und Wertphilosophien, die bis in die Mitte des 20. Jahrhunderts dominieren, wird die auf den Men-

143 Das Wesen des Christentums (1841), GW 5 (1973), 129. »Größtes Unglück ist Zwecklosigkeit. Selbst, wer sich gemeine Zwecke setzt, kommt besser durch, auch wenn er nicht besser ist, als wer keinen Zweck sich setzt« (ibd., 130). Ein Kriterium für nicht gemeine, also höhere Zwecke liegt im »Sinn der Geschichte« (ibd., 271).

144 Meine Beichte, 1878–1882, 94 ff.

145 Unzeitgemäße Betrachtungen II, Vom Nutzen und Nachteil der Historie für das Leben, 1874.

146 Nachgelassene Fragmente, Sommer–Herbst 1873, KGA 3/4, 259.

schen zentrierte Leistung des Sinnbegriffs in ihren anthropologischen, existentiellen und moralischen Bezügen erörtert.«[147]

Die Frage nach dem Lebenssinn ist sicherlich unter den vielen möglichen Sinnfragen für viele Menschen die dringlichste geworden. Die Frage nach dem Sinn des Lebens kann sehr verschieden gemeint sein: Zum einen kann sie fragen nach dem Sinn dessen, was uns zustößt (etwa im Leiden); zum anderen aber fragt sie nach dem Sinn des Ganzen des Lebens. In beiden Fällen ist die Antwort »religiös« und damit transrational. Glaubt ein religiöser Mensch an eine Art göttlicher Vorsehung, dann sind für ihn Geschehnisse wie das Leben als Ganzes von Gott gefügt (oder doch zugelassen) und damit seiner Erkenntnis grundsätzlich so entzogen, daß er die Frage als beantwortbare gar nicht stellt. Vielen Menschen ist aber diese Form des Religiösen, die unbeantwortbare Fragen nicht nur zuläßt, sondern sie in das Zentrum des Glaubens stellt, fremd geworden.

In jedem Fall aber gilt: Der »objektive Sinn« des Lebens, wenn es ihn denn schon etwa als ein von Gott oder der Natur vorgegebenes Lebensapriori geben sollte, ist uns Menschen unerkenntlich.[148] Er ist nicht zu erfragen, *»sondern zu beantworten, indem wir das Leben verantworten«*[149]. »Konkreter Sinn« ist also als erkennbarer und möglicherweise auch realisierter eine existentielle Kategorie, eine Antwort, zu der wir die Frage nicht kennen. Diese Antwort kann nur ein sittlich verantwortetes Leben geben. Wer sich etwa in ethischer Verantwortung in der Organisation seiner Lebenspraxis für die Biophiliemaxime als handlungsorientierende Zielvorgabe entschieden hat, wird darin den Sinn seines Lebens und zugleich auch dessen Bedeutung, dessen Identität, dessen Ziel und Zweck erkannt haben. Die Antwort auf die Frage nach dem Sinn des Lebens kann also nicht in Worten gegeben

---

147 V. Gerhard, Sinn des Lebens, in: Historisches Wörterbuch der Philosophie 9 (1995), 819.

148 »Die Lösung des Problems des Lebens merkt man am Verschwinden dieses Problems. Ist nicht dies der Grund, warum Menschen, denen der Sinn des Lebens nach langen Zweifeln klar wurde, warum diese dann nicht sagen konnten, worin dieser Sinn bestand« (L. Wittgenstein, Tractatus, a.a.O., 6.521).

149 Viktor E. Frankl, a.a.O., 234.

werden, sondern nur nach der Ausrichtung des Handelns und Entscheidens. Wir begegnen hier einer eigentümlichen Inversion. Nicht der Mensch ist es, der die Frage nach dem Sinn des Lebens zu stellen hat, vielmehr ist er selbst der Befragte, der selbst zu antworten hat. Das ist die zwingende Folge der Tatsache, daß die Frage nach dem Lebenssinn unbeantwortbar ist, obschon sie beantwortet werden kann. Es handelt sich hier also um eine Antwort, der keine sinnvolle Frage vorausgeht. Denn nicht im Denken läßt sich die Frage beantworten, sondern nur im Handeln. *»Ihre Beantwortung erfolgt in der Ver-Antwortung je unseres Daseins. Ja, ›unser‹ ist das Dasein überhaupt nur, soweit es verantwortetes Dasein ist.«*[150]
Es war eine Aufgabe der alten Metaphysik, gleichsam profan die Antwort auf die Frage nach dem Lebenssinn zu versuchen. Es ist ihr niemals geglückt. Es war ihr unmöglich, dem Dasein auf den Grund zu kommen. *»Aber das Dasein ist bodenlos.«*[151] Manche Metaphysiker erfanden so etwas wie einen »Übersinn«, dem sie mitunter den Namen des Göttlichen gaben. Der Sinn unseres Lebens bestehe darin, die Sinnlosigkeit der Welt auf uns zu nehmen. Der Sinn des menschlichen Daseins sei es, sich der »Absurdität« zu stellen.[152] Dabei ist es nicht solcher Übersinn, sondern die transrationale Struktur des Kosmos, die unfaßbare und damit ebenfalls transrationale Sinnfülle, die es uns unmöglich machen, unseren Lebenssinn zu erkennen. Der Lebenssinn bricht sich in verschiedensten Dimensionen unseres Lebens und kann dann sehr spezifische Gestalt annehmen. Hierher gehören etwa die Fragen nach dem Sinn des Leidens. Leid kann sich in mancherlei Weise in den Horizont des Menschlichen rücken.

---

150 Viktor E. Frankl, a.a.O., 238.

151 Viktor E. Frankl fährt fort: »Und all unser Fragen nach dem letzten Seinsgrund, gerade nach ihm, findet keinen Widerhall im grenzenlosen Ozean des Seins. Aber es kommt alles darauf an, diesen Tatbestand richtig zu deuten und sich zu fragen: Was wäre das denn für ein Absolutes, das so ohne weiteres und Rede und Antwort stünde? Und was wäre das für eine merkwürdige Unendlichkeit, an deren endlichen Grundmauern sich die Stimme brechen sollte, mit der unsere letzten Fragen hinausgesandt werden in den unendlichen Seinsraum?« (a.a.O., 270).

152 Vgl. Viktor E. Frankl, a.a.O., 275.

3. Sinn und Verzicht[153]

Um mit dem Sinn des Leidens sinnvoll umgehen zu können, sei vorweggeschickt: Sinn kann sich nur dann einfinden, wenn Verzichten-Können beherrscht wird. So ist sinnvolles, sinnbegabtes Tun kaum vorstellbar, wenn man niemals lernte, auf unsinnige Aktivitäten zu verzichten. So ist es unsinnig, Zigaretten zu rauchen, schneller als 130 km/h über die Autobahn zu rasen, auf das Wetter zu schimpfen, sich auf einen Weltuntergang im Jahre 2000 vorzubereiten, Kinder zu prügeln, Tiere zu quälen... und dennoch entscheiden sich viele Menschen gegen den Sinn und für den Unsinn, weil dieser offenbar Freude macht. Doch dieser Verzicht auf Unsinn ist hier nicht erststellig gemeint, sondern der freiwillige Verzicht auf etwas, dessen Besitz durchaus sinnvoll sein kann. Die Fähigkeit und Bereitschaft, sich sinnorientiert zu verhalten, setzt die Fähigkeit und Bereitschaft voraus, auf Sinnvolles zu verzichten. Auf was gilt es zu verzichten, um sinnvoll leben zu können?

a. Der Verzicht auf volle Autonomie

Viele eigene und fremde Entscheidungen und Handlungen begrenzen oder beenden die personale Autonomie. Bei fremden Handlungen und Entscheidungen, denen wir unterworfen sind (etwa die des Gesetzgebers, des Vorgesetzten, des geliebten Menschen), ist das ganz offensichtlich. Es gilt aber auch für eigene Entscheidungen und Handlungen, da sie die Menge der uns möglichen Alternativen begrenzen. Wer sich etwa entschieden hat, Autos zu konstruieren, wird nicht ohne erheblichen Aufwand Anwalt werden können. Wer DM 30 000,– für ein neues Auto ausgegeben hat, wird sich zumeist in anderen Lebensbereichen (etwa der Urlaubsplanung oder der Erneuerung der Wohnungseinrichtung) beschränken müssen. Wir können einmal getroffene Entscheidungen, einmal gesetzte Handlungen in aller Regel nicht rückgängig machen und bleiben zumindest eine gewisse Zeitlang in unserer Autonomie insoweit begrenzt. Wer diesen Autonomie-

153 Vgl. dazu R. Lay, Vom Sinn des Lebens, a.a.O., 155–159.

Verzicht nicht erbringen kann oder will, wird möglichst alle Handlungen und Entscheidungen, die zu einer Einbuße an Autonomie und damit an Handlungsalternativen führen, meiden. Er wird die Null-Option wählen. Für einen heranreifenden Menschen bedeutet Freiheit zumeist das Fehlen von Zwängen, für einen reifen Menschen zumeist, über verschiedene Handlungsoptionen verfügen zu können.

b. Der Verzicht auf ein Gehabtwerden

Ein Mensch, der von irgend etwas besessen wird, das an sich durchaus sinnvoll sein kann, wird durch dieses Besessensein nicht nur unfrei, sondern auch in die Sinnlosigkeit entlassen. Erfolg, Einkommen, Ansehen, Einfluß... zu haben ist durchaus sinnvoll, solange ein Mensch all dieses besitzt. Wird er aber von einem oder mehreren dieser sinnvollen Besitzstände besessen, besitzen sie ihn also, statt daß er sie besitzt, dann wird die Sinnlosigkeit im Sinn offenbar. Der Sinn verschwindet im Unsinn, die Weisheit im Unweisen. Für manche Menschen, die etwa nicht nur Erfolg haben, sondern von ihrem Erfolg gehabt werden, wendet sich der sinnvolle zum unsinnigen Erfolg. Doch der Verzicht darauf, von irgend etwas besessen zu werden (und sei es »nur« von der eigenen Aggressivität), will gelernt sein – und der Weg solchen Lernens kann mühsam sein.

c. Der Verzicht auf ein Sofort

Ein großer Feind jeder Sinnfindung sind die Ungeduld und die Unfähigkeit, die Spannung zu ertragen, die sich einstellt im Verzicht auf Mögliches und Nützliches. Nicht wenige Menschen sind der eigentümlichen Auffassung, daß die schnellstmögliche Befriedigung von Bedürfnissen höchste Lust bereite. Ihr Leben ist daher nicht selten bestimmt durch Versagen-Erfahrungen (Frustrationen), von Enttäuschungen (die nicht mehr als Ent-Täuschungen, als Enden von Täuschungen verstanden werden), von Hoffnungslosigkeit, von Niedergeschlagenheit. In der psychoanalytischen Theorie spricht man hier von »primärprozeßlichen Verhaltensmustern«, die in der frühen Kindheit normal sind.

Doch schon nach einigen Wochen erlernt der gesunde Säugling, daß es unter Umständen mehr der Lustbefriedigung dienlich ist, die schnelle Befriedigung von Bedürfnissen nicht mehr anzustreben, sondern sie auf ein Später zu verlagern. Beim fünften nächtlichen Schreien reagieren etwa Eltern nicht mehr mit Zuwendung, sondern mit Ungehaltensein, das der Säugling nicht als lustvoll empfindet. Er wird also sein nächtliches Rufen auf ein lustoptimierendes Maß reduzieren. Erst der Verzicht auf den Versuch, alles möglichst im Sofort zu erhalten, macht Sinnsuche wie ja auch Weisheit erst möglich. Denn Lebenssinn ist nicht etwas Vorzufindendes, sondern muß aktiv geschaffen werden. Und dazu gehört ganz sicher der Verzicht auf ein Sofort.

d. Der Verzicht auf ein »Alles oder nichts«

Die meisten Menschen, die nach absoluten Sinnformeln suchen, tun dies aus der Position eines »Alles oder nichts«. Entweder erfasse, begreife, verstehe ich den Sinn meines Lebens, oder aber ich verfehle ihn. Entweder gibt es einen für mich erkennbaren objektiven Sinn, oder es gibt keinen. Entweder gibt es einen objektiven Lebenssinn, oder aber die Sinnantwort ist in meine Beliebigkeit gestellt. Diese radikalen Entweder-oder-Positionen werden zumeist nur von recht jungen Menschen vertreten, die (noch) nicht erkannt haben (oder entsprechende Erkenntnis abwehrten), daß uns unser Leben niemals alles gibt. Das, was wir emotional, rational, sozial, intellektuell, musisch ... erreichen, ist immer nur Stückwerk, ist immer unvollendet und unvollkommen. Der Alles-oder-nichts-Position ist diese Einsicht fremd. Wenn sie nicht alles haben kann, dann lohnt es sich auch nicht, etwas zu haben. Sie wählen, konfrontiert mit der Menge der möglichen Alternativen, von denen keine ein Alles kennt, den Zustand der lähmenden Desorientierung. Erst wenn der Verzicht auf die Alles-oder-nichts-Position mitunter nach schmerzlichem Lernen aufgegeben wurde, kann die Sowohl-als-auch-Position, die der Weisheit und der erfolgreichen Sinnsuche, entfaltet werden. Erst wenn ein Mensch nicht mehr unter seinen Grenzen leidet, wird er reif genug sein, sie als Chancen zu werten. Er wird nicht mehr das Alles suchen, sondern sich auf die beschwerliche Wanderschaft machen, um das Besinnen von Handlungen und endlich seines eigenen Lebens zu lernen. Wir müssen uns damit abfinden, daß unsere Sinnantwort vor dem Horizont absoluter Vollkommenheit immer unvollkommen sein wird. Lebenswissen wird stets darum wissen, daß in unserer Welt und unter uns Menschen nur das Unvollkommene Platz hat. Wer meint, nur der vollkommene Sinn garantiere ihm, daß ihm sein Leben glücke, weiß nichts davon, daß Glück immer wieder an der Schwelle von Sinn und Unsinn in einiger Vorläufigkeit und Unvollkommenheit dem Unsinn abgerungen werden muß.

Für manche Menschen ist jedoch die Alles-oder-nichts-Position ein Rechtfertigungsgrund für die Annahme einer fundamentalen Sinnlosigkeit des menschlichen Lebens, ja des gesamten Seienden. Die Erfahrung radikaler Sinnleere deckt kompensatorisch den Aufregungs- und Sensationsbedarf. Weil im Leben nichts Erhebliches geschieht oder weil alles, was geschieht, langweilig ist, kann es zur Frage des psychischen Überlebens werden, Sensationen zu erschaffen. Da das Sensationsbedürfnis kaum mehr durch reale Ereignisse befriedigt wird, beginnt ein Leben in der Phantasie der informierenden und unterhaltenden Beiträge der Druck- oder Funkmedien. Es beginnt ein emotionales Leben aus zweiter Hand, das nicht selten begleitet wird von sozialem Rückzug, da das konkrete soziale Leben, will man es nicht gegen Normen organisieren, fad schmeckt. Eine beliebte Methode, der Sinnlosigkeit gerecht zu werden, ist die Flucht in sensationelle Scheinwelten. Das Fußballstadion, der Tennisplatz, die Rennbahn, die Kriminalgeschichten werden zu Orten, an denen das wirkliche Leben spielt.

4. Vom Sinn des Leidens

Haben wir Verzicht gelernt, können wir uns der Frage nach dem Sinn des Leidens nähern. Vermutlich gibt uns unsere Psyche auf den Sinn des Leidens schon eine vorläufige, wenn auch mitunter nicht befriedigende Antwort: *»Wer nicht leiden will, muß hassen!« (Horst-Eberhard Richter).* Wenn wir vor die Alternative gestellt werden, zu leiden oder zu hassen, werden manche Men-

schen sicher eher das Leiden wählen, denn auch der Haß ist voller Leiden. Doch gehen wir die Frage, die so viele Menschen bewegt, an der sie mitunter gar verzweifeln, etwas grundlegender an.
Die Frage nach dem Sinn des Leidens *(Pathodizee)* wird nicht selten umgriffen von der Frage nach dem Grund, den Gott gehabt haben möchte, Leiden und anderes Übel zuzulassen *(Theodizee)*.
Die Frage der *Theodizee* erscheint unbeantwortbar, da ein »Zulassen« entweder im Bereich des Göttlichen identisch ist mit einem Wollen oder aber – noch ärger anthropomorph gedacht – mit einem Kompromiß, den das Göttliche mit der Schöpfung zu schließen gezwungen war.[154]
Bedenken wir nun einige Gestalten, die menschliches Leiden annehmen kann. Was für eine Rolle spielt hier Weisheit (Lebenswissen), was für eine Rolle eine von ihr befruchtete Biophilie?
Betrachten wir nun einige Gestalten, in denen Leid und Leiden auftreten können:

a. Vom Sinn des Todes

Er scheint den Sinn des Lebens in Frage zu stellen. Alles Leben scheint sinnlos zu sein, weil der Tod schließlich jeden Lebenssinn vernichte. Wäre ein Leben ohne Ende nicht »sinnvoller«? *Simone de Beauvoir* erzählt in einer Novelle vom Schicksal einer Maus, der ein mittelalterlicher Alchimist vom »Elixier des Lebens« zu fressen gegeben hatte. Das arme Tier durfte nicht mehr sterben. Es mußte alles, was es erlebte, in endloser Wiederholung unendlich oft erleben. Das bedeutete den Tod aller Freude, aller Sorgen, aller Hoffnungen... schließlich allen Sinns. Ein menschliches

---

154 »Es heißt beispielsweise: Das Übel dient zur Kontrastwirkung. Wenn der Mensch nicht leiden müßte, dann könnte er sich auch nicht freuen... als ob Gott nicht imstande gewesen wäre, eine Schöpfung zu schaffen, die auch ohne Kontrastwirkung ausgekommen wäre. Oder es heißt: Der Mensch wird durch das Leiden geläutert... als ob Gott nicht auch Menschen hätte schaffen können, die des Leidens nicht bedurft hätten, um lauter zu sein« (V. E. Frankl, a.a.O., 276 f.). Warum fällt es manchen Menschen so schwer, zwar translogisch an Gott zu glauben (das »Geglaubte« mag den Regeln der Logik gehorchen), dann aber religiös daran scheitern, weil sich das Theodizeeproblem logisch nicht lösen läßt.

Leben, das nicht enden dürfte, müßte in vergleichsweiser Sinnlosigkeit fristen. Jedes Handeln könnte bis ins Unendliche aufgeschoben werden, alles Erfreuliche würde sich bis zum Überdruß billiardenmal wiederholen. Nein, erst der Tod gibt dem einzelnen Handeln Sinn. Der Tod ist ebenso biophil wie die Freude, ist ebenso biophil wie Lebenswissen. Was bedeutet eine Weisheit, die nicht ein Ende bedenken müßte? Sicherlich wird, nach menschlichem Urteilen, so manches Leben unvollendet bleiben, wenn es von seinem Tod eingeholt wird. Aber sollte man eine Biographie nach ihrer Länge beurteilen und nicht etwa vom Inhalt her? Sind nicht viele »Unvollendete« die schönsten Symphonien?[155] Der Tod will jedoch als endgültiger Abschied gelernt werden. Trotz seiner Einmaligkeit ist er von einem weisen Menschen zu lernen. Man kann lernen, Abschied zu nehmen. Das Trauern um den Verlust eines lieben Menschen, eines Verlustes an Anerkennung, an Beruf, an Einfluß, an Vermögen ... ist, wenn es menschlich geschieht, ein solches Abschiednehmen. Aber neben dem großen Abschiednehmen gibt es ein kleines: Vielen Menschen, die mit mir ein Stück Wegs gemeinsam gingen, werde ich nie mehr begegnen, viele Landschaften, die mir gefielen, werde ich nie mehr sehen, viele Erlebnisse waren schön wegen ihrer Einmaligkeit, so daß ich eine Wiederholung nicht einmal wünsche ... Das alles ist Trauern, Abschiednehmen-Lernen, um einmal den endgültigen Abschied nicht als Katastrophe zu erleben, sondern als Vollendung eines geglückten Lebens.[156]

b. Vom Sinn des Alterns

Der uralte Traum von ewiger Jugend ist ebenso trostlos wie der vom ewigen Leben auf dieser Erde. Die Jugend[157] ist voller uner-

---

155 Vgl. V. E. Frankl, a.a.O., 247.

156 Ein religiöser Mensch wird vielleicht verstehen, daß ihm sein Leben nur geliehen wurde und daß es jederzeit vom Göttlichen zurückverlangt werden kann. Es kommt drauf an, daß man »etwas daraus gemacht hat«. Glücklich wird der Mensch sterben, der in diesem Bewußtsein sein Leben zurückgeben kann in die Hände eines Göttlichen, das ihn unendlich liebt und ihn erwartet.

157 Wir sehen hier einmal von jenen jungen Menschen ab, die, von der Fülle

füllter Hoffnungen, von denen sich eine Vielzahl nicht erfüllen wird. Die Jugend weiß um ihre Zukunft und ihre scheinbaren Verheißungen, die nicht selten leere Versprechungen bleiben. Die unvermeidlichen Enttäuschungen des Lebens sind noch nicht gemeistert. Der junge Mensch wird selten eine schon autonome Persönlichkeit sein, sondern wird oft durch die Welten seiner Umgebung (Elternhaus, Ausbildung, Gruppenzwänge) gelebt, gezwungen zu einem Leben aus zweiter Hand, das ihm nur die Chance läßt, in wesentlichen Lebensfragen zu reagieren, statt zu agieren. Erfahrungen, die das Lebenswissen aktivieren konnte, sind meist eher dürftig. Der alternde Mensch, vor allem, wenn er nicht (mehr) abhängig beschäftigt ist, kann dagegen eine Autonomie, eine Selbständigkeit entwickeln, die den meisten jungen Menschen fremd ist. Er kann, vorausgesetzt, er hat nie vergessen, seine Erlebniswelt[158] zu kultivieren, ein weitgehend autonomes Leben gestalten. Das Erlebnis eines geglückten Lebens ist nur dem Alter vorbehalten. Nicht Träume bestimmen das Leben, sondern Wirklichkeiten wie Geschaffenes, Erreichtes, gelebte Liebe, erlittenes Leiden, Vergeblichkeitserfahrungen ... Alles das gehört zum erfüllten (nicht mehr leeren) Leben dazu und ist im Urteil einer von Weisheit gelenkten Liebe zum Leben biophil.

---

möglicher Optionen erdrückt, die Null-Option oder die Resignation wählen. Gemeint sind hier vielmehr jene jungen Menschen, die voller Hoffnung in eine multioptionale Welt schreiten, selbst wenn sie nicht unbedingt eine so große Mehrheit darstellen, die es erlaubte, von *der* Jugend zu sprechen.

158 Die »Erlebniswelt« steht hier im Gegensatz zur »Leistungswelt«. Während in der Leistungswelt »Leistungen« und ihre Folgen (Anerkennung, Bezahlung, Einfluß) im Mittelpunkt stehen, organisiert sich die »Erlebniswelt« um ganz persönliches Erleben. Dieses will zeitlebens kultiviert werden, damit man im Alter nicht mit leeren Händen dasteht und sich nach einem Leben zurücksehnt, in dem ein anderer oder viele andere einem den Weg weisen. Sehr geeignet für die Kultur der Erlebniswelt ist die regelmäßig aufgesuchte und bewußtgemachte Erfahrung des Naturschönen. Ein Mensch, der sich wöchentlich einige Stunden Zeit nimmt, dem Wind in den Bäumen zu lauschen, im Frühsommer den Gesang der Vögel zu hören, mit offenen Augen, offenen Ohren und offenem Herzen durch einen Wald wandert, wird selten ein »leeres Alter« erleben, das in der Tat etwas Grausames in sich trägt.

c. Vom Sinn der Aussichtslosigkeit

Manche Menschen sind in ihren Vorstellungen so eingefangen, daß sie keine Alternativen mehr sehen. Mir sind in meiner therapeutischen Praxis junge Menschen – vor allem Priesteramtskandidaten – begegnet, deren Adoleszenzkrise nahtlos in die Mittlebenskrise überging. Während die erste Krise bestimmt ist durch die Angst vor der Erwachsenenwelt und eine gewisse Resignation vor der Zukunft, ist die letztere bestimmt durch die Einstellung, den *point of no return* überschritten zu haben und nur noch mehr oder weniger anständig sein Leben zu Ende leben zu können. Weichen, welche die eine oder andere Fahrtrichtung zulassen, wurden nicht mehr erwartet und also auch nicht mehr gesehen. Es gilt jedoch zu erkennen, daß es in nahezu allen Lebenssituationen eine Mehrzahl von Alternativen gibt, von denen man jene wählen kann, die dem Lebenssinn am nächsten liegt. Leider denken wir fast ausschließlich in Negationen, im Entweder-Oder, und übersehen, daß die Ereignisse unseres Lebens nicht einem Entweder-Oder gehorchen, sondern sehr viel häufiger einem Sowohl-Als-auch. Diese Einsicht macht die Multioptionalität kreativ und produktiv, während die Scheu, in dieser Multioptionalität sich wählend zu orientieren, entweder in die schon erwähnte Null-Option oder in die Desorientierung hineinführt. Das Leben ist nicht nur voller Aufgaben, die es zu lösen gilt, sondern ist als Ganzes eine Aufgabe, die gemeistert werden soll. Wer sich aber in einer vermeintlich ausweglosen Situation befindet, ist unfähig, irgend etwas zu meistern. Die Frage »Welche ökonomischen, sozialen, politischen, kulturellen, privaten Werte kann ich realisieren?« geht unter in einem resignativen *»So what?«* Zwar kann man das *»So-what*-Syndrom« mit Überbeschäftigungen gleich welcher Art (Unterhaltungsveranstaltungen, Arbeit, Süchten) eine Zeitlang zum Schweigen bringen, nicht aber auf die Dauer. Wer jedoch sein Leben als eine zu erfüllende und zu vollendende Aufgabe sieht, wird nicht nur sehr viel an weiser Biophilie realisieren, sondern er legt auch einen wichtigen Grundstein für das endgültige Glücken seines Lebens.

d. Vom Sinn der Erfolglosigkeit

Die Erfolglosigkeit ist für nicht wenige Menschen ein Grund zu existentiellem Leiden. Gemeint ist hier nicht die Erfolglosigkeit des faulen Menschen, sondern jene solcher Menschen, die sich mit Mühe auf einen Weg begeben haben, an dessen Ende nicht der erwünschte Erfolg steht. Sitzenbleiber, Studienabbrecher, Langzeitarbeitslose, im beruflichen Aufstieg Blockierte, Menschen, deren Partnersuche vergeblich blieb, deren Bemühen, ihre Kinder zu glücklichen Menschen zu bilden, erfolglos endete, und viele andere Varianten der Erfolglosigkeit, die alle Bemühungen, sie zu vermeiden, vernichtete, sind hier gemeint. Sicher sind manche Menschen nicht erfolgreich, weil sie bestimmte psychische Dispositionen mitbringen, die ihnen den Weg zum Erfolg schwermachen. Hier sind etwa zu nennen:

- Menschen mit geringer »sozialer Intelligenz«, die nicht in der Lage sind, dauerhafte und belastbare soziale Beziehungen aufzubauen.
- Menschen mit negativer Weltsicht, die in allem zunächst einmal das Bedrohliche, das Negative, die Gefahren sehen. Nicht selten fehlt es ihnen an Urvertrauen in sich, in andere, in soziale Beziehungen …
- Menschen mit übertriebenem Ehrgeiz, die unter allen Umständen besser sein wollen als andere. Um dieses Ziel zu erreichen, neigen sie dazu, eigene Fehler zu vertuschen, zu intrigieren, andere schlechtzumachen.
- Menschen mit starken Dominanzansprüchen, die nicht realisiert werden können, weil sie etwa Personen als Vorgesetzte haben, die ihnen zu geringe Freiheitsräume lassen (und sie so zu Alpha-Kämpfen provozieren).
- Menschen mit ausgeprägten Mindergefühlen (Minderwertgefühlen, Minderanerkennungsgefühlen, Minderleistungsgefühlen). Sie neigen dazu, sich und allen anderen beweisen zu müssen, daß ihre Minderungen zu Unrecht bestehen.
- Menschen mit ausgeprägter Ich-Schwäche, die nicht in der Lage sind, einzusehen, daß sich menschliches Leben im Spannungsfeld von Egoismus und Altruismus, zwischen Egozentrik

und Alterozentrik abspielt. Sie suchen dagegen eine monopolare Lebensorganisation.

Mißerfolge gehören zum »normalen« Leben dazu wie Erfolge. Wer unter Mißerfolgen übermäßig leidet, hat sein Leben in aller Regel an der Peripherie der zu lösenden Aufgaben organisiert und es verlernt (oder niemals gelernt), aus seiner eigenen Mitte[159] heraus zu leben. Die Beurteilungsinstanz, ob eine Handlungsfolge, ein Entschluß, eine Entscheidung keinen Erfolg hatte, bleibt der eigenen Mitte und nicht etwa der sozialen Umgebung vorbehalten. Sollte aber die eigene Mitte auf Mißerfolg erkennen, wird ein weiser Mensch den Grund für das Mißlingen zu erkennen versuchen, um ihn möglichst nicht zu wiederholen. Jeder Mißerfolg, wenn er nicht das ganze Leben betrifft, birgt in sich eine Chance. Und sei es nur diese, die Endlichkeit und Begrenztheit eigener Begabungen und Möglichkeiten zu erkennen.

5. Der Un-Sinn im Inneren des Sinns

Da in allem Menschlichen auch dessen Gegenteil, mitunter gar ein widersprüchliches Gegenteil, haust, müssen wir davon ausgehen, daß im Inneren der Vernunft die Unvernunft, im Inneren der Gewißheit die Ungewißheit, im Inneren des Seins das Nichts, im Inneren des Sinns der Unsinn sein Wesen treibt. Wir wollen einmal versuchen, solchem unsinnigem Sinn (oder sinnvollem Unsinn) auf die Spur zu kommen. Es ist zweifelhaft, ob biophile Sinnantworten anders als kommunikativ bewußt – wenn auch nicht immer verbalisiert –[160] werden können. Manche Menschen

---

159 Das Leben aus einer eigenen Mitte wird am ehesten durch Meditationen erlernt. Das Wort »Meditieren« stammt vom lateinischen *meditari*. Nach einer falschen wie erhellenden Etymologie bedeutet es *in medium ire*, in die eigene Mitte hineingehen – mit dem Ziel, aus ihr heraus (*ex medio ire*) leben zu lernen. Vgl. Rupert Lay, Meditationstechniken für Manager, München 1976.

160 Das mag daran liegen, daß wir zwar über einen Begriff (Konstrukt) über unseren Lebenssinn verfügen, nicht aber diesem ein Wort zuerteilen können.

versuchen, ihre nekrophile (und damit unsinnige) Sinnantwort gegen Kritik zu immunisieren. Die beliebtesten Immunisierungsstrategien mögen folgende sein:[161]

a. Ideologische Sinnantworten

Ideologisch[162] sind Sinnantworten aus zweiter Hand, wenn diese in irgendwelchen transpersonalen Ideologien gründen. Sie sind damit der für eine realistische Sinnantwort nötigen Individualisierung entzogen. Für solche ideologischen Sinnantworten ist typisch, daß jede widersprechende Erfahrung, jeder Einwand zu einer Ad-hoc-Modifikation der der Sinnantwort zugrunde liegenden Ideologie und damit auch der Sinnantwort selbst führt, insofern sie in dieses ideologische Gesamt eingebettet ist. Die ideologische Sinnantwort hat also nicht die Aufgabe, einem konkreten Menschen zu einer zielgerichteten autonomen Lebensorganisation zu verhelfen, sondern verfolgt ausschließlich die Interessen

---

161 Vgl. dazu Rupert Lay, Vom Sinn des Lebens, a.a.O., 29 f.

162 »Ideologie« bezeichnet eine mehr oder minder vollständige Erklärung von Welt, Gesellschaft, Person, Beziehungen zwischen Personen, die als wahr behauptet wird. Dieser Wahrheitsanspruch macht Ideologien so gefährlich. Zum einen werden Menschen eingesperrt in solche Wahrheitsansprüche, die wegen mangelnder Erkenntnis von tatsächlichen oder doch wenigstens möglichen Irrtümern und Täuschungen einen paranoiden, isolierenden Wall von elitärem Bewußtsein ziehen. Zum anderen, weil sie sich mit Menschen, deren Sinnantwort gleichgestaltet ideologisch ist, in eine gemeinsame Abhängigkeit voneinander einlassen, die keine Autonomie mehr zuläßt, sondern sie zu nahezu hilflosen Objekten jedwelcher Manipulation machen. In der Bedeutung einer positivistischen Ideenlehre wurde das Wort »Ideologie« erstmalig von Antoine Louis Claude Graf von Destutt de Tracy (1754 bis 1836) verwendet. Er bezeichnete damit ein »fortschrittliches Weltbild«, das Voraussetzung für soziale Harmonie und ein entsprechendes Bildungssystem sein wollte. Napoleon I. bezeichnete diese Vorstellung als »weltfremde Ideologie«. Seitdem hat der Terminus seinen negativen Beigeschmack. Karl Marx dagegen war der Ansicht, daß jede Gesellschaft ihrer gesellschaftlichen Lage und ihren gesellschaftlichen Interessen entsprechende Ideologien hervorbringe. Es ist insoweit »falsches Bewußtsein«, als es nicht dem gesellschaftlichen Sein entspricht, sondern die Aufrechterhaltung der bestehenden Macht- und Eigentumsverhältnisse zu sichern sucht. Wir verstehen hier »Ideologie« als systemspezifisches, mit Wahrheitsansprüchen auftretendes Bewußtsein, das den alleinigen Zweck hat, den Bestand dieses Systems zu sichern und – wenn möglich – seinen Einfluß auszuweiten.

eines sozialen Systems (etwa einer Jugendsekte, die der Scientologen, die einer Kirche, eines Staates, einer Ethnie...). Sie ist damit konkretem Lebenswissen entgegen und sehr unweise.

b. Rationale Sinnantworten

»Rational« ist eine Sinnantwort genau dann, wenn sie sich ausschließlich auf rationale Gedankengänge stützt und dabei emotionale und soziale Aspekte außer acht läßt. So könnte man die ausschließlich in Verstandes- oder Vernunftgründen gesicherten Sinnantworten schon allein mit dem Hinweis abtun, daß sie einen Teil der menschlichen Wirklichkeit außer acht ließen und somit der Unvernunft im Innen der Vernunft das Wort redeten. Zudem verkennen die meisten Sinn-Rationalisten, daß auch sie generalisierende Sinnantworten geben, wennschon nur individuelle möglich sind. Diese Position übersieht, daß die Vernunft nicht etwa eine allen Menschen zugängliche Plattform allgemeinen Einvernehmens ist. Sie ist vielmehr ein Epiphänomen des Interesses (ein jeder hält das für vernünftig, was seinen Interessen entspricht, und das für unvernünftig, was ihnen widerspricht) und/oder des Bemühens, die Selbstachtung (die narzißtische Homöostase) nicht zu mindern (ein jeder hält das für vernünftig, was seine Selbstachtung nicht in Frage stellt oder sie sogar mehrt, und für unvernünftig alles das, was sie mindert oder zu mindern droht).

Damit soll selbstredend nicht der Unvernunft das Wort geredet werden. Eine unvernünftige Sinnantwort ist destruktiv. Es soll vielmehr behauptet werden, daß die Sinnantwort transrational ist, insofern sie einerseits ein existential-transzendentales Postulat,[163] ein menschliches Leben in allen seinen Dimensionen zielorientiert zu gestalten, ist und zum anderen der sozial eingebundenen Individulität des einzelnen gerecht wird, die auch andere Dimensionen kennt als rationale. Wenn die Sinnantwort schon

163 »Existential-transzendental« nennen wir ein Postulat, das eine Antwort auf die Frage der Bedingung der Möglichkeit eines glückenden menschlichen Lebens ist. Insofern es sich um ein Postulat handelt und nicht um eine Aussage über »ein reales Etwas«, entspricht dieser Ansatz durchaus einer konstruktivistischen Erkenntnistheorie.

nicht von der Rationalität erreicht werden kann, dann doch über einen von Weisheit geleiteten Diskurs. In ihm geschieht Sinnantwort, ohne daß sie zu Wort kommen könnte (oder gar müßte). Auf der anderen Seite sollen aber auch alle vermeintlichen Sinnantworten ausgeschlossen werden, die ausschließlich in individuellen oder sozialen Emotionen wurzeln. Sicherlich soll und muß eine gelingende Sinnantwort auch emotional und sozial befriedigen. Jedoch nicht gegen Rationalität. Transrational meint also nicht irrational, sondern mit den Mitteln und Einsichten der Rationalität etwas festzustellen, das die Rationalität übersteigt (wie etwa die soziodynamischen Prozesse einer Paarbildung).

Die Sinnantwort soll also »vernünftig« sein, das meint einer »Vernunft« entsprechend, die nicht nur als Vermögen verstanden wird, etwas zu erklären, sondern als Grundlage einer existentiellen Lebensorientierung. Dann wird sie zum einen sittlich begründet sein (etwa durch die Beachtung des Biophiliepostulats). Zudem muß sie aber auch wenigstens zwei weiteren Kriterien gehorchen: Sie muß dynamisierbar bleiben, und sie muß konsistent sein. Die Dynamisierbarkeit ist eine Konsequenz der Konfliktfähigkeit, und sie bietet die Chance, eine einmal formal gegebene Sinnantwort an material veränderte Situationen – weise – anzupassen. Die Dynamisierbarkeit kann bis zur Kritisierbarkeit gehen. Die beiden kritischen Instanzen sind zum einen der emotionale, soziale, rationale Widerstand der eigenen Psyche oder des gesellschaftlichen Umfeldes, solange dieses nicht faschistoid und damit nekrophil entartet ist, zum anderen, daß die biophile Intention nicht nicht zu biophilen Ergebnissen führt. In beiden Fällen ist zu prüfen, ob das Konstrukt »Biophilie« nicht Elemente in sich birgt, die Sinn störend oder gar zerstörend sind. Die Kritisierbarkeit ist also nicht so zu verstehen, daß eine ausdrücklich formulierte Sinnantwort von anderen kritisiert werden könnte. Mit großer Sicherheit kann ein so komplexer Sachverhalt, und mag er sich auch hinter einfachen Worten verbergen, wie eine Sinnantwort niemals adäquat von anderen so zureichend verstanden werden, daß eine verbalisierbare Kritik möglich wäre. Sicherlich kann aber ein von einer Sinnantwort geleitetes Miteinander-Umgehen der eigenen wie der fremden Kritik unterstellt werden. In diesem Fall ist zu prüfen, ob sich in das Konstrukt »Biophilie«

nicht etwa über Assoziationen Elemente angelagert oder Verstehensweisen eingelagert haben könnten, die zu einer Form des Agierens führen, die durchaus kritisierbar ist. Des weiteren gilt es zu bedenken, daß jede kommunikative Situation gestiftet wird durch Signale und Signalverarbeitungen (zu Informationen). Eine zureichend große Signalmenge erzeugt vier verschiedene Informationstypen: (a) Sachinformationen, (b) Beziehungsinformationen, (c) Informationen über das Selbst des sprechenden Signalerzeugers und (d) Informationen über versteckte Appelle. Viele Menschen sind so weit funktionalisierte Unweise, daß sie bewußt nur noch Sachinformationen wahrnehmen, weil sie sich nicht mehr für Menschen, sondern für Sachen interessieren. Solche Interaktionspartner machen es schwer, in Gesprächen oder Diskursen Sinn erscheinen zu lassen. Ihre Kritik an Interaktionsmustern betrifft also nicht die Sinnantwort, sondern mangelnde funktionale Orientierung.
Zum anderen ist, damit die Sinnantwort nicht ins Irrationale abgleitet, eingefordert, daß sie konsistent ist. Das Konstrukt »Biophilie« enthält zahlreiche Elemente, die durch Lebenserfahrung, durch Nachdenken, durch Beziehungen zu anderen Menschen ... entstanden sind. Diese Elemente sollten eine konsistente Einheit bilden. Die Konsistenz ist selbstredend nicht unmittelbar festzustellen, sondern kommt durch die Handlungen, vor allem die interaktionellen, in denen sich Sinn vergegenwärtigt, praktisch macht, zu sich selbst. Ein Merkmal der Inkonsistenz ist die Unsicherheit, soziale Situationen so zutreffend zu interpretieren, daß in ihnen das Biophiliepostulat material realisiert wird. Ein anderes Merkmal der Inkonsistenz ist es, wenn von anderen Menschen die interaktionellen Handlungen als nicht vorhersehbar, als unberechenbar qualifiziert werden. In solchen Fällen ist die Sinnantwort (bzw. das Konstrukt »Biophilie«) zu dynamisieren. Oft ist es dazu nötig, bewußt solche Situationen aufzusuchen, in denen die Dynamisierung gezielt angegangen wird.[164]

---

164 Ich halte, um dieses Ziel zu erreichen, Aufbauseminare in Diskurstechniken in Kenia, auf Fuerteventura, auf den Malediven ... Je ungewohnter die Umgebung ist, um so wahrscheinlicher ist es, daß die in einer bestimmten

c. Emotionale Sinnantworten

Emotionale Sinnantworten sind ausschließlich aus der emotionalen Grundstimmung auftauchende Sinnantworten. So kann die Verleugnung jedwelchen Sinns, die Behauptung der absoluten Sinnlosigkeit allen menschlichen Tuns, ja Lebens in einer depressiven Grundstimmung liegen. Aber auch das Gegenteil kann der Fall sein: Optimismus kann so weit führen, daß eine Sinnfrage oder eine Sinnantwort nicht mehr zum Bewußtsein zugelassen wird. Gemeint ist hier nicht das »*Wittgensteinsche* Verschwinden«, sondern das fahrlässige Übersehene. Es wird erkenntlich an der Orientierungslosigkeit der Handlungen und Entscheidungen eines Menschen. In beiden Fällen bemerkt der Beobachter, daß sich hier ein Schiff ohne eigenen Antrieb von Strömung und Wind treiben läßt. Die Pessimisten fühlen sich meist als ausschließlich Reagierende, heteronom gesteuerte Menschen, die nichts anderes tun können, als auf die Aktionen (oder auch Reaktionen) anderer reagieren zu können. Sie haben sich damit abgefunden, ein Leben aus zweiter Hand zu leben. Sie haben sich in der Sinnlosigkeit ein Zuhause geschaffen. Doch auch Optimisten, die der meist irrtümlichen Meinung sind, sie könnten alles verändern, was sie verändern wollen, die also nicht nur die Möglichkeiten sehen zu agieren (statt zu reagieren), sondern auch da zu agieren meinen, wo sie nur reagieren, können wegen dieser verstellten Weltsicht sich scheinbar vom Sinn emanzipieren. In beiden Fällen aber verweist die Orientierungslosigkeit auf einen Mangel an Weisheit.

Doch gibt es auch andere Menschen, die ihren Sinn ausschließlich im Emotionalen gründen lassen. Emotionen, die als Sinnstifter in Anspruch genommen werden, können sein: Selbstachtung – Selbstverachtung, Überlegenheitsgefühle – Unterlegenheitsge-

---

Umwelt sich scheinbar bewährten Konstrukte, die das Selbst, aber auch soziale Beziehungen betreffen, dynamisieren. Ein Mensch, der der Dynamisierung seiner elementaren Konstrukte ausweicht, wird sehr bald zu einem starren Dogmatiker werden, der sich nur noch unter seinesgleichen wohl fühlt, weil sie seine Konstrukte bestätigen. Daß ein solches Vorgehen in aller Regel zu wahnhaft verstellten Vorstellungen über das Selbst und seinen Sinn, über die Art, menschlich mit anderen umzugehen, über Politik und Wirtschaft führt, ist offensichtlich.

fühle, elitäre Orientierungen, Liebe – Feindschaft, Freundschaft – Kameradschaft, Sieggefühle – Niederlagegefühle, Haß, Neid, Zorn ... Sie beziehen ihren Lebenssinn »aus dem Bauch«. Es soll hier nicht bestritten werden, daß unter Umständen einige solcher Sinnorientierungen (etwa Liebe, Kameradschaft) ihren Zweck, eigenes und fremdes Leben zu vermenschlichen, Lebenswissen zu erwerben und praktisch zu machen (also weise zu werden), erreichen kann. Andererseits gilt es jedoch zu bedenken, daß die konkreten Anwendungsfälle, in denen Sinn interaktionell realisiert wird, nicht den Alltag bestimmen. Zum anderen gilt es zu bedenken, daß solche (zunächst als formal verstandene) Sinnvorgaben nur schwerlich an materiale Situationen adaptiert werden können. Wenn etwa der Lebenssinn eines Menschen darin liegt, möglichst alle anderen emotional zu lieben, wird es schwer sein, in konkreten Lebenssituationen die Liebe glaubhaft interaktionell deutlich zu machen.

d. Perfektionistische Sinnantworten

Perfektionistisch ist eine Sinnantwort, wenn sie alle Situationen des Lebens perfekt als mit Sinn begabt abgedeckt oder abzudekken beansprucht. Oft berufen sich solche Sinnantworten auf die »letzten Dinge«, mögen sie religiös (Himmel, Hölle) oder profan (»Glück« im Sinne von Bedürfnislosigkeit) sein. Solche Sinnantworten haben den Nachteil, daß sie vielleicht eine Zukunft besinnen können, nicht aber die alltäglichen Geschehnisse und Aufgaben der kleinen Gegenwart. Das soll jedoch nicht heißen, daß es nicht sinnvoll sein kann, sein Leben von dessen Ende her zu entwerfen. »Was müßte ich jetzt tun, wie müßte ich mich jetzt entscheiden, damit ich am Ende meines Lebens sagen kann: ›Ja, so war es richtig!‹?« Vergessen aber werden darf auf keinen Fall, daß sich die Brauchbarkeit einer Sinnantwort nicht in den großen Dingen entscheidet, sondern in den kleinen des Alltags. Stellt ein Mensch sich die Sinnfrage so, daß er nur mit absoluter Perfektion zufrieden ist, bringt er sich in eine kafkaeske Situation, in der ihn seine sicheren Überzeugungen davon abhalten, das im Augenblick Sinnvolle zu tun. Er verwartet sein Leben vor einer offenen Tür, nur weil er sie als verschlossen vermutet. Wie aller Perfektionismus ist auch dieser in der Erwartung einer Sinnantwort nicht nur sinnlos, sondern auch lähmend neurotisch: Die Fragen »Wer garantiert mir denn, daß, wenn ich diese Sinnantwort zu realisieren versuche, ich nicht einen Irrweg gehe; wer sichert mir zu, daß ich nicht in mein Unglück renne?« kann niemand beantworten. Unser Leben steht immer auch – menschlich gesehen – unter dem Vorbehalt des Scheiterns. Und so kommt man dann zu dem Ergebnis: *Finis vitae via* (Der Sinn des Lebens ist der Weg).

e. »Der Sinn ist der Weg!«

Sicherlich hat diese Sinnantwort unendlich vieles für sich. Ich selbst habe sie mehr als 50 Jahre meines Lebens für die beste gehalten. Muß nicht der das Ziel seines Lebens erreichen, der geradeaus seinen Weg geht und, wenn er stürzt, wieder aufsteht, um ihn weiterzugehen? Sicherlich kann Sinn nicht gefunden und erst recht nicht gelebt werden, wenn ein Mensch sich an irgend etwas festklammert und der Gegenwart den Abschied schwermacht. Sicher ist es richtig, daß nur im ständigen Weitergehen, nur in dauerndem Abschied in unserem Miteinander-Sein Sinn aufscheint. Dennoch aber ist das bloße Gehen nicht zureichend, dem Leben Sinn zu geben, weder das einsame Schreiten noch das gemeinsame Marschieren. Der Weg muß aus der Beliebigkeit genommen werden. Er muß ein definiertes Ziel haben. Er muß einem Stern folgen. In den vorigen Kapiteln habe ich versucht, in der Biophilie ein solches Ziel aufzuweisen, einen solchen Stern leuchten zu lassen.

Die wirkungsvolle Sinnantwort impliziert ein komplexes Netzwerk von hierarchisch geordneten emotionalen, sozialen, physischen individuellen Werteinstellungen, die zu Konstrukten geordnet das Du, das Ich, das Wir, das Zusammen und Auseinander, das Verschieden und Einander-ähnelnd bestimmen und regulieren. Diese Komplexität wird am ehesten zusammengefaßt unter der weisen Inanspruchnahme des Biophilieprinzips. Es ist nicht nur ein ferner leuchtender Stern, in dem wir vielleicht in unserem Tode untergehen, sondern ein Stern, der auch den gegenwärtigen kleinen Erzeugnissen so viel von seinem Licht schenkt, daß wir sie unter dem Anspruch der Biophilie erkennen können.

6. Kapitel
Weisheit und Fortschritt

»Fortschritt« bezeichnet jede Entwicklung von niederen zu höheren Zuständen als mehr oder minder geradliniger, aber unumkehrbarer Prozeß.[165] Fortschritt meint also Fortschreiten auf ein Ziel hin, sonst handelt es sich um ein Umherirren, ein Schlafwandeln. Der Fortschritt kennt viele Ziele, auf die hin es zu schreiten gilt. Das 19. Jahrhundert glaubte an die Erlösung der Menschen von mancherlei Arten der Sklaverei durch den technischen Fortschritt – und das, obschon *Immanuel Kant* (und mit ihm die Aufklärung) darauf verwies, daß nur der soziale Fortschritt der Humanität wahrer Fortschritt sei. Alle anderen »Fortschritte« kann man allenfalls so bezeichnen, insoweit sie diesen Fortschritt erleichtern. Er hätte sicher im blinden, eher dem Zufall als der Planung unterstellten Fortschreiten der Menschheit, im technischen Fortschreiten, eher ein Schlafwandeln gesehen als eine Mehrung an Humanität. Die extreme Ausweitung des Begriffs »Fortschritt« auf alle möglichen noch darzustellenden Sachverhalte ist verbunden mit einer inhaltlichen Entleerung.

---

165 So spricht man vom evolutionären Fortschritt als der stets und stegig wachsenden Fähigkeit des Menschen, die Natur zu beherrschen und sich möglichst von ihr zu emanzipieren. So kennt man den evolutionär-sozialen Fortschritt als die wachsende Anpassung sozialer Systeme an die sich wandelnden Inneren und Äußeren Umwelten. So redet man vom wissenschaftlich-technischen Fortschritt als dem exponentiell anwachsenden Wissen in den Wissenschaften. Endlich handelt man vom sozialen Fortschritt. Sein Programm wurde in der Aufklärung entworfen. Er hat das Ziel, den Prozeß des sozialen Wandels so in Gang zu bringen, daß die sozialen Systeme humanisiert, die menschlichen Personen frei von Fremdbestimmung, sozialen Ungerechtigkeiten und Ungleichheiten abgebaut werden. In diesen Prozeß können und sollen Personen wie soziale Systeme (Staat, Gewerkschaften, Kirchen, aber auch Unternehmen, Familien, Verbände) helfend eingreifen.

Der Fortschritt wurde zum Lebenselixier unserer Zeit. Er weist ins Unendliche.[166] Wie immer, wenn etwas scheinbar oder anscheinend ins Unendliche verweist, bedarf es zu seiner Interpretation, zu seiner verantworteten Verwendung, dringend der Weisheit. Im folgenden ist das Wort »Fortschritt« zumeist einfach in seiner Grundbedeutung gemeint: »Schreiten von etwas fort«.

1. Fortschritt als Wille zum Mehr

Im Zeichen des Fortschritts erfolgt eine Mobilmachung *»unter dem Banner der Korrektur, der Überarbeitung, der Verbesserung, der andauernden Schöpfung und Zerstörung«*[167]. Daß mit einer solchen Generalisierung, die im alleinigen Mehr, gleich welcher Art, im alleinigen Fortschreiten auf allen Ebenen, die uns Menschen zur Verfügung stehen, besteht, sich der Fortschrittsbegriff immer weiter entleert, scheint offensichtlich. Ein solcher Fortschritt wird erkauft mit einem Fortschritt der Zerstörung der Umwelt.
Wirklicher sozialer Fortschritt bedeutet allemal Verzicht – Verzicht auf Optionen, die nicht mehr vereinbar sind mit dem sinngebenden höchsten ethischen Wert (etwa der Biophilie). Solcher Fortschritt wird bewußt verstanden als ein Verzichten auf Konsum von Überflüssigem, von Prestigegütern, von nekrophilem – hier als Entgegen zu Biophilie verstanden – Gebrauch von Geld, Ansehen, Macht, Einfluß ... Der multioptionale Pseudofortschritt verzichtet allenfalls auf das, was man nicht haben möchte. *»Aber Verzicht auf Wissen? Auf Information? Auf Neugierde? ... Eine substanzlose Mehrformel prägt vielmehr auch die Einschätzung kognitiver Welten.«*[168] Das Streben nach Unendlichkeit, nach absoluter Grenzenlosigkeit, hat die Vorstellungen einer jenseitigen unendlichen und grenzenlosen Ewigkeit verdrängt.

---

166 Peter Gross, Die Multioptionsgesellschaft, Frankfurt (ES 1917) 1996, 307.
167 Peter Gross, a. a. O., 305.
168 a. a. O., 307. »Das Unbekannte wird indes, den unendlichen Fortschrittsgedanken entsprechend, nie endgültig bekannt ... Ist die Drift zwischen

»Die unendliche Steigerung von Handlungsmöglichkeiten ist Kernsatz des Fortschrittsglaubens«[169] geworden. Nicht der Traum der Aufklärung von der Verwirklichung der Vernunft, sondern der Verwirklichung des Möglichen beherrscht das Denken in einer orientierungslos gewordenen Zeit, der die Moderne abhanden kam und eine neue Werte setzende Nachmoderne noch nicht in Sicht ist.[170]

Die Angst vor dem Tod wird mit zunehmender Verdrängung des eigenen Endes ersetzt durch die Angst, nicht alle Möglichkeiten, die das Leben bietet, ausgeschöpft zu haben. Die erheblichste Angst ist die, sich bietende Chancen nicht zu nutzen, nicht nutzen zu können. Die Neugier am Verborgenen, am Abseitigen (Augustinus gab diesem »sündhaften Streben« den Namen *curiositas*), beherrscht das grenzenlose, weil sich nie erfüllende Begehren. *Roger Bacon* († 1292), *Giordano Bruno* († 1600) und *Galileo Galilei* († 1642) standen unter dem Verdacht, sich durch solch ungeordnete Neugier der *curiositas* schuldig gemacht zu haben. Die Naturwissenschaften emanzipierten sich aus der Wertewelt des Mittelalters im Ungehorsam gegen die Dogmatik und Moraltheologie, ohne sich selbst durch irgendwelche ethisch wertbesetzten Randbedingungen Grenzen zu ziehen. Der naturwissenschaftlich-technische Fortschritt, der in der Ablösung aus allen ethisch-begründeten Wertewelten[171] in ein Dunkel der Grenzenlosigkeit schreitet, ist das Paradebeispiel für ein ungezügeltes, ja unzügelbares Mehr. Diesem Fortschritt setzte *J. W. von Goethe* in seinem »Zauberlehr-

---

dem, was sein könnte, und dem, was ist, zu unterbrechen? ... Oder ist vielleicht die Transzendenzerfahrung, mit deren diesseitsbezogener Reformulierung die Moderne ihren Anfang nahm, auszulöschen oder in einer Art und Weise umzuformulieren, die den zerstörerischen Realisierungsdruck abschwächen?«

169 a. a. O., 309.

170 Vgl. R. Lay, Das Ende der Neuzeit, Düsseldorf 1996.

171 Wenn nicht der Staat in seiner Aufgabe, schweren Schaden vom Gemeinwohl zu wenden, den »modernen Techniken« (Atomtechnik, Biotechnik, Reproduktionstechnik, Informationstechnik) Grenzen setzen, somit durch Gesetze tatsächliches oder mögliches Moralversagen kompensieren würde und so den technischen Fortschritt einigermaßen regulierte, würde er vermutlich selbst blindlings in sein eigenes Ende laufen, da er den Begriff des »Ende« nicht kennt.

ling« ein Denkmal: Dieser vergaß die magische Formel, die dem Wasser schleppenden Besen Einhalt gebieten sollte. Selbst die Kirchen, doch einmal als Hüter von Moral und Sitte gefeiert, setzen dem Fortschritt kaum Grenzen. Auch sie hat die Maßlosigkeit erfaßt – wenn auch nur die des *Exodus* aus ihrem Innen. Niemand käme es heute in den Sinn, *»Neugierde und Wissenwollen selbst in Zweifel zu ziehen oder einer optischen Normierung des Sehens das Wort zu reden«*[172].

Der Fortschritt scheint seiner sozialen Umwelt soziale Ektropie zu entziehen und die soziale Entropie zu mehren. Wie anders wäre es erklärbar, wenn die Kluft zwischen armen und reichen Ländern sich eher weitete? *Peter Gross* sieht den Fortschritt des Mehr auch im Differenz-Minderungsprogramm der Gegenwart am Werk.[173] Ich neige dazu anzunehmen, daß die Lehre von der Gleichheit aller Menschen, die an der Wiege der Aufklärung stand, mit der Neuzeit unterging. Der wertlosen Zwischenzeit zwischen Neuzeit und ihrem Nachfolger ist die Forderung nach universeller Gleichheit bestenfalls als Relikt aus der Rhetorik besserer Tage geblieben. Andererseits kann man in weiten Bereichen das Differenz-Minderungsprogramm, das im eigenen Mindern neue und größere Differenzen aufbaut, gelten lassen. So schmelzen Stände, Klassen und Schichten weg. Sie lösen sich auf, obschon *»die Verteilungsrelationen sozialer Ungleichheit relativ konstant geblieben sind, ja sich teilweise, betrachtet man etwa die Einkommens- und Vermögensunterschiede, sogar verschärft haben«*[174].

---

172 Peter Gross, a. a. O., 317.

173 Die Differenz wird deutlicher, weil die »Zurschaustellung der Differenz … das Differenz-Minderungsprogramm der Moderne immer neue Differenzen braucht, um das Fortschreiten und Überschreiten anzuheizen … Die Wachstumsdynamik ist unendlich, weil die Steigerung der Handlungsmöglichkeiten zum sogenannten Wohl aller das letztendliche und von allen geteilte Ziel darstellt … Die infinite Erzeugung neuer Möglichkeiten erzeugt immer neue Differenzen. Die neuen Differenzen führen zu immer neuen Ansprüchen« (a. a. O., 320 f.). Und so wird dann aus einer Gesellschaft, die antrat, Differenzen auszubügeln, eine Anspruchsgesellschaft von gewaltigem quantitativen und qualitativen Ausmaß. »Auch Kinder haben, so die übereinstimmende Meinung, mehr Wünsche als zuvor … Für die Anerkennung in der Clique tun nicht nur die Kids fast alles!« (a. a. O., 322).

174 a. a. O., 328.

Das gleiche gilt für den Anspruch des Mehr an den Umweltverbrauch. Jedes neue Mehr ruft nach einem neuen Mehr – auch im Verbrauch von Umwelt. Trinkwasser ist in vielen Ländern zu einer unbezahlbaren Ware geworden. Doch auch in den Industriestaaten wächst die Belastung des Trinkwassers – trotz aller Bemühungen der EG-Kommission. Die CO_2-, NO_x-, CO-Emissionen, die 0_3-Produktion u. a. m. werden mit Sicherheit in Zukunft zunehmen. Und da wirkt der Glaube an die Wirksamkeit der menschlichen Vernunft, wie sie etwa der *Club of Rome* oder die Konferenz von Rio (1992) versuchten, wie ein naiver Kinderglaube an den bärtigen »lieben Gott«.
Hand in Hand damit geht die Inweltverschmutzung. Der Ruf nach dem Mehr kann nicht ohne fatale Folgen für die Wertorientierung eines Menschen bleiben. Die Bedürfnisse, Erwartungen und Interessen eines Menschen ändern sich mit seinen Wertorientierungen. Ein Mensch, der seine Träume im Fernsehen realisiert, wird früher oder später seine Werteinstellungen, Erwartungen, Bedürfnisse und Interessen durch die imaginierten Welten des Fernsehens modifizieren – vielleicht gar ändern. *Sigmund Freud* läßt Menschen und mit ihnen die Gesellschaften, in denen sie leben, durch Triebverzicht (»Wo Es ist, soll Ich werden!«), durch Sublimierung des sexuellen Begehrens in der Begegnung mit dem Natur- und Kulturschönen, im Traum, in Kreativität, im Schaffen überleben. Die Drift, die nach dem Mehr ruft, ist keine erststellig soziale Erscheinung, sondern ein Phänomen im Inneren der Menschen, welche die Innere Umwelt sozialer Systeme bilden und somit deren Drift von Strukturen mitbestimmen. Es kommt zu einer scheinbaren Überwindung des Unterschieds zwischen Denken und Tun. *»Weil alle die Differenz in sich tragen und im Erleben und Wahrnehmen andauernd bestätigen, kommt es zu dieser Drift in uns.«*[175] Gedanken und Wünsche, Phantasien und Erwartungen, Bedürfnisse und Interessen rufen in uns eine Unruhe wach und werden zu prinzipiell erreichbaren Möglichkeiten. Hier greift das Differenz-Minderungsprogramm tatsächlich.[176]

---

175 a. a. O., 325.

176 »Die aufklärerische Entsperrung des Kopfes öffnete ein Mentaluniversum, einen Freiraum der Kognition, dessen sensuale Nutzung keinerlei Grenzen kennt« (Peter Gross, a. a. O., 327).

Das Mehr wird zu einer selbstzwecklichen Religion und spielt in ihr die Rolle eines Gottes. So läßt sich denn alles rechtfertigen im Namen des Mehr. Die Sinnlosigkeit einer säkularisierten Unendlichkeit wird offenbar. Der Anspruch solcher Sinnlosigkeit kann sich nur an den Ufern der Weisheit brechen – oder gar gebrochen werden. Nur Lebenswissen kann den übergroßen Ansturm des Sach- und Erfahrungswissens brechen, die sich beide dem bloßen selbstzwecklichen Mehr verschrieben.
Die folgenden Gestalten des Fortschritts mögen zeigen, daß die Forderung, das Interesse, das Bedürfnis nach Mehr, die Erwartung des Mehr, die Wertorientierung am Mehr keineswegs nur den materiellen Lebensbereich eingeholt haben, sondern alle Lebensbereiche. Und wenn die Weisheit dieser Sucht nach dem Mehr nicht ihre Schranken zöge, würden wir uns im glorreichen Mehr selbst vernichten.

2. Fortschritt als Denkmalspflege

Wie schon gesagt kann der Fortschritt heute mancherlei Gesichter haben. Mitunter schaut er nach rückwärts mit der eigentümlichen Legitimation, nach der, am Abgrund stehend, jeder Schritt zurück ein Fortschritt bedeute. *»Das rückwärts gewandte Denken ... kleidet die Vergangenheit mit Brokatstoffen aus. Ein kostbar ausgeschlagener Sarkophag, in dem die mumifizierten Reste jener Traditionen aufbewahrt sind, an denen es uns zu fehlen scheint: Gemeinschaft, Sozialität, übergreifender Sinnkosmos.«*[177] Der Fortschritt verkommt zur Denkmalspflege. Eine Art der Denkmalspflege objektiviert sich in Fundamentalismen oder Sektenkulten. Absolute Wahrheiten und Hinterwelten werden konstruiert, um der Gegenwart aus dem Wege zu gehen und der Multioptionalität ein Schnippchen zu schlagen. Solche Wahrheiten und Hinterwelten können ebenso in der Vergangenheit wurzeln wie neu erschaffen werden. Im ersten Fall kann man von Hysterese sprechen. Beharrung und personale wie systemische Trägheit bestimmen die Konstrukte von Selbst, Welt und Bezie-

177 a. a. .O., 243.

hungen. Das »Altmodische« siedelt in Nischen, in ländlichen Gegenden, bei der älteren Generation.

3. Fortschritt als bewußte Umkehr (Neokonservativismus)

Daneben gibt es jedoch auch die gewählte – nicht in schicksalhaften Vorgaben gründende – Rückkehr zum Alten, die keineswegs durch Trägheit oder Unvermögen, eingefahrene Gleise zu verlassen, erklärt werden kann. Diese Form des Fortschritts könnte man, wenn sie nicht mitunter dramatische Folgen hätte, verniedlichend als »Nostalgie« bezeichnen.[178] Diese gewählte Form des Konversativen verwandelt sich nicht selten zum Dogmatismus, zum Fanatismus, zum Fundamentalismus. Entscheidet sich ein Mensch für solche Ismen, agiert er zwar auch auf dem Boden der Neuzeit (oder philosophisch: auf dem der Moderne), doch er macht sich eine von der Neuzeit abgelegte Alternative zu eigen. Er weiß zwar, daß er vom Baum der Erkenntnis aß, aber es überkommt ihn panische Angst vor der Multioptionalität des neuen Zustandes, und so flieht er – als sei nichts gewesen – in den scheinbar paradiesischen Zustand des Vergangenen zurück. Und so taucht er unter in irgendwelchen Hinterwelten, Sekten oder Dogmen. Er verschwindet von der Bühne der Nachmoderne, als sei er weggezaubert. Er vermeint, in schützende Arme gelaufen zu sein. Doch diese sind ewiger Wahrheiten entleert. Und so füllt er sie aus dem Schatz der Vergangenheit mit Dogmen und Hinterwelten. Frei wählbare Zivilreligionen, wie etwa die der *Scientologen*, des *Opus Dei*, des *Bhagwanismus*, des *New Age*, die Religionen des »holographischen Weltbildes«, des »Feldbewußtseins«, des »Wassermannzeitalters« ... versprechen ihm Heimat. Diese fundamentalistischen Religionen halten das Versprechen von Erfüllung niemals ein. *»Die verkappten, die zivilen Religionen ... raunen von einer Welt hinter der gewöhnlichen Welt, einer*

---

178 »Altmodischkeit und Nostalgie sind zwei grundverschiedene Phänomene. Die Nostalgie hat gewissermaßen vom Baum der Erkenntnis gegessen, das Altmodische ist der Stand der Unschuld« (Peter Gross, a. a. O., 245).

numinosen, geahnten, (noch) nicht realisierten Wirklichkeit.«[179] Gemeinsam ist all diesen hinterwäldlerischen Religionen, daß sie bewußt und gewollt die Vergangenheit wählen, um der Gegenwart mit ihrer Multioptionalität zu entfliehen. Sie betrachten ihren Rückschritt als Fortschritt – und assoziieren ihren Fortschritt mit dem der Technik oder gar der Wissenschaft. Sie erzeugen eine »Theologie« voller Dogmen (hier verstanden als unfehlbar wahre Sätze) und werden somit fundamentalistisch, intolerant bis hin zur Realitätsablösung in Formen der Paranoia. Im Gegensatz zum Fundamentalismus der Altmodischkeit, der seine Rechtfertigung in sich selbst hat, ist der gewählte reflexiv, will meinen: Er bemüht sich, das Instrumentar der Moderne zu verwenden, um sich selbst zu rechtfertigen.[180]

4. Fortschritt als Ideologie

Eine andere Version des Fortschritts ist die Ausbildung von Ideologien als Fluchtversuche vor der bedrängenden Realität, die – wie man wissenschaftstheoretisch zeigen kann – sich prinzipiell gegen soziale, psychische, argumentative Widerstände so zu immunisieren vermögen, daß sie von keiner Begegnung mit Realität[181] falsifiziert werden können. Jede potentielle Bedrohung wird durch die Einführung neuer Worte (denen in der Regel keine genuinen Denkzeichen entsprechen, sondern die nur im Kon-

---

179 Carl Christian Bry spricht schon in den zwanziger Jahren bei Anhängern dieser Religion von »Hinterwäldlern« (Verkappte Religionen – Kritik des kollektiven Wahns, Nördlingen 1988; vgl. hierzu Peter Gross, a. a. O., 246).

180 »Auch der moderne Fundamentalismus ist selbstreflexiv... Der Fundamentalist im modernen Sinne reaktiviert die Fundamente intellektuell.« Die Selbstreflexion ersetzt die Devise der multioptionalen Gesellschaft: »all choices, no values« durch ein »values without choices«. Peter Gross, a. a. O., 244.

181 »Realität« bezeichnet die Menge aller erkenntnisunabhängigen Sachverhalte in ihrem Da- und Sosein. »Wirklichkeit« ist dagegen der Kosmos aller Konstrukte eines Menschen. Da alle Handlung von Menschen in die Realität hineinwirken, sind sie »wirklich«, begründen sie Wirklichkeit und sind in ihr begründet. Es gibt also nur eine Realität, jedoch so viele Wirklichkeiten, wie es konstruktbildende Menschen gibt.

strukt der Gesamtideologie im nachhinein erzeugt werden) abgewiesen, zumindest aber abgewendet. Der Fortschritt ist ein Fortschritt in der Ausbildung solcher geschlossener Gedankenbauten, und er liegt darin, daß sie sich einen Trick der Natur zu eigen machen. Diese löst ihre Probleme, indem sie immer komplexere Strukturen ausbildet (diesem Sachverhalt verdankt die Subspezies *Homo sapiens sapiens* ihre Existenz). So auch die Ideologien. Sie wachsen, bis sie an ihrer eigenen Komplexität ersticken. Sie haben evolutiv zwar meist eine Pluralität von Optionen zur Verfügung, doch wählen sie in aller Regel jene, die Komplexität mehren und so den Selbsterhalt ohne ernsthafte Dynamisierung sichern. Ideologien stehen für einen Menschen, der sich nicht in ihnen verfangen hat, im Gegensatz (nicht aber unbedingt im Widerspruch) zu den bewährten Konstrukten aller Menschen, die außerhalb der Gefängnismauern einer Ideologie leben. *»Die zeitgemäße Ideologie ist eine multioptionale, in utopischen Miniwelten vorangetriebene globale Steigerungsideologie, die mit unterschiedlichen Akzentsetzungen in allen bedeutenden politischen Gruppierungen westlicher Multioptionsgesellschaften zu finden ist.«*[182]
Alle Ideologien stellen die Möglichkeit besserer Welten als die der Gegenwart in Aussicht, sei es im Fortschritt der Rückkehr, sei es im Fortschritt in neue Lande. Gemeinsam ist denen, die in Zukunft fortschreiten, ein Steigerungsprogramm. *»Der eine rückt die Steigerung der Handlungsmöglichkeiten und infolgedessen die Deregulierung freiheitsverdrängender Traditionen und Regeln, der andere die Steigerung der Teilhabe an den individuell oder gesellschaftlich eröffneten Optionen in den Vordergrund ... Wachstumswirtschaft und Wohlfahrtsstaat marschieren im Schulterschluß durch die Geschichte.«*[183] Das konservative Den-

182 Peter Gross, a. a. O., 249. Ich denke, daß unser »abendländisches Denken« mit dem Fortfall eines ethisch-begründeten Wertekonsenses auf alle gesellschaftlichen Strukturen, nicht etwa nur der politischen anzuwenden ist. Auch im Ökonomischen, im Sozialen (etwa in den Gewerkschaften), im Kulturellen (etwa in den Kirchen) und in den verschiedenen privaten Welten ist diese Erscheinung nachweisbar.

183 a. a. O., 249 f. Peter Gross ist der Ansicht, daß die »positive Verzahnung dieser beiden Positionen im Steigerungsprojekt der Moderne« eine Bedingung sine qua non des Fortschritts sei.

ken übersieht dabei nicht selten, daß mit jedem Steigerungsprozeß dauernd die kulturelle Substanz abgebaut werden muß, um anderen Raum zu geben. Das progressive Denken übersieht gelegentlich, daß die Vernichtung von Traditionen die eigenen Wurzeln erreicht. Beide Denkweisen sind also insofern ideologisch, als sie in sich selbst widersprüchlich sind, ihre eigene Basis in Frage stellen. In beiden Fällen ist der Kompaß, dem man folgt, nicht genordet. Er zeigt fortwährend nach vorwärts.[184]

5. Sexueller Fortschritt

Pierre Teilhard de Chardin vermutete, daß die Evolution über den Menschen hinaus zu sozialen Gebilden führe, deren Rationalität jede menschliche überschreitet und so auch zu einer Neudefinition aller menschlichen Beziehungen und sozialen Systeme führen müsse. Das gilt u. a. auch für die erotisch-sexuellen Beziehungen zwischen Menschen. *Zygmunt Baumann*[185] vermutet die Grundlegung einer moralischen Beziehung, von der allein man hoffen kann, daß sie gelänge, *»in den moralischen Antrieben, Fähigkeiten und Kompetenzen von Männern und Frauen zu finden, die mit- und füreinander leben«.* Aber ist das nicht schon längst Vergangenheit? Ist diese Option des ausschließlichen Für- und Miteinander in vielen Landschaften des einstigen Abendlandes nicht längst eliminiert worden? Hat die Evolution diese mögliche Begründung einer Moral nicht längst überrollt? Sicherlich wachsen mit der Ausdünnung der Traditionen auch die

---

184 »Der gesellschaftliche Fortschritt hält ... keine Optionen offen, an irgendeiner Stelle wieder ein paar Schritte zurückzugehen oder haltzumachen, wo es uns gerade gefällt. Er treibt uns unbarmherzig nach vorne, auch wenn es uns dort vielleicht schlechter geht als in der Vergangenheit, von der wir herkommen« (Richard Münch, Das Projekt Europa, Frankfurt am Main 1993, 298. Vgl. dazu Peter Gross, a. a. O., 251 f.). Wenn dem so ist, selektierten sich alle Optionen weg, die nicht diesem Fortschrittsdiktat folgen. Die Annahme Münchs ist nur insoweit akzeptiert, als sie langfristige soziale Prozesse beschreibt. Sie betrifft nicht die Multioptionalität des individuellen Handelns und Entscheidens.

185 Zygmunt Baumann, Moderne und Ambivalenz – Das Ende der Eindeutigkeit, Hamburg 1992. Vgl. Peter Gross, a. a. O., 252.

Verheißungen einer erotisch-sexuellen Partnerschaft. Aber eben nur diese.[186] Offensichtlich hat sich doch die Dialektik von Steigerung und Zerstörung – ist doch ohne Zerstörung Steigerung nicht zu erhalten – ausgeweitet auch in den Bereich erotisch-sexueller Beziehungen.
Die Sexualität löste sich im ersten Schritt von der Erotik ab, um immer neue Steigerungen zu suchen – oft ohne sie zu finden. Sie bestand auf ihren Chancen in einer Welt pluraler Optionen. Es kam zu einer Ausbildung vagabundierender Sexualität als einer möglichen Realisierung von sexuellen Optionen. Zu Beginn einer Partnerschaftstherapie, bei der die Partnerschaft unter dem Ausmaß der Eifersucht der Partnerin zu zerbrechen drohte, sagte uns der Partner: »Du weißt, daß ich nur dich liebe. Aber der Mann ist von Natur aus ein Jäger und erlegt alles, was ihm vor die Flinte kommt.« Sieht man einmal von dem Macho-Anteil dieser Aussage ab, ist sie nicht ganz untypisch für eine verbreitete Option, die Menschen zur Realisierung ihrer Sexualität finden.[187] Die christliche Option für eine monogame und lebenslängliche (und deshalb auch unscheidbare) Ehe gründet sicherlich in dem Institut der Familie, wie sie mit dem Aufkommen agrarischer Gesellschaften entwickelt wurde. Daß sie mit dem Untergang agrarischer Gesellschaften nur mit erheblicher zeitlicher Verzögerung öffentlich (und nicht nur privat) unterging, zeigt die Effizienz des morali-

---

186 Ulrich Beck, Die Risikogesellschaft – Auf dem Weg in eine andere Moderne, Frankfurt am Main 1986, 187. Ich habe anderswo gezeigt, daß die Vermutung Becks, die Moderne komme erst in Zukunft zu ihrer Vollendung, nicht ganz unproblematisch ist. Sie scheint vielmehr im Sterben zu liegen, wenn sie denn nicht schon gestorben ist. Vgl. R. Lay, Das Ende der Neuzeit, Düsseldorf 1996.

187 Das Nicht-Zusammenwachsen, gar die Entflechtung von Sexualität und Eros, die zu solchen Einstellungen, werden sie nun realisiert oder nicht, führt, nennt man in der Psychologie »vagabundierende Sexualität«. Diese mag für Pubertierende und Adoleszenten »normal« sein, ist es jedoch – theoretisch – für erwachsene reife Partner nicht. Doch hier ändert sich das »Normale«. Die Option der weitgehend unerotischen Sexualität wird immer häufiger auch von im psychologischen Sinn »reifen« Männern und Frauen realisiert. Was einmal als Charakteristikum der Unreife galt (vor allem, weil mit unreifer Erotik auch unreifer Narzißmus und unreife Aggressivität korrelieren), wird in einer multioptionalen Welt zu einer von vielen möglichen Wirklichkeiten.

schen Gewissens. Dieses Gewissen konnte – zumindest in der Öffentlichkeit – die monogame Ehe auch in der Neuzeit als einzig legitime Form des partnerschaftlichen Zusammens immunisieren. So ist durchaus verständlich, daß sich auch manche homoerotische Partnerschaften unter diesen Immunisierungsschirm zu flüchten versuchen. Am Rande der Neuzeit entfernte selbst die Kirche in eigentümlicher Prüderie die Liebe von Sexualität. Die Ehe wurde zu einer Form moralisch erlaubter Unzucht degradiert, in der die reine Lust keinen Spielraum haben sollte.[188] Erst seit dem 18. Jahrhundert begegnet uns die Liebesehe, ebenjene Neuzeit, die sie auch wieder gegen ihr Ende hin im Aufkommen gesellschaftlich akzeptierter außerehelicher Erotik, jedenfalls in ihrer Dauerhaftigkeit und in ihrem Treueanspruch aufzulösen scheint. Das Eindringen der Leidenschaft in die Ehe führt, weil bei vielen nicht in erwünschter Weise zu steigern, vermehrt zur Leidenschaft außerhalb der Ehe. Die Erotik wird zu einer Hochleistungserotik, die immer neue Optionen wählen möchte. Dabei wurde solche Leidenschaft entängstigt durch die Einführung neuer und wirksamer Mittel der Empfängnisverhütung.

6. Technischer Fortschritt

Vermutlich kommt der universell gewordene Imperativ des Mehr (immer schneller, kleiner, größer, dichter, höher, tiefer) aus dem Schoß der Technik. Er wurde zum Paradigma des Fortschritts schlechthin. Viele moderne Utopien – wie etwa das *Cyberspace* mit multioptional zu gestaltenden virtuellen Welten – gründen in der Illusion des grenzenlosen technischen Fortschritts. Die christliche Moral, die sich als unfähig erwies, ihm Richtung und

---

188 Das ist nun keineswegs eine Art christlicher »Wahnidee«, wie von Philippe Ariès und manchen anderen vermutet, sondern findet sich schon nach dem Zeugnis des Hieronymus in einer verschollenen Schrift Senecas über die Liebe: »Schändlich handelt ..., wer in allzu großer Liebe zu seiner eigenen Frau entbrennt ... Nichts ist schändlicher, als seine Frau wie eine Mätresse zu lieben« (nach Ph. Ariès, Liebe in der Ehe, In: Ph. Ariès und André Béjin, Hrsg., Die Masken des Begehrens und die Metamorphosen der Sinnlichkeit, Frankfurt am Main 1984, 169. Vgl. Peter Gross, a. a. O., 254).

Ziel und damit effiziente Randbedingungen zu stellen, wurde nicht zuletzt dieses Versagens willens von vielen auf den Abfallhaufen der überholten, weil das Mehr behindernden Traditionen abgelegt.[189] Die Heiligsprechung des technischen Fortschritts (etwa durch die Segnung der Atombombe, die am 6. August 1945 Hiroschima zerstörte) führte u. a. auch dazu, die Idee der am Zweckfreien, an der Lösung sozialer und technischer Probleme nicht interessierten Wissenschaft aufzugeben und die Wissenschaft dazu anzuhalten, technische (etwa durch die Naturwissenschaften) und soziale Probleme (etwa durch die Handlungswissenschaften[190]) lösen zu helfen. Wissenschaft wurde zum Zulieferbetrieb des technischen und sozialen Fortschritts degradiert.

Vor allem der Fortschritt der Kommunikations-, der Transport- und der Informationstechniken haben unser aller Leben tiefgreifend verändert. Sie alle stehen unter dem Gesetz des Mehr und des Schneller. Ob jedoch die Triebfeder solchen, sich mitunter in überflüssigen Einzelheiten verlierenden technischen Fortschritts die Hoffnung auf »eine finale Lösung aller technisch lösbaren Probleme oder gar aller unserer Probleme ist«, mag eine tiefenpsychologische Analyse kaum bestätigen, wennschon sie soziologisch plausibel zu sein scheint. Jedenfalls ist sie insoweit neurotisch, als mit dieser Methode sicherlich weder unsere technischen Probleme (die werden immer komplexer, vielleicht gar komplizierter) noch unsere menschlichen Probleme überhaupt

---

189 Daß die überkommene, weitgehend dem Christentum verpflichtete Moral immer weniger internalisiert wird und somit Menschen in ihren Orientierungen verpflichtet, hat außer dem genannten Grund, daß sie sich als unfähig erwies, das Mehr der Technik sozialverträglich zu regulieren, weitere Gründe. Hierher gehören etwa die Unfähigkeit, mit dem Problem der Überbevölkerung fertig zu werden, die Sozialverträglichkeit der Entscheidungen innerhalb sozialer Systeme zu sichern (so sind heute Massenentlassungen nicht negativ moral-besetzt), die Umweltzerstörung anzuhalten (das Gerede von der »Bewahrung der Schöpfung« erwies sich als äußerst ineffizient, der exponential zunehmenden Umweltzerstörung Einhalt zu gebieten).

190 Zu den Handlungswissenschaften, deren Methode nicht das in Falsifikationsabsicht unternommene Experiment ist, sondern in gleicher Absicht die Statistik, rechnet man etwa die Psychologie, die Wirtschaftswissenschaften, die Soziologie, die Politologie, die Pädagogik.

(die werden immer zahlreicher vor dem Horizont sich ins Unendliche dehnender Optionsmengen) gelöst werden können. Die Verwendung inadäquater und damit erfolgloser Problemlösungsversuche mit dem Ziel, soziale oder emotionale Probleme zu lösen, macht eben das Wesentliche einer Neurose aus.
Der technische Fortschritt beschert uns endlich den Fortschritt in virtuelle Welten *(virtual reality systems)*. Da der menschliche Körper nur begrenzt in solche virtuellen Welten versetzt werden kann, bedeutet *Cyberspace*[191] nicht selten eine gröbliche Vernachlässigung des Körpers, der so zur reinen Schnittstelle[192] zwischen Realität und Virtualität verkommt. *»Reale Techniken der Befriedung des unendlichen Begehrens nach Mehr werden durch Illusionstechniken ersetzt.«*[193] Die Außenwelt kommt aus dem Computer. Es läßt sich leicht ausmachen, daß ein Mensch, der regelmäßig durchs *Cyberspace* sich in virtuelle Welten (ver-) führen läßt, sehr bald sein Selbstkonstrukt, sein Weltkonstrukt und seine Konstrukte über soziale Beziehungen radikal ändern wird. *Cyberspace* erfüllt alle Wünsche nach dem Mehr, dem Weiter, Schneller in einer phantastisch paranoiden Verstellung. Nicht nur das So der Dinge wird wie im Konstruktivismus subjektiv und relativ, sondern auch deren Da.[194] Eine Welterfahrung ohne Welt scheint an sich einer radikal-paranoiden Persönlichkeit zuzuord-

---

191 »Die Cyberspace-Technologie beruht auf einer Art Helm mit hochauflösenden Videomonitoren, die auf den Augen sitzen, und Sensoren, die alle Kopfbewegungen aufnehmen und weitergeben.« Peter Gross, a. a. O., 279.

192 Peter Gross weist zu Recht darauf hin, daß nicht etwa die Technik die Schnittstelle zwischen den beiden Welten bildet, sondern der menschliche Körper (a. a. O., 267). Wie sich dadurch die Selbstdefinition über den eigenen Körper verändern wird, ist kaum abzusehen. Die Bestimmung des Selbst zur eigenen Körperlichkeit ist schon jetzt kaum sprachlich darzustellen. Sie liegt irgendwo zwischen den beiden Aussagen: »Ich habe einen Körper« und »Ich bin mein Körper«.

193 Peter Gross, a. a. O., 276. »Mit Hilfe von neuartiger Hardware-Schnittstellen in Form von Videobrillen und Datenhandschuhen ließ sich in einem künstlichen Raum Squash spielen, konnte man Bibliotheken besuchen, Bücher aus den Regalen nehmen; es sollen sich bald die Dschungel Borneos erkunden lassen. Die Carnegie-Mellon-University in Pittsburgh entwikkelt ein Network Virtual Museum, das es dem Anwender erlaubt, in Echtzeit die großen Museen der Welt zu besuchen« (278 f.).

194 »Gewiß erleben wir gegenwärtig den Zusammenbruch des gesellschaftli-

nen zu sein – aber wird die Paranoia nicht »normal« in der Cyberspacewelt? Die Welt existiert (nur) im Kopf – oder vielleicht auch anderswo. Sicher kennen wir alle aus dem Kino und im Fernsehen etwa aus Spielfilmen die Vorstellung virtueller Wirklichkeiten – doch hier sind wir nicht mitspielend einbezogen in die Konstruktion von Wirklichkeit, wohl aber im *Cyberspace*. Die Verbindung mit der Realität hat solche Wirklichkeit nur dort, wo der »Stoffwechsel mit der Natur« sie im Essen, Trinken, Toilettengehen, Schlafen ... einfordert. Doch schon irgendwelchen körperlichen oder sozialen oder psychischen Schmerzen lassen die Cyberspacewelt implodieren – und die Wirklichkeit ist eine andere, der Realität nähere.
Offensichtlich erfordert das Umgehen mit *Cyberspace* und dem mit *Cyberspace* geschädigten Menschen ein hohes Maß an Weisheit, um diese wieder in der Nähe der Realität siedeln zu lassen.

7. Fortschritt der Medizin

Der Fortschritt der Medizin ist ebenfalls durch die nahezu unübersehbare Menge an Alternativen gewachsen. Die Möglichkeiten der Diagnostik und das therapeutische Instrumentar vervielfältigten sich in wenigen Jahrzehnten. Der Arzt wurde wieder zum Medizinmann, dem man uneingeschränkt vertrauen möchte, weil er das Heilige der Gegenwart verwaltet: das Leben seiner Patienten. Daß nicht er Herr über Leben und Tod, Leid und Schmerz ist, sondern bestenfalls Helfer im Gesundungsprozeß oder im Gesunderhaltungsprozeß, scheint mitunter vergessen. Daß Tod und Leid, wennschon keineswegs in sich werthaft, dennoch Bedingungen sind, unter denen allein menschliches Leben

---

chen Konsenses über die Realität. Das macht ja die Attraktivität, die Frischheit des sogenannten Konstruktivismus aus. Überall und immer, wenn er zusammenbricht, stehen in irgendeinem Sinne konstruktivistische ›Wir machen das schon‹-Ansätze mit dem entsprechenden Infantristen parat, um aus der Krise eine Chance zu machen und nebenbei alles als erfunden zu erklären« (Peter Gross, a. a. O., 281 f.). Gross stellt hier einen radikalen Konstruktivismus vor, der von kaum einem Philosophen vertreten wird.

möglich ist, liegt nicht immer im Optionshorizont einer sich in der Nachmoderne reflektierenden Moderne. Nur wer sein eigenes Sterben im Erlernen des Abschieds ins Leben integrierte, wird von diesem Pol her orientiert, kaum mehr desorientiert unter dem Anspruch der Multioptionalität durchs Leben torkeln. Wer darum weiß, daß physisches, psychisches, soziales Leiden zum Menschsein ebenso gehört wie deren Abwesenheit, wird nicht dem Verdikt *Horst-Eberhard Richters* verfallen: »Wer nicht leiden kann, muß hassen!«

Der Fortschritt der Medizin wird deutlich zum einen sicher in der Erfahrung, daß es unter den Medizinern auch Ärzte gibt,[195] die nicht allein ein krankes Organ, einen kranken Zahn, ein schmerzendes Gliedmaß behandeln, sondern einen Menschen, der eingebunden ist in eine Fülle von physischen, psychischen und sozialen Bindungen und Begrenzungen. Zum anderen aber manifestiert sich solcher Fortschritt auch in der veränderten Einstellung des Menschen zur eigenen Körperlichkeit. Diese Veränderungen können sowohl zu einem eigentümlichen Körperkult führen wie zum *Exodus* aus dem eigenen Körper in eine Art esoterischer Geistigkeit, die den Körper als Begrenzung von Optionen, als Entsorger und Endlagerstätte[196] mancherlei Gifte, als Quelle von Schmerz und Krankheit sieht. In beiden Fällen ist der letzte Referenzpunkt der menschliche Körper.

Der Körper und die Körperlichkeit werden manipulierbar. Die Reproduktionsmedizin wird möglicherweise einmal Menschen zusammensetzen können, die wie Jungvolk-Jungen *»schnell sind wie Windhunde, zäh wie Leder und hart wie Kruppstahl«*[197]. Bodystyling und Fitnessprogramme sind dann antiquierte Metho-

---

195 Zugegeben: Es gibt immer noch zuviel Mediziner und zu wenige Ärzte, wie es auch zuviel Juristen und zuwenig Anwälte, zuviel Theologen und zu wenig Seelsorger gibt.

196 Quecksilber wird man nicht durch regelmäßiges Zähneputzen los und radioaktive Bestrahlung nicht durchs Joggen. Auch Dioxine und Furane lassen sich nicht ohne weiteres ausscheiden. Wie viele andere Gifte lagern sie sich im Körper an, schädigen das Immunsystem, viele Organe (Nerven, Schilddrüse, Leber, Blut, Knochenmark) und das Erbgut. »Die menschliche Machseligkeit wirft sich deshalb mit voller Wucht auf den Menschen selber« (Peter Gross, a. a. O., 284).

197 Peter Gross, a. a. O., 285.

den im Kult um die Optimierung der Leiblichkeit. *Hans Moravec*, Direktor des *Mobile-Robot-Laboratoriums* der *Carnegie Mellon University* (USA), hofft, daß es in absehbarer Zeit möglich sein wird, menschliche Intelligenz, wie sie auf den Rinden des Neocortex abgelegt ist, so in Roboter zu implantieren, daß nicht nur *»Intelligenz und Bewußtsein beliebig transportabel würden, sondern auch potentiell unsterblich«*[198]. Die Überwindung des Säugerleibes bedeutet nach *Peter Gross* die »komplette Vergeistigung« als Endstufe einer invasiven Evolution.[199] So absolut phantastisch sich die scheinbar wahnkranken Ausführungen *H. Moravecs* ausnehmen, sie sind es nicht. Wenn nur lange genug die Medizin und die Informationswissenschaften die »richtigen« Optionen wählen, müßte am Ende so etwas Ähnliches wie das vorgestellte Horrorszenario Realität werden können.

8. Fortschritt hin zur Gleichheit

Spätestens seit der Französischen Revolution[200] war der Ruf nach *Égalité* nicht nur ein Ruf der Philosophen, die spätestens bei *Platon* (die klassische Ausnahme ist *Aristoteles*, der zwischen der »Natur der Freien« und der Sklaven unterschied) meist allen

---

198 Hans Moravec, Mind Children. The Future of Robot und Human Intelligence, Cambridge 1989. »Wieso ersetzen wir nicht gleich alles und pflanzen das menschliche Gehirn in einen speziell entwickelten Roboterkörper ein?« (ibd., 13). Ausführlich beschreibt er den Prozeß der Übertragung der Hirnfunktionen auf ein Signale zu Informationen verarbeitendes elektronisches System durch einen »Computer-Chirurgen« (ibd., 13 f.). Vgl. Peter Gross, a. a. O., 286 – 289.

199 a. a. O., 286.

200 Schon 13 Jahre vor dem Ausbruch jener die Neuzeit auf neue Weise gestaltenden Revolution (1776) beginnt die Unabhängigkeitserklärung der USA mit den Worten: »All men are created equal.« Diese Aussage ist jedoch in den USA bis zum heutigen Tage eher Programm gewesen als Erfüllung. Bis zum heutigen Tage gibt es »in Gottes eigenem Land« eine für Europäer kaum verständliche Intoleranz, welche die Verschiedenheit von Kulturen, Ethnien und Traditionen betont und oft genug zum praktischen Leitsatz des öffentlichen Handelns macht. Die Französische Revolution führte zu einer Erklärung der Menschenrechte, die für Europa sehr viel prägender werden sollte als die in der Unabhängigkeitserklärung der USA: »Tous les

Menschen die gleiche »Natur« zubilligten und nach *Wilhelm von Ockham* auch gleiche Rechte, die sich aus dieser gemeinsamen Natur herleiten ließen. Daraus ist ein politisches Programm[201] geworden. Niemand forderte bislang die »absolute Chancengleichheit«, also die Gleichheit, aus ganz demselben Fundus von Optionen wählen zu können. Diese abstrakt-utopische Gleichheit verkennt die Unterschiedlichkeit der Werteinstellungen, der Erwartungen an sich selbst, an andere, an die Gesellschaft, an die eigene Geschichte, der Interessen und emotionalen, sozialen und physischen Bedürfnisse, die sich an den entsprechend differenzierten Begabungen ausprägen. Selbst *Karl Marx* verstand die Gleichheit nicht auf solch utopische Weise, wenn er in seiner Kritik am »Gothaer Programm« (1875) der Sozialisten (Vereinigung des Allgemeinen deutschen Arbeitervereins und der Sozialistischen Arbeiterpartei Deutschlands) die ausdrückliche Differenzierung der Menschen nach Begabungen und Leistungen im Sozialismus und Kommunismus betont. Dennoch träumen manche Utopiker von solch schrankenloser Gleichheit.[202] In solch universalistischen Programmen von der Aufhebung aller Diffe-

---

hommes sont égaux pour la nature.« Offenbar waren naturrechtliche Überlegungen wirksamer als religiöse, die Idee der gemeinsamen Natur wirkungserheblicher als die vom Schöpfungswillen Gottes ausgehende, die philosophische wirkungsvoller als die theologische.

201 Als religiöses Programm waren die »Naturrechte« wesentlich älter. Papst Paul III. verkündete feierlich, wenn auch anfangs mit wenig Erfolg, 1530 (»Amerika« war erst 38 Jahre zuvor entdeckt worden), daß den Indianern das Recht auf Eigentum und Freiheit zustände, *weil* sie Menschen seien. Letzteres war von einigen Dominikanern ernsthaft bestritten worden. Immerhin war diese erste öffentliche Forderung nach Wahrung der Menschenrechte nicht so wirksam, wie sie hätte sein sollen. Die Anerkennung der »Schwarzen« als Menschen durch die katholische Kirche ließ länger auf sich warten, die der australischen Aborigenes noch länger. Bis zum Ersten Weltkrieg konnten Weiße diese Ureinwohner wie Känguruhs einfach abknallen, ohne ernsthafte Strafen befürchten zu müssen.

202 »Die Voraussetzung für eine Wahrnehmung gleicher Chancen für alle wäre die völlige physische, psychische und geistige, die fugenlose Gleichheit. Das wäre das Ende einer Geschichte nicht nur eines Philosophentraumes, sondern auch das Ende einer Geschichte, die diesen Philosophentraum vollständig aufgesogen und in allen ihren Programmen zu realisieren versucht hat« (Peter Gross, a. a. O., 289).

renzen wird die Aufhebung aller Grenzen postuliert: die Enttraditionalisierung und Kommerzialisierung, die Multikultur und Ökumene. Alles wird gleich und damit gleichberechtigt: Ethnien, Kulturen, Religionen, Traditionen, Rassen, Altersgruppen, Geschlechter. Diese Vision absoluter Gleichheit setzt, genetisch gesehen, voraus, daß alle Menschen gleiches Erbgut haben, geklonte Wesen eines haploiden Chromosomensatzes sind. Sicherlich wurde in Europa eine Art »Gleichheit vor dem Gesetz« erreicht (oder erstritten), doch sehr viel weiter kam die Praxis der Gleichheit nicht. Das aber bedeutet nicht, daß die Utopie der Gleichheit abgewirtschaftet hätte. Das egalitäre Ideal und manche Politik fordern und fördern Gleichheit in allen möglichen Bereichen als »Steigerung der Teilhabe an den gesellschaftlich eröffneten Optionen«. Jedoch ist diese Forderung wie Förderung paradox. Die Steigerung der Optionen führt zu einer anhaltenden und sich beschleunigenden Differenzierung und damit zu immer neuen Ungleichheiten. Dieses Paradoxon scheint unaufhebbar zu sein,[203] so daß die Forderung nach universeller Gleichheit, weil prinzipiell niemals zum Ziele kommen könnend, neurotischer Art wäre.

9. Ende des Fortschritts?

Die Weisheit stellt sich die Frage nach dem Ende eines solchen, seine eigenen Grundlagen im ständigen Streben nach Mehr vernichtenden Fortschritts. Ganz sicher bedarf die Ablösung von diesem heiligen »Mehr« einer erheblichen Bewußtseinsveränderung. Bleibt sie allein auf den strategisch entwickelten Methoden des Seins hängen, dann werden die sozialen Systeme, die sich ja alle in irgendeiner Weise dem Fortschritt verpflichtet fühlen oder gar auf ihn angewiesen sind, in ihrer Unbeherrschbarkeit den Untergang der Menschen erzwingen.

Die Verzichtstheorien, mögen sie in den Prognosen des *Club of Rome*, den Bemühungen von *Greenpeace*, den Analysen von Rio oder irgendwelchen religiös orientierten Askesen gründen, blei-

203 Vgl. Peter Gross, a. a. O., 290.

ben erfolglos. Denn auf was wäre zu verzichten, was allein würde geändertes Bewußtsein schaffen? Ist es der Verzicht auf Sach- oder Erfahrungswissen? Ist es der Verzicht auf Informationen? Ist es der Verzicht auf Neugierde? *»Das Unbekannte wird indes, dem unendlichen Fortschrittsgedanken entsprechend, nie endgültig bekannt. Jeder erreichte Horizont eröffnet auch im Geiste neue Horizonte.«*[204] Und so leben wir in der paradoxen Situation, daß der kognitive Fortschritt den Fortschritt auf den verschiedenen Ebenen des Seins bremsen sollte, wennschon der kognitive Fortschritt in aller seiner Realisation hin auf den des Seins ausgerichtet ist. Und sind wir nicht, um den Fortschritt des Seins zu beherrschen (und nicht nur von ihm beherrscht zu werden), darauf angewiesen, immer mehr zu wissen? Wenn man über das Waldsterben zuwenig weiß, kann man es nicht beheben. Wenn man über die Erderwärmung durch Methan oder Kohlendioxyd zuwenig weiß, muß weitergeforscht werden – und dieses Forschen, dieses erweiterte Bewußtsein, drängt hin auf Erweiterung des Seins.

Der Multioptionsgesellschaft der Ersten Welt steht, nachdem die Zweite sich auf die Dritte reduzierte, die bittere materielle Massenarmut der Dritten und Vierten Welt gegenüber.[205] Da drängt sich ganz unmittelbar die Frage auf: Ist denn die materielle Armut die einzige Form der Armut? Gibt es nicht eine Armut, die in der Blindheit oder Taubheit des Herzens, des Besessenwerdens von allen möglichen materiellen oder ideellen Gütern dieser Welt, in der Unfähigkeit, zu lieben und geliebt zu werden, in mangelnder sozialer Geborgenheit... wurzelt? Und man möchte sich fragen, welche dieser Armuten die fürchterlichere sei. Aber kehren wir zurück zur materiellen Massenarmut.

---

204 a. a. O., 307.

205 Es mag zynisch klingen, wenn Peter Gross (a. a. O., 319) darauf verweist, daß »der Export des westlichen Differenz-Minderungsmodells die Länder der Dritten Welt erst« hat sehen lassen. »Die Differenz bestand auch vorher, aber sie war nicht relevant, wurde nicht als korrekturbedürftig wahrgenommen, wie die Kastendifferenz vom gläubigen Hindu nicht hinterfragt wird.« Die Armut wird nicht nur erlebt, wenn sie fremdem Reichtum begegnet, sondern sie begegnet auch sich selbst: im Hunger, in Krankheit, in Unsicherheit und Sorge vor Zukunft.

Das theoretische (nie praktisch gewordene) Programm der Moderne, die Massenarmut auch in den nicht-entwickelten Ländern zu beheben und sie mit der Armut vieler Menschen der Ersten Welt zu vertauschen, scheint sich in das Gegenteil zu kehren. Wenn es uns nicht gelingt, die Sucht nach dem Mehr zu therapieren, wird sie uns in eine geschädigte Welt führen, so daß sich der Lebensstandard der Bewohner der Ersten Welt – wegen der Erschöpfung der Ressourcen und/oder der Armutsmigration[206] – auf den Durchschnitt des Standards der nicht-entwickelten Länder reduziert.

Ende Oktober 1991 legte der UNPFA (= Bevölkerungsfonds der Vereinten Nationen) in Washington seinen neuesten Bericht vor: Städte versinken im eigenen Müll, Wälder verkümmern, Wasser wird ungenießbar, Verkehrs-, Kommunikations- und Kanalisationsnetze brechen zusammen.[207] Die Forderungen der Erstweltländer, den Schwellenländern irgendwelche Auflagen zu machen, werden abgewehrt. Brasilien und Indonesien wehren sich, wenn sie wegen der Vernichtung ihrer Regenwälder in die Schlagzeilen geraten, mit dem Argument, es gehe nicht an, *»daß die Industrieländer zunächst die Atmosphäre mit Kohlendioxyd anreichern und dann die Entwicklungsländer unter dem Aspekt des Umweltschutzes daran hindern, ihre Ressourcen zu nutzen, wie sie es für erforderlich und richtig halten«*[208].

---

206 Die »Armutsmigration« geht von der Annahme aus, daß mit zunehmendem Bewußtsein der Differenzen im durchschnittlichen Lebensstandard Menschen aus »armen« in »reiche« Regionen zu wandern trachten. Bildet sich etwa in einem »armen Land« eine Wohlstandsinsel aus – etwa geschaffen durch politische, kirchliche oder soziale Hilfsprogramme –, so wird die Wohlstandsinsel binnen kurzem so viele Menschen anziehen, bis sie wieder auf das »Armutsniveau« ihrer Umgebung abgesunken ist.

207 Vgl. dazu Robert Kurz, Der Kollaps der Modernisierung. Vom Zusammenbruch des Kasernensozialismus zur Krise der Weltökonomie, Frankfurt 1991; Alexander King und Bertrand Schneider, Die globale Revolution. Ein Bericht des Rates des Club of Rome (Spiegel Spezial 2), und Peter Gross, a. a. O., 320. Ein jährliches Wachstum des deutschen BSP um 4 % (was keineswegs ausreichen würde, die Massenarbeitslosigkeit zu beheben) würde allein in Deutschland in 50 Jahren ein Gütervolumen erzeugen, das dem der gesamten Welt heute entspricht (ibd., 355).

208 Bruno Frisch, Mensch, Umwelt, Wissen, Zürich 1990, 231. Vgl. Peter Gross, a. a. O., 359.

Zwar führen neue Möglichkeiten zu immer neuen Ansprüchen, aber die Möglichkeiten werden vielleicht quantitativ dem Mehr gehorchen, nicht aber qualitativ.
Die Lebensqualität wird sich selbst und vor allem dann mindern, je mehr theoretische Optionen im Horizont einer universellen Verarmung praktisch nicht erreicht werden können. Doch der Traum vom besseren Leben wird selbst dann nicht ausgeträumt sein. *Sigmund Freud* Gesellschaften überleben durch kollektiven Triebverzicht verbunden etwa mit der Triebsublimierung in Kunst, Kultur und Traum. Aber ist diese Sicht *Freuds* so weit zu generalisieren, daß sie das Allgemeine Weltbewußtsein nicht nur erreicht, sondern auch bestimmt? Im Gegenteil: Die Sublimation im Traum erzeugt neue Einsichten in neue Möglichkeiten, die in aller Regel wieder ins Mehr führen. Das Mehr wird zur Instanz des Bewußtseins, das gerade sie auszuscheiden versuchte. Das Mehr erreicht seine endgültige Selbstzwecklichkeit. Es bedarf keiner Begründung, sondern ist in sich selbst Grund genug. Das Spiel, die Liebe, das Gebet, die doch auch um ihrer selbst willen geschehen, haben einen neuen Partner gefunden: das Mehr. Alles, was nicht dem Mehr untersteht, gerät in den Strudel der Sinnlosigkeit: Verluste gleich welcher Art, Krankheit, Alter, Tod. Das Leben dürfte, in den unendlichen Anspruch des Fortschritts gestellt, eigentlich kein Ende haben. Und so begründet das Mehr seine eigene Pathologie. Indem es Menschen daran hindert, das eigene Sterbenmüssen emotional ins eigene Leben als dessen Bedingung zu integrieren, wird erhebliches pathogenes Material freigesetzt.
Unsere Gedanken zu den Grenzen des Wachstums erkannten eine Voraussetzung: Der materielle Fortschritt und damit verbunden das Wirtschaftswachstum mindern die Menge unbeschädigter Umwelt. Eine Gegenposition behauptet, daß man über Wachstum gerade solche Umweltschäden durch die Entwicklung neuer Techniken meiden oder doch mindern könnte. Die Entwicklung des Umweltverbrauchs der letzten zehn Jahre – und so alt ist unser umweltsensibles Bewußtsein durchaus schon – läßt diese Annahme im Reich abstrakter Utopien siedeln.

10. Realistische Auswege?

Also keinerlei Ausweg? Hat die Weisheit vor dem Gang eines unausweichlichen Schicksals keine Chance? *Peter Gross* sucht einen solchen Ausweg aufzuzeigen, den eine wirkliche Nachmoderne gehen könnte: *»Ein Ausweg lockt und funkelt: die Akzeptanz von Differenzen zwischen Menschen, Lebensstilen, Gesellschaften, Kulturen, Kontinenten und – vor allem – Wirklichkeit und Möglichkeit.«*[209] Wenn es gelänge, das alte Bewußtsein der Moderne mit seinen Vorstellungen von der Behebung aller Differenzen, die selbst immer wieder neue Differenzen erzeugen und so zwingend ins Mehr führen, zu überwinden, dann wäre dem Mehr einer seiner beiden Sockel genommen. Der zweite würde stürzen, wenn wir Menschen den Unterschied zwischen Möglichkeit und Wirklichkeit so akzeptierten, daß das Mögliche möglich bleibt und nichts ins Reale drängt. Ich vermute, daß dieses die weiseste Antwort auf eine der brennendsten Fragen unserer Tage ist. Akzeptieren wir den Unterschied und lassen das Mögliche im Möglichen schlummern. Ob sich die immer nachmoderne Weisheit (eine Weisheit der Moderne hat es offensichtlich kaum gegeben) gegen die Reste der untergehenden Moderne rechtzeitig wird durchsetzen können, bleibt abzuwarten.
Wie könnte dieser von Weisheit begleitete Befreiungsschlag vom Geist der Neuzeit konkret aussehen:

a. Das Leben in der Akzeptanz von Differenzen

Die alles bewegende Frage ist jene, ob es uns gelingt, uns von dem *Égalité*-Ideal der Französischen Revolution, das sich weit über die von dieser Revolution geforderten Grenzen globalisierte, befreien zu können. Das setzt die Realisierung einer Tugend voraus, die uns abhanden kam, obschon gerade sie die Ursache für das damals eher abstrakt geforderte, denn konkret realisierte Programm der Französischen Revolution war: die Toleranz, d. h., das Anderssein des anderen zu akzeptieren. Dabei kommt es dar-

---

209 a. a. O., 363.

auf an, daß nicht die Reichen, die Herrschenden, die scheinbar oder anscheinend politisch, kulturell, ökonomisch, sozial, moralisch Überlegenen den »Unterlegenen«[210] das Recht auf ihr Anderssein zugestehen, sondern auch darauf, daß die Armen, Beherrschten, Unterlegenen ihren Widerpartnern das Recht zugestehen, anders zu sein als sie. Das wiederum setzt voraus, daß Reichtum, Herrschaft, Überlegenheit sich selbst als Güter relativieren. Der Neid und der Egoismus, die großen Triebfedern der Moderne, die ihre politischen und ökonomischen Werte schufen und vernichteten, müßten sublimiert werden in Toleranz. Das mag zunächst zynisch klingen: Wie soll der Hungernde die Prasserei des Übersättigten tolerieren? Nur: So ist Toleranz nicht gemeint: Toleranz will – wie gesagt – das Anderssein des anderen akzeptieren, das aber schließt in keiner Weise ein, ihn hungern zu lassen, wenn man diesem Hungern ein Ende zu machen in der Lage ist. Toleranz meint den Verzicht auf alle Gleichmacherei im Denken, im Fühlen, im Wahrnehmen, im Glauben, in Wertüberzeugungen, mögen sie ökonomischer, politischer, sozialer oder moralischer Art sein,[211] nicht aber den Verzicht auf Hilfe, wo diese angebracht und möglich ist. Einem Menschen in Not zu helfen, ihn in Angst zu entängstigen, dem Gefallenen wieder auf die Bei-

---

210 Es ist sehr schwierig auszumachen, ob eine Kultur (d. h. ein politisches, soziales, ökonomisches, kulturelles Wertesystem) einem anderen tatsächlich überlegen ist. Woher wissen wir eigentlich, daß die Kulturen der Indianer, der Aborigenes, der Massai, der Kirgisen … der unseren unterlegen sind? Bestenfalls kann man ausmachen, welche erfolgreicher ist. Dabei wird zumeist der Erfolg definiert durch den Sachverhalt, daß in der feindlichen Begegnung zweier Kulturen die eine »unterworfen« wird. Sie erliegt dann einem Kulturschock, der die bestehenden, Werte sichernden Traditionen nicht selten fundamental neu interpretieren oder gar untergehen läßt. Insoweit war das Christentum der Missionare vom 16. bis ins 20. Jahrhundert selbst ohne jeden Versuch der »Inkulturation« (d. h. der Einpassung in die bestehenden Werteordnungen) scheinbar den bestehenden Religionen und religiösen Werteordnungen überlegen. Eine genauere Analyse, welche der scheinbar unterlegenen Religionen eher in der Lage war, Menschen eine fundamentale religiöse Orientierung zu geben, kommt oft zu dem Ergebnis, daß Religiosität nicht selten unter dem Druck eines Kulturschocks vernichtet wurde.

211 Insoweit hat Peter Gross relatives Recht, wenn er schreibt: »Aber der finale Zustand einer homogenen, aller Differenzen ledigen Welt wird nie

ne zu helfen ... das waren und sind Tugenden, die keineswegs Eigentum der Neuzeit waren, sondern sich in dem elementaren Fühlen von Solidarität äußern, das alle Menschen nahezu aller Zeiten und Kulturen miteinander verbindet.

b. Der Verzicht, Mögliches zu realisieren

Die Multioptionalität sagt keineswegs, daß alle Möglichkeiten realisiert werden müssen. Sie erlaubt es gerade, aus der Menge der Möglichkeiten zu wählen. Stimmt es also unbedingt, daß über allen menschlichen Lebensbereichen (Wirtschaft, Politik, Wissenschaft, Sport ...), selbst wenn sie sehr verschiedenen Imperativen folgen und über unterschiedliche Methoden der Steuerung verfügen, der Zentralbefehl nach Mehr wie ein unausweichliches Schicksal lastet?[212] Die Chancen, aus der Menge der möglichen Mehr jene auszuwählen, die ein menschliches Leben (Überleben?) auf dieser Erde ermöglichen, ist die Chance einer nachmodernen multioptionalen Gesellschaft. Wo also wäre ein Mehr notwendig eingefordert?

- Bei der Entwicklung der Technik, insofern sie Umwelt zu entlasten hilft,
- bei der Entwicklung ökonomischen Wissens und politischer Techniken, die uns helfen, Volkswirtschaften nicht durch Export von Arbeit ausbluten zu lassen,

---

erreicht, kann der Logik von Differenzschaffung und Differenzminderung zufolge nie erreicht werden« (a. a. O., 376). Zu bestreiten ist jedoch die Annahme, daß die neuzeitliche Logik von Differenzminderung mit der meist unbewußten Folge einer neuen und erheblicheren Differenzschaffung zwingend wäre.

212 So vermutet Peter Gross, a. a. O., 371. Und er fährt fort: »Wenn Steigerung die Erbsünde der Moderne ist, so sind auch die nach Orientierungswissen rufenden Philosophen und die vor der Steigerungsprogrammatik warnenden Ökologen Sünder. Auch sie wollen mehr, wollen besser sein, näher an der Wahrheit, Gerechtigkeit, Glückseligkeit.« Wird hier nicht übersehen, daß die Moderne das uneingeschränkte Mehr wollte, während der Ruf nach einem Mehr, das den Abgrund, auf den hin das Mehr der Moderne steuert, erkennt, um ihn zu vermeiden, keineswegs das Mehr der Moderne ist, sondern eben das Mehr, das die Irrwege der Moderne entlarvt und aus der Menge der Optionen jene wählt, die Menschsein auf dieser Erde sichern helfen?

- bei der Entwicklung medizinischen Wissens, das dem Arzt erkenntlich macht, daß nicht ein Zahn, ein Auge, eine Leber ... krank sind, sondern ein Mensch,
- bei der Entwicklung des psychologischen Wissens, das es uns erlaubt, in Familien und Unternehmen eine Atmosphäre zu schaffen, in der Menschen sich nicht isolieren müssen, ihre emotionalen und sozialen Begabungen entfalten können,
- bei der Entwicklung kommunikativen Wissens, das es erlaubt, Kommunikation in Empathiefeldern zu kultivieren,
- bei der Entwicklung sozialen Wissens, das es uns erlaubt, Toleranz zu leben und zu erleben,
- bei der Entwicklung sittlich-moralischen Wissens, das es uns erlaubt, der Überbevölkerung in vielen Erdregionen Einhalt zu gebieten, soziale Systeme zu sozialverträglichem Verhalten veranlaßt, den technischen Fortschritt kultiviert und einen verantworteten Verbrauch von Umwelt sichert,
- bei der Entwicklung gentechnischen Wissens, das es uns erlaubt, den Hunger in manchen Regionen der Erde zu beenden und die Versorgung mit Trinkwasser weltweit zu sichern,
- bei der Entwicklung religiösen Wissens, das es uns erlaubt, unser eigenes und fremdes Leben biophil zu optimieren,
- bei der Entwicklung philosophischen Wissens, das sicherstellt, daß alle unsere Aussagen, die nicht unmittelbar empirischer Art sind, nicht digital (entweder gut oder böse, entweder wahr oder falsch, entweder sinnvoll oder sinnlos, entweder vernünftig oder unvernünftig), sondern analog (im Sowohl-Als-auch) zu verstehen sind,
- bei der Entwicklung von Weisheit (von Lebenswissen) in der Selbstbeschränkung von Sach- und Erfahrungswissen, die, da stets vermischt mit Irrtum und Täuschung, niemals letzte Referenzpunkte für ein verantwortetes Entscheiden und Handeln sein können.

Es gibt also auf dem Markt der Möglichkeiten noch so viele unerforschte und/oder unentwickelte Regionen, daß sich gerade hier die Multioptionalität neue und außerordentlich attraktive Optionen ausmachen kann.

7. Kapitel

Weisheit und Vorurteil

Beginnen wir dieses Kapitel mit einem kurzen Rückblick auf die Geschichte der Entwicklung des Terminus »Vorurteil«[213]. Die griechische Antike entwickelte den Terminus *Prolepsis* (Vorausnahme), um einen Akt zu beschreiben, der für die Begriffsbildung erforderlich sei.[214] Ob und in welchem Umfang dazu Erinnerungen und Erfahrungen notwendig sind, wurde damals nicht abgeklärt – und ist auch heute noch nicht zureichend untersucht. *Chrysipp* und *Cicero* sind der Ansicht, es handele sich dabei um etwas Angeborenes (wie etwa die Disposition, an Götter zu glauben), während *Epikur* meint, es sei eine Erinnerung an etwas, das man häufig gesehen habe. Diese Theorie wurde aufgegeben, als man mit dem Konzeptualismus des *Aristoteles* erkannte, daß Begriffe aufgrund erkannter Ähnlichkeiten gebildet werden. Das schließt aber nicht aus, daß vorbewußte Auswahlprozesse über die Erheblichkeit eines bestimmten Merkmals eine wichtige Rolle spielen. *Hofstätter* greift diese Gedanken auf und bringt sie in moderne Sprache: *»Vorurteile haben bei der Erzeugung eines gedanklichen Abbildes von Welt die Funktion von Hypothesen, mit deren Hilfe herausgefunden werden soll, ob und inwiefern für uns wesentliche oder interessante Angelegenheiten in einer zwischenmenschlichen Begegnung auf dem Spiele stehen.«*[215]

---

213 Vgl. dazu Benita und Thomas Luckmann, Wissen und Vorurteil, Hagen 1986, 20 f.

214 Cicero nahm an, der Terminus sei epikureischen Ursprungs. Vermutlich wurde er jedoch von einem Stoiker – vielleicht von Chrysipp um 235 v. Chr. – definiert. Vgl. dazu und zum folgenden Peter R. Hofstätter, Vorurteile, in: Meyers Enzyklopädisches Lexikon, Mannheim 1979, XXIV, 717–721.

215 Ibd., 718. Dabei ist sicher die Vermutung Francis Bacons im Novum Organum zu berücksichtigen, daß »der menschliche Verstand von sich aus dazu neigt, in der Welt mehr an Ordnung und Regelmäßigkeit anzunehmen, als

Neben dem Vorurteil als Vorannahme spielt das Vorurteil als Vor-Urteil eine erhebliche historische Rolle: *Praeiudicium* war in der mittelalterlichen Rechtssprache ein gerichtliches Urteil, das einem anderen, etwa einem Endurteil vor allem einer höheren Instanz, vorausging. Wir würden heute von einer »einstweiligen Anordnung« oder einem niederinstanzlichen Urteil sprechen, das in einem Revisions- oder Berufungsverfahren aufgehoben oder bestätigt werden kann. Die Neuzeit entzog diesen Terminus dem Rechtsbereich, und es kam bald zu der negativen Besetzung, die auch heute noch dem Terminus anhaftet. So schrieb der deutsche Jurist und Philosoph *Thomasius*[216] (1655–1728) 1691 von »... *Vorurteilen, die uns an der Erforschung der Wahrheit hindern«*. Zwar verwandten manche – keineswegs alle – Philosophen der Aufklärung[217] den Terminus »Vorurteil« noch im mittelalterlichem Sinne als »vorläufiges Urteil, das für zutreffend gehalten wird, ehe man es prüfte«, doch wurde es schon im 18. Jahr-

er darin tatsächlich vorfindet«. Wir wissen heute, daß unser kognitives System der Ursprung aller erkannten Ordnungen in der Welt ist.

216 Christian Thomasius war einer der bedeutendsten Vertreter der Aufklärung und des Naturrechts, das er im Common sense begründet sah, in Deutschland. Er trat für religiöse Toleranz und die Humanisierung der Strafprozesse ein. So trug er wesentlich zur Beseitigung von Folter und Hexenprozessen bei. Hier wird deutlich, daß eine emotionale Besetzung eines Wortes (»Vorurteil«) und dessen Übernahme ins Allgemeine Bewußtsein zu erheblichen gesellschaftlichen Wandlungsprozessen führen kann.

217 G. W. F. Hegel schreibt: »Wenn man davon spricht: man kläre ein Volk auf, so setzt dies voraus, daß Irrtümer bei demselben herrschen, Volksvorurteile, die sich auf die Religion beziehen ... Bei dem Volke, das viele Vorurteile hat, scheint der Begriff der Ursache sich meist noch auf dem Begriff der bloßen Aufeinanderfolge zu gründen, indem sie selten auch, wo sie von Ursachen sprechen, die mittleren Glieder der aufeinanderfolgenden Wirkungen auslassen und nicht einsehen. Sinnlichkeit und Phantasie sind die Quellen der Vorurteile, auch richtige, vor der Untersuchung des Verstands standhaltende Sätze sind beim gemeinen Volk insofern auch Vorurteile, als sie nur daran glauben, indem sie keine Gründe dafür kennen ... Dem Volk seine Vorurteile nehmen, es aufklären, heißt also ... seinen Verstand in Rücksicht auf gewisse Gegenstände so ausbilden, daß er einerseits sich von Überzeugung und der Gewalt der Irrtümer wirklich losreißt, teils von den wirklichen Wahrheiten durch Gründe überzeugt ist.« Fragmente über Volksreligion und Christentum (1793), in WW 1, 22 f.

hundert als »irrige Meinung« oder als »Voreingenommenheit gegen irgend etwas« verstanden.[218]

Immanuel Kant fragt: *»Ob es gut und ratsam sei, Vorurteile stehen zu lassen ... ? Es ist zum Erstaunen, daß in unserem Zeitalter dergleichen Fragen ... noch können aufgegeben werden. Jemandes Vorurteile begünstigen heißt ebensoviel, als jemand in guter Absicht betrügen.«* Noch ärger ist es, *»Vorurteile zu pflanzen, weil sie sich zuletzt an denen selbst rächen, die oder deren Vorgänger ihre Urheber gewesen sind«*[219]. Die Ausrottung von Vorurteilen durch Erziehung und Bildung wurde zum Ideal der Aufklärung. Das Leben nach der Vernunft werde alle Menschen glücklicher machen. Die Revolutionen in Nordamerika und in Frankreich standen unter dem Anspruch der Aufklärung. Doch *Kants* Prophezeiung sollte sich bewahrheiten: *»Durch eine Revolution wird vielleicht wohl ein Abfall von persönlichem Despotismus und gewinnsüchtiger oder herrschsüchtiger Bedrükkung, niemals wahre Reform der Denkungsart zu Stande kommen; sondern neue Vorurteile werden eben sowohl als die alten zum Leitbande des gedankenlosen großen Haufens dienen.«*[220] Nationalistische Vorurteile sollten die religiös begründeten ablösen. Ganz im Sinne der Aufklärung versucht selbst der moderne Liberalismus eine Erziehung wider Vorurteile zu seiner Sache zu machen. Im Gegensatz zum liberalen Denken will der theoretische Marxismus durch die Überwindung der dominanten Funktion des Kapitals in liberalen Gesellschaften, über die Rationalität der Arbeitserfahrung im Zustand überwundener Entfremdung

---

218 Das Grimmsche Wörterbuch bestimmte: »Im Wissen wie im Handeln entscheidet das Vorurtheil alles, und das Vorurtheil, wie sein Name wohl bezeichnet, ist ein Urtheil vor der Untersuchung. Es ist eine Bejahung oder Verneinung dessen, was unsre Natur anspricht oder ihr widerspricht; es ist ein freudiger Trick unseres lebendigen Wesens nach dem Wahren wie nach dem Falschen, nach allem, was wir mit uns im Einklang fühlen.« Francis Bacon macht im »Novum Organum« darauf aufmerksam, daß unsere *anticipationes mentis* (unsere vorgefaßten Meinungen) in besonderem Maße geeignet seien, Zustimmung zu erzielen, da sie nur wenig allgemein akzeptierte Sachverhalte berücksichtigen, während wissenschaftliches Wissen mannigfache und oft entlegene Sachverhalte berücksichtigt.

219 I. Kant, Was ist Aufklärung (1784), in AA VIII, 36.

220 Ibd.

eine wirklich über sich selbst und die sozialen Zusammenhänge aufgeklärte Gesellschaft erzeugen. Gemeinwohl und individuelles Wohl stehen nicht mehr im antagonistischen Widerspruch. Erst das bedeutet das Ende alles »falschen Bewußtseins« und damit die wirkliche Aufklärung. Nun wissen wir, daß auch die Revolutionen, die im Namen des *Karl Marx* die Welt zu beglücken versuchten, nur alte durch neue Vorurteile ersetzten. Das Ziel der Aufklärung, die Selbstbefreiung des Menschen aus seiner selbstverschuldeten Unmündigkeit, blieb jedoch ungebrochen erhalten. Die Denunziation des Vorurteils schien besiegelt.

Die Aufklärung war noch nicht über sich selbst aufgeklärt. Sie wußte noch nicht, daß im Inneren der Vernunft stets die Unvernunft, im Inneren des Wissens stets das Vorurteil haust. Doch dann forderte *Hans-Georg Gadamer*, es bedürfe »einer grundsätzlichen Rehabilitierung des Vorurteils und einer Anerkennung dessen, daß es legitime Vorurteile gibt«. Sie seien die Voraussetzungen für das Verstehen von Kunstwerken, besonders von Dichtungen. So sieht aufgrund seiner Vorurteilsstrukturen jeder Mensch ein Kunstwerk anders. Hier macht das Wort *J. W. von Goethes* seinen Sinn: *»Den Inhalt erkennt wohl gar leicht ein jeder, den Gehalt nur der, der etwas von sich aus dazuzutun hat, doch die Form bleibt ein Geheimnis den meisten.«*

Wir beginnen unsere Überlegungen zur Natur des Vorurteils mit der von *Sokrates* ins europäische Bewußtsein bis heute getragenen Bestimmung: »Vorurteil« bezeichnet den Sachverhalt, in dem ein Mensch nicht zwischen Wissen und Meinen unterscheidet oder unterscheiden kann.[221] Da wir Menschen – weil uns der Zugang außer im Trivialen[222] zu Wahrheit versperrt ist – unser Leben aufgrund unserer Gewißheiten, also unserer Meinungen, an denen wir nicht mehr sinnvoll zweifeln können, organisieren

---

221 Zur Problematik des Vorurteils vgl. Gordon W. Allport, New York 1950; dt. Die Natur des Vorurteils, Köln 1971. Wir setzen im folgenden im allgemeinen voraus, daß der von einem oder mehreren Vorurteilen in seinen Handlungen und Entscheidungen bestimmte Mensch nicht erkennt, daß er von einem Vorurteil und nicht von »Wissen« geleitet wird.

222 Im Trivialbereich verfügen wir sicherlich über täuschungs- und irrtumsfreies Wissen, das sich in wahren Aussagen artikulieren kann. So wissen wir um unsere Existenz, wir wissen, daß wir geboren wurden, wir wissen,

müssen, neigen wir dazu, um uns selbst zu stabilisieren, unsere Gewißheiten für wahr zu halten. Nur wenige Menschen scheinen in der Lage zu sein, eine wichtige notwendige Bedingung der Weisheit zu realisieren und ihre Meinungen, Ansichten, Überzeugungen, an deren Zutreffen sie nicht mehr ernsthaft zweifeln können, für wahr, das heißt frei von Täuschung (Fehler in der Wahrnehmung) und Irrtum (Fehler in der Interpretation von Wahrgenommenem), zu halten. Somit scheinen für viele Vorurteile das Gerüst zu sein, das ihre Lebenskonzeption bestimmt und stabilisiert. Mit Aggressionen werden alle anderen Meinungen, Überzeugungen, Ansichten abgewehrt, wenn sie die eigenen ernsthaft gefährden könnten. In einer Ökonomie des Lebens scheint dieser Prozeß nicht nur vernünftig, sondern gar notwendig zu sein.

Es ist genau aber dieser Schein, der Weisheit ausschließt. Toleranz, eine der notwendigen Bedingungen für Weisheit, bedeutet, das Anderssein des anderen zu akzeptieren, solange es nicht in human-organisierten sozialen Systemen[223] zu sozial unverträglichen Handlungen führt. Diese personale Toleranz aber schließt

---

daß unser Körper sich bewegen und auf äußere Signale reagieren kann, wir wissen, ob wir froh oder traurig sind, ob wir Angst haben oder nicht ... Kurzum: Wir wissen, wie unsere Alltagswelt beschaffen ist. Wir gehen davon aus, daß die Alltagswelten anderer Menschen ganz ähnlich beschaffen sind wie unsere. Das bestätigen wir uns gegenseitig, indem wir uns verstehen, wenn wir miteinander reden. Doch die Extrapolation auf die Alltagswelt eines anderen Menschen ist nicht erlaubt. Unsere Alltagswelt ist eine Konstruktion (keine Rekonstruktion einer als real gedachten Alltagswelt) von Alltagswelt. Unser Großhirn konstruiert nach autonomen und sehr individuellen Regeln, die während der Ausbildung unseres kognitiven Systems erworben wurden, ein nur uns zuzusprechendes Bild (»Konstrukt«) von Selbst, Welt und sozialen Beziehungen. Wir konstruieren auch Sinnwelten, etwa in Erklärungen. Vieles, was ich zu wissen glaube, ist mir von anderen – mit anderen Konstrukten – mitgeteilt worden.

223 Ein soziales System ist ein soziales Gebilde, dessen Elemente die Interaktionen zwischen den Personen oder Personengruppen ausmachen, wenn diese Interaktionen durch gemeinsame Grundüberzeugungen *(basic beliefs)* und Verhaltensmuster *(corporate behavior)* reguliert werden. Fehlen solche regulierenden Elemente, existiert kein soziales System, sondern ein Konglomerat von Personen und Personengruppen, die innerhalb und vermittels dieses Sozialgebildes ihren individuellen oder

Meinungstoleranz mit ein. Meinungstoleranz fordert, die Meinungen des anderen Menschen als der eigenen für gleichberechtigt zu halten, solange nicht eine der beiden in human-organisierten sozialen Gebilden zu sozial unverträglichen Einstellungen, Orientierungen oder gar Handlungen führt. Dabei ist selbstredend jeder Mensch nicht nur berechtigt, sondern sogar aufgrund psychischer Mechanismen genötigt, die eigenen Meinungen, Einstellungen und Orientierungen für wertiger zu halten als diejenigen eines anderen Menschen, da er ja an diesen sein eigenes Leben organisieren muß.[224] Gleichberechtigt und gleichwertig bezeichnen also zwei völlig verschiedene Sachverhalte. Diese Verschiedenheit zu erkennen und zu realisieren ist eine notwendige Bedingung für Weisheit. Die Verwechslung beider führt zwingend zur Ausbildung von Vorurteilen.

Nun ist der Terminus »Vorurteil« ideologieanfällig.[225] Gern wirft man dem Andersdenkenden und Andersmeinenden vor, er sei in seinen Vorurteilen befangen. Der Vorwurf des Vorurteils ist ein wichtiges Instrumentar der politischen und religiösen Manipulation und rhetorisch gut verwertbar. Das Problem einer Analyse der Vorurteils besteht in der unvermeidbaren Zirkelhaftigkeit des Vorgehens. Die Definition des Terminus »Vorurteil« sowie die Erkenntnis eigener und fremder Vorurteile setzt notwendig voraus, daß man sich, da kein Wissen zur Verfügung steht, wiederum auf Vorurteile stützt. Aber dieses zu erkennen und damit

---

gemeinsamen Nutzen – nicht aber den des Sozialgebildes – zu mehren suchen. Soziale Systeme wie Konglomerate können sein: Paarbeziehungen, Familie, Gemeinden, Parteien, Unternehmen, Kirchen, Staatsvölker ... Human-organisiert ist ein soziales System, wenn die die Interaktionen steuernden Grundüberzeugungen nicht der Biophilie-Maxime widersprechen. Die Biophilie-Maxime lautet: »Handle und entscheide stets so, daß du eigenes und fremdes personales Leben eher mehrst denn minderst.« – »Personales Leben« bezieht sich auf alle Grundfunktionen des Menschen: Es umfaßt das emotionale, das soziale, das intellektuelle, das musische, das religiöse Leben ebenso wie das physische, das handwerkliche, das sportliche Leben.

224 »Jedermann führt sein Leben aufgrund ... eigener und fremder Vorurteile.« (Vgl. Benita und Thomas Luckmann, Wissen und Vorurteil, Hagen 1986, 16.)

225 a. a. O.

andere Bestimmungen und Interpretationen zuzulassen, insofern sie nicht sozial-unverträglich enden, ist Anliegen jedwelcher Weisheit. Insofern die Wissenschaftstheorie jedoch von jeder Definition verlangt, daß sie nicht-kreativ[226] ist (Theorem von *Lesniewski*) und die Nähe der Umgangssprache sucht, ist eine Beliebigkeit der Definition ausgeschlossen. Andererseits muß eine Definition valide sein, d. h. von einer Kommunikationsgesellschaft, in welcher der Terminus eine erhebliche Rolle spielt, von allen möglichst ähnlich verstanden werden.

Es gibt jedoch auch Methoden, mittelbar Vorurteilsstrukturen zu entlarven. Hierher gehört etwa der Widerstand gegen faschistische Systeme (Nationalsozialismus, Bolschewismus, Antisemitismus) und die Reaktion der jeweiligen Gesellschaften. Diese Reaktion entlarvt sich selbst als in Vorurteilen begründet, insofern sie Abweichler zu vernichten versucht. Man kann aber auch versuchen, etwa das Vorurteil des Antisemitismus aus der sozialpsychologischen und biographischen Struktur der »autoritären Persönlichkeit« mittelbar zu erklären.[227] Schließlich kann man versuchen, die Eigenarten des Vorurteils wissenssoziologisch auszumachen, indem man zunächst »Wissen« definiert und dann Vorurteil gegen Wissen abgrenzt.

Wir wollen uns im folgenden der Vorurteilsproblematik nähern, indem wir die sozial-strukturellen Voraussetzungen für die Ausbildung bestimmter zunächst subjektiver, dann kollektivierter Bewußtseinsstrukturen ausfindig zu machen versuchen, die zur Ausbildung von (nicht als solchen erkannten) Vorurteilen füh-

---

226 »Kreativ« ist eine Definition, wenn mittels ihrer schon Probleme gelöst oder gewertet werden. So wäre eine Definition von »Faschismus« kreativ, wenn man ihn als »lebensfeindliche und gewalttätige Form politischer Herrschaft« definieren würde. Das Faschismus-Problem wäre wertend gelöst, weil solche Herrschaft, wenn politische Herrschaft zwar zwingend notwendig ist, um schweren Schaden vom Gemeinwohl zu wenden aber Alternativen vorhanden sind, allemal abzulehnen ist. Eine wertfreie und nicht-kreative Definition des politischen Faschismus könnte etwa lauten: »Der Faschismus macht den Staat zum höchsten zu schützenden Rechtsgut, weil er alle anderen Rechtsgüter schützt.«

227 Theodor W. Adorno et al., The Autoritarian Personality, New York 1950.

ren.[228] Das ist jedoch nur möglich, wenn man die Entstehung und Durchsetzung konkreter Vorurteile analysiert.[229]

1. Vorurteile des Alltags

Unser Alltag ist zumeist von zahlreichen Vorurteilen begleitet, da wir uns selten bewußt sind, daß unsere Überzeugungen, Einstellungen, Wertungen nicht frei sind von Irrtum und Täuschung. Wir handeln und entscheiden uns meist so, als seien sie »wahr« oder »richtig«. Auffällig sind aber solche Vorurteile, wenn sie unter den Sonderfall »Aberglauben« fallen.

(a) Ein älterer Mensch beruft sich auf frühere Zeiten, in denen alles besser gewesen sei. Dabei ist offensichtlich, daß gegenüber »früheren Zeiten« heute sich manches zum Besseren geändert hat (etwa Arbeitszeit, Lebensmittel, ärztliche Versorgung, soziale Absicherung).

(b) Beim Einkauf sieht der Einkäufer holländische Treibhaus-Tomaten. Er urteilt: »Die schmecken nach nichts!« und bemüht sich darum, Freilandtomaten zu erwerben.

(c) Als ein Kind sich auf den Schulweg macht, läuft ihm von links nach rechts eine schwarze Katze über den Weg. Es »weiß«: »Das bedeutet Unglück« (1. Vorurteil). Um das Unglück abzuwenden, spuckt es dreimal über die linke Schulter (2. Vorurteil).

(d) Eine Hausfrau schüttet versehentlich statt Zucker Salz in den Kaffee. Sie »weiß«: »Das bedeutet Streit« (1. Vorurteil). Ihr Mann stellt fest: »Daß du auch immer so schusselig sein mußt« (2. Vorurteil). Und damit beginnt der im 1. Vorurteil festgestellte Streit im Sinne einer ich selbst erfüllenden Vorhersage *(self-fulfilling prophecy)*. Solche Vorhersagen, die ein Klima schaffen, welches das Vorhergesagte eintreten läßt, sind nicht selten. So kann die Vorhersage einer Inflation

---

228 Vgl. dazu B. und Th. Luckmann, a. a. O., 17.

229 Ich folge hier in wesentlichen Punkten der Arbeit von B. und Th. Luckmann, a. a. O., 29–34.

dazu führen, daß Menschen sich so verhalten, daß sie real wird. Hier handelt es sich also um ein Vor-Urteil.

2. Vorurteile gegen Menschen, die »anders« sind

(a) Neulich brannte das Pfarrhaus ab. Da wußte der Schuster Jacob: »Das ist Gottes Strafe, weil der rothaarige Franz am Erntedankfest den Erntekranz in die Kirche tragen durfte.« Obwohl der Schuster allgemein als schrullig und als von Vorurteilen bestimmt galt (1. Vorurteil), wußten die meisten, was er meinte: Rote Haare habe nämlich jener Judas gehabt, der Jesus verraten hatte (2. Vorurteil). Zudem weiß jeder, daß viele Brandstifter rothaarig sind (3. Vorurteil).

(b) Rita Höfling wuchs in Südafrika in einer weißen Familie auf. Im Alter von 36 Jahren mußte sie sich einer Drüsenoperation unterziehen. Infolgedessen entwickelte sie dunkle Hautfarbe und negroide Gesichtszüge. Ihre Familie und ihre Freunde verließen sie. Denn jeder Weiße in Südafrika wußte, daß Schwarze minderwertig sind.

(c) Ein Arbeiter bei Ford in Detroit entstammte einer polnischen Familie. Er verlangte von seinem Unternehmen 600.000,- US-$ Schadensersatz, da er von seinen Kollegen am Arbeitsplatz mit Polenwitzen (nach denen etwa alle Polen faul, bequem und schmutzig seien) beleidigt und verfolgt worden sei. Das habe seine Arbeitsleistung verringert, seine Beförderung beeinträchtigt und seinen Seelenfrieden gestört.
Ähnliches läßt sich von Witzen sagen, die Menschen bestimmter Herkunft mit bestimmten Eigenschaften versehen und sie zum Gespött machen: Ostfriesenwitze in Deutschland, Appenzellerwitze in der Schweiz, Steirerwitze in Österreich ...

(d) Ein Katholik lebte in den 30er Jahren in der Diaspora. Er wurde von seinen protestantischen Mitchristen abgelehnt, die wußten, daß alle Katholiken verlogen, meineidig und charakterlich unzuverlässig sind.

(e) Eine Gruppe Roma parkte mit ihren Wohnwagen am Ortsausgang. Die rechtschaffenen Bürger des Ortes warnten einander, man solle alles gut verschließen, die Hunde nicht ins Freie, Kinder im Haus spielen lassen, keine Wäsche draußen zum Trocknen aufhängen, denn jedermann wußte, daß Zigeuner Diebe sind.

3. Vorurteile gegen altes und neues Wissen

(a) Nach der Einstaatlichung in den 50er und 60er Jahren verbreiteten sich unter den Eskimos Kanadas und Alaskas Geisteskrankheiten, Mord und Selbstmord. Die europäisch ausgebildeten Psychiater, die von der kanadischen und der US-Regierung bestellt wurden, um diese Zustände zu beheben, waren erfolglos. Sie waren der Ansicht, daß eine Therapie eine enge Zweierbeziehung zwischen Arzt und Patienten voraussetze (1. Vorurteil). Unter den Eskimos aber galt es als unhöflich, sich zu zweit von der Gemeinschaft abzusondern (2. Vorurteil).

(b) In der Türkei gab es in einigen Regionen 1969 erhebliche Überschwemmungen. Einige türkische Bauern reisten nach Ankara und bewarfen die US-amerikanische und sowjetische Botschaft mit Steinen. Sie beschuldigten die beiden Staaten, mit ihren Raumschiffen Löcher in den Himmel geschlagen zu haben, durch die nun das Wasser komme, das ihre Dörfer und Felder überflute. Sie verlangten Entschädigung.

(c) Der Patriarch der griechisch-orthodoxen Kirche in Istanbul wollte in der Mönchsrepublik Athos den Gregorianischen Kalender einführen. Abt *Athanasius* und seine 70 Mönche wehrten sich: Sie verbarrikadierten ihr aus dem 11. Jahrhundert stammendes Kloster und drohten, es anzuzünden, wenn man sie zwinge, den Julianischen Kalender aufzugeben.

(d) In der Bundesrepublik gibt es erhebliche Widerstände gegen genveränderte Lebensmittel, selbst wenn die in das Genom der Herkunftspflanzen eingebrachten Gene allgegenwärtig und völlig unschädlich sind.

(e) In manchen Kreisen wird in verschiedenen Ländern die Computertechnik abgelehnt, weil sie etwas Unheimliches (weil Unverständliches und damit Bedrohliches) an sich habe.

Rationalisiert wird diese Ablehnung meist mit dem Argument, sie vernichte Arbeitsplätze.

(f) Am 3. April 1231 verbot Papst *Gregor IX.* die Beschäftigung mit den (damals nur über die Schriften des *Aristoteles* bekannten) Naturwissenschaften, weil er sich offensichtlich sorgte, sie könnten theologischen Einsichten widersprechen. Jedoch im gleichen Jahr begann die Artistenfakultät zu Paris offiziell Vorlesungen über diese Naturwissenschaften abzuhalten. Die Unsicherheit vieler Theologen vor den Ansprüchen der Naturwissenschaften läßt sich bis ins Heute nachweisen.

4. Vorurteile gegen Tradition und Fortschritt

(a) Bauern aus Langhadas im Norden Griechenlands, die der Glaubensgemeinschaft der Anastenariden angehören, tanzen an den Festtagen der heiligen *Helena* und ihres Sohnes *Konstantin*, die sie nicht nur als Heilige, sondern als göttlich verehren, barfüßig auf glühenden Kohlen. Die Fußsohlen der tanzenden Bauern blieben unversehrt. Der Bischof von Langhadas bezichtigte diesen alten Ritus der Schwarzen Magie und bezeichnete ihn als teuflische Orgie.

(b) Ein Verlagsprojekt für Kinderbücher stellte sich die Aufgabe, »Volksmärchen aus Asien« herauszubringen. Jedes arabische Land sollte mit einem Märchen vertreten sein. Zu Beginn des Projekts wurden die Märchen jedoch einer Zensur unterworfen, die alte Formen und Darstellungen modernisieren sollte. So heilt etwa im Original der Märchenheld die gefangene Prinzessin, indem er ihr das Gehirn des Hundes, der ihre Gefangenschaft bewacht, zu essen gibt. Diese Version wurde verworfen, und nun muß er sich ein Kraut kaufen, damit ein Schaf mästen und sie so heilen. Die Begründung des Verlegers: »Warum sollen wir Kindern, die im Zeitalter der Monderoberung leben, erzählen, daß aus dem Schweißtropfen *Mohammeds* eine Blume wächst?« Das auch viele deutsche Volksmärchen auf ähnliche Weise – meist aus Gründen einer puritanischen Scheinmoral – manipuliert wurden, dürfte kaum ein Geheimnis sein.

(c) Als sich Papua-Neuguinea auf seine am 16.9.1975 realisierte – wennschon inzwischen durch die Eroberung durch indonesische Truppen wieder verlorene – Selbständigkeit vorbereitete, wurde im Mandatsgebiet Australiens eigenes Geld in Umlauf gebracht, das nicht mehr – wie die australischen Münzen – den Kopf der britischen Königin abbildete, sondern verschiedene Ornamente der Einheimischen. Diese aber hielten das neue Geld für minderwertiger, weil Münzen ohne das Abbild eines mächtigen Menschen keine wirkliche Macht besäßen.

(d) Eine kleine Ansiedlung in Alaska mit zehn Bewohnern wurde durch den Bau einer Pipeline und einer Autostraße zerstört. Die Einwohner, die Schmetterlinge fingen, Mineralien suchten, jagten, wollten nicht wegziehen, weil ihre Ansiedlung die letzte Wildnis sei und der beste Platz auf Erden, um zu leben (1. Vorurteil). Pipeline und Straße änderten das unter dem Anspruch des Fortschritts (2. Vorurteil).

5. Vorurteile über Vorurteile

Es gibt sicherlich ein verbreitetes negatives Vorurteil über Vorurteile. Vorurteile, die als solche durchschaut werden, sind lebensnotwendig. So halten wir in der Lebenspraxis unsere existentiellen Gewißheiten für wahr. Nur in der Reflexion erkennen wir, daß sie nicht wahr sind, sondern durchaus in Täuschungen und Irrtümern gründen. Diese Vorurteile sind hier nicht gemeint. Gemeint sind vielmehr Vorurteile, die entweder in anderen Vorurteilen gründen oder weitere Vorurteile hervorbringen.

(a) In den 70er Jahren forderten fortschrittliche Elemente in Oberammergau, den überkommenen Text der Passionsspiele zu ändern, insofern er eine Kollektivschuld der Juden am Tod Jesu feststelle. Das sei Antisemitismus (1. Vorurteil, da es um die Wahrung einer alten Tradition ging). Im Februar 1977 stimmte der Gemeinderat ihrem Anliegen zu. Bei den Neuwahlen zum Gemeinderat bestimmte der Streit um die Textänderung den Wahlkampf. 12 von den 17 Gemeinderatssitzen gewannen die Gegner der Textänderung (Folge des 1. Vorurteils).

(b) Skokie (ein Vorort Chicagos) wird vor allem von Juden bewohnt. 7000 von ihnen waren den deutschen Konzentrationslagern entkommen. Hier versuchte die US-amerikanische Nazipartei, einen uniformierten Marsch durchzuführen (provozierendes antisemitisches Vorurteil). Mit Hilfe der »Vereinigung zur Verteidigung der Bürgerrechte« und nach langen gerichtlichen Streitereien erhielten sie, trotz aller Proteste der Bevölkerung und der gegenteiligen Urteile niederinstanzlicher Gerichte, vom Obersten Gerichtshof der USA, der sich auf das verfassungsmäßige Recht der freien Meinungsäußerung bezog, die Erlaubnis, ihren Plan zu realisieren (Folge des ersten Vorurteils).

(c) Der Leiter eines orthodoxen Priesterseminars in der Sowjetunion erzählte, daß die meisten Seminaristen (ausschließlich Bauern- und Arbeitersöhne) ihr Wissen um Religion und Christentum der staatlich vertriebenen atheistischen Publikation »Wissenschaft und Religion« verdankten. Das Vorurteil, man könne Religion mit einer atheistischen Zeitschrift ausrotten, bewirkte bei manchen genau das Gegenteil.

(d) Die katholische Kirche in der Bretagne segnete keine neu vom Stapel laufenden Schiffe mehr, weil manche Matrosen diese uralte Zeremonie als das Austreiben böser Geister verständen. Das kirchliche Segnen sei also ein Mißbrauch der Kirche. Sie unterstütze abergläubische Vorstellungen. Das Vorurteil mancher Matrosen über den Zweck des Segnens hatte also zur Folge, es zu unterlassen.

6. Das Festhalten am Altbewährten

Im Laufe seines Lebens sammelt ein Mensch Lebenswissen. Es ist

- ein Wissen um Folgen eigener und fremder Handlungen und Unterlassungen,
- ein Wissen über den Auf- und Abbau zwischenmenschlicher Beziehungen,

- ein Wissen um die Funktion von Sprache,
- ein Wissen über Regelmäßigkeiten (etwa die »Schwerkraft«) und Unregelmäßigkeiten (etwa des Wetters) von Naturabläufen, von Abläufen in Gesellschaften (etwa über Verbindungen, Wettbewerb, Feindseligkeiten).

Dieses Lebenswissen ist bewährtes Wissen. Immer wieder machte ich die Erfahrung, daß ich es einsetzen konnte, um physische, psychische und soziale Widerstände zu meiden, berechenbar zu halten oder mit ihnen zu leben. Lebenswissen sichert ein gewisses Maß an Lebensökonomie. Lebenswissen ist jedoch zum guten Teil schematisiert. Es berücksichtigt also nicht die Besonderheiten einer jeden Situation und nicht den Wandel der von meinem Erkennen unabhängige bestehenden sozialen (etwa politischen oder ökonomischen), psychischen (etwa meiner Erwartungen, Bedürfnisse, Interessen, Werteinstellungen, Abhängigkeiten) und physischen Sachverhalte (etwa das Schwinden meiner Kräfte). Lebenswissen beherrscht also nur immer bestimmte Aspekte und nur bestimmte Sektoren dieser außerkognitiven Realität. So kann es durchaus geschehen, daß meine Handlungen andere Folgen haben als die erwarteten. Lebenswissen ist also stets vorurteilsbeladen, insofern es Annahmen über außerkognitive Sachverhalte macht, die situationsgerecht nicht zutreffend sind. Ich organisiere mich in meinem Bereich hypothetischer Relevanz. Der Bereich der hypothetischen Relevanz ist abgesteckt durch Vermutungen über die Erheblichkeit von möglichen Ereignissen für mich und mein Leben, dann aber auch für andere und fremdes Leben. Je zutreffender diese Vermutungen sind, um so weiser bin ich.
Lebenswissen ist nicht selten unscharf und nur innerhalb weniger Lebensbereiche, die ich für erheblich halte, detailliert, klar, differenziert, konsistent und widerspruchsfrei. So ist mein Wissen um die politischen Verhältnisse in Uganda, über die Regeln des Fußballspiels, über Fragen der Festkörperphysik ausgesprochen unscharf. Dagegen sind mir die Regeln des *Business reengineering*, der Ignatianischen Exerzitien, der Freudschen Psychoanalyse, des philosophischen Konstruktivismus durchaus geläufig, weil ich sie für das Gelingen meines Lebens und meiner Arbeit

für wichtig halte. Darüber reflektierend, stelle ich unschwer fest, daß nahezu alles unscharfe Wissen Wissen aus zweiter Hand ist, während alles scharfe Wissen durch eigene Erfahrungen gedeckt ist. Nun ist sicherlich auch das durch Eigenerfahrung gedeckte Wissen nicht frei von Irrtümern und Täuschungen. Nahezu alltäglich muß ich in diesen Bereichen irgendeinen Irrtum oder eine Täuschung erkennen und mein Wissen korrigieren.
Ich nehme an, daß es anderen Menschen ähnlich ergeht. Dennoch stelle ich nicht selten bei mir und anderen eine Art systemischer Trägheit fest. Die Wissenskorrektur durch eigene oder fremde Erfahrungen ist aufwendig – und nicht selten erscheint uns solcher Aufwand unverhältnismäßig (gegenüber der Ertragsverbesserung) zu sein. Diese psychisch-systemische Trägheit kann so weit gehen, daß ich mich zeitweise gegen Änderungen abschirme. Ich stelle mich dann unter das Gesetz des Vor-Urteils, um mir ein Urteil zu ersparen. Solche Vor-Urteile formulieren sich nicht selten in Redewendungen wie diesen:

- Das habe ich/haben wir immer schon so gemacht.
- Das war immer schon so.
- Das gehört zu meiner Lebensweise (das gehört zu unserer Unternehmenskultur).

Solche Vor-Urteile widersprechen der Weisheit. Sie weiß darum, daß sich niemals eine Situation exakt wiederholt. Deshalb ist sie bereit, nichts für selbstverständlich zu halten. In meiner Tätigkeit als Unternehmensberater versuche ich stets, einen Vorstand zu überzeugen, ein unmittelbar dem Vorstand berichtendes Projektteam einzurichten, dessen Aufgabe es ist, im Unternehmen bestehende Routinen auf ihre gegenwärtige Brauchbarkeit zu überprüfen. Ähnlich wird es ein Weiser machen. Er wird skeptisch gegen alles sein, was im eigenen und fremden Leben nach der Selbstverständlichkeit von Routine aussieht. Oft wird er entdecken, daß solche Routinen zu suboptimalen Lösungen bei der Meisterung von Lebensproblemen führen.

7. Stereotype als Vorurteile

In bestimmtem Umfang handelte der vorhergehende Absatz über diesen Punkt. Stereotype Handlungen, Interpretationen, Erwartungen ...[230] schleichen sich meist dann ein, wenn eine gegenwärtige Begegnung mit einem Menschen oder einem Sachverhalt (also eine Vis-à-vis-Situation) nicht (mehr) gegeben ist. Stereotype sind also Bilder (Konstrukte), die wir uns von einem Menschen, von einer Ethnie, einer Situation im Unternehmen, in der Familie, in der Kirche ... machen. *»Problematische Situationen verschiedenster Art werden durch typische Lösungen bewältigt, wobei Problemaspekte, die dem eigenen Interesse fremd sind, vernachlässigt werden. Je mehr aber einzigartige Aspekte eines Problems, einer Erfahrung, eines Gegenstandes vernachlässigt werden, um so schematisierter ist die Lösung eines Problems, ist der Typ, mit Hilfe dessen eine Erfahrung in den subjektiven Wissensvorrat eingeordnet wird bzw. ein Gegenstand (oder Person oder Ereignis) erfaßt wird.«*[231]

Besonders gefährlich sind solche Stereotype, deren Vorurteilscharakter nicht unmittelbar einleuchtet, wenn sie zu Handlungen oder Entscheidungen führen. Stereotype werden als solche erkennbar, wenn man sie als »untypisch« wahrnimmt. Einige Beispiele sollen das Gemeinte erläutern:

(a) Ihre Mitarbeiter kennen Sie nur als »Chef« (und nicht auch als Ehepartner, Familienvater, Tennisspieler, Fernsehzuschauer, Briefmarkensammler, Jogger, nicht als einen Men-

---

230 Bei der Bestimmung von »Stereotypen« weichen wir etwas vom standardisierten Deutsch ab, das unter »Stereotypen« Verhaltensweisen versteht, die sich ohne Bezug auf irgendwelche Zielorientierung häufig wiederholen (etwa bei Kindern oder manchen Zwangskranken). »Stereotyp« bezeichnet in diesem Kapitel Handlungen, Erwartungen, Bedürfnisse, Erklärungen, die schematisiert, typisiert sind. Kenne ich einen Polizisten nur in Uniform, bilde ich leicht ein solches Stereotyp aus. Daß es sich um ein solches handelt, kann ich leicht feststellen, wenn ich dem Polizisten einmal in Zivil begegne. Reagiere ich erstaunt oder verwundert oder gar verwirrt, hatte ich es mit einem Sterotyp zu tun.

231 B. und Th. Luckmann, a. a. O., 62.

schen, der sich freut, der trauert, der sich ängstigt). Sie bilden sich dann nahezu zwingend ein Stereotyp von Ihnen aus. Sprechen sie in Ihrer Abwesenheit über Sie, werden sich solche Stereotype zu einem »kommunikativen Phantombild« (einem »kollektiven Stereotyp«) verdichten. Dieses Phantombild sollte Ihnen bekannt sein, denn nicht Sie führen[232] Menschen, sondern das Phantombild, das man sich von Ihnen machte. Begegnet Ihnen ein Mitarbeiter in einer »Nicht-Chef-Situation«, etwa wie Sie mit Ihren Kindern spielen, wird er das mehr oder minder verwundert als »untypisch« wahrnehmen.

(b) Herr X ist Angehöriger einer »ideologischen Elite«[233]. Mitglieder ideologischer Eliten grenzen sich gegen andere Menschen, die nicht zu dieser Elite zählen, ab. Sie sind »etwas Besseres«. Abgrenzung und diese Überzeugung erregen bei

---

232 »Operatives Führen« geschieht durch Ausbildung eines sozialen Systems mit dem Ziel, eine eigen- oder fremdgestellte Aufgabe zu lösen. Derjenige führt gut, der in der Aufgabenlösung (unmittelbar oder mittelbar) finanzielle Aufwandsgrößen kleinhält und zugleich das fachliche und soziale Potential seiner selbst und das seiner Mitarbeiter eher entfaltet als mindert. Das setzt in aller Regel voraus, daß das soziale System, das durch Führen konstituiert wird und in dem sich Führen ereignet, vom Typ »Kommunikationsgemeinschaft« ist. Kommunikationsgemeinschaft unterscheidet sich von sozialen Systemen vom Typ »Institutionen« darin, daß sich in ihnen die Regeln des Interagierens an den individuellen oder kollektiven Interessen, Erwartungen, Bedürfnissen und Werteinstellungen orientieren. In solchem Führen ist die Wahrscheinlichkeit, daß Ihr Eigenbild von dem kommunikativ erstellten Phantombild abweicht, eher gering, da neben der funktionalen auch die personale Kommunikation eine erhebliche Rolle spielen muß.

233 Wir unterscheiden »Leistungseliten« von »ideologischen Eliten«. Zur Leistungselite zählen Menschen, die durch besondere Leistungen wahrgenommen wurden, die in besonderer Weise einem größeren sozialen System (etwa einem Unternehmen) nutzten. Die Zuerkennung, zur Leistungselite zu gehören, erfolgt also von außen. Zur ideologischen Elite gehört man, wenn man einer Ethnie, einem Club, einem Berufsstand, einer religiösen Gruppierung ... angehört, deren Mitglieder sich selbst als Elite verstehen. So halten Katholiken ihre Zugehörigkeit zu ihrer Kirche, die von sich beansprucht, im alleinigen Besitz voller Wahrheit zu sein, für elitestiftend. Auch manche Ethnien haben ein elitäres Selbstbewußtsein (Juden verstehen sich als auserwähltes Volk Gottes, Deutsche glauben, das

Menschen, die nicht dieser Elite angehören, zwangsläufig Aggressionen. Diese führen dazu, daß ein negativ besetztes Stereotyp ausgebildet wird. Solche Stereotype sind besonders hartnäckig, wenn sie über kommunikative Phantombildung zustande kamen und sich kollektivierten. »Der Deutsche«, »der Jude«, »der Serbe«, »der Rotarier« sind solche Stereotype. Begegnet man, von Stereotypen dieser oder ähnlicher Art besessen, einem realen Deutschen, einem realen Juden, einem realen Serben, einem realen Rotarier, wird man sich in aller Regel wundern, daß er nicht dem Stereotyp entspricht. Viele Menschen stellen dann nicht ihre Stereotype in Frage, sondern nehmen an, bei diesem Menschen handele es sich um eine Ausnahme.

(c) Frau X ist eine Fremde, da sie türkischer Herkunft ist, nur gebrochen deutsch spricht und in der Öffentlichkeit ein Kopftuch trägt. Die Begegnung mit dem Fremden kann ebenso neugierig machen wie Angst auslösen. Dringt das Fremde in unser Revier ein, macht uns das eine Angst, deren Gründe wir aggressiv abzuwehren versuchen. Es kommt zur Xenophobie, und wenn wir damit nicht sinnvoll umgehen können, zum Fremdenhaß. Es gibt sehr verschiedene Formen tatsächlicher oder vermeintlicher Revierbedrohung, so wie es auch verschiedene Formen von Revieren gibt. Es gibt territoriale Reviere, aber auch Reviere, die durch einen Einfluß-, Wissens- oder Arbeitsbereich definiert sind. Wird unser Einfluß, unser Wissen, unser Arbeitsplatz real oder vermeintlich gefährdet, reagieren wir über psychische Automatismen aggressiv. Frau X ist nun in unser territoriales Revier eingedrungen. Um unsere Aggressivität rational zu machen, finden wir auch Gründe dafür: Sie nimmt uns Wohnraum weg, bedroht unsere Arbeitsplätze, sie verbraucht als Sozialhilfeempfängerin (was wir ihr unbesehen unterstellen) unsere bitter und schwer erarbeiteten Steuern ... Sprechen wir einmal mit

---

Deutschsein sei etwas so Elitäres, das durch Generationen vererbt werden könne, selbst wenn diese Generation sich in einem fremden Land weitgehend inkulturierten. Manche Rotarier halten sich für Elite, weil sie einem Club angehören, der ein elitäres Selbstbewußtsein entwickelte ...).

Frau X und ist dieses Gespräch von keiner Seite aus mit Vorurteilen belastet (man kann sie nämlich mit einigem guten Willen als solche durchschauen und für die Gesprächsdauer ausschalten), wird man vielleicht feststellen, daß Frau X ein Mensch ist, der mit seinen Sorgen und Hoffnungen, seinen Erwartungen und Befürchtungen, seinen Problemen und Aufgaben an erster Stelle ein Mensch ist und nicht erststellig eine Türkin. Das mag uns verwundern. Hätten wir häufiger solch vorurteilsfreie Begegnungen, würde unsere Fremdenangst allmählich schwinden.

(d) Frau Y schlägt ihrem trotzenden fünfjährigen Sohn auf die Hand, weil er – trotz Verbots – nach der Streichholzschachtel greift. Ihre Freundin, die gerade zu Besuch weilt, wird Zeuge dieser Szene. Sie tadelt Frau Y heftig. Wie sie nur dazu komme, ein unschuldiges Kind zu schlagen. Hier wird offensichtlich, daß die Freundin von dem vorurteilsbildenden Stereotyp besessen wird: »Kinder sind unschuldige Wesen!«

(e) Vor Jahren begegnete ich auf der *Bremen* einem US-Amerikaner. Er schimpfte über Schwarze, die nur singen und tanzen könnten, ansonsten aber den Weißen auf allen Gebieten unterlegen seien. Er war ganz offensichtlich von dem Stereotyp besessen, nach der Schwarze minderwertig seien. Als ein junger Mann aus Deutschland ihm heftig widersprach, reagierte er ausgesprochen aggressiv. Wir begegnen hier einem Stereotyp, das vermutlich unüberwindlich ist. Es läßt keine Gegenerfahrungen oder Gegenargumente zu. Alles Erleben bestätigt nur die Berechtigung des Stereotyps. Wir sprechen hier von einem *blik* – einer festen, unerschütterlichen Sichtweise eines Sachverhalts. Das unter (c) erwähnte Stereotyp könnte jedoch zur Kategorie der »Standards« zählen. »Standards« sind Vorurteile, die gegenteilige Erfahrungen zwar zulassen, ihre Bedeutung aber herunterspielen (es handele sich um eine Ausnahme – oder die guten Seiten seien eigentlich irrelevant).

(f) *Robert K. Merton* unterschied[234] zwischen Insidern und Out-

234 Social Theory and Social Structure, Glenco 1949. Vgl. dazu auch B. und Th. Luckmann, a. a. O., 59 f.

sidern, um die Grenzen, die Identifizierung und die Loyalitätsansprüche und -gefühle von Menschen in sozialen Systemen zu erklären. Die Insider gehören zur Inneren Umwelt des sozialen Systems, identifizieren sich mit seinen Werten und entwickeln Loyalität. Sie verfügen über die gleiche Sprache; ihr Wissen ist gruppenbezogen. Die Menschen oder sozialen Systeme, die nicht zur Inneren Umwelt gehören, sind Outsider – aus denen unschwer Outcasts werden können.

- Outsider waren den Griechen die Barbaren, da man ihre Sprache nicht verstehen könne.
- Outsider waren für die Bewohner des alten China die Mongolen, da sie unzivilisierte und gefährliche Menschen seien.
- Outsider sind die Bewohner eines Nachbardorfes, da sie einer anderen Konfession zugehören, einen anderen Dialekt sprechen, andere Traditionen pflegen.
- Outsider sind für manche Jugendliche die Erwachsenen, da sie nicht wissen, was Spaß macht.
- Outsider kann ein Mitglied einer Schulklasse sein, das sich nicht teure Turnschuhe leisten kann.

Neben den Vorurteilen bildet auch Gewohnheitswissen (und gelegentlich auch Erfahrungswissen) Stereotype aus. Das Gewohnheitswissen reguliert die alltäglichen Routineverrichtungen. Es erlaubt uns, in gewohnter Umgebung sicher und ohne neu überlegen, planen, verstehen, ordnen und uns orientieren zu müssen, unseren Alltagsverrichtungen nachzukommen. Solches in Routinesituationen entlastende Wissen wird jedoch problematisch, wenn es gilt, neue, bislang unbekannte Lebenssituationen zu bewältigen. Hier birgt sich die Gefahr, den alten Stereotypen möglichst nahe zu bleiben oder gar Situationen bewußt oder unbewußt zu meiden, in denen sie sich als unbrauchbar erweisen könnten. So wird erklärlich, daß viele Urlauber sich im Ausland zu »nationalen Kolonien« zusammenschließen. So wird verständlich, daß nicht wenige Menschen nur zu einem bestimmten Typ von Musik ein Verhältnis haben. Das Gewohnheitswissen läßt uns Eigenes von Fremdem unterscheiden. Und der emotionale, zeitliche und soziale Aufwand, sich Fremdes zu eigen zu machen, sein

Gewohnheitswissen also zu dehnen, scheint nicht wenigen Menschen gegenüber dem sozialen und emotionalen Ertrag zu gering zu sein.

Es gibt Stereotype, die unschädlich sein können. Das gilt vor allem, wenn sich ein Mensch der eigenen abstrahierenden Weisen der Bildung von Stereotypen bewußt bleibt. Dann wird das Stereotyp nicht mit einem konkreten Sachverhalt verwechselt. Fehlt jedoch solch eine kritische Kontrolle von Erkenntnisinhalten (»Konstrukten«), können Stereotype zu *bliks* erstarren. Je komplexer und damit in aller Regel vermittelter Wissen ist, um so wahrscheinlicher kommt es zu scheinbar ordnungsstiftenden Stereotypen. In einer Stammesgesellschaft mit vergleichsweise gleicher und gleichartiger Wissensverteilung wird die psychische Trägheit weniger leicht zur Ausbildung starrer Konstrukte führen als in einer hochkomplexen Industriegesellschaft, in welcher der Zugang zum gesamten Wissensvorrat notwendig sozial und psychisch kontingentiert wird. Um so notwendiger ist es, sich bewußt Situationen zu stellen, in denen Konstrukte dynamisiert werden können (also Kommunikation mit Menschen zu suchen, die anders und anderes denken). Menschen, die sich auf Situationen beschränken, welche ihre Konstrukte bestätigen, sind in Gefahr, individuellen oder kollektiven Wahnvorstellungen anheimzufallen.

Es gilt also, soziale Systeme vom Typ Kommunikationsgemeinschaft herzustellen, in denen Konstrukte sich bewähren müssen und somit die Chance besteht, sie zu dynamisieren, zu modifizieren oder sie gänzlich aufzugeben. Solche Kommunikationsgemeinschaften sollten für jedermann offen sein, der bereit ist, sich an Spielregeln zu halten. Solche Kommunikationsgemeinschaften sind wesentlich herrschaftsfrei. Es müssen also kommunikative Strukturen ausgebildet werden, die grundsätzlich jede Ausübung von Herrschaft verhindern. Wir sprechen hier von Diskursen. Wenn sich gar in solchen Kommunikationsgemeinschaften das emotionale, das soziale, das intellektuelle Leben der Beteiligten eher mehrt denn mindert, wäre eine solche Gemeinschaft strukturell oder doch funktional biophil. Damit wäre sie zur Grundlage der Realisierung einer kommunikativen Ethik geworden.

8. Kapitel
Weitere Feinde der Weisheit

Nun sind die Feinde der Weisheit kaum zu zählen. Sonst sähe es auf unserer Erde anders aus. Dennoch mag es nicht schaden, einige der häufigsten aufzuzählen.

1. Institutionen als Feinde der Weisheit

Institutionen sind soziale Systeme, die der unmittelbaren Disposition des individuellen Subjekts weitgehend entzogen sind, jedoch dieses als solches erst mittels der Sozialisationen in seinem Sosein schaffen. Institutionen sind durch rechtliche oder moralische Fixierung gestellte und doch historisch beschränkte Beziehungsformen einer Gesellschaft.[235] Insofern sie über den Mechanismus der Sozialisation Menschen bilden, sind sie besonderer Kritik zu unterstellen. Wie bei allen sozialen Systemen sind ihre Elemente Interaktionen zwischen Menschen. Ihre äußere Struktur ist bestimmt durch ihre Organisation, ihre innere durch die in ihr geltenden (meist normativ etwa über Gesetze oder Moralsysteme gesicherten) Grundüberzeugungen und den in ihnen standardisierten Interaktionsmustern. Institutionen sind also soziale Systeme mit relativ starren Strukturen. Sie verfolgen, insoweit Institutionen, endogen nur die Zwecke Selbsterhalt und Expansion. Diese Expansion kann äußerlich sein, wenn sie ihre Intensität, mit der sie Menschen sozialisieren, ausdehnen. Men-

235 Soziale Systeme mit dynamischen Strukturen, die sich schnell an veränderte Bedingungen im Bereich der Werteinstellungen, der Interessen, Bedürfnisse und Erwartungen ihrer (vor allem) inneren und (sekundär) auch ihrer äußeren Umwelt anpassen, nennen wir »Kommunikationsgemeinschaften«.

schen, die sich unkritisch in solche Institutionen einbinden, nennt man, wenn sie vorwiegend oder ausschließlich die systemischen Interessen verfolgen, Systemagenten. Sie dürften die unweisesten Menschen sein, die man sich denken kann.

Institutionen begegnen wir auf allen Feldern unseres Lebens. Der Staat ist ebenso Institution wie die Kirche, große Unternehmen ebenso wie Gewerkschaften oder Arbeitgeberverbände, Universitäten ebenso wie das Militär, die Ehe ebenso wie die Familie. Ihnen allen ist gemeinsam, daß sie Ansprüche an die Sozialisation von Menschen stellen, die zu ihrer Inneren Umwelt gehören oder gehören sollten. Selbstredend sind nicht alle Menschen, die eine Institution nach innen oder außen exekutieren, Systemagenten. Es gibt in allen Institutionen Menschen, die durchaus kritisch deren verhärtete Strukturen beobachten und der Institution ihre Weisheit entgegensetzen und so – oft nicht sonderlich geschätzt von der Herde der grauen, ja greulichen Systemagenten und damit also auch vom System selbst – versuchen, dem System ein menschliches Antlitz zu geben. Systemtheoretisch würde man sagen: Es gilt, dem System Ziele zu geben, die durch sittliches Wollen (etwa vom Biophiliepostulat hergeleitet) bestimmt sind.

Normalerweise gelten jedoch in Institutionen die Regeln rein systemischer Rationalität. Ein Wirtschaftsunternehmen will seinen Marktanteil vergrößern, sein Betriebsergebnis verbessern, seinen Eigenkapitalanteil erhöhen ... Tritt neben die ökonomische Verantwortung nicht auch eine moralische, die nicht nur durch die Normen der Grenzmoral[236] bestimmt ist, begegnen wir

236 »Grenzmoral« bezeichnet einen Katalog von Normen, der durch die Öffentlichkeit festgelegt wird. Verletzt eine Institution, etwa ein Unternehmen oder eine Partei, diese Normen, erkennt die Öffentlichkeit auf Moralversagen, selbst wenn ein Unternehmen nur auf eine »technische Panne« verweist. Da die Macht der Institution »Öffentlichkeit« allemal größer ist als jeder anderen Institution, kann es in Unkenntnis dieser Tatsache dazu kommen, daß sich etwa ein Werk der Chemie bei der Freisetzung von umweltbelastenden Chemikalien auf eine nie ganz auszuschließende Panne (»Restrisiko«) beruft und damit gegen die Öffentlichkeit verliert. Das bedeutet nicht nur Imageverlust, sondern auch unter Umständen erhebliche Kosten, wenn etwa der Staat die Sicherheitsvorkehrungen zu verstärken über Gesetze einfordert.

der seltenen Ausnahme einer Institution, die ihre eigene Evolution lenkt und nicht ausschließlich durch soziodynamische, meist chaotische Prozesse, etwa durch »den Markt«, heteronom gesteuert wird. Dabei ist die Marktsteuerung keineswegs abzulehnen. Gerade der Weise wird sich seiner sozio-ökonomischen Umgebung, insoweit es mit seinem »Stern« vereinbar ist, anpassen. Doch Systemagenten vermeinen in aller Regel nur, über eine Kenntnis der Marktprozesse zu verfügen. In der Tat aber sehen sie den Markt verzerrt durch die Brille ihrer betriebsbedingten oder gar ideologischen Selbstverständlichkeiten oft bis ins Bizarre hin verzerrt. Vor allem neigen unweise Menschen dazu, ihre eigenen Werteinstellungen, Erwartungen, Interessen und Bedürfnisse in die Marktanalyse hineinzutragen und so ein Konstrukt zu bilden, das mit dem realen Markt und seinen Prozessen nichts mehr zu tun hat.

Das soll aber keineswegs heißen, daß alle exogenen Ziele, die von Menschen eingesetzt werden, um endogene Zwecke durchzusetzen, schon irgend etwas mit Weisheit zu tun haben müßten. Ein Musterbeispiel solcher Unweisheit ist das Gerede auf Hauptversammlungen oder gar die Orientierung des Unternehmens hin auf den *Shareholder value.* Im ursprünglichen Sinne bezeichnete das den (keineswegs leicht auszumachenden) Unternehmenswert (in Geldgrößen ausgedrückt). Daß der Markt versuchen wird, den Aktienwert an diesen Wert anzupassen, ist idealtypisch richtig, in der Praxis aber falsch. In diesem Sinne kann die Mehrung des *Shareholder value* im Interesse des Unternehmens wie der Aktionäre sein. Aber die Borniertheit mancher Redner auf Hauptversammlungen versteht unter *Shareholder value* einen möglichst großen Bilanzgewinn, über den die *Shareholders* verfügen können. Daß ein solcher Bilanzgewinn eher den Unternehmenswert mindert, weil ihm liquide Mittel entzogen werden, scheint vergessen worden zu sein. Hier prostituiert sich Unweisheit in einer offensichtlichen Form

Die Weisheit in einem sozialen System wird sich daran messen lassen müssen, wie das Beziehungsmanagement ins Innen (Mitarbeiter des Unternehmens, Mitglieder einer Kirche...) und Außen (Kunden, Andersgläubige...) seine Interaktionen von Weisheit wird lenken lassen. Insofern für alle sozialen Systeme die Qualität des Beziehungsmanagements auf systemisch besetzten Feldern von existentieller Bedeutung sein wird, aber gerade hier Weisheit nicht nur angemessen, sondern eingefordert ist, könnte es einmal eine Zeit geben, in der soziale Systeme nicht mehr der natürliche Feind der Weisheit sind.

2. Das Mittelmaß als Feind der Weisheit

Nicht der Bösewicht ist der Schurke, sondern das Mittelmaß, wenn man die politischen, ökonomischen, sozialen und kulturellen Dramen unserer Zeit betrachtet oder gar aufzuzeichnen versucht. Schon *Platons* Vermutung, daß die Demokratie die Herrschaft des Mittelmaßes bedeute, hätte uns nach der Einführung demokratischer Systeme in Europa nach 1848 etwas vorsichtiger mit dieser Herrschaftsform umgehen lassen müssen. Nun, das haben wir verabsäumt – und so beherrschen uns in Politik und Wirtschaft, im Sozialen (etwa den Gewerkschaften) und im Kulturellen (etwa den Kirchen) das Mittelmaß.
Wie aber mag es dazu kommen, daß in demokratisch organisierten Systemen die Herrschaft des Mittelmaßes tendenziell wenigstens unausweichlich ist? Es handelt sich hier wieder einmal um die normative Kraft des Faktischen. Und das Faktische demokratischer Systeme ist der Kompromiß. Kompromißbildungen sind aber nun einmal die Konfliktlösungsstrategien des Mittelmaßes. Ein solches Beispiel für Mittelmaßstrategien ist etwa im September/Oktober 1996 zwischen dem Oberbürgermeister Voscherau (für die SPD handelnd) und dem Bundesminister für Wirtschaft Rexroth (für die Regierungskoalition handelnd) der Streit um die bisherige Gestalt der Vermögensteuer, die vom BVG als verfassungswidrig abgewiesen wurde und den Gesetzgeber verpflichtete, bis zum Ende des Jahres eine verfassungsgemäße Regelung zu finden. Am Ende wochenlanger und heftiger Verhandlungen, die wegen des BVG-Urteils völlig überflüssig waren, kam man zu dem Schluß, die Vermögensteuer mit dem Ablauf des Jahres 1996 zu liquidieren. Das Verhandeln in Bereichen, in denen de facto oder de jure keine Verhandlungsmasse bereitsteht, ist eine Lieblingsbeschäftigung des Mittelmaßes.

Nun wäre es falsch, die Herrschaft des Mittelmaßes nur in der Politik zu suchen. Noch immer ist es in den meisten Unternehmen leichter, Karriere zu machen, wenn man sein Verhalten, sei es von Natur, sei es aufgrund erlernter Mechanismen stromlinienförmig (das heißt, der Mittelmäßigkeit verpflichtet) organisiert. Wer nicht aneckt, wer alle Entscheidungen möglichst horizontal- und vertikal-hierarchisch absichert, wer zudem bereit ist, notfalls unter Anwendung von Gewalt[237] solche Entscheidungen durchzusetzen, der ist die geeignete Führungskraft. Führungspersönlichkeiten haben es in einer Welt des Mittelmaßes schwer, weil sie das Mittelmaß überragen und deshalb in besonderer Weise durch Intrigen oder kommunikative Phantombilder als unter dem Mittelmaß siedelnd qualifiziert werden – und somit geminderte Karrierechancen haben. Die nachneuzeitliche Entwicklung wird die katastrophalen Folgen der Herrschaft des Mittelmaßes auch in den Unternehmen deutlich machen. Die scheinbar Herrschaft einfordernde Routine wird immer mehr durch elektronische Systeme ersetzt. Elektronisch nicht zu ersetzen sind Innovationskraft und Kreativität. Diese aber entfalten sich nicht in gewaltbeherrschten Räumen, sondern in Teams, in denen nicht nur gewaltfrei, sondern auch herrschaftsfrei Kommunikation beherrscht und realisiert wird. Und mit beiden sieht es schlecht aus in Mitteleuropa. Nach meinen zahlreichen Trainingserfahrungen sind vor einem Seminar bestenfalls 10 Prozent der Manager teamfähig und verlassen so den Rahmen des Mittelmaßes, dessen kommunikative Bemühungen in Konferenzen, Sitzungen, Besprechungen nicht primär darauf abzielen, ein eigen- oder fremdgestelltes Problem zu lösen (wie es weise Menschen tun würden), sondern recht zu behalten, die eigene Einflußgröße, das eigene Ansehen zu meh-

237 »Gewalt« bezeichnet die Fähigkeit und Bereitschaft, eigenen gegen fremden Willen notfalls unter Androhung oder Anwendung physischer, psychischer, sozialer, finanzieller ... Strafen durchzusetzen. In Institutionen dürfte die Ausübung von Gewalt strukturell unvermeidbar sein. Entweder bringen Institutionen Gewalttätige strukturell aufgrund unbewußter autodynamischer Prozesse hervor (Michel Foucault), oder aber sie entwickeln Gewaltstrukturen bewußt, weil nur so ihre endogenen Zwecke (Selbsterhalt und Expansion) zu sichern sind. In beiden Fällen wird das gewaltbereite Mittelmaß die Szene beherrschen.

ren, Claims abzustecken und zu verteidigen, wenn schon eine Ausdehnung nicht möglich ist. Sie werden beherrscht von den Regeln des Mittelmaßes, dem es vor allem darauf ankommt, sich durchzusetzen und Karriere zu machen, nicht aber von denen der Elite[238], der es darauf ankommt, in Teamwork optimal Probleme zu lösen.
Daß auch Kirchen und Gewerkschaften vom Schurken Mittelmaß geführt werden, bedarf eigentlich kaum einer Erwähnung. Die Flucht aus beiden Institutionen zeigt, wie sehr sie sich, unweise, in ihren Angeboten von den nachfragenden Menschen entfernt haben. Eine Gewerkschaft der Arbeitslosen wird – so hoffe ich – den klassischen Gewerkschaften den Garaus bereiten. Die Zeit der Flächentarifverträge ist vorbei – und kann nur durch Öffnungsklauseln eher schlecht denn recht vorläufig aufrechterhalten werden. Gelingt es den Arbeitslosen, sich zu einem mächtigen Verbund zu einen (vergleichbar der Einigung zu Gewerkschaften im 19. Jahrhundert), wird eine neue gesellschaftlich relevante Gruppe auf Politik und mittelbar auch auf Ökonomie Einfluß nehmen. Es ist durchaus denkbar, daß die Öffentliche Meinung in absehbarer Zeit die betriebsbedingten Entlassungen als Moralversagen erkennt und die entlassenden Betriebe durch Imageverlust (mit erheblichen wirtschaftlichen Folgen) bestraft. Die völlige Ideenlosigkeit, welche die Gewerkschaften an alten politisch, wirtschaftlich und sozial überholten Wertvorstellungen, Interessen, Erwartungen und Bedürfnissen

---

238 Gemeinhin unterscheidet man ideologische Eliten von Leistungseliten. Angehöriger einer ideologischen Elite ist eine Person, die sich zu einer elitären Gruppe zählt (etwa zum von Gott auserwählten Volk, zu einer alleinseligmachenden Kirche, zu dem fleißigsten oder erfolgreichsten Volk auf Erden). Angehöriger einer Leistungselite ist eine Person, die durch allgemein gesellschaftlich anerkannte Leistungen öffentliches Ansehen genießt. Wenn wir hier den Elitebegriff verwenden, dann in einer von diesen beiden abweichenden Bedeutung, denn Angehörige beider Eliten müssen nicht unbedingt weise sein – im Gegenteil, das Bewußtsein, einer Elite anzugehören, dürfte signifikant mit der Eigenschaft »unweise« korrelieren. Wir bezeichnen hier mit »Elite« den Menschen, der das Mittelmaß überschreitet und von hierher keinerlei Privilegien des Ansehens, des Einflusses, der Macht, des Einkommens … herleitet. Ein weiser Mensch wird stets einer solchen Elite angehören.

festhalten läßt, zeugen von einer realitätsabgelösten Unweisheit.

Daß die Kirchen als Institutionen niemals weise sein können, liegt an ihrer Institutionalisierung. Daß es in diesen Kirchen weise Menschen gibt, ist unstreitig. Aber sie sind in unseren Regionen selten geworden. Auch hier herrschen nicht selten Systemagenten, für welche die endogenen Systemzwecke alle anderen Werte dominieren. Ich habe das oft während der letzten Jahre an mir selbst erfahren können. Es ist das Problem des »Sterns«. Wer seinem Stern folgt, wird von einer sich wie auch immer bedroht fühlenden Institution bis hin zum Ausschluß verfolgt. Gesucht ist der stromlinig angepaßte – und also unweise Mensch, der die Gewißheiten seiner Kirche, wie erwartet oder gar gefordert, als Wahrheiten akzeptiert.

3. Selbstverständlichkeiten als Feinde der Weisheit

Einem unweisen Menschen sind nahezu alle Sachverhalte selbstverständlich, wenn er glaubt, sie seien den meisten (oder gar allen anderen) Menschen auch selbstverständlich. Die übertriebene Annahme von Selbstverständlichkeiten[239] zeugt entweder von mangelnder Phantasie, mangelnder Intelligenz, mangelnder Kreativität oder ganz einfach von Dogmatik. So soll denn im folgenden an einigen Beispielen aufgezeigt werden, was alles keineswegs selbstverständlich ist, obschon die meisten Menschen, im europäischen Denken verhaftet, es für selbstverständlich halten.

---

239 Es sollen hier keineswegs alle Selbstverständlichkeiten in Frage gestellt werden. Selbstverständlich ist die Erde keine Scheibe, selbstverständlich ist Meerwasser salzig, selbstverständlich sind einige Tiere Säuger, selbstverständlich ist die Dichte von Eisen kleiner als die von Gold … Wenn wir hier von Selbstverständlichkeiten sprechen, meinen wir den Bereich des Menschen und seiner Produktionen (Kunst, Erklärungen, Kulturen, Fortschritt, Technik, soziale Systeme, Beziehungen, Charakter, Begabungen …). Wir gehen also bis zum Beweis des Gegenteils von der Unselbstverständlichkeit von Aussagen aus, die über diese Sachverhalte handeln.

(a) Es ist selbstverständlich, daß Marktwirtschaft kapitalistisch sein muß. Wenn man mit »Marktwirtschaft« eine Wirtschaftsordnung bezeichnet, in der Art und Umfang der Produktion und die Verteilung der Produktionsergebnisse primär über den Markt und die dort erfolgende Preisbildung gesteuert werden, ist es in keiner Weise selbstverständlich, daß die der Produktion zugrunde liegenden Eigentumsverhältnisse kapitalistisch sein müssen. Es ist nicht einzusehen, warum eine der Produktion äußerliche Bedingung (das Kapital) optimal in Produktion und Verteilung Marktnähe garantiert. Man kann sehr wohl davon überzeugt sein, daß die in einer laboristischen Marktwirtschaft Tätigen, in der das Eigentum am Anlage- und Umlaufvermögen den im Unternehmen produktiv Tätigen gehört, schon allein deshalb größere Marktnähe suchen und ein effizientes *Lean Management* praktizieren, weil sie nur so ihre »Entlohnung« (genauer handelt es sich hier um Anteilsrechte am Unternehmensgewinn) sichern und verbessern können. Während »der« Kapitalist vor allem das Interesse verfolgt, Kapital zur Anlage zu erwirtschaften, ist »der« Arbeiter vor allem daran interessiert, Geld zu erwirtschaften, das seine Konsuminteressen zu befriedigen erlaubt. In einem solchen laboristisch organisierten Unternehmen vertritt der Betriebsrat (und nicht ein Vorstand oder ein Geschäftsführer) das Unternehmen nach außen. Er stellt das Management ein, er bestimmt die Unternehmensorganisation, er entscheidet über die Vorschläge des Managements. Der Manager wird vom Vorgesetzten zum Dienstleister. Damit wird auch sein Beitrag zur betrieblichen Wertschöpfung objektivierbar. Unfähige Manager würden alsbald gefeuert, da sie ja vom konsumwilligen Einkommen der produktiv Arbeitenden bezahlt werden. Vermutlich würden auch weitere Probleme einer kapitalorientierten marktwirtschaftlichen Ordnung (wie z. B. Manipulation über den Aufsichtsrat, der seine Existenzberechtigung verlieren würde, Kartellabsprachen, Bankenherrschaft ...) minimiert werden. Zugegeben sei, daß die Beschaffung von Fremdkapital wie auch die Binnenfinanzierung vermutlich erschwert werden dürften.

(b) Es ist selbstverständlich, daß die parlamentarische Demokratie unter allen Regierungsformen die effizienteste ist. Parlamentarisch nennt man ein Demokratie, wenn ein aus Wahlen hervorgegangenes Parlament als Repräsentant eines Staatsvolkes die zentrale Stellung im politischen Prozeß innehat. Eine solche Demokratie setzt voraus, daß (a) die Mitglieder des Parlaments nicht weisungsgebunden sind, daß (b) die Mitglieder des Parlaments auch die Sachverhalte (etwa Gesetze einschließlich deren Folgen) verstehen, über die sie abstimmen. Da die politischen Strukturen so komplex geworden sind, daß nur wenige Fachleute die Gesetze und deren Folgen meist eher erahnen als verstehen, sind beide Bedingungen nicht erfüllt. Es kommt dann zu Situationen, die uns in Deutschland zureichend bekannt sind. Die weitaus meisten Gesetze werden von der Ministerialbürokratie entworfen,[240] von den Fachleuten der regierenden Fraktionen geprüft (angenommen oder verworfen) und, wenn dieser Prüfungsvorgang positiv abgeschlossen ist, der Regierung und/oder dem Parlament zur Ratifizierung der Fraktionseinigung vorgelegt. Damit hat die parlamentarische Demokratie ihr Staatsbegräbnis dritter Klasse selbst inszeniert. Ein Weiser würde sagen: »Also tun wir doch nicht so, als ob ... Seien wir redlich und schaffen den Popanz ›parlamentarische Demokratie‹, die allenfalls noch in den Zeilen des Grundgesetzes ihr längst verwestes Dasein fristet, ab.« Aber er müßte sich auch die Frage stellen lassen: »Welche andere Regierungsform ist denn sinnvoller?« Wir wissen spätestens seit und mit *Platon*, daß es eine ideale wie auch immer legitimierte Regierungsform nicht gibt. Die Legitimation durch das

240 Diese verfolgt naturgemäß den Wunsch, der Exekutive das Exekutieren leichter zu machen und gleichzeitig deren Bestand zu sichern. Hier, wo bei den horrenden Staatsausgaben die Lean-Ideologie dringend angewendet werden sollte, verkehrt sie sich in ihr Gegenteil. In der gleichen Weise, in der die Staatsaufgaben, durch neue Gesetze provoziert, immer stärker anschwellen, werden die Exekutoren dieser Gesetze an Zahl zunehmen und den Staatshaushalt immer weiter belasten. Ich vermute, daß ohne jede Schwierigkeit auf die Hälfte der bestehenden Gesetze, ohne dem Gemeinwohl merklichen Schaden zuzufügen, verzichtet werden könnte.

Volk hat sich als suboptimal erwiesen. Die einzige brauchbare Legitimation ist die Funktion, schweren Schaden vom Gemeinwohl zu wenden. Allein an diesem Erfolg kann sie sich legitimieren (oder am Mißerfolg delegitimieren). Wäre es nicht besser, wenn das Staatsoberhaupt für jeden von der Ministerialbürokratie vorgebrachten Gesetzesvorschlag eine Gruppe von Fachleuten mit den verschiedensten Präferenzen zusammenstellen würde und diese dann mehrheitlich entscheiden müßten, ob dieser Gesetzesvorschlag notwendig ist, um schweren Schaden vom Gemeinwohl abzuwenden? Damit wäre wenigstens sichergestellt, daß die Abstimmenden in etwa wissen, worüber sie abstimmen, bevor sie dem Staatsvolk eine neue Last aufbürden (beschneidet doch jedes Gesetz irgendwelchen Menschen irgendwelche Freiheiten, nimmt doch jedes Gesetz persönliche Verantwortung ab, mindert doch jedes Gesetz Ermessensspielräume ...).

(c) Es ist selbstverständlich, daß ein Manager mehr verdient als ein Arbeiter. Der Preis für eine Arbeit wird in einem funktionierenden Arbeitsmarkt durch Angebot und Nachfrage bestimmt. Das ist insoweit richtig. Aber funktioniert denn die Nachfrageseite? Die Nachfrage sollte bestimmt werden durch den dem Manager zuzuordnenden Beitrag an der gesamtbetrieblichen Wertschöpfung. So schwer diese im einzelnen auszumachen ist, ist es jedoch in Unternehmen, die in Prozessen (und nicht in Abteilungen, Claims und ähnlichen vom archaischen Revierdenken abgeleiteten Mustern) denken, doch einigermaßen sicher auszumachen, wenn auch schon die Leistungsseite unbestimmter bleiben wird, die Kostenseite nachzuvollziehen. Manager, deren Mitarbeiter überdurchschnittlich viel Ausschuß produzieren, längere Fehlzeiten in Anspruch nehmen, erheblichere Fluktuationen verzeichnen, sind sicherlich nicht zureichend selbstmotiviert. Diese Kosten, wenn sie einen bestimmten Durchschnitt überschreiten, sind unbedingt dem Manager anzulasten. Versteht sich der Manager nicht als Dienstleister für seine unmittelbaren Mitarbeiter, sondern als Vorgesetzter, ist die Leistungsseite kaum zureichend sicher auszumachen. Da der Sekundärkostenbereich die einzige Aufgabe hat, im Unternehmen Dienstleistungen zu erbringen, wird ein Manager, der das zwar vielleicht im Prinzip anerkennt, in der ihn betreffenden Praxis aber nicht, mit ziemlicher Sicherheit überbezahlt.

(d) Es ist selbstverständlich, daß die wesentliche Quelle direkter Steuern die wertschöpfende Arbeit ist.
Zuzugeben ist, daß scheinbar und auf den ersten Blick auf diese Weise die staatlichen Einnahmen am sichersten zu erheben sind. Aber – wie so oft – täuscht der erste Blick. Warum zum Beispiel sollte nicht die wichtigste Quelle der direkten Steuern der Umweltverbrauch privater Haushalte und Unternehmen[241] sein? Das entspräche jedenfalls der Würde menschlicher Arbeit, die inzwischen zur Erwerbsquelle der Gebietskörperschaften geworden ist. Welche Scheu läßt den Gesetzgeber (um mit irgend etwas anzufangen) davor zurückschrecken, etwa eine Energieverbrauchssteuer zu erheben?

(e) Es ist selbstverständlich, daß die Kunst mit der Darstellung des Schönen zu tun hat.
»Kunst« steht für die Gesamtheit aller von Menschen hervorgebrachten Sachverhalte, die nicht durch ihre Funktion eindeutig festgelegt sind oder sich in ihr erschöpfen, zu deren Hervorbringen hohes spezifisches Können gehört und das von der Gesellschaft als Ausdruck einer Besonderheit ausgezeichnet wird. Dieses Schaffen von Kunstwerken wurde von *Immanuel Kant* – und in seiner Nachfolge von vielen anderen – einer besonderen Erkenntnisform, dem ästhetischen

241 Da manche Unternehmen einen relativ kleinen Umweltverbrauch haben, könnte für einige Branchen (etwa Banken, Versicherungen und andere Dienstleister) die Externalitätenbilanz zur Grundlage der Besteuerung gemacht werden. Die Verpflichtung, eine solche Bilanz vorzulegen, ist längst überfällig. In einer solchen Bilanz werden die Positionen, in denen ein Unternehmen unentgeltlich Güter an die Umwelt abgibt (Bereitstellung von Arbeit, Produktion nützlicher Güter, Versorgung einer Region mit Liquidität, Zahlen von Steuern), aufgerechnet gegen die Kosten, die zwar im Unternehmen anfallen, jedoch von der Allgemeinheit getragen werden müssen (Umweltverbrauch, Frühverrentung, Freistellung von der Arbeit mit dem Ziel, den Bilanzgewinn zu vermehren, betriebsbedingte Invalidität, Kosten, die aus dem Mißbrauch von Arbeitskräften entstehen ...).

Vermögen des Menschen, zugeordnet. Während *Kant* das ästhetische Vermögen eher dem Verstand zuordnet, versuchte eine andere Schule, das Kunstwerk auf die Genialität des schöpferischen Enthusiasmus seines Erzeugers zurückzuführen. In jedem Fall hatte aber das Kunstwerk das Schöne[242], das Erhabene vorzustellen. Im Gegenteil dazu wähle ich folgende Option: Ein Kunstwerk ist ein von Menschen vorgestellter Sachverhalt, der Dinge aussagt, Gefühle anspricht, die umgangssprachlich nicht ausgedrückt werden können. Kunst ist also eine Form, Sprachtranszendentes mitteilbar zu machen. Das hat mit der Darstellung des Schönen oder gar des Erhabenen unmittelbar gar nichts zu tun. Andererseits wollen wir Menschen auch Sprachtranszendentes mitteilen, da das Wichtigste sich vermutlich vor der Sprache verbirgt. Das hat jedoch für das Verstehen eines Kunstwerks eine wesentliche Bedeutung. Es hat nicht die Funktion, in mir das Gefühl der Erhabenheit zu erzeugen, das kann sehr wohl auch das Naturschöne, sondern mir und gerade mir etwas zu sagen. Und jedem wird es etwas anderes zu sagen haben. Schon *Goethe* wußte darum, daß nur der ein Kunstwerk verstehen könne, der von sich aus etwas dazuzutun habe. Und noch ein anderes wird wichtig: Zwar gehört eine gewisse Begabung dazu, sich sprachtranszendent zu äußern, doch es ist das in keiner Weise jene Begabung, die etwa der Humanismus von dem, der ein Kunstwerk schaffen wollte, einforderte. Ein Kind, ein psychisch Kranker, ein Anwalt, ein Arzt, ein Arbeiter versuchen, Sprachtranszendentes auf ihre Weise darzustellen. In allen Schichten gibt es Menschen, die sich darin leichter tun, Sprachtranszendentes zu erleben und darzustellen.

---

242 »Das Schöne« ist die prädikative Bezeichnung des Wohlgefallens an sinnlich wahrnehmbaren Sachverhalten und Erscheinungen, in dem sich eine unmittelbare Beziehung des Beurteilenden, der frei ist von zweckgerichteten Interessen, ausspricht. Bei Platon kommt dem Kunstschönen neben dem Naturschönen nur eine sekundäre Bedeutung bei. Der Humanismus erklärte die Kunst als die eigentliche Domäne des Schönen (und nicht etwa die Natur).

Die Zahl möglicher Alternativen ist sicherlich in allen Bereichen menschlicher Entscheidungs- und Bewertungsmöglichkeiten nahezu offen. Die hier vorgestellten sollten nur Beispiele dafür sein, daß die Beharrung in Selbstverständlichkeiten identisch ist mit der Wahl der Null-Option, die kontrafaktisch in aller Regel einhergeht mit der Überzeugung, daß der jetzige Zustand immer noch besser sei als andere, die den Politikern oder wem auch immer durch den Kopf gehen könnten. Die Angst vor der Veränderung, vor nahezu jeder Veränderung, ist zu einem Markenzeichen deutscher Mentalität geworden. Wer keine definierten Ziele hat, wird in der Multioptionalität entweder eine Gefahr sehen oder sie einfachhin leugnen. Man sollte das Grundgesetz mit dem Satz beginnen lassen: »Wohlerworbene Besitzstände sind unantastbar!« Damit käme man der tatsächlichen dominanten Präferenz vieler vermutlich recht nahe.

4. Stabile Konstrukte als Feinde der Weisheit

Wir machen uns über alle möglichen Sachverhalte unsere Konstrukte. Wir alle neigen dazu aufgrund der Trägheit unseres Erkenntnissystems, diese Konstrukte konstant zu halten, da jede Veränderung mit Aufwand verbunden ist. Und der scheint manchen unangemessen hoch zu sein – zumindest, wenn es sich um Lieblingsvorstellungen und die ihnen zugrundeliegenden Konstrukte handelt. Wir sprechen von »ideologischer Ghettobildung«, wenn Menschen zusammenfinden, die sich ähnlicher Konstrukte wegen sich assoziieren. Solche Assoziationen sind außerordentlich hilfreich, vorhandene Konstrukte zu stabilisieren. Daß damit ein erheblicher Realitätsverlust verbunden sein kann, wird meist – obzwar unbewußt – billigend in Kauf genommen. In Interaktionen, in denen sich Weisheit realisiert, wird jedoch nicht nur die Labilisierung der bestehenden Konstrukte gebilligt, sondern bewußt gesucht. Ein weiser Mensch ist bereit, jederzeit seine Konstrukte zu dynamisieren und zu revidieren. Wieviel Streit und Mißverständnis zwischen Menschen könnte behoben werden, wenn alle Beteiligten bereit wären, (a) anzuerkennen, daß das Bild, das sie sich vom anderen machen, ein

Konstrukt ist, und (b) bereit wären, dieses Konstrukt zu korrigieren, wenn dafür zureichender Anlaß besteht. Statt dessen versuchen jedoch manche, ihr Konstrukt mittels krimineller Methoden, vor allem jenen der üblen Nachrede bzw. der Verleumdung, zu verbreiten. Wenn es ihnen gelingt, Opfer ihrer kriminellen Methoden zu finden, Menschen also, die ihnen ihre Unterstellungen und Behauptungen unkritisch abnehmen und vielleicht gar auf ihren frommen Augenaufschlag hereinfallen, finden sie nicht nur ihr Konstrukt, sondern sich selbst gerechtfertigt. Nicht wenige solcher Verleumder benötigen nämlich solche soziale und individuelle Rechtfertigung, da sie sich durchaus bewußt sind, daß ihre Konstrukte mit dem realen Menschen, dessen So-Sein sie sich realitätsabgelöst konstruierten, kaum etwas zu tun haben. Das größte Glück von Verleumdern besteht darin, die Verleumdeten mit ihren Methoden sozial zu isolieren. Mir ist ein Fall bekannt, in dem solch ein Verleumder (durchaus »guten Gewissens« handelnd, da er ja gar nicht anders konnte, als über sein Konstrukt zu sprechen) Partnerschaften entzweite, Geschwister einander entfremdete, Freundschaften zerbrechen ließ.
Sittlich gesehen handelt es sich dabei nicht um einen verwerflichen, willentlich gesetzten Akt, sondern die Verwerflichkeit liegt in der Ursache begründet. Und diese Ursache hat den Namen: »feste Überzeugung«. Sie gründet in der Weigerung, eigene Konstrukte zu dynamisieren, die Welt mit den Augen des anderen zu sehen, seine eigenen Vorurteile nicht für wahr zu halten. Nahezu alle Verleumder sind religiöse oder profane Dogmatiker. Das Diabolische ihres Unterfangens liegt darin begründet, daß der so Verleumdete ihnen nahezu wehrlos ausgeliefert ist. Das ihnen ins Gesicht gezeichnete »gute Gewissen« zeigt seine fatalen Folgen: Man glaubt ihnen. Es handelt sich hierbei um das jeder Weisheit fremde Verlangen, die eigenen Konstrukte auszusäen in der (meist berechtigten) Hoffnung, daß sie keimen möchten. Der solcherweise durch seine immobilen Konstrukte Verführte, vielleicht gar unterstützt durch kollektive Phantombildung, weiß sich besten Willens. Mir ist ein Fall bekannt, in welchem der Verleumder vom Verleumdeten erwartete, daß er sich ihm erkenntlich zeigte. Wie es zu solchen realitätsverlustigen Erwartungen

kommen kann, ist jedoch eine Aufgabe, die nicht die Weisheit, sondern allein die Psychopathologie lösen kann.

5. Vernachlässigung erhältlicher Informationen als Feind der Weisheit

Nicht wenige politische und ökonomische Entscheidungen werden aufgrund unvollständiger Informationen getroffen. Damit ist nicht gemeint, daß solche Informationen unvollständig sind, weil sie unter der nicht vermeidbaren Unsicherheit getroffen werden, weiß doch niemand zureichend sicher, welches die Folgen der Entscheidung in Zukunft sein mögen. Niemand besitzt nämlich die Fähigkeit, etwa die Stabilität des Euro, die Bewegungen des US-Dollar, die Veränderung der Konjunktur ... vorauszusehen. Gemeint ist vielmehr die tiefe Unlust, die Entscheider überkommt, wenn die Entscheidung zur Entscheidung ansteht, sich noch um weitere entscheidungsrelevante Daten zu kümmern, wennschon sie mit vertretbarem Aufwand erreichbar wäre. So sind mir Fälle ökonomischer Entscheidungen bekannt, in denen – obwohl leicht erreichbar – die Erfahrungen des Wettbewerbers mit einer strukturellen Neuerung nicht erhoben wurden. Doch noch viel fataler sind die Fehlentscheidungen, die aufgrund mangelnder Berücksichtigung durchaus erhebbarer Daten zustande kommen. Es seien hier nur zwei genannt, die für das Schicksal der Bundesrepublik von erheblicher Bedeutung sein könnten:

- Die soziale und ökonomische Wiedervereinigung mit den Beitrittsgebieten (der ehemaligen DDR). Obwohl jedermann die Daten zur Verfügung hätten stehen können, die zwar die politische Wiedervereinigung dringend geboten sein ließen, nicht jedoch die ökonomische, entschied sich die Bundesregierung, die ökonomische der politischen vorausgehen zu lassen und gar die Ost-Mark gegen die DM-West im Verhältnis 1 : 1 zu konvertieren (was etwa genauso sinnvoll und weise gewesen wäre, wenn man einen eventuellen »Anschluß« Österreichs mit einer 7 : 1-Konversion des österreichischen Schillings zur DM abgelten würde). Jedermann wußte, daß die DDR-Ökonomie am Ende war.[243] Die von der Bundesregierung bevorzugte Form der Wiedervereinigung würde etwa zwei Billionen DM Transferleistungen von West nach Ost einfordern, die die westdeutsche Politik und Ökonomie in schwerste Krisen stürzen würde. Die einzig weise Lösung, nämlich die politische Wiedervereinigung (mit dem 2+4-Vertrag) zu verbinden mit der Gründung eines eigenen »Wirtschaftsgebietes Ost«, wurde damals kaum diskutiert und als eine Art Vaterlandsverrats abgetan. Daß zuerst die Wirtschaftspolitik harmonisiert werden muß, ehe man eine gemeinsame Währung einführt, ist vermutlich Trivialwissen jedes Studenten der Volkswirtschaftslehre. Aber anstatt aus der mißlungenen ökonomischen und sozialen »Wiedervereinigung« etwas zu lernen, versucht die Bundesregierung auf einem noch viel höheren Niveau, den gleichen Fehler zu wiederholen:

- Die Einführung des Euro mit der Behauptung, er sei ebenso stabil wie die DM. Diese Behauptung ist gar nicht einmal so abwegig, denn es ist nicht auszuschließen, daß durch die mißlungene soziale und ökonomische Wiedervereinigung die DM so weich wird wie etwa die Lira oder der Escudo. Sieht man aber einmal von dieser »Panne« ab, dann ist das Gerede von der Stabilität des Euro ebenso fahrlässig, wie 1990 im Osten sehr bald »blühende Landschaften« zu erwarten. Die Mitglieder der europäischen Zentralbank, deren Sitz Frankfurt ist, werden von den am Euro-Block teilnehmenden Regierungen ernannt. Sie sind zwar formal nicht weisungsgebunden, wohl aber werden sie, wenn sie nicht vorzeitig ihres Postens enthoben werden wollen, sehr wohl das tun, was ihre jeweilige Regierung von ihnen erwartet. Das bedeutet, daß die EU-Zentralbank kein monetäres, sondern ein politisches Organ sein wird. Politiker werden entscheiden, wie stabil der Euro ist, und nicht etwa der Zentralbankpräsident oder die Satzungen dieser Bank.

Jedem, der es möchte, waren und sind diese Daten bekannt, die zu erheblichen Fehlentscheidungen führten. Aber niemand küm-

243 Vgl. dazu R. Lay, Die Macht der Unmoral, Düsseldorf 1990, 167–196.

mert sich um Fakten, wenn Emotionen im Spiel sind. Die Vermutung des *Karl Marx*, daß die Vernunft nichts anderes ist als ein Epiphänomen des Interesses, bestätigt sich wieder einmal. Und das Interesse hat mit Vernunft wenig zu tun. Die allbekannte Theorie von der »Armutsnivellierung«[244] scheint aus dem Bewußtsein gewischt, wenn es darum geht, »Einzigartiges« zu erreichen. Ein weiser Mensch wird auf die Fallen seines Interesses achten. Er wird darum wissen, daß wir Menschen sehr viel mehr von allen möglichen Bedürfnissen, Erwartungen und Interessen in unseren Entscheidungen geleitet werden als von einer einsichtigen, alle leicht verfügbaren Daten berücksichtigenden Weisheit. Die beiden obengenannten Beispiele sind keineswegs untypisch. In nahezu allen Unternehmen, in denen ich beratend tätig war, wurden Bedürfnissen, Interessen, Erwartungen, Vermutungen und »Visionen« ein erheblicherer Stellenwert gegeben als der Weisheit. Die Irrationalität des Pragmatischen erschlägt allemal die Rationalität des Realen.

6. Lähmung oder Fahrlässigkeit als Feinde der Weisheit

Daß die meisten Entscheidungen unter Ungewißheit[245] getroffen werden müssen, liegt daran, daß wir Menschen nicht alle Handlungsfolgen, die von unvorhersehbar veränderten Rahmenbedingungen ausgehen, erkennen können. In Unternehmen ist nicht nur die prozeßorientierte, optimale Zuordnung von Produktions-

---

244 »Armutsnivellierung« bezeichnet ein politisches und soziologisches Phänomen, nach dem durch Migrationsbewegungen die Armut regional – und bei zureichender Globalisierung – weltweit gleich verteilt wird. Ich erinnere mich an ein mexikanisches Dorf, das durch den guten Willen einiger Unternehmer zu einigem Reichtum gelangte. Innerhalb von zwei Jahren war diese Oase des Reichtums durch Zuzug aus ärmeren Gegenden verstopft. Es kam zu einer Nivellierung der Armut. Das Dorf war genauso arm wie die Dörfer seiner Umgebung.

245 Man unterscheidet die Entscheidungen bei Risiko (es gelten dann die Bayes-Regel, die μ-σ-Regel, die Bernoulli-Regel) von Entscheidungen unter Ungewißheit (hier werden die Maximax-Regel, die Maximin-Regel, die Hurwicz-Regel, die Laplace-Regel oder die Savage-Niehans-Regel zugrun-

faktoren für den Unternehmenserfolg entscheidend, sondern auch die Rationalität unternehmerischer Entscheidungen.[246] Und hier liegt oft manches im argen. Nicht selten wird von »Entscheidungen aus dem Bauch« gesprochen. Daß auch diese gelegentlich erfolgreich sind, sei unbestritten. Im Prinzip hätte man die Entscheidung dann aber auch durch Auswürfeln ermitteln können. Doch was in Unternehmen gang und gäbe ist, obschon ein Manager eigentlich die wichtigsten Entscheidungsregeln beherrschen sollte, wird im Alltag nahezu zur Lebensregel. Nicht die möglichen Ausgänge, oft nicht einmal das Bedenken des »*worst case*« (des schlechtesten Ausgangs) bestimmt menschliches Verhalten, sondern die augenblicklichen Stimmungen, Erwartungen, Bedürfnisse, Interessen. Nun kann die Irrationalität dieser Entscheidungsmomente durchaus einer »höheren Rationalität« folgen, ohne schon unbedingt im Hause des Esoterischen zu siedeln. Ein solches Entscheiden verhindert oft unter vermeintlicher Sicherheit die rechtzeitige Korrektur der Entscheidung, wenn es sich herausstellen sollte, daß sie nicht zum erwarteten Erfolg führt. Das Festhalten an Fehlentscheidungen ist eine der häufigsten Manifestationen der Unweisheit. Gründe für ein solches Festhalten mag es in Fülle geben. Der eigentliche ist aber entweder die fehlende Bereitschaft, sich und anderen zuzugestehen, daß man sich falsch entschied, oder aber die Vermutung, eine Fehlentscheidung müsse halt durchgestanden werden.

---

de gelegt). Welche Regel im einzelnen angewandt wird, hängt davon ab, ob der Entscheider risikoneutral (etwa die Bayes-Regel), risikofreudig oder risikoscheu ist. Die Entscheidung unter Risiko läßt den möglichen Ausgängen bestimmte Wahrscheinlichkeiten zuordnen, während bei Entscheidung unter Ungewißheit eine solche Zuordnung nicht rational gesichert werden kann.

246 So betont etwa Edmund Heinen 1962 in seinem Beitrag zur Festschrift für Erich Gutenberg (1962) in einem Aufsatz über die »Zielfunktion der Unternehmung« die Entscheidungen als das Wesentliche in Betrieben. Es komme drauf an, Entscheidungen zu optimieren. Dazu sollten einerseits die Entscheidungslogik und die realtheoretische Entscheidungstheorie als Instrumentar zur Verfügung stehen, je nachdem, ob die Ziele von der BWL bestimmt werden oder die Zielbildung den Betrieben selbst überlassen bleibt. Selbstverständlich beruht auch die Optimierung der Zuordnung der Produktionsfaktoren auf Entscheidungen. Doch diese sind in der Regel nicht Rationalitätskriterien unterworfen.

7. Fehlen einer sittlichen Orientierung als Feind der Weisheit

Weisheit besagt immer ein Verfügen über Lebenswissen unter dem Anspruch einer sittlich-moralischen Orientierung. Im Gegensatz zu einer endogenen oder exogenen Moral ist die sittliche systemtranszendent und orientiert sich ausschließlich am höchsten ethischen Gut (wir haben uns in dieser Sache für die Biophilie entschieden). Dieses sucht niemals den Nutzen eines Systems, sondern stets den konkreter Menschen und den eines Systems allenfalls insofern, als seine Existenz Menschen biophil zu leben hilft oder zu leben ermöglicht. Menschen, die sich ausschließlich oder vorwiegend an systemischem Nutzen (etwa dem Bestand eines Systems vom Typ Unternehmen, Gewerkschaft, Partei, Staat, Ethnie, Kirche) orientieren, sind also unweise. Sie verfügen weniger über Lebenswissen als über Funktionswissen (meist ein Zwitter von Sach- und Erfahrungswissen, das jedoch von außen, vom Systeminteresse, gesteuert wird). Das erkenntnisleitende Interesse, und alle Erkenntnis wird von irgendwelchen Interessen geleitet, dient dem Bestand des Systems. Daß mit Systemagenten weisheitschaffende Interaktionen nahezu unmöglich sind, dürfte unmittelbar einleuchten. Die entscheidende Sperre, einen Zugang zu Weisheit zu erhalten, ist die Unfähigkeit nahezu aller Systemagenten, zu erkennen, daß sie solche sind. Obschon mir in meiner Beratungsarbeit zahlreiche Systemagenten begegneten, traf ich noch niemals einen solchen Agenten, der dieses Agentensein zugab. Nahezu alle versuchten, die Ideale hervorzuheben, die einen Menschen leiten, wenn er Interessen verfolgt, die nicht egoistischer Natur seien. Dieser Verweis auf den vermeintlichen Altruismus stabilisiert den Systemagenten und hebt ihn in seinen eigenen Augen auf das Niveau einer Elite. Dieser Zustand ist sehr schwer zu therapieren.

8. Ablehnung primärer Tugenden als Feind der Weisheit

»Tugend« bezeichnet eine vollkommen entwickelte Fähigkeit, das sittlich Gute zu verwirklichen. Ganz offensichtlich sind moralische Werte oder Werteinstellungen wie Pünktlichkeit, Gehorsam, Sauberkeit, Höflichkeit ... an sich keine Tugenden.[247] Primäre Tugenden sind:

- Die Zivilcourage ist eine Tugend, die einen Menschen bei Berücksichtigung der Verhältnismäßigkeit (also etwaiger sozialer Strafen) auch dann seine begründete Ansicht äußern läßt, wenn sie nicht mit der der Allgemeinheit übereinstimmt. Die Zivilcourage ist die Voraussetzung für ein Denken in Alternativen. Sie erst ermöglicht es, im Verlauf des Diskurses eigene und fremde Irrtümer und Täuschung zu mindern. Ob Zivilcourage zu weisem Handeln führt, wenn die Gegenseite dogmatisch fixiert ist, mag streitig sein. Mitunter kann sie aber auch in solchen Fällen von der Selbstachtung eingefordert werden.
- Die Konfliktfähigkeit, über die im 4. Kapitel schon ausführlicher gehandelt wurde.
- Die Tugend der Epikie meint das Handeln gegen den Wortlaut einer Norm im Sinne eines vernünftigen Normgebers, um das von diesem durch die Normgebung angestrebte Ziel zu erreichen. Das Problem der »Epikie« ist die Bestimmung dessen, was ein »vernünftiger Normgeber« sei. Ich vermute, hier wird die Vernünftigkeit wieder vor dem Hintergrund von Sittlichkeit interpretiert werden müssen, um nicht der Beliebigkeit ausgesetzt zu sein. Anstelle des »vernünftigen Normengebers« würde man heute vermutlich besser von einem »sittlich-orientierten Normengeber« (der etwa dem Biophiliepostulat folgt) sprechen. Ein Sonderfall der Epikie ist der »zivile Ungehor-

---

247 Immanuel Kant bestimmt: »Tugend ist die moralische Stärke des Willens eines Menschen in Befolgung seiner Pflicht, welche eine moralische Nötigung durch seine eigene gesetzgebende Vernunft ist, insofern diese sich zu einer das Gesetz ausführenden Gewalt selbst konstituiert« (WW 7, 209).

sam«[248], der die Gehorsamkeitsverweigerung der Staatsbürger als Mittel des Widerstands gegen staatliche Gewalt bezeichnet.

Alle anderen »Tugenden« (wie Gehorsam, Pünktlichkeit, Tapferkeit, Verläßlichkeit ...) haben nur insofern den Anspruch, werthaft zu sein, als sie mit den Primärtugenden verbunden sind. Sie sind an sich beliebig mißbrauchbar, wie etwa gerade faschistische Systeme sehr viel Wert auf ihre Beachtung legen. Sie entlarven ihren faschistoiden Charakter, indem sie die primären Tugenden abweisen.
Nun haben viele Unternehmen in ihren Leitsätzen und Value-Katalogen den primären Tugenden einen mehr oder minder großen Raum eingeräumt. Da es aber kaum etwas Unerheblicheres gibt als solche idealen Willensäußerungen, wie sie sich in Unternehmensleitlinien vorstellen, ist es in der konkreten Unternehmenspraxis nicht sehr gut bestellt mit der Realisierung dieser Tugenden. Ich kenne nicht wenige Fälle von Benachteiligungen aller Art (bis hin zur Entlassung), wenn ein Mitarbeiter auch nur in Ansätzen die in den Leitlinien festgelegten primären Tugenden zu realisieren versuchte.
Ich vermute, daß die Kultur der primären Tugenden schon in den Familien und den Schulen beginnen muß. Wenn ein Kind belohnt (etwa belobigt) wird, wenn es diesen Tugenden folgt, bestehen gute Chancen, daß es lernt, sein eigenes Leben zu leben, zu agieren, statt das Leben von fremdbestellten Vorgaben abhängig zu machen und zu reagieren. Nur der Mensch, der die primären Tugenden verinnerlichte, wird in der Lage sein, in Interaktionen Weisheit entstehen und geschehen zu lassen. Lebenswissen wird immer darauf ausgelegt sein, eigenes und fremdes Leben zu entfalten. Das aber setzt voraus, daß man lebt und nicht gelebt wird. Der Befreiungsschlag, der durch von Klugheit geleitete Übung primärer Tugenden gelingt, ist notwendig, um menschlich zu leben und nicht im Kollektiven unterzugehen.

---

248 Der Begriff *civil disobedience* wurde 1849 von H. D. Thoreau in die politische Sprache eingeführt.

9. Das Nicht-Einstehen für eigene Fehlleistungen als Feind der Weisheit

Ähnlich wie die Primärtugenden Ausdruck der Tapferkeit sind, so auch die Fähigkeit und Bereitschaft, für eigene Fehlhandlungen und Fehlentscheidungen die Konsequenzen zu tragen.[249] Nicht wenige Menschen neigen dazu, eigenverantwortete Fehler auf andere abzuschieben, ihnen zumindest die Schuld zuzusprechen, daß die Entscheidung fehlgelaufen ist. Diese fatale Neigung zeugt nicht nur von Verantwortungsscheu (mitunter gar von Verantwortungslosigkeit), sondern auch von erheblicher Ich-Schwäche. Ein solcher Mensch wird sich kaum an seinem Selbst-Real orientieren und sich von ihm her definieren, sondern wird in infantiler Einfalt das niemals realisierbare Selbst-Ideal zur Grundlage seines Selbstverstehens machen. Weil Fehlhandlungen und Fehlentscheidungen nicht in das Idealbild passen, werden andere dafür verantwortlich gemacht. Ein Mensch, der für sein Fehlverhalten einzustehen bereit ist, wird in diesem Eingeständnis Weisheit ermöglichen.

10. Mangelnde Alterozentrierung als Feind der Weisheit

»Alterozentrierung« bezeichnet eine Einstellung, die es uns ermöglicht, Sachverhalte mit den Augen unseres Interaktionspartners (oder unserer Interaktionspartner) zu sehen, zu werten, ihre emotionale und soziale Bedeutung zu erkennen, die sie für den (oder die) anderen Menschen haben, welche Werteinstellungen, Bedürfnisse, Erwartungen, Interessen ihnen zugrunde liegen. Die Fähigkeit, Sachverhalte mit fremden Augen zu sehen, widerspricht keineswegs unserem konstruktivistischen Ansatz,

249 Die Bereitschaft und Fähigkeit, die Folgen eigenen Handelns und Entscheidens zu übernehmen, ist Grundlage einer Handlungsethik, nach der ein Mensch alles darf, wenn er nur bereit ist, die Folgen seines Handelns zu tragen und für eventuelle Schäden einzustehen. Wie schon erklärt, folgen wir dieser Ethik nur mit Einschränkungen, obschon wir ihre Grundlage für ein wichtiges Kriterium halten, Weisheit geschehen zu lassen.

nach dem wir uns immer nur selbst verstehen können. Gemeint ist hier natürlich nicht der in seinem Sosein real Andere, sondern unser Konstrukt, das wir uns von ihm machen. Alterozentrierung fordert also die Fähigkeit und Bereitschaft ein, das Du-Konstrukt möglichst realitätsdicht zu gestalten. Es impliziert die Verpflichtung, es so dynamisch zu halten, daß es in jeder Begegnung modifiziert werden kann. So kann es denn möglich werden, daß ich aus dem Arsenal meiner möglichen Interpretationen bestimmter Sachverhalte diejenigen auswähle, die dem des anderen so weit ähnlich sind, daß kreative Interaktion geschieht, in der sich Weisheit realisieren mag. Mangelnde Alterozentrierung kann ihren Grund darin haben, daß ich meine Konstrukte von Sachverhalten so weit dogmatisiere, daß sie keine andere Interpretation zulassen. Sie kann aber auch ihren Grund darin haben, daß, wennschon mir mehrere Interpretationen zur Verfügung stehen, ich den Aufwand meiden möchte, von der augenblicklich dominanten zu lassen (etwa, weil nur der andere Mensch und seine Anliegen denkbar gleichgültig sind).

11. Aktivismus als Feind der Weisheit

»Aktivismus« bezeichnet eine Verhaltens- und Einstellungsweise, nach der ein Mensch entweder nur merkt, daß er lebt, wenn er in Aktion ist (Fluchtaktivismus), oder durch seine Aktivitäten und deren Folgen (etwa Anerkennung) versucht, seine Mindergefühle als unberechtigt zu erleben (kompensatorischer Aktivismus). Der Aktivist ist nur dann zufrieden, wenn etwas geschieht, an dem er beteiligt wird. Und so mag es denn scheinen, daß heute schon Kinder zu Aktivisten erzogen werden: Das Kind muß wenigstens einmal wöchentlich zum Karate-, zum Klavier- und Tanzunterricht, es muß den Freund abweisen, weil es zur Eurhythmie muß. Solche Kinder können sich nicht mehr selbst beschäftigen, sondern müssen und wollen beschäftigt werden. Und wenn andere Menschen nicht zur Verfügung stehen, ist es halt der Computer oder der Fernseher. So begegnen wir neben den beiden oben erwähnten neurotischen Aktivisten dem zu dieser Fehlform des Lebens Erzogenen.

Allen Aktivisten ist gemeinsam, daß sie es verlernt haben, zu erleben und damit zu leben. Nur physische Aktivität zählt. Das Rauschen der Blätter im Wind ist ihnen ebenso gleichgültig wie ein Sonnenuntergang, die Krankheit eines geliebten Menschen ebenso unerheblich wie partnerschaftliche Treue. Aktivisten sind unfähig zu erwarten; in primärprozeßlicher Ungeduld sollte alles möglichst sofort geschehen, besessen, erlebt, erfahren werden. Sie haben die Empathie, die Fähigkeit, mit dem Herzen zu sehen und zu hören, verlernt. Dieses ist aber notwendig, damit Weisheit sich ereignen kann.

12. Desintegration von Emotionalität, Rationalität und Sozialität als Feind der Weisheit

Ein Mensch ist nur ganz er selbst, nur dann authentisch, wenn er Emotionalität, Sozialität und Rationalität in sich zu einer integrierten Einheit verschmelzen läßt. Er verfügt also nicht mehr über drei radikal voneinander unterschiedene Vermögen, sondern nur über eines, in dem die genannten drei zusammenfallen. Ein guter Redner unterscheidet sich von einem schlechten nicht etwa darin, daß er alle Regeln befolgt, die in den Lehrbüchern der Rhetorik aufgelistet sind, sondern daß er, sieht man einmal von der unabdingbaren Eloquenz ab, keine dieser Persönlichkeitsmerkmale desintegriert. So waren gute Redner Franz Josef Strauß oder Helmut Schmidt, so sind gute Redner Joschka Fischer und Gregor Gysi – um nur einige aus dem Raum des Bundespolitischen zu nennen.

Nun ist die Rede für die meisten Menschen eine Ausnahmesituation, der sie sich – wenn überhaupt – nur gelegentlich stellen (müssen). Aber die Integration der drei fundamentalen menschlichen Vermögen zu einer Einheit, aus der heraus nicht nur gesprochen, sondern auch gehandelt und entschieden wird, ist sicherlich einer kommunikativen Situation, in der Weisheit realisiert wird, angemessen, mitunter gar unverzichtbar vonnöten.

Wo aber liegt das Problem? Menschen, die sich physisch, psychisch und/oder sozial nicht wohl befinden, desintegrieren nahezu zwingend. Viele Menschen fühlen sich – oft unbewußt – psychisch oder sozial unwohl, vor allem, wenn sie öffentlich auftreten sollen. Also gilt es, das Sich-wohl-Befinden zu lernen, um es auch in schwierigen Lebenssituationen herstellen zu können.

13. Mangelnde Kultur der Erlebniswelt als Feind der Weisheit

Viele Erwachsene kultivieren – im Gegensatz zu Kindern – bewußt nur ihre Leistungswelt.[250] Sie gilt es zu optimieren. In ihr gilt es zu funktionieren. Daß die bloße Kultur der Leistungswelt nicht ausreicht, um nicht zum Systemagenten zu entarten, scheint offensichtlich. Die Identität eines Menschen läßt sich unschwer von dem her bestimmen, was ihm nicht nur theoretisch, sondern auch praktisch wichtig ist. Die praktische Wichtigkeit läßt sich an dem ausmachen, was real kultiviert wird. Selbstredend setzt die Kultur der Erlebniswelt voraus, daß das Selbstkonstrukt diese Kultur werthaft und erheblich besetzt. Ferner setzt sie voraus, daß ein Mensch überhaupt noch erlebnisfähig ist. In den Selbstkonstrukten nicht weniger Menschen spielt die Erlebniswelt nur eine bescheidene Rolle, Erleben wird reduziert auf Sexualität oder auf das gelegentliche Besuchen einer kulturellen Veranstaltung (man ist doch kein Banause!). Am sichersten wird die Erlebniswelt kultiviert im regelmäßigen Erleben des Naturschönen, das im Gegensatz zum Erleben des Kulturschönen verlangt, daß man Ohren, Augen und Herz öffnet – mit anderen Worten, nach außen lebt. Das Leben in sich hinein ist nicht wenigen Menschen zu einer solch lieben Gewohnheit geworden, daß sie es »konsumieren«, sich einverleiben. Genau das aber gilt es zu vermeiden.

---

250 Es wird hier also der günstige Fall vorausgesetzt, daß ein Mensch überhaupt etwas kultiviert, d. h. mit Sorgfalt pflegt. Viele Menschen, die nur reagieren, die gelebt werden, ohne zu leben, kultivieren gar nichts – allenfalls ihren Ehrgeiz, ihren Egoismus oder Narzißmus. Sie leben in einer Welt voller Zwänge. Sie kultivieren nichts, sondern werden allenfalls von ihren Vorgesetzten kultiviert, wie ein Pflaumenbaum, der kultiviert wird, damit er gute Früchte trägt.

Ist ein Mensch unfähig geworden, das Naturschöne zu erleben, dann hat er – vielleicht fasziniert von der Welt des Technischen und Funktionalen – eine wichtige Seite des Menschlichen verloren. Nicht alle können diesen Verlust – ist es doch der Verlust der Kindheit – wieder rückgängig machen. Sie leben in einer scheinbar rationalen Welt mit sozialen Einschlüssen. Emotionales Erleben reduziert sich auf elementare Vollzüge ebenso elementarer Bedürfnisse. Daß solche Menschen, die nur einen Teil der Welt sehen, deren Selbst- und Weltkonstrukt, ja auch das Konstrukt über soziale Beziehungen und Bindungen verarmt ist, selten über erhebliches Lebenswissen verfügen, ist sicherlich unmittelbar einsichtig. Ihr Sach- und Erfahrungswissen hat das Lebenswissen gemeuchelt. Im Umgang mit ihnen geschieht selten Weisheit, es sei denn, es gelingt, sie aus ihrem funktionalen Käfig herauszulocken oder ihnen doch wahrnehmbar zu machen, daß jenseits der Stäbe noch eine andere Welt existiert, die sehr viel schöner ist als die ihre.
Der übliche Einwand, man habe keine Zeit, zwei Welten zu kultivieren, ist absurd. Die Kultur der Erlebniswelt bereichert auch die Leistungswelt, baut sie ein in die Realität menschlicher Vollzüge.

14. Unfähigkeit, Notwendiges von Nützlichem oder Überflüssigem zu unterscheiden, als Feind der Weisheit

Es ist mitunter erstaunlich, was manche Menschen alles für notwendig halten. Welche Konferenzen, Gespräche, Sitzungen, welche Entscheidungen, Briefe, Telefonate, welche Besuche und Gespräche, welche Verpflichtungen sie für notwendig und unentbehrlich halten, ist beeindruckend. Daß sie nicht nur sich, sondern auch anderen Menschen die Zeit stehlen (unsere allerknappste Ressource), kommt ihnen nicht in den Sinn, da sie von der zwingenden Notwendigkeit all dessen überzeugt sind.
Notwendig ist nur das, was eine Notlage abwendet, was geschehen muß, damit kein erheblicher und unverhältnismäßiger Schaden entsteht. Während das Notwendige sich von der Schadensab-

wendung oder -begrenzung her versteht, gilt für das Nützliche die Nutzenmehrung. Sicherlich gilt es in vielen Fällen, möglichen Nutzen zu mehren, jedoch ist hier – mehr noch als bei der Schadensvermeidung – immer das Verhältnismäßigkeitsprinzip zu beachten. Mit welchem Aufwand gelegentlich ein minimaler Nutzen erreicht wird, entspricht sicher nicht der Verhältnismäßigkeit. Ich beriet vor Jahren einmal einen Manager, der, um den Nutzen seines Unternehmens zu optimieren, meinte, wöchentlich wenigstens 60 Stunden arbeiten zu müssen. Gemeinsam versuchten wir eine Analyse des Nutzenüberhangs, der die 60 Stunden von 40 Stunden unterschied. Gemeinsam bedachten wir den Schaden, den er seiner Gesundheit und seiner Familie durch seine lange Arbeitszeit zufügte. Es stellte sich heraus, daß der Zusatznutzen der zwanzigstündigen Mehrarbeit recht unbedeutend war (sieht man einmal von Stoßzeiten ab), während der private Schaden als unverhältnismäßig erheblich erkannt wurde. Als ich später einmal in seinem Unternehmen die Kultur überprüfen sollte, wurde mir bewußt, daß es nicht etwa der Zusatznutzen war, der viele Mitarbeiter unverhältnismäßig lange im Unternehmen verweilen ließ, sondern das soziale Prestige, das in der falsifizierbaren Annahme gründete, daß der, welcher am längsten im Unternehmen »arbeitete«, auch der Fleißigste und er damit auch in besonderer Weise im beruflichen Aufstieg zu berücksichtigen sei. Eine genauere Analyse des *Time-Management* ergab, daß in den üblichen 60 Wochenstunden eine Menge an Leerlauf und heißer Luft enthalten war. Offensichtlich war es der Unternehmenskultur fremd geblieben, daß nur der zum Managen geeignet ist, der sein Selbstmanagement – und hier vor allem sein Zeitmanagement – in den Griff bekommen konnte. Das aber setzt voraus, das Notwendige vom Überflüssigen, das Nützliche vom Unnützen unterscheiden zu können. Ich vermute, daß zwischen Menschen im Gespräch Weisheit nur dann zu erscheinen vermag, wenn diese Unterscheidungen nachvollzogen werden können. Weisheit wird gerade dann in besonderer Weise manifest, wenn es im Gespräch gelingt, diese Unterscheidung erlebbar zu machen, wenn es gelingt, sie auch für das Leben erheblich werden zu lassen.

15. Narzißmus und Arroganz als Feinde der Weisheit

»Narzißmus«[251] bezeichnet eine charakterneurotische Orientierung, in der ein Mensch letztlich nur sich selbst liebt. Narzißten sind in aller Regel unfähig, sich ein- oder gar unterzuordnen. Sie mögen im Beruf vieles leisten, doch bleiben sie Einzelgänger mit der Tendenz, als »Lonely Wolf« zu enden. Der Umgang mit Narzißten ist für manche sensible Menschen eine Qual, denn sie prahlen mit ihren Erfolgen. Ihr Bestreben ist es, größer, bedeutender, wichtiger, erfolgreicher zu sein als alle anderen. In vielen Fällen sind sie unfähig, Verträge (seien es Arbeitsverträge, Eheverträge oder solche anderer Art, die Menschen aneinander binden) einzuhalten, weil sie ausschließlich ihren eigenen Nutzen anstreben (während in der Regel der Zweck eines Vertrags der beiderseitige Nutzen ist).

»Arroganz« bezeichnet dagegen eine charakterneurotische Einstellung oder Orientierung, in der eine Person sich selbst eine Autorität anmaßt, die ihr fehlt. Arrogante Menschen sind außerordentlich darauf bedacht, von anderen wichtig genommen zu werden. Die Selbstgefälligkeit eines arroganten Menschen ist der eines Narzißten durchaus vergleichbar. Doch sind arrogante Menschen, wennschon meist dumm[252], doch oft so schlau, sich in aller Regel an Vereinbarungen zu halten, weil sie andernfalls ihren Einfluß, ihr Ansehen, ihre Bedeutung, ihren Ruf gefährdet sehen. Diese häufige Verbindung von Dummheit und Selbstüberschätzung findet sich selbst in den Vorstandsetagen mancher

---

251 »Narziß« ist eine Gestalt der griechischen Mythologie. Ein hübscher junger Jäger, der die Liebe der Nymphe Echo verschmähte, wurde von Aphrodite derart bestraft, daß er sich beim Anblick seines Spiegelbildes in einem Gewässer in sich selbst verliebte. Doch die Göttin hatte Erbarmen mit dem so unendlich unglücklich Gewordenen. Sie ließ seine Verwandlung in eine Blume gleichen Namens zu.

252 »Dummheit« wird hier nicht verstanden als eine Form des Unwissens von Sachverhalten, die »man eigentlich« als gewußt voraussetzen sollte. »Dummheit« meint hier etwas anderes: Dumme Menschen neigen überdurchschnittlich dazu, ihre Gewißheiten für wahr (also frei von Irrtum und Täuschung) zu halten. Dummheit bezieht sich nicht auf einen quantitativen, sondern einen qualitativen Mangel des Wissens.

Unternehmen. In vielen Fällen ist Arroganz der Versuch, eigene Mindergefühle zu überspielen. Da die meisten arroganten Menschen die Arroganz bei sich selbst ablehnen, hassen sie sie projektiv bei anderen, die vielleicht sehr viel weniger ausgeprägte Anmaßung zeigen.

Daß Narzißten und Arrogante keine Interaktionspartner sind, die Weisheit zwischen sich entwickeln lassen können, ist offensichtlich, sind doch beide von sich selbst so überzeugt, daß sie jeden Gesprächspartner als minderwertig und ihnen unterlegen vermuten.

16. Ungekonnte Aggressivität als Feind der Weisheit

»Aggressivität« ist eine uns Menschen mit in die Wiege gelegte Begabung. Sie ermöglicht es uns, auf Ereignisse, Handlungen, Entscheidungen, Verhaltensweisen mit Wut, Zorn, Ärger, Haß, Niedergeschlagenheit zu reagieren. Sie sicherte in langen Jahrhunderttausenden das Überleben der Menschheit. Denn nicht selten werden aggressive Reaktionen ausgelöst, wenn jemand sein Revier (sein lokales, das Revier seines Einflusses, seiner Überzeugungen ...) angegriffen wähnt. Doch dieser archaische Mechanismus ist heute kontraproduktiv geworden. Es gilt, diese Feindaggressivität[253] in Gegneraggressivität zu sublimieren. In dieser Aggressionsform ist menschliches Zusammen nicht nur möglich, sondern sie fordert es sogar ein. Die Feindaggressivität will dem anderen schaden, die Gegneraggressivität will selbst siegen. So ist kein Gewinnspiel (Schach, Fußball ...) und kein Wettbewerb möglich, wenn sich nicht zwei oder mehrere Menschen, zwei oder mehrere soziale Systeme auf Gegneraggressivität einlassen.

Die eigene unkontrollierte Aggressivität kann man am ehesten meistern, wenn man sie zum einen zuläßt und sie zum anderen in

---

253 Es gibt einen klassischen Fall, in der Feindaggressivität biophil geboten sein kann: Wenn es – bei Beachtung der Verhältnismäßigkeit – notwendig ist, aktive feindliche Intoleranz reaktiv abzuweisen. Andernfalls hätte Toleranz unter uns Menschen keine Chance.

sich selbst beobachtet. Es kommt also darauf an, sie zu haben, ohne von ihr gehabt zu werden. Es gilt doch zu bedenken, daß nicht ein Mensch in uns aggressive Emotionen freisetzt, sondern das Konstrukt, das wir uns von ihm machen oder machten. Es wäre also völlig verfehlt, einen Menschen unter unserer Konstruktbildung leiden zu lassen, indem wir unkontrolliert auf ihn (und nicht etwa auf unser Konstrukt von ihm) reagierten. Der fremden unkontrollierten Aggressivität begegnet man erfolgreich, wenn man sich fragt: Welches Konstrukt habe ich durch welches Verhalten beim anderen Menschen aktiviert, auf das er jetzt so heftig und unkontrolliert reagiert? Es gilt festzuhalten, daß Menschen niemals auf uns selbst reagieren, denn sie kennen uns nicht, sondern stets auf das Konstrukt, das wir bei ihnen aktivierten oder erzeugten. Ein weiser Mensch wird versuchen, diese Verhaltensmuster eher zu meiden.

17. Patentrezepte als Feinde der Weisheit

Manche Menschen verfügen über eine bestimmte Zahl von Versatzstücken, die sie in nahezu allen Lebenssituationen zu Patentrezepten zusammenfügen. Sicherlich gibt es wenige solcher »Rezepte«, die in Lebenswissen gründen. Hierfür seien einige Beispiele angeführt:

- So sollte ein Vorgesetzter die Vornamen der Kinder seiner drei oder vier wichtigsten Mitarbeiter kennen und gelegentlich seine Mitarbeiter darauf ansprechen.
- So sollte man die Vorlieben, die Hobbys, die Werteinstellungen, die Abneigungen eines Menschen kennenzulernen versuchen, ehe man mit ihm einen existentiell wichtigen Kontakt aufnimmt (das können Richter, Kunden, Vorgesetzte sein oder Menschen, deren Freundschaft man sucht).
- So sollte man gelegentlich seinen Freunden kleine Geschenke machen, nachdem man sich kundig machte, was ihnen voraussichtlich Freude bereiten würde.
- So sollte man keinen Streit anfangen, wenn es sich nicht zu streiten lohnt.

- So sollte man niemals versuchen, recht zu behalten, wenn es sich um eine Bagatelle handelt.

Anders ist es jedoch mit Partnerschaften bestellt, die sich etwa in folgenden Formulierungen darstellen:

- Das haben wir noch nie so gemacht, und deshalb machen wir es auch jetzt nicht so.
- Das kann gar nicht sein, denn sonst wüßte ich davon.
- *Lean production* und *lean management* sind allemal anzustreben.
- Die Beachtung des *Shareholder value* ist wichtigste Aufgabe jeder Führungskraft.
- Bei uns wird kooperativ geführt.
- In solchen Fällen ist das Klagen das einzig richtige.
- Ich gebe grundsätzlich kein Trinkgeld.
- Strafen ist eine bessere Methode, Verhalten zu ändern, als Loben.
- Ich delegiere grundsätzlich alles, was ich nicht gerne tue.
- Niemand außer mir ist in der Lage, diesen Sachverhalt richtig zu würdigen.

Patentrezepte sind deshalb stets unweise, weil sie die Multioptionalität leugnen, nach der es kaum Lebenssituationen gibt, in denen nicht mehrere sinnvolle Lösungen möglich sind.

9. Kapitel
Sozialisation und Weisheit

Weisheit ist sicherlich eine Fähigkeit, die in guten Teilen entwikkelt werden kann. Sie hängt nicht nur ab von der Verarbeitung eigenen spontanen Erfahrens, sondern auch von den Weisen, wie wir in die verschiedenen sozialen Welten aufgenommen wurden und dort untergekommen sind. Wir sprechen dann von den verschiedenen Typen der Sozialisation. »Sozialisation« bezeichnet die verschiedenen Lebensphasen, in denen ein Mensch eine zweite »sozio-kulturelle Geburt« *(R. König)* erlebt und zur sozialen, gesellschaftlich handlungsfähigen Persönlichkeit wird.[254] Er wächst in gesellschaftliche Struktur- und Interaktionszusammenhänge (z. B. Familie, Ausbildung, Beruf, Klassen) hinein. Sie wurden zumeist vor seiner Geburt ausgebildet und werden ähnlich nach seinem Tod weiterbestehen. Es wäre unrichtig, Sozialisation als ein Hineinwachsen in Gesellschaften zu verstehen, unrichtig wäre es auch, sie als ein Erlernen einer gesellschaftlichen Welt zu interpretieren. Sozialisation ist wesentlich ein sozialer (und nicht nur, nicht einmal erststellig ein individueller) Vorgang. Unterschiedlichen sozialen Umwelten entsprechen unterschiedliche psychisch-kognitive und Handlungspotentiale des erkennenden und handelnden Subjekts. Diese so beeinflußten und geprägten Vorgaben des Subjekts wirken ihrerseits auf die Gestaltung sozialer Umwelten zurück.[255]

---

254 Sozialisation unterscheidet sich von Erziehung insoweit, als diese ein bewußtes abgrenzbares Handeln darstellt, das den Sozialisationsprozeß unterstützen, aber auch erschweren kann. Sozialisation geschieht also vorwiegend über unbewußte Mechanismen. Sie bestimmt weitgehend die unbewußten Strukturen, Mechanismen und Funktionen des Über-Ich, des Ich und des Es eines Menschen.

255 Vgl. Georg W. Oesterdiekhoff, a. a. O., 11 f. »Von der Leistungsmotivation über die Angstentwicklung bis zur Bildwahrnehmung wurden kulturver-

1. Die primäre Sozialisation

Von besonderer Bedeutung ist (war) die primäre Sozialisation. Diese Phase wird in der Regel in der Familie erlebt, als der wichtigsten Sozialisationsinstanz. Während der Sozialisation werden strukturell bestimmte Normen, Werte, Ziele, Interaktionsmuster und andere Verhaltensformen internalisiert. Im Verlauf der primären Sozialisation gibt es erhebliche Differenzen zwischen Angehörigen der sozialen Unterschicht und der Mittelschicht. Die Stellung der Eltern im Beruf, die Ausstattung der Familie mit finanziellen, sozialen und kulturellen Möglichkeiten bestimmen nicht selten darüber, ob die Sozialisationstechniken eher familienorientiert (die Überlieferung starrer familiärer Rollentrennung spielt eine erhebliche Rolle) oder personenorientiert (die Entfaltung der individuellen Anlagen, Begabungen, Interessen, Bedürfnisse steht im Mittelpunkt) ablaufen. Diese schichtenspezifisch unterschiedlichen Sozialisationsmuster scheinen dafür zu sorgen, daß sich ein soziales System schichtenorientiert stabilisiert und reproduziert.

Im Prozeß der primären Sozialisation lernt das Kind die Kategorien von Lust und Unlust, von Freude und Ärger, von Gut und Böse, Erlaubtem und Verbotenem kennen. Diese Kategorien bezeichnen von Gesellschaft zu Gesellschaft etwas anderes. Das alles beginnt schon sehr früh und endet mit dem Abschluß der »ödipalen Ablösungskrise«. Schon in den ersten Lebenswochen lernt ein Kind die Wichtigkeit anderer zu erkennen. Ein anderer Mensch ist wichtig zum Leben, zum Überleben. Ein Menschenkind wird als sehr unreifes Wesen – ist doch seine Fötalperiode mit der Geburt keineswegs abgeschlossen – hineingeboren in einen emotionalen und sozialen Uterus, der meist repräsentiert wird durch die Mutter. Und das Kind ist besessen von einer instinktoiden Urangst: aus diesem Uterus abgetrieben zu werden. Und es wird abgetrieben, wenn es der Betreuung stets wechselnder Menschen ausgesetzt wird. In diesen Lebensmonaten (etwa vom 3. bis zum 15.) kann das Kind lernen, daß diese Urangst unbegründet ist (obschon bei den

---

gleichende Untersuchungen angestellt, die Differenzen zwischen traditionalen und modernen Populationen erwiesen haben« (ibd., 27).

meisten Menschen Reste dieser Urangst nachweisbar sind). Lernt das Kind, daß Mutter fortgeht, aber immer wiederkommt, wird es ein elementares Vertrauen in seine soziale Umwelt und in sich erwerben (»Urvertrauen«). Bleibt Mutter aber zu lange aus oder bleibt sie gar ganz fort, erweist sich die Urangst als berechtigt, und das Kind bildet ein elementares Mißtrauen aus, das anderen Menschen, sozialen Beziehungen und ihm selbst gilt (»Urmißtrauen«). Offensichtlich werden alle späteren Sozialisationsprozesse von dieser elementaren Lebensorientierung bestimmt. Es wird selten vorkommen, daß ein urmißtrauischer Mensch ein hohes Maß an Weisheit entwickelt.

Schon in den ersten Lebenswochen, lange bevor es sie in Sprache übersetzen kann, bildet das Kind erste Begriffe (»Denkzeichen«) aus und speichert »Gestalten«[256]. Im Laufe des 2. Lebensjahres beginnt es, diesen Denkzeichen und Gestaltenzeichen Worte zuzuordnen, Denkzeichen und Gestaltzeichen also in Sprachzeichen zu übersetzen.[257]

Im Spracherwerb lernt das Kind, sich in Kategorien von Lust und Unlust, von Gut und Böse, von Erlaubt und Verboten auszudrükken und sein soziales Handeln und Verhalten in solchen Kategorien zu realisieren. Damit ist es nicht mehr einem »bedeutsamen anderen« (*G. H. Mead* spricht von *»significant others«*) ausgeliefert, sondern entwickelt im Sozialsystem seinen eigenen Platz. Es kann für sich selbst sprechen.

---

256 »Gestalten« sind in Raum und Zeit geordnete Empfindungen, die, als Konstrukte von Sachverhalten (auch Ereignissen) gebildet, eine aus der allgemeinen Signalmenge als Einheiten herausgebildete Erkenntnisinhalte ausmachen. Obschon ihr Verbinden allein nicht Denken ausmacht, werden sie jedoch in das begriffliche Denken problemlos eingebunden. So wird vermutlich die Gestalt (oft als Ereignisgestalt) »Mutter« schon sehr früh gebildet, während der Begriff »Mutter« vermutlich erst in dem 2. Lebensquartal gebildet wird.

257 Bis etwa 1995 war man der Meinung, daß Denk- und Gestaltzeichen auf der gesamten Großhirnrinde gespeichert würden, während für die Übersetzung solcher Zeichen in Sprachzeichen ausschließlich die linke Hemisphäre verantwortlich sei. Nun konnte aber bei Behandlung von Sturge-Weber-Patienten vom Max-Planck-Institut für Neuropsychologie in Leipzig (Angela Friederici) gezeigt werden, daß bei rechtzeitiger Amputation der linken Hemisphäre bis zum siebten Lebensjahr die rechte die Sprachfunktionen übernehmen kann.

In den der primären Sozialisation folgenden Sozialisationen geschieht eine Verteilung der Personen auf die verfügbaren, unterschiedlich bewerteten Positionen innerhalb einer Großgesellschaft (Unternehmen, Partei, sozio-kulturelle Großeinheiten wie »deutsches Staatsvolk«). Während des Verlaufs der Sozialisationsphase werden wichtige Sprache, Denken, Fühlen und Handeln bestimmende Persönlichkeitsmerkmale entwickelt. Sie befähigen eine Person, die Bedingungen und Gestalten des sozialen Interagierens und Erlebens sowie den arbeitsteiligen Reproduktionsprozeß der Gesellschaften zu verstehen, in die sie hinein sozialisiert wurde. Damit kann sie selbst daran teilnehmen.
Ist die erste Phase der primären Sozialisation erfolgreich abgeschlossen, beginnt das Kind Interaktionen einzuüben, in denen Weisheit geschehen kann. Verläßt ein Kind etwa nach Vollendung des dritten Lebensjahres häufiger den Raum der Primärgruppe (Familie), startet (etwa im Kindergarten) die zweite Phase der primären Sozialisation, in der ein Mensch ständig neues Rollenverhalten hinzulernt oder umlernt. Da dieser Prozeß niemals abgeschlossen werden sollte, beginnt ein lebenslanger Prozeß des Erlernens sozialer Werte, Bedürfnisse, Erwartungen, Interessen auf der Basis der Erlebnisse der primären Sozialisation.

2. Die sekundäre Sozialisation, die Ausbildungssozialisation

Sicherlich werden auch und vor allem, was die Ausbildung von Weisheit angeht, im Verlauf der primären Sozialisation die durch nichts mehr kompensierbaren Grundlagen gelegt. Es bleibt jedoch von entscheidender Bedeutung, ob ein Mensch im weiteren Sozialisationsprozeß Gelegenheit hat, Situationen herzustellen oder aufzusuchen, in denen sich Weisheit realisieren kann. Bei den weiteren Sozialisationsstufen unterscheidet man geeignet die Ausbildungssozialisation (beginnend mit dem Schuleintritt und endend mit der schulischen Ausbildung). Man kann hier von sekundärer Sozialisation sprechen. In dieser Phase erlernen Menschen in der lernenden Abhängigkeit von Personen neue Muster des Sozial- und Lernverhaltens, die zu beherrschen für die

Ausbildung von Weisheit erheblich sind. Vor allem wird erlernt (oder sollte doch erlernt werden), wie die in der primären Sozialisation eher strukturell vermittelten Werte praktisch gemacht werden können. Ferner werden im Verlauf der Ausbildungssozialisation sowohl soziale als auch sozioökonomisch-spezielle Fertigkeiten erworben, die zumeist für eine bestimmte Berufsausübung zumindest nützlich sind. Im Verlauf der Ausbildungssozialisation lernt ein Mensch die Standards der Leistungsbemessung, der Kooperation mit Gleichaltrigen und Vorgesetzten kennen. Die Erfahrung, daß man auch mit Lehrern und Professoren so interagieren kann, daß Weisheit geschieht, ist wesentlich für den späteren praktischen Umgang mit Autorität und Autoritäten.

3. Die tertiäre Sozialisation, die Berufssozialisation

In der tertiären Sozialisation, die durch die Ausübung eines bestimmten Berufs geschieht, lernen Menschen die Normen und Standards ihres Berufes kennen und sie gegen die Rollen, Standards und Normen anderer Berufe abzugrenzen. Meist kommt es zu einem erheblichen Schub in der Dynamik der Selbstdefinition. Erfolg, Ansehen, Geldverdienen und Besitzen werden wichtig. Im Erlernen der Berufsrolle der beruflichen Fertigkeiten werden die berufsbezogenen Werte eingeübt und – im heute leider selten gewordenen Normalfall – gelernt, wie sie sozialverträglich realisiert werden können.

4. Die quartäre Sozialisation, die Partnerschaftssozialisation

In der Partnerschaftssozialisation (quartäre Sozialisation) internalisiert ein Mensch all jene Verhaltensmuster, die ein sinnvolles Zusammenleben mit einem Menschen (in der Regel der erotische Partner) ermöglichen. Die Partnerschaftssozialisation geschieht zumeist in drei Schüben:

- Die Phase des kinderlosen Zusammenlebens. Hier wird erlernt, mit einem Menschen auf engem Raum zusammenzuleben. Das ist nur möglich, wenn es gelingt, miteinander in weise Interaktion einzutreten und so ein Gespür dafür zu erlangen, was die Werteinstellungen, Interessen, Bedürfnisse und Erwartungen des anderen Menschen sind. Die psychischen und sozialen Anforderungen sind nicht selten – ist einmal die Phase der Verliebtheit überstanden – sehr erheblich, vor allem wenn die Situation menschlicher Nähe in der primären Sozialisation nicht positiv besetzt wurde.
- Die Phase des Aufziehens der Kinder. Meist fällt diese Phase zusammen mit der Phase des beruflichen Aufstiegs des Partners, der an erster Stelle für das Erwerbseinkommen der Familie sorgt. Die Erziehung von Kindern ist in dieser Gesellschaft von Kleinfamilien nicht immer unproblematisch. Leider gibt es keine Schulen, außer der des Lebens, um das Wichtigste zu lernen, was es überhaupt zu lernen gibt, das Heranbilden von selbständigen und glücklichen Menschen. Man kann schon mit Dreijährigen sehr weise Gespräche führen, so daß in diesem Alter Eltern wie Kinder füreinander die besten Partner zum Erlernen von Weisheit vorstellen.
- Die Phase des Wieder-Alleinseins. Es ist das für die meisten Paare die schwierigste Zeit, da die eingeschliffenen Verhaltensmuster der Familie nicht mehr Halt geben. Das enge Miteinander zu zweit führt nicht selten zu erheblichen Krisen, da es offenbar von der Natur keine instinktoiden oder sozialen Vorgaben gibt, die diese Phase regulieren könnten. Also müssen die Partner, gleichsam eine neue Ehe schließend, neue gemeinsame Werte, Erwartungen, Bedürfnisse und Interessen ausbilden, sehr wohl darauf achtend, daß jeder von beiden seinen eigenen Bereich an Interessen, Erwartungen und Bedürfnissen entwickeln und entfalten kann.

5. Gelingende Sozialisation

Jede Sozialisation ist erfolgreich, wenn sie die biophilen Möglichkeiten eines Menschen innerhalb der vorgegebenen nicht über-

windbaren Grenzen entfaltet. Sie hat also zum Ziel die Ausbildung einer autonomen gefestigten Persönlichkeit. Gelingt es nicht, dieses Ziel zu erreichen, so kann – wie Kritiker der bestehenden sozialen Zustände gelegentlich betonen – ein reformbedürftiges soziales System über das an bestehende Werte gebundene Verhalten der Mitglieder einer Gesellschaft (Familie, Unternehmen, Kirche, Partei, Staat ...) ständig reproduziert werden. Werden doch die Werte und Normen der jeweils herrschenden gesellschaftlichen Verhältnisse als »richtig« und als »normal« von Generation zu Generation weitergegeben. Als Hüter solcher mitunter bedenklichen Tradition gelten vor allem Schulen, Universitäten, Kirchen, Militär, Traditionsvereine. Individuelle Verhaltensweisen, aber auch Werte, Interessen, Bedürfnisse, Erwartungen werden weitgehend an die bestehenden Strukturen des sozialen Systems (vom Typ Institution) angepaßt. Die Gewöhnung an familiäre oder schulische Herrschaftsbeziehungen erzeugt eine konformistische Einstellung gegenüber Herrschaftsverhältnissen auch in anderen Bereichen.
Es wird hier unmittelbar einleuchten, daß eine gelungene emanzipatorische Sozialisation eine notwendige Voraussetzung für die Ausbildung weisen Lebenswissens ist.

6. Sozialisation und Sprache

Charakteristisch für alle Stufen der Sozialisation sind Spracherwerb und Sprachgebrauch. Die Sprache objektiviert menschliche Tätigkeiten und deren Folgen (etwa irgendwelcher Erzeugnisse). Sie sind eingebettet in Sprachspiele[258] als deren Elemente. Erst durch das Spielen im Sprachspiel wird die Alltagswelt wirklich.[259] Mit Hilfe der Sprache werden menschliche Handlungen und

258 Ludwig Wittgenstein brachte den Terminus »Sprachspiel« in die Philosophie ein: »Ich werde auch das Ganze der Sprache und der Tätigkeiten, mit denen sie verwoben ist, das ›Sprachspiel‹ nennen« (PhU 7). Ein Sprachspiel wird reguliert durch Regeln (etwa jener, die Sprachelemente und Handlungselemente miteinander verbinden) und Bedeutungen (etwa von Sätzen).

259 Wie schon angemerkt gilt es zwischen Wirklichkeit und Realität zu unterscheiden. »Wirklichkeit« bezeichnet die Menge der Sachverhalte, die von

deren Folgen beschrieben, erklärt, verstanden. In der Sprachlichkeit wird der enge Bereich individuellen Erfahrens verlassen und dem Verstehen als einem potentiell immer sozialen Ereignis geöffnet. Die größten Anteile unseres Wissens gründen nicht in individuellen Erfahrungen, sondern in sprachlich vermittelten Inhalten, denen fremde Erfahrungen zugrunde liegen können, aber nicht müssen. Sprache macht Subjektives intersubjektiv und Intersubjektives sozial.[260]
Die Basis unseres Alltagswissens machen (durch das Einbringen in Sprachspiele) Objektivationen subjektiv als sinnvoll erfahrene Ereignisse aus. Aus ihnen bestehen die Wirklichkeiten der intersubjektiven Lebenswelten.[261] Subjektive Erfahrungen werden, in ein Sprachspiel eingebracht, also zu sozialen Sachverhalten. Sprachspiele erhalten die Wirklichkeit der Alltagswelt. Durch ihre Sprachlichkeit erlangt sie ein hohes Maß an Selbstverständlichkeit. Weisheit, die nichts für selbstverständlich hält, wird sich der Relativität von Sprachspielen stets bewußt sein und sich nicht von Selbstverständlichkeiten gefangennehmen lassen. Sprache ist Menschen mit zureichend gemeinsamer Alltagswelt so gemeinsam, daß sie in Sprache spielen können (= Sprachspiele ausbilden und verwenden können). Die intersubjektive Alltagswelt wird durch Sprachspiele aufrechterhalten. Sprache macht sie sinnvoll. Sprachspiele haben wie intersubjektive Alltagswelten ihre Geschichte. Sie verwahren Traditionen. Sprachspiele können das Hier und Jetzt überschreiten. Diese Raum-Zeit-Transzendenz[262]

---

uns erkannt, verstanden, erklärt werden. Sie haben den Charakter von Konstrukten. »Realität« dagegen bezeichnet die Menge der Sachverhalte, wie sie außerhalb unseres kognitiven Systems existieren. Von ihnen gehen Signale aus, die von unserem kognitiven System unter bestimmten Umständen zu Informationen verarbeitet werden, die sich in Konstrukten zu mentalen Einheiten verbinden.

260 B. und Th. Luckmann, a. a. O., II, 16.

261 Das sind Konstrukte, die durch rekursives Kommunizieren einander so ähnlich wurden, daß man von »intersubjektiven« Konstrukten sprechen kann. Sie ermöglichen, daß aus den stets individuellen Konstrukten subjektive Lebenswelten aufgebaut werden können, die mit denen anderer Subjekte einen mehr oder minder großen Durchschnitt gemeinsam haben.

262 Die Raum-Zeit-Transzendenz der Sprache ist nicht zu verwechseln mit der Tatsache, daß es sprachtranszendente, d. h. von Sprache nicht einholbare

der Sprache ermöglicht es uns, Vergangenes und Zukünftiges gegenwärtig zu machen.
In den Sozialisationsprozessen machen wir uns bestimmte geschichtlich gewordene Kollektivwirklichkeiten, durch Sprachspiele vermittelt, als »Kategorien«[263] zu eigen. Dieses Zueignen geschieht in subjektiven Erfahrungen, die aber in einen »objektiven« (weil vorgegebenen) Erfahrungsrahmen eingespannt werden. Vor- oder unsprachlich könnte ein Mensch etwa das Wehen des Windes wahrnehmen. Er könnte den Begriff (als Denkzeichen ein Konstrukt) »Wind« bilden, nicht aber wüßte er, daß das, was da bläst, in Sprachzeichen ausgedrückt »Wind« genannt wird.
Sprachspiele benutzen symbolische Sinnsysteme,[264] das sind Systeme, die es ermöglichen, Erfahrungen Sinn zuzuerteilen. Sie sind symbolisch, weil sie an die Stelle von Erfahrungen Symbole (Sprachzeichen) setzen. Diese symbolischen Sinnsysteme bilden mit der Alltagswelt eine dialektische Einheit.[265] Veränderungen der Sinnsysteme verändern die Alltagserfahrung und damit auch die Alltagswelt. Wissens- und Vorurteilsbestände können entweder vergessen werden oder einen wichtigeren Platz erhalten.[266] Was in einer Gesellschaft vergessen wird oder erhalten bleibt, wird weitgehend von den beherrschten Sprachspielen und ihrer Evolution bestimmt.

Sachverhalte »gibt«. Hierher gehören etwa Gefühle ebenso wie das, was L. Wittgenstein »das Mystische« nennt. (»Es gibt allerdings Unaussprechliches. Dies zeigt sich, es ist das Mystische« [Tr. 6.522].)

263 »Kategorie« bezeichnet hier eine in Sprachspielen auftauchende Ordnungseinheit, also eine Wirklichkeitsregion. Kategoriale Gesamtheiten sind von anderer Art als ihre Elemente.

264 Es gibt selbstredend auch nichtsprachliche Sinnsysteme, wie sie etwa in den Künsten entwickelt werden. Hat doch Kunst den vornehmlichsten Zweck, Informationen zu erzeugen, die durch sprachliche Signale nicht erzeugt werden können. Sie würden nach Wittgenstein dem Bereich des Mystischen zugehören.

265 Von einer »dialektischen Einheit« sprechen wir, wenn die Elemente 1. voneinander unterschieden sind, 2. ein Element nicht ohne die anderen sein kann und 3. eine Veränderung eines Elements alle anderen modifiziert.

266 Ein Schüler Émile Durkheims, Maurice Halbwachs (1877–1945), untersuchte diesen Sachverhalt in seinen beiden Werken »Das Gedächtnis und seine sozialen Bedingungen« (Berlin 1966) und »Das kollektive Gedächtnis« (Stuttgart 1967).

Daß auch außeralltägliche symbolische Sinnsysteme, vor allem, wenn sie sprachlich dargestellt werden, eine gewisse Steuerung übernehmen können, ist im Zeitalter der Wissenschaften kaum zu bezweifeln. Solche Sinnsysteme interessieren hier jedoch weniger, da zwar das Verfügen über alltägliche symbolische Sinnsysteme für das Phänomen der Weisheit unverzichtbar ist, nicht jedoch das Verfügen über außeralltägliche (wie etwa magische oder parapsychologische).

7. Das Denken in Prozessen und Netzwerken

Das Denken in Prozessen (und nicht etwa in Einflußbereichen, Claims, Klassen, Schichten, Altersunterschieden) ist eine wichtige Aufgabe aller Sozialisationsstufen. Gemeinsam ist nämlich allen weisen Menschen, daß sie in der Lage sind, in Prozessen und Netzwerken zu denken. Was aber sind Prozesse und Netzwerke? Da beide Worte heute in allen möglichen Kontexten verwertet werden, müssen wir sie hier näher bestimmen.

- Das Wort »Prozeß« wurde zunächst von der Rechtsprechung in Anspruch genommen und bezeichnete – wie auch umgangssprachlich – eine technisch geregelte Handlungsweise.[267] Die klassische Logik verwandte diesen Terminus in doppelter Bedeutung: Zum einen bezeichnete er den Beweisgang von Ursache zur Wirkung *(processus compositivus, demonstratio propter quid)*, zum anderen den von der Wirkung zur Ursache *(processus resolutivus, demonstratio quia)*. Er bezeichnete in der aristotelischen Tradition Ausnahmen wie Regelfälle. Die Frage nach dem zielursächlichen Warum (etwa die Frage: »Warum steht die Erde im Mittelpunkt des Weltalls?«) wurde deutlich abgegrenzt von der nach dem wirkungsursächlichen

267 Der juristische Terminus »Processus« scheint ziemlich spontan in der ersten Hälfte des 14. Jahrhunderts etwa in den »Extravaganten« Heinrichs VII. »Ad reprimendum« und »Quoniam nuper« (1313), die eine legitimierte Rechtsordnung herstellten, aufzutauchen. Die Entwicklung des juristischen Terminus wurde abgeschlossen durch Johann Auerbachs Werk »Processus iudicii« (um 1400).

Weil (etwa die Frage: »Sind Menschen böse, weil sie unter dem Gesetz der Erbsünde stehen?«).

Alexander von Humboldt wendet 1797 vorsichtig den Terminus an Erscheinungen tierischen und menschlichen Lebens an. Prozesse, die sich selbst erhalten und organisieren, sind typisch für alles Leben. *G. W. F. Hegel* entwickelte vor allem in seinen »Vorlesungen über die Geschichte der Philosophie«[268] ein naturphilosophisches Prozeßverstehen. Die Phasen der Weltgeschichte sind ihm »Grundprinzipien des allgemeinen Prozesses«[269].

Von besonderer Bedeutung für die moderne Verwendung des Terminus »Prozeß« wurde das Denken *A. N. Whiteheads*. In seinem Hauptwerk: »Prozeß und Realität« (1929). Prozeß ist für *Whitehead* nicht ein Vorgang, der an oder in prozeßfreier Umwelt abläuft, sondern das eigentlich Reale. Es gibt nur Werdendes, nicht Dinge im Werden. Er formuliert das »Prozeßprinzip«: *»Wie etwas entsteht, ist konstitutiv dafür, was etwas ist.«* Unmöglich ist es also, »hinter« Prozessen etwas Realeres zu finden. Seine Ablösung einer Substanzontologie durch das Prozeßdenken hat in der modernen Philosophie ihre Spuren hinterlassen.[270]

Doch auch in der Ökonomie spielt der Terminus »Prozeß« eine wichtige Rolle. Volkswirtschaftlich wurde er von *K. Marx* in

---

268 Vor allem stellt er die Philosophie des Herakleitos, der nicht im Sein oder Nichtsein Realität sah, sondern nur im Werden, unter den Anspruch des Prozesses: »Dies Wahre ist der Prozeß des Werdens« (WW 18, 326). Der »Prozeß der Lebendigkeit« besteht darin, daß sich das Eine, von sich selbst unterschieden, mit sich selbst eint (WW 18, 326 f.). An seine Abhandlung zu Herakleitos schließt er ein über diesen Philosophen handelndes Kapitel an, das er so überschreibt: »Der Prozeß als allgemeiner und sein Verhältnis zum Bewußtsein« (WW 18, 337–343).

269 Dieses Prozeßverstehen dehnt er auch auf religiöse Inhalte aus: »Auch der Geist ist ... der lebendige Prozeß, daß die an sich seiende Einheit der göttlichen und menschlichen Natur für sich und hervorgebracht werde« (WW 17, 205). Die Idee des Geistes ist, die Einheit der göttlichen und menschlichen Natur zu sein (ibd.).

270 So schreibt K. R. Popper: »Das Universum erscheint uns heute nicht als eine Ansammlung von Dingen, sondern als eine Menge von in Wechselwirkungen stehenden Ereignissen oder Prozessen« (K. R. Popper/ J. C. Eccles, Das Ich und sein Gehirn, 1982, 26).

die Wissenschaft eingebracht, selbst wenn diese sich vom Marxismus nicht beeinflußt fühlte. Typisch für Marxsches Denken ist der »gesellschaftliche Produktionsprozeß«. Damit ist zum einen gemeint ein Prozeß der Produktion, der unter bestimmten sozialen Bedingungen abläuft. Zum anderen meint der Terminus jenen Prozeß, mittels dessen sich eine Gesellschaft (re-)produziert. Beide sind jedoch nicht voneinander zu trennen, sondern stehen miteinander in dialektischer Einheit.[271] Moderne volkswirtschaftliche Theorien, die eine Volkswirtschaft als eine Art sozialen Systems verstehen, das selbstreferentiell und chaotisch ist, setzen voraus, daß alle volkswirtschaftlichen Variablen prozeßhaft zu interpretieren sind.

Doch auch betriebswirtschaftlich ist das Denken in Prozessen heute recht modern geworden. Von der Prozeßkostenrechnung bis hin zum *Business reengineering* (welches das Denken in Abteilungen ersetzte durch ein Denken in Prozessen,[272] das den nachfragenden Kunden mit dem abnehmenden mit möglichst wenig Schnittstellen (das sind Entscheidungs-Instanzen) verbindet fand es seinen Niederschlag. Mit sinkender Prozeßzahl folgt bei gleicher Prozeßart eine annähernd zur Prozeßzahl proportionale Kapitalfreisetzung. Neben der Prozeßpolitik, der Distributionspolitik, der Kommunikationspolitik ist die Prozeßpolitik eine wichtige präferenzpolitische Maßnahme. Prozeßpolitik beruht auf der Optimierung von sachlichen und zeitlichen Maßnahmen bei der Gestaltung des Leistungsprozesses, welche die Wertschätzung bei den Nachfragern verbessert.[273]

Was also bedeutet »Denken in Prozessen«? Solches Denken impliziert notwendig eine Abkehr von linearen Denkmustern. Prozesse können sich verzweigen, in unvorhersehbarer Weise in zuvor nicht erkannte Richtungen schwenken. Es sieht Men-

---

271 MEW 13, 156.

272 Die Anzahl der in einer Periode durchzuführenden Prozesse ist im wesentlichen bestimmt durch die vom Betrieb geplante Kapazität an Potentialfaktoren und die Nutzung deren Leistungsvermögens in Verbindung mit Absatz- und Lagerpolitik. Vgl. H. Diederich, Allgemeine Betriebswirtschaftslehre, Stuttgart 1989, 189.

273 Ibd., 369

schen nicht als »Substanzen«, sondern eingebunden in soziale, historische, welthafte, mit individuellen Grenzen ausgestattete Beziehungen, die untereinander vernetzt sind. Es weiß um die Unterscheidung von Performanz und Kompetenz, weiß also darum, daß kein Mensch in der Lage ist, im Augenblick seine ganze soziale, emotionale, kommunikative, intellektuelle, sprachliche Kompetenz darzustellen, sondern nur durch soziale, psychische, emotionale Randbedingungen bestimmte Sektoren dieser Kompetenz, die wir (immer nur aktuelle) Performanz nennen.

- Das Denken in Prozessen setzt, wie schon gesagt, zweierlei voraus. Zum einen ist es notwendig, auf der ontologischen Ebene nicht Sachverhalte (Personen, Sozialgebilde, Beziehungen) als mehr oder minder starre und stabile Vorgaben zu verstehen, sondern als miteinander vernetzte Abläufe. In solchen vernetzten Abläufen gilt keine Newtonsche Kausalität. Die Handlungsfolgen und die Handlungen selbst können zeitverkehrt einander zugeordnet werden. So kann in einer kommunikativen Situation die Wirkung vor der Ursache liegen. Wenn etwa die erwartete Wirkung die Ursache bestimmt.
  Zum anderen ist es notwendig, das eigene Denken, soll es nicht realitätsabgelöst geschehen, diesen Vorgaben anzupassen. Doch noch ein Drittes gehört zum Netzwerk dazu, das ist die vernetzte Kommunikation. Damit ist gemeint, daß die miteinander Kommunizierenden (oder auch anders Agierenden) gleichsam miteinander vernetzt sind. Das soll heißen, daß ein jeder Signale ins Netz gibt, die von den miteinander Kommunizierenden zu Informationen verarbeitet werden und so das Wissen etwa um eine optimale Problemlösung verbessern (= Minderung von Irrtümern und Täuschungen, Dynamisierung von Konstrukten), bis das Netz zur Ruhe gekommen ist. Das Netz ist genau dann zur Ruhe gekommen, wenn (a) zureichend klar ist, daß alle über denselben Sachverhalt sprechen, und (b) keine entscheidungsrelevanten Informationen mehr erzeugt werden. Im Regelfall ist dann auch eine konsensuelle Problemlösung gegeben. Solche vernetzte Kommunikation setzt einige psychische und soziale Begabungen als gegeben voraus:

- Keiner der Beteiligten darf der Meinung sein, er verfüge über eine Lösung, die frei wäre von Irrtümern und Täuschungen.
- Alle Beteiligten müssen davon überzeugt sein, daß mittels vernetzter Kommunikation eigene Irrtümer, Täuschungen, aber auch eigenes Unwissen minimiert werden.
- Sie müssen bereit sein, sich gegen solche Minimierungen nicht zu sperren (emotionale und/oder soziale Widerstände aufzubauen).
- Sie müssen (im psychologischen Sinn) ein Team sein, das Probleme optimal lösen will, und keine Gruppe, die Beziehungen abzuklären versucht.
- Sie müssen bereit sein, herrschaftsfrei miteinander umzugehen. Dazu kann es nötig sein, Techniken zu beherrschen (etwa die des Diskurses), die strukturell die Ausübung von Herrschaft ausschließen.

10. Kapitel
Weisheit in komplexen sozialen Systemen

Daß es Weisheit in sozialen Systemen schwer hat, sich zu realisieren, wurde schon erwähnt, jedoch bleibt noch das Dilemma auszuführen, nach dem wir einerseits auf das Leben in sozialen Systemen verwiesen sind, andererseits aber diese sozialen Systeme in aller Regel von Sach- und Erfahrungswissen, von Wissen also, das in seinem Grunde in der Vergangenheit der Systementstehung und -entfaltung wurzelt, bestimmt sind. Und das auch nur zum Teil. Alles Wissen wird über soziodynamische Prozesse dem augenblicklichen Nutzen, der gegenwärtigen Brauchbarkeit, Sinnhaftigkeit und Vernünftigkeit des systemischen Zustandes angepaßt. Alles Wissen in Systemen unterliegt den adaptiven Regeln der Soziodynamik.
Was also sind die Gründe, warum Weisheit in Wirtschaft, Politik, Kirchen so selten anzutreffen ist? Hier sind vor allem zu nennen:

- Alle drei Bereiche menschlicher Interaktionen werden über soziodynamische Prozesse zu sozialen Systemen vom Typ »Institution«.[274]
- Diese sozialen Systeme sind transrational, will heißen: Sie entziehen sich in ihrer Entstehung und Entwicklung menschlicher Rationalität, die niemals in der Lage ist, die Komplexität der Strukturen sozialer Systeme in adäquaten Modellen abzubilden. Da die Natur ihre Probleme über die Methode wachsender

274 Genauer: Sie schaffen eine uns im einzelnen des Soseins nicht bekannte Qualität menschlicher Zusammenschlüsse, von denen wir uns Konstrukte des Typs »soziale Systeme« bilden. Diese Konstrukte werden aktiviert durch die Erfahrung von Interaktionsmustern, die der Verstehende Beobachter als Institutionen (oder Kommunikationsgemeinschaften) interpretiert.

Komplexität zu lösen pflegt, hat sie Menschen dazu genötigt, ihre Probleme durch die Bildung sozialer Systeme zu lösen, deren Rationalität sich über die der Menschen hinaus entfaltete.

- Diese sozialen Systeme tendieren langfristig dazu, sich zu globalisieren – und entziehen sich damit bis hin zur Entstehung der Menschheit als einer ontologischen Einheit der personalen Rationalität.
- Diese sozialen Systeme bilden aufgrund ihrer überlegenen Rationalität, verbunden mit der Globalisierung vom (ökonomischen, politischen, kulturellen und sozialen) Sein und Bewußtsein solche Multioptionalitäten aus, daß menschliche Rationalität ihnen nicht gewachsen ist und deren Gebrauch allenfalls durch Weisheit (Lebenswissen) human reguliert werden kann.
- Kommunikative Abläufe in solchen Systemen zeigen Eigentümlichkeiten, die human nur schwer zu bewältigen sind (wie etwa die verdeckte Kommunikation als unvermeidliche Begleiterscheinung unserer Konstruktbildung von sozialen Systemen).
- Das Selbstkonstrukt, das sich meist regional (und nicht global) und von geringen Optionen ausgehend (und nicht multioptional) in Welt einrichtete, wird schockartig zutiefst verunsichert und wird versucht sein, sich auf einer Stufe neu zu etablieren, die realitätsabgelöster ist.
- Führen erhält in einer globalen multioptionalen Gesellschaft eine neue Qualität.
- Globalisierung und Multioptionalität fordern ein neues Menschenbild ein.
- Das veränderte globalisierte und multioptionale Sein muß durch ein entsprechendes Bewußtsein geführt und geleitet werden.

1. Unser Leben in komplexen sozialen Systemen

Wir alle leben in der Regel in einer Fülle sozialer Systeme. Hierher gehören Paarbeziehungen, Gruppen, Familien, Parteien, Kirchen, Verbände, Vereine, Staaten,[275] die alle einer eigenen Dynamik gehorchen. Diese ist meist bestimmt durch die sozialen Umfelder, die herrschenden Ideologien, die bestimmenden Macht- und Eigentumsstrukturen. Das weise Umgehen in und mit solchen Systemen ist eine Kunst, die nur wenige beherrschen.

Weise zu sein in sozialen Systemen ist also alles andere als einfach, denn diese Systeme sind strukturell der Weisheit entgegen. Sie haben nur zwei (endogene) Zwecke: sich selbst zu erhalten und, wenn dadurch der Selbsterhalt nicht gefährdet wird, zu expandieren (etwa ihren Einfluß nach Intensität und/oder extensiv auszudehnen). Dazu gehören stärker noch als Sach- oder Erfahrungswissen Machtinstinkt, Durchsetzungsvermögen, Aggressivität. Die Funktionen von sozialen Systemen in ihrer Inneren und Äußeren Umwelt[276] richten sich auf diese beiden Zwecke. Widerspricht eine Person oder ein Subsystem diesem Zweck, wird es in aller Regel gemaßregelt, wenn nicht gar aus dem System entlassen.

Menschen, welche diese Systeminteressen exekutieren, nennt man Systemagenten. Systemagenten sind niemals weise, denn sie verfügen in der Situation als Agenten nicht über Lebenswissen

---

275 Wir nehmen hier bewußt soziologische Gruppen des Typs »Team« aus. Psychologisch unterscheiden sich Teams von Gruppen fundamental. Weisheit hat, wie schon gesagt, in Teams einen wichtigen Ort.

276 Elemente sozialer Systeme sind Interaktionen. Interaktionspartner können Personen, aber auch andere soziale Systeme sein. Zur Inneren Umwelt eines sozialen Systems gehören alle Personen und sozialen Subsysteme, welche die reale Systemkultur internalisierten. Diese Kultur setzt sich aus den beiden inneren Strukturelementen des Systems zusammen: den Grundüberzeugungen und dem standardisierten Verhalten nach innen (in einem Unternehmen etwa: Führungsstil, Konferenzstil, Kommunikationsstil, Konfliktlösungsstil) und außen (in einem Unternehmen etwa: Standards des Umgehens mit Kunden, Lieferanten, Wettbewerbern, der politischen, sozialen, kulturellen Umwelt). Zur äußeren Struktur des Systems rechnet man die Systemorganisation (bei einem Unternehmen etwa: die Aufgliederung in operative Geschäftseinheiten, in Profit-Centers, Arbeiten in Reengineering-Teams ...).

(im Sinne unserer Definition), sondern bestenfalls über Fach-, Gewohnheits- und Erfahrungswissen.

2. Leben in transrationalen Welten

Es gilt, wie schon erwähnt, zu bedenken, daß soziale Systeme transrationale Gebilde darstellen. Unsere Rationalität reicht nicht aus, von ihnen auch nur Modelle zu konstruieren, die so realitätsnah sind, daß ein ins System eingegebener Input zu einem brauchbar voraussagbaren Output führt. Soziale Systeme, deren Grundstrukturen wir aus unserer äffischen Vorzeit mitgenommen haben, sind so konstruiert, daß – da instinktoide Muster nicht mehr das Sozialverhalten regulieren und wir unsere Intelligenz nicht dazu gebrauchten, uns, von ihr geleitet, sozialverträglich zu verhalten – sie ein von uns nicht regulierbares Eigenleben entwickeln. Dieses kann – bezogen auf die beiden Umwelten – durchaus im Horizont menschlicher Rationalität sozialunverträglich sein – und ist es auch oft genug.
Zu diesem Eigenleben gehört der Zwang sozialer Systeme, Hierarchien auszubilden bzw. Machtstrukturen zu entwickeln. Mit *Michel Foucault* nehmen wir an, daß Macht *(potestas)*[277] wie

277 »Macht« *(potestas)* sei hier verstanden als ein Strukturelement jedes sozialen Systems (ausgenommen seien nur Kommunikationsgemeinschaften und Teams). Wir wollen von Macht (oder Gewalt) dann sprechen, wenn der Herrschende oder die herrschende Gruppe oder Gesellschaft in der Lage und bereit sind, ihren Willen gegen fremden Willen unter Anwendung oder Androhung physischer, psychischer oder sozialer Strafen durchzusetzen. Man kann in der Weise der versuchten (sekundären) Legitimation von Macht geeignet unterscheiden: (a) *potestas divina* (von Gott verliehene Macht), (b) *potestas paternalis* (elterliche Gewalt), (c) *potestas occupata* (angemaßte oder durch physische, soziale oder emotionale Gewalt »eroberte« Macht) und (d) *potestas delegata* (von den Beherrschten dem Beherrscher delegierte Macht). Tatsächlich ist diese Legitimation der Macht stets äußerlich. Die primäre Gewalt entfaltet sich über soziodynamische Prozesse, deren Rationalität uns Menschen nicht durchschaubar ist, da unsere Rationalität die Komplexität der Strukturen sozialer Systeme nicht erreichen kann. – Von Macht *(potestas)* ist zu unterscheiden Autorität *(auctoritas)*, die es zwar auch erlaubt, eigenen Willen gegen fremden durchzusetzen, doch ohne Androhung oder Anwendung negativer Sanktionen. Im Gegen-

Kultur[278] vom System über seine autopoietischen und selbstreferentiellen (wennschon chaotischen) Mechanismen autonom produziert werden. Macht entsteht also nicht über Wahl oder Ernennung, nicht über Okkupation oder Delegation, sondern über soziodynamische Prozesse des Systems selbst. Macht hat also keine andere Legitimation als über autonome systemische Prozesse und ist daher niemals unmittelbar moralisch zu rechtfertigen.

Wenn aber Machtstrukturen und Kultur sich autonom ausbilden und entwickeln, wie kann man sie dann beeinflussen? Sicher nur durch systemwidriges Verhalten, das in aller Regel – wenn offensichtlich – vom System bzw. dessen Agenten negativ sanktioniert wird. Es ist an sich möglich, in ein solches System exogene (dem System an sich fremde) Ziele einzubringen. Das kann aber nur eine Person, die

(a) über zureichendes innersystemisches Ansehen (»natürliche Autorität«) verfügt,
(b) außersystemische Wertstrukturen, die den Systembestand nicht gefährden, im Innen und/oder Außen des Systems, vorbildlich und glaubhaft lebt und über Techniken verfügt, diese aus dem personalen in den systemischen Bereich transportieren und durchsetzen zu können.

---

satz zur Gewalt wird Autorität nicht über scheinbar blinde soziodynamische Prozesse entstehen. Sie gründet vielmehr als »natürliche Autorität« in der Persönlichkeit des Autoritätsträgers (deren Charakter, deren Wissen). Auch die »delegierte Autorität« entsteht nicht mittels »blinder« soziodynamischer Prozesse, sondern auf tatsächlicher Delegation, die dem Autoritätsträger »von unten« von Fall zu Fall oder auch dauerhaft verliehen wird. Autorität kann also weder von oben verordnet noch eingesetzt werden. »Eingesetzte Autorität« hat kaum etwas mit Autorität zu tun, sondern ist ein Unterfall von angemaßter Macht.

278 Eine »kulturelle Einheit« ist definiert durch umfassenden Konsens ökonomischer, sozialer, politischer und ökonomischer Werte, deren sozialverträgliche Realisierung von moralischen Werten reguliert wird. Diese Werte werden nicht durch Setzung festgelegt, sondern entstehen als Strukturelemente des sozialen Systems zusammen mit ihm und ändern sich – meist driftartig – in der Fortentwicklung des sozialen Systems. Kulturen, deren Entstehung und Entwicklung unterliegen also – ähnlich den Machtstrukturen und nicht selten auf diese bezogen – den Regeln soziodynamischer Prozesse.

3. Komplexe soziale Systeme erzeugen multioptionale Welten

Soziale Systeme sind heute in einer sich globalisierenden (d. h. zur Einheit findenden) ökonomischen, kulturellen, sozialen und politischen Welt zu Agenten der Multioptionalität geworden. Auf allen Ebenen wird ein multioptionales Feld erzeugt, das nur durch Weisheit davon abgehalten werden kann, unmenschlich zu enden.

- Im ökonomischen Raum sind Kapital- und Wertpapiermarkt schon offensichtlich globalisiert und multioptional geworden. Die Tendenz, den Warenmarkt zu globalisieren, hält an und wird zunehmend stärker (trotz der episodischen Versuche etwa der USA, Japans oder der EU, ihre Warenmärkte wenigstens in einigen Bereichen national zu halten und nicht dem weltwirtschaftlichen Wettbewerb auszusetzen). Die zwingend folgende Globalisierung des Arbeitsmarktes wird die Folge sein. Sie wird der Globalisierung des Warenmarktes vorauseilen, da die nationalen Schutzmechanismen zwar den Import von Waren durch Zölle oder Subventionierung der eigenen Produktion erschweren können, kaum aber den Export von Arbeit. Vergessen wird nicht selten, daß mit der Globalisierung der Arbeit auch die Multioptionalität verbunden sein kann, wenn sie nicht für einige Zeit durch Vorurteile an ihrer Entfaltung gehindert wird. So werden Berufe, vor allem aus dem Dienstleistungsbereich, weltweite Verbreitung finden, die heute nur regional vorkommen. So könnte etwa in Europa der US-amerikanische Service realisierbar werden (Befördern von eingekauften Waren ins Auto, Befördern des Wagens vom Hotelportal zu einer geeigneten Tiefgarage, morgendliches Austragen von Brötchen ...). Globalisierung ist resistent gegen alle Versuche, sie durch Sach- oder Erfahrungswissen zu vermenschlichen. Dazu bedarf es der Weisheit. Und zwar einer Weisheit, die sich globalisierte. Sie allein ist als Bewußtseinsinhalt in der Lage, die Tendenzen des bestehenden oder werdenden Seins so zu regulieren, daß sie nicht sozialunverträglich (und dieses Wort ist im globalen Sinn auf die gesamte Menschheit und nicht einzelne Sozialgebilde zu beziehen) ausgehen.[279] Ganz das gleiche gilt für die Globalisierungstendenzen in politischen, kulturellen und sozialen Bereichen.

- Im kulturellen Raum hat die Globalisierung und mit ihr die Multioptionalität schon weit um sich gegriffen. Sie erreichte etwa die von den Religionen gestifteten Wertezentren. So kann man in Mitteleuropa Buddhist sein oder Christ, Atheist oder Theist, Hindu oder Moslem – niemand wird sich daran stören. Die Religionen emanzipierten sich von regionalem soziokulturellem Hintergrund. Auch die Kunst hat sich – mittels des Kunsthandels – weitgehend globalisiert. Die Kunst der australischen Aborigines, der Buschmänner, der Eskimos, der Hopi, der Bewohner Schwarzafrikas ... wird in durchaus vergleichbarer Weise geschätzt wie jene, die den europäischen Traditionen nahestehen. Aber das ist nicht der eigentliche Kern der kulturellen Globalisierung. Da »kulturelle Einheit« über das Verfügen ähnlicher ökonomischer, sozialer, politischer und kultureller Werte bestimmt wird, zerfällt im Prozeß der Globalisierung die nicht globalisierte regionale Kultur und geht unter in einer »Weltkultur« (definiert durch weltweit anerkannte ökonomische, soziale, politische und kulturelle Werte). Wie diese weltkulturellen Werte einmal aussehen werden, entzieht sich derzeit jedem prophetischen Bemühen.
- Im politischen Raum scheint auch der Aufbruch in eine globalisierte und multioptionale Welt schon begonnen zu haben. Es kommt zu immer umfassenderen politischen Gebilden, denen meist ökonomische übernationale Assoziationen vorausgehen.

---

279 Inhuman scheint die Ideologie vom *Shareholder value* zu sein, die, falsch verstanden, seit 1996 in Deutschland die Runde macht. Der »Shareholder value« bezieht sich im ursprünglichen Wortsinn auf den Unternehmenswert. So weit, so gut. Das Wort wurde aber in Deutschland mißverstanden oder falsch gebraucht als das Bestreben, nicht den Unternehmenswert und damit den Wert der Aktie zu steigern, sondern als Bemühen, einen möglichst großen Bilanzgewinn auszuweisen und damit den Unternehmenswert tendenziell zu mindern. Um einige Beispiele solchen Denkens anzuführen, seien hier einige Werte genannt, die nicht etwa zustande kamen, weil die Unternehmen versuchten, durch Optimierung der Leistungsseite in der Kosten-Leistungs-Rechnung den Unternehmenswert zu verbessern, sondern durch Einsparung von Arbeitskosten den Bilanzgewinn zu steigern. So gelten etwa für Anfang März 1997 folgende Werte:

So ist etwa die EU ein solcher Versuch.[280] Es ist jedoch zuzugeben, daß die Versuche einer politischen Globalisierung es wegen nationaler und nationalistischer Interessen am schwersten haben dürften. Der universelle Weltstaat wird noch lange ein Traum bleiben. Doch den Weg dorthin gilt es alsbald zu beschreiten. So kann nur eine globale Ökokratie den Bestand eines Umweltschutzes sichern, der zu einem *sustainable development* (einer »nachhaltigen Entwicklung«) führen könnte. Denkbar aber wäre es, daß der Traum des ehemaligen UN-Generalsekretärs *Boutros Boutros Ghali* wahr wird! Eine weltweit zentral gelenkte (von der UN oder entsprechenden neu zu gründenden Institutionen), wennschon regional stationierte Streitmacht und eine regional agierende Logistik könnten den UN-Forderungen zum Schutz der Nationalstaaten wie der ethnischen Minderheiten auch militärisch Nachdruck verleihen. Vorstellbar wäre eine langsame Erweiterung dieser »Weltregierung«, die zunächst nur den nationalökonomischen Egoismus aufhebt, der mit Sicherheit zu einer globalen Umweltkatastrophe führen würde, dann weltfriedensichernd tätig wird, später auch weitere Befugnisse übernimmt wie etwa eine globale Ausbildungsordnung für global einsetzbare Berufsgruppen (»globales Ausbildungsministerium«). Es könnte ein globales Wirtschaftsministerium entstehen, das die Globalisierung des

		BASF	Thyssen	Daimler	VW	Erwerbstätige in BRD
Beschäftigte	1990	135 000	149 000	377 000	261 000	36,6 Mio.
Beschäftigte	1996	107 000	123 000	290 000	241 000	34,3 Mio.
Differenz		–28 000	–26 000	–87 000	–20 000	–2.3 Mio.
Anstieg der Aktien	seit Anfang 1996	98 %	29 %	75 %	93 %	DAX 247 %

280 Daß solche Versuche, über einen ökonomischen Zusammenschluß eine politische Einheit zu erreichen, nicht unbedingt erfolglos sein müssen, zeigt das Beispiel der USA oder der Schweiz. Dagegen ist die Einführung einer gemeinsamen Währung vor dem ökonomischen Zusammenschluß und der Anpassung der Nationalökonomien aneinander bislang stets mißlungen.

Welthandels herbeiführt und sichert. Endlich könnte man auch an eine Weltwährung denken.[281]

- Die Globalisierung des sozialen Sektors dürfte wegen der augenblicklich ungleichgewichtigen Verteilung der Ressourcen (Rohstoffe, Arbeit, Grund und Boden, Kapital) am schwierigsten zu realisieren sein. Es werden jedoch Armuts- und Umweltmigrationen in einem solchen Umfange zunehmen, daß sie zu einer nahezu gleichgewichtigen Verteilung des Weltreichtums (bzw. der Weltarmut) führen. Wie jetzt schon auf nationaler Ebene die regionalen Reichtumsunterschiede durch Migrationen tendenziell ausgeglichen werden, sind solche Migrationen auch international denkbar. Eine Völkerwanderung nie gekannten Ausmaßes wäre die Folge. Es mag sein, daß die Verhinderung solcher – national gesehen – unerwünschten Massenmigrationen zu der entscheidenden Pseudolegitimation von Nationalstaaten wird. Andererseits gilt es jedoch auch zu bedenken, daß die Globalisierung und damit auch die steigende Multioptionalität im sozialen Bereich beschleunigt werden können, wenn soziale Institutionen vermittelnd tätig werden. So ist es denkbar, daß sich übernational agierende Gewerkschaften bilden, die das Schicksal der nationalen Gewerkschaften, funktionslos geworden zu sein, nicht teilen, sondern nationalstaatliche Grenzen überschreitende Vertretungen des Faktors Arbeit im globalisierten und multioptional gewordenen Arbeitsmarkt werden. Gilt es doch, der zunehmenden Tendenz, übernationale Kartelle zu bilden, ein arbeitsmarktgerechtes Gleichgewicht gegenüberzustellen.

---

281 Der Versuch von Bretton Woods, das Gold durch eine feste Parität an den US-Dollar (eine Unze Gold = 42 US-Dollar) zu binden, mußte kläglich scheitern, da die verschiedenen nationalen Wirtschafts-, Kapital- und Fiskalpolitiken sich nicht etwa einander annäherten, sondern eher voneinander entfernten.

4. In komplexen sozialen Systemen wächst die Tendenz zur verdeckten Kommunikation

Ein Viertes macht Weisheit in einem System zur Rarität. In Systemen besteht der oft unwiderstehliche Drang zur verdeckten Kommunikation. Verdeckt ist eine Kommunikation, wie schon gesagt, immer dann, wenn einem Partner (A) für diese Kommunikation wichtiges Wissen zur Verfügung steht, das der andere (B) nicht hat und das ihm auch nicht mitgeteilt wird. Ein Beispiel mag das Gemeinte verdeutlichen:

A, der Vorgesetzte von B, weiß, das B Schwierigkeiten mit einem Mitarbeiter C hat, weil dieser – kontrafaktisch – alles besser zu wissen glaubt und deshalb über B abfällig redet. Er spricht ihn nun an, als wisse er nichts davon:

A: »Ich möchte, daß in unserem Unternehmen Friede herrscht und die Vorgesetzten mit ihren Mitarbeitern freundlich und hilfsbereit umgehen.«

B: »Das halte ich auch für wichtig.«

A: »Dann sind wir uns also einig. Ich hoffe, daß mir keine Klagen kommen.«

5. Komplexe soziale Systeme neigen dazu, Menschen zu desorientieren

Da sich das Selbstkonstrukt vieler Menschen (a) an regionalen Erfahrungen und Erlebnisformen wie regional definierten Sozialisationsformen ausbildete und (b) dieser Ausbildung nur eine sehr beschränkte Menge von Optionen zur Verfügung stand, tritt, in der Begegnung mit einer Welt, die plötzlich die regionalen Selbstverständlichkeiten und die Zahl der Optionen ins Uferlose mehrte, schockartig tiefste Verunsicherung auf. Viele werden versuchen zu retten, was zu retten ist. Dabei werden sie zunehmend sowohl die alte wie die neue Welt verkennen und sich auf einem Level einrichten, der stärker noch als je zuvor realitätsabgelöst ist. Menschen, die intensiv und nachhaltig in bestimmte soziale

Systeme eingebunden ein Selbstkonstrukt entwickeln, das ausschließlich der Scheinwelt solcher sozialen Systeme und deren Interessen, Erwartungen Bedürfnissen und Werteinstellungen entspricht, werden als Systemagenten schon heute weltverlustig und zumindest fokussiert auf einen winzigen Weltausschnitt in ihrer Realitätsbegegnung beschränkt sein. Das gilt in erheblich gesteigertem Maß für Menschen, die unter dem Schock einer universellen Globalisierung und Multioptionalität desorientiert nach einem neuen Selbst (einem neuen realitätsdichten Selbstkonstrukt) suchen. Es wird ihnen zunehmend schwerer fallen, ihre eigenen, ihren Begabungen und deren Grenzen entsprechenden Werteinstellungen, Bedürfnisse, Erwartungen und Interessen zu realisieren, vor allem wenn die Menge der verlockenden Optionen sehr groß und die globalisierende Durchmischung sehr erheblich sind. Sie werden sich vielmehr an den Werteinstellungen, Erwartungen, Interessen, Bedürfnissen zu orientieren versuchen, die ihnen systemgerechter zu sein scheinen. Das bedeutet etwa für die Verhaltensgründe:[282]

- Obschon ein Mensch für sein Tun und Lassen vor allem vor dem Anspruch der Multioptionalität meist mehrere Gründe hat, wird nur der systemnächste zum Bewußtsein zugelassen. Er wählt somit eine Art Null-Option.
- Der bewußte Grund ist nicht der tatsächlich handlungsleitende, der bleibt vielmehr unbewußt.
- Das hat zur Folge, daß die angegebenen Gründe oft nicht mit dem realen Tun und Lassen übereinstimmen.
- Der Betreffende kann die Gründe für sein Verhalten nicht zutreffend erkennen und erst recht nicht kritisch prüfen.
- Gibt es mehrere Gründe für ein Handeln oder Unterlassen, siegt meist der, von dem sich der Entsprechende den für sich größten Nutzen verspricht. Er hält ihn dann auch noch für den vernünftigsten.
- In aller Regel weiß ein so Handelnder nach der Handlung besser und genauer seine Gründe zu nennen als vor der Handlung.

---

282 Vgl. dazu Winfried Prost, Sprache als Mittel der Manipulation, Kissing 1982, 75.

- Oft wünscht ein Mensch sich etwas, das er gleichzeitig ablehnt. Diese Spannung ist nicht selten unbewußt. Wählt er das Abgelehnte, verdrängt er meist die Gründe solchen Handelns.
- Verhalten ist oft durch Vorurteile oder Gewohnheitswissen bestimmt, ohne daß vor der Handlung nach Gründen gefragt wurde.

Offensichtlich ist ein so desorientierter Mensch weder in der Lage, sich ihn zureichend regulierendes Lebenswissen anzueignen noch fremdes optimal zu verwerten.

6. Führen innerhalb von komplexen Systemen

Was bedeutet Führen in einer multioptionalen Gesellschaft? Führungsstile werden multioptional. Innerhalb der formalen Struktur des Führens bilden sich zahlreiche individuelle Führungsstile aus. Ihnen allen ist gemeinsam die Überzeugung, daß Führen bedeutet: den Aufbau eines sozialen Systems mit dem Ziel, eine selbst- oder fremdgestellte Aufgabe optimal zu lösen. Gut führt derjenige, der zunächst funktional optimiert, d. h. Aufwandsgrößen minimiert (Führungskraft), und zugleich personal optimiert, d. h. die eigenen fachlichen und sozialen Fähigkeiten und die der Mitarbeiter entfaltet) und so mittelbar auch Aufwandsgrößen senkt (Führungspersönlichkeit). Nur mit sehr formalen Führungsleitsätzen wird politisches und ökonomisches Führen in einer globalen und multioptionalen Welt standardisierbar.
Fordert eine globalisierte (und damit multioptional gewordene) Gesellschaft nun die Führungskraft oder die Führungspersönlichkeit? Im folgenden Kapitel wollen wir die hier allgemein vorgestellten Probleme, die Weisheit in und mit komplexen sozialen Systemen hat, im einzelnen bedenken.

11. Kapitel

Unweisheit in ökonomischen, politischen und religiösen Systemen

Wie schwer es Weisheit hat, sich in sozialen Systemen und deren Vollzügen darzustellen, hat das vorhergehende Kapital aufzuzeigen versucht. Hier sei dieses Problem für drei Arten sozialer Systeme genauer vorgestellt:

- in Unternehmen (als ökonomischen Systemen),
- in Parteien (als politischen Systemen),
- in Kirchen (als religiösen Systemen).

Dabei soll in keiner dieser Fälle geleugnet werden, daß es innerhalb solcher Systeme Menschen gibt, die derart mit anderen Mitgliedern ihrer Systeme oder auch mit Außenstehenden kommunizieren, daß Weisheit realisiert wird. Hier geht es vielmehr um Interaktionen zwischen Menschen, die – meist ohne es zu wissen – einfachhin als systemische Wesen funktionieren. Die Illusion, sie seien dabei autonom und nicht systemisch gesteuert, ist allgemein anzutreffen. Die Blindheit ist bei nahezu allen Menschen unvermeidbar, die das System introjiziert haben, ihm also – ebenfalls meist unbewußt – einen absoluten Wert zumessen. Das kann durchaus mit dem Mantel scheinbarer Toleranz verdeckt sein. Andere ähnliche Systeme sind »auch« gut, aber eben nicht so gut wie das eigene. Die damit verbundene Arroganz, die aus einem unangemessenen Elitebewußtsein entspringt, wird ebenfalls nicht wahrgenommen, sondern auf der vorbewußten Ebene gehalten, um die eigene systemisch organisierte Lebenswelt nicht zu gefährden. Viele fundamentale Selbsttäuschungen, die mir in meiner therapeutischen Tätigkeit und weit darüber hinaus begegneten, beruhen auf diesem Mechanismus: Die Zugehörigkeit zu einem System wird derart in die Selbstdefinition aufgenommen, daß es zur Ausbildung infantiler Strukturen der Selbstdefinition kommt. Wie schon gezeigt, bestimmt sich ein psychisch reifer Mensch über seine Begabungen und deren Grenzen, nicht aber über irgend etwas Ideales, das die Rolle des mehr oder minder – meist minder – aufgegebenen Selbstideals übernimmt.

1. Unweisheit in Unternehmen

Wir wollen im folgenden einige Symptome beschreiben, die von der Unweisheit vieler Unternehmen zeugen. Hier sind etwa zu nennen:

- unternehmensspezifische Ängste,
- Mobbing,
- Phantombildungen,
- Shareholder value.

a. Unternehmensspezifische Ängste[283]

Ein Phänomen, das mich immer wieder fasziniert: Manche, keineswegs schlecht renommierte Unternehmensberatungsfirmen erzeugen, oft noch während sie im Unternehmen aktiv sind, eine Fülle von Ängsten.[284] Sie scheinen davon auszugehen, daß der

283 Wir unterscheiden zwischen realen Ängsten, die sich auf konkrete Lebenssituationen oder Ereignisse beziehen, und pathologischen Ängsten, die frei vagabundierend sich ihre Objekte suchen. Die Angst, in seinem Leben beeinträchtigt zu werden (etwa Verlustängste) oder sich zu blamieren (etwa Redeangst), ist psychologisch gesehen normal, wenn sie keine unrealistischen Annahmen als gegeben voraussetzt. So kenne ich eine Menge von Trainern, die von panischen Ängsten heimgesucht werden, wenn die Auslastung ihrer Arbeitskapazität ein bestimmtes, von ihnen gesetztes Minimum unterschreitet. Solche Ängste sind sicherlich »nicht normal«. Sie gleichen der Angst des John D. Rockefeller, der Eigentümer der Standard Oil war – eines Unternehmers, das faktischer Monopolist im weltweiten Erdölgeschäft war und Milliarden verdiente –, doch unter der ständigen Angst litt, endlich zu verarmen. Ängste jedoch vor engen Räumen, vor großen Höhen, vor Spinnen oder Mäusen gehören zu den pathologischen Ängsten, die jedoch zumeist keinen eigentlichen Krankheitswert haben müssen.

284 Das ist keineswegs bei allen Unternehmensberatungsfirmen der Fall. Mir sind wenigstens zwei rühmliche Ausnahmen bekannt.

erheblichste Kostenfaktor die Löhne und Gehälter sind. Und da sie vermuten, daß es in einem Unternehmen erststellig darum gehe, Kosten zu mindern (und nicht etwa Leistungen zu verbessern), verbreiten sie um sich herum eine Atmosphäre von Ängsten. Mitunter erzeugen sie auf diese Weise mehr an Demotivationskosten, als sie an Arbeitskosten einzusparen helfen.
Fast 60 Prozent aller erwerbstätigen Deutschen haben irgendwelche berufsbezogenen Ängste. 67,58 Prozent aller abhängig Beschäftigten nennen die Angst, ihren Job zu verlieren, an erster Stelle ihrer Ängste. An weiteren Stellen folgen unter den Job-Ängsten: die Angst vor Krankheit oder Unfällen (67,42 Prozent), die Angst, Fehler zu machen (58,98 Prozent), die Angst, Wertschätzung und Anerkennung zu verlieren (50,93 Prozent).[285] Elf Millionen Deutsche leiden unter typischen Angststörungen wie Schlaflosigkeit, Denkblockaden, Niedergeschlagenheit. Fünf Millionen davon befinden sich regelmäßig dieser Störungen wegen in ärztlicher oder psychotherapeutischer Behandlung. Immerhin verfügt Deutschland über ebensoviel Betten für psychosomatisch Kranke wie alle übrigen Länder der Erde zusammen. Die »Deutsche Hauptstelle gegen Suchtgefahren« rechnet damit, daß 7 Prozent der Arbeitnehmer alkoholabhängig sind. Etwa 5000 Tonnen Schlaf- und Beruhigungstabletten konsumieren Menschen alljährlich, um wenigstens im Schlaf vor der Angst zu fliehen.
Es ist eine der unweisen Behauptungen mancher Managementberater, daß Mitarbeiter Höchstleistungen erbringen, wenn Angst sie ansporrnt, ohne sie zu blockieren. Dabei ist Angst eine der erheblichsten Demotivatoren, die wir kennen. Spezifische Ängste hemmen Führungskräfte in der optimalen Entfaltung: Ängste, Autorität oder die Kontrolle über die zu lösenden Aufgaben zu verlieren, Fehler zu machen oder über Wichtiges nicht informiert zu werden. Sie neigen dazu, ihr Führen mit Angst zu verbinden,

---

285 Diesen Zahlen liegt eine von Winfried Panse und Wolfgang Stegmann zwischen 1993 und 1996 gezogene Stichprobe von 1823 Befragten zugrunde. Es folgen in der Angsthierarchie die vor Konkurrenten (30,23 Prozent), die vor Autoritätsverlust (28,21 Prozent), die vor Innovationen (27,31 Prozent) und die, Mitarbeitern nicht gerecht zu werden (20,37 Prozent). Beide Autoren veröffentlichten ihre Untersuchungen in dem Buch: Kostenfaktor Angst, Landsberg 1996. Vgl. dazu auch FOCUS 17/1997, 68–72.

indem sie ihre Ängste gleichsam an ihre Untergebenen delegieren. Zumeist führen sie – zutiefst verunsichert – über das Ausüben von Macht, die bekanntlich voraussetzt, den eigenen Willen gegen fremden unter Androhung und Anwendung von psychischen und sozialen Strafen durchzusetzen. Ist einmal die Angst in ein Unternehmen eingezogen, ist selbst der beste Unternehmensberater machtlos. Er wird vor einer von Angst bestimmten Unternehmenskultur[286] kapitulieren.

In nicht wenigen Fällen erreicht jedoch die Angst nicht das Bewußtsein. Die unbewußte Angst meldet sich zu Wort in Schlafstörungen und allen möglichen Kreislaufbeschwerden (wie etwa Herzjagen). Auch Antriebs- und Konzentrationsschwäche können auf verborgene Ängste verweisen. Mitunter versuchen Menschen, diese unbewußten Ängste mit Beruhigungsmitteln (etwa *Valium*) und/oder Alkohol abzuwehren. Dabei ist es wichtig, Ängste nicht zu unterdrücken oder abzuwehren, sondern zuzulassen. Das ist die einzige Chance, sinnvoll mit ihnen umzugehen. Das gleiche gilt, wenn es sich um das Eingestehen von Fehlern handelt. Auch sie sollten nicht verleugnet oder verdrängt werden. Wenn ein Mensch zu seinen Ängsten und seinen Fehlern steht, verfügt er über gute Strategien, sie zu überwinden.

Winfried Panse schätzt, daß etwa die Hälfte der abhängig Beschäftigten in die Innere Kündigung gegangen sind, ein Trend, der auch von anderen Forschungsinstituten bestätigt wird. Mindestens 38 Prozent dieser Inneren Kündigungen sind auf betrieblich bedingte Ängste zurückzuführen. *Wolfgang Stegmann* kommt zu

---

286 »Unternehmenskultur« bezeichnet das, was an außerökonomischen Werten im Unternehmen gepflegt wird. Da »Werte« vor ethischem Anspruch wertnegativ oder wertneutral sein können, können in einem Unternehmen Kulturen ausgebildet werden, die zutiefst unsittlich sind. Ein solches Unternehmen verliert, wenn es sich nicht ändert, ethisch gesehen, seine Daseinsberechtigung, insoweit es strukturell nekrophil ist. Es gibt jedoch auch Unternehmen, die gar keine Kultur, nicht einmal die des kollektiven Neids oder des kollektiven Hasses besitzen, in diesem Fall handelt es sich nicht um soziale Systeme, sondern um Konglomerate von Individuen und Gruppen, die ihre eigenen Interessen verfolgen. Die des Unternehmens, wenn es denn schon außerökonomische hätte, sind ihnen gleichgültig, weil sie abstrakt geworden sind und die in einem Unternehmen Tätigen nicht (mehr) informieren bzw. in ihrem Verhalten bestimmen.

dem Ergebnis, daß 20 Prozent aller offenen Kündigungen betrieblich verursachte Angst zugrunde liegt. Jährliche Fluktuationsraten von über 5 Prozent sind in manchen Unternehmen eher die Regel als die Ausnahme. Die Kosten gehen in die Milliarden.[287]
Welche Strategien kommen infrage, diesen desolaten Zustand zu ändern? Es ist möglich, Unternehmenskulturen aufzubauen, in denen solche systembedingten Ängste nicht mehr vorkommen, oder doch wenigstens keine wesentliche Rolle mehr spielen. Eine der wesentlichen Funktionen eines jeden Mitarbeitergesprächs muß es sein, eventuelle Ängste aufzuspüren und – soweit dies notwendig ist – den Mitarbeiter zu entängstigen. Das setzt jedoch voraus, daß der Vorgesetzte selbst nicht ein Bündel aller möglichen Ängste ist. Angstvolle Menschen sind ebenso wie Angst machende als Vorgesetzte ungeeignet. Hier wird ein wesentlicher Aspekt einer biophilen Unternehmenskultur deutlich. Es wird vom Vorgesetzten erwartet, daß er in weiser Interaktion den Mitarbeiter entängstigt. Das ist durchaus auch möglich, wenn es um ein Gespräch geht, in dem über die Entlassung des Mitarbeiters gehandelt wird.
Das Beziehungsmanagement, einst theoretisch entwickelt, um deutlich zu machen, daß es für einen Manager kaum eine wichtigere Aufgabe gibt, als die Beziehungen zur Außenwelt des Unternehmens (vor allem der Kunden) zu pflegen, erhält hier eine neue Dimension. Er hat dafür zu sorgen, daß die Beziehungen zu ihm, zum Unternehmen und der Mitarbeiter zueinander »stimmen«. Ein Vorgesetzter, der zum Beziehungsmanagement unfähig ist, ist auch als Vorgesetzter ungeeignet.

---

287 Stegmann und Panse errechnen die Kosten, welche betriebsbedingte Ängste die deutsche Volkswirtschaft kosten, auf einen Betrag von 111 Milliarden DM. Er setzt sich in Milliarden DM so zusammen:

Fluktuation	40	Medikamentenmißbrauch	18	Alkoholmißbrauch	48
Mobbing	30	Fehlzeiten	18	Innere Kündigungen	68

Das macht in der Summe 222 Milliarden DM, die wegen Überschneidungen halbiert werden.

b. Mobbing

Während die betriebsbedingte Angst in der Unternehmensstruktur (bzw. einer mangelnden Unternehmenskultur) begründet ist, handelt es sich beim Mobbing um eine auf charakterliche Defekte eines oder mehrerer Mitglieder eines Unternehmens zurückzuführende Tatsache. Mobbing verfolgt den Zweck, ein Mitglied des Unternehmens aus diesem herauszuekeln. Insofern Menschen ihren Selbstwert durch Interaktionen mit anderen erfahren (ereignen sich doch Würde, Gerechtigkeit und Freiheit nur in solchen Interaktionen), kann man zunächst damit beginnen, einem Mitarbeiter solche Interaktionen, in denen er seinen Selbstwert aufbauen könnte, zu versagen. Diese Methode des Mobbings bleibt jedoch wirkungslos, wenn der Mitarbeiter zureichend andere Menschen kennt, die ihn seine Selbstachtung stabilisieren lassen (Freunde im und außerhalb des Unternehmens, Familie). Vor allem bei ichschwachen Menschen mag diese Methode erfolgreich sein.
Die nächsten Schritte sind meist schon energischer. Sie mögen etwa so aussehen:

- Nicht nur die Person wird nicht mehr anerkannt, sondern auch ihre Leistungen werden kleingeredet – bis hin zum Unerheblichen.
- Die Vorgesetzten sind nicht mehr offen und ehrlich, sondern spielen offensichtlich mit verdeckten Karten. Es entsteht eine Situation, in der verdeckte Kommunikation zur Regel wird.
- Kritische Bemerkungen des so genervten Mitarbeiters werden ihm als mangelnde Loyalität ausgelegt, und er wird mehr oder weniger darauf angesprochen, daß er ja auch innerlich gekündigt habe.
- Hilft auch das noch nichts, werden dem Mitarbeiter Aufgaben entzogen, die er besonders gerne (und meist auch besonders gut) machte.
- Gegen Ende eines bislang immer noch nicht erfolgreichen Mobbings droht man ihm mit Entlassung, wenn er sich nicht ändere. Was er zu ändern habe, wird ihm auch auf Nachfrage nicht so zureichend deutlich mitgeteilt, daß er eine realistische Chance hätte, »sich zu bessern«.

Welches sind nun aber die wichtigsten Gründe für ein Mobbing?

- Einer der häufigsten Gründe ist ein oft versteckter – und dem Mobbenden nicht einmal bewußter – Neid.
- Ein ähnlicher, auch in der labilen Persönlichkeitsstruktur des Mobbenden liegender Grund ist die Angst, der andere könnte die eigene Position bedrohen.
- Ein anderer Grund ist die praktische Unkündbarkeit eines Mitarbeiters, den man, aus gleich welchen Gründen auch immer, loswerden möchte.
- Ein verbreiteter Grund des Mobbings ist die Bildung kommunikativer Phantome, die den Betreffenden als charakterlich so minderwertig erscheinen lassen, daß er es nicht verdiene, menschlich behandelt zu werden.

c. Phantombildungen

Über Phantombilder, die durch Kommunikation über einen Abwesenden entstehen, ist schon berichtet worden. In nicht wenigen Unternehmen gehört das Gerede über Abwesende zur Unternehmenskultur. Sicherlich kann es nötig sein, über andere in deren Abwesenheit zu sprechen: etwa über ihre sozialen und fachlichen Qualitäten. Doch muß in solchem Sprechen die kommunikative Verantwortung deutlich bleiben, daß uns (a) niemals das Recht zusteht, über den Charakter anderer Menschen zu urteilen, wohl aber über ihre Kompetenzen, und daß uns (b) die Gefahr bewußt bleibt, daß wir uns auch in solchem Sprechen von der personalen Realität dessen, über den gesprochen wird, ablösen. Nur das Wissen um die Gefahr der Phantombildung wird verhindern, daß man nicht über Tatsachen spricht, Tatsachen nicht verallgemeinert und nicht Vermutungen Raum greifen.
Der Ausgang solcher Phantombildungen sind in aller Regel Generalisierungen, Vermutungen, gezielte Abwertungen, Gerüchte. Vermutlich ist es eine verbreitete Neigung vieler, vielleicht gar der meisten Menschen, über andere in deren Abwesenheit zu schwätzen. Auf diese Weise werden Feindkonstrukte erzeugt, die außerordentlich stabil sein können. Alles, was ein Mensch sagt, tut, entscheidet ... wird als Bestätigung des Konstrukts interpretiert.

Wie schon ausgeführt, nutzt es selten, vor seinem Konstrukt zu fliehen, etwa zu kündigen und eine neue Stelle zu suchen. Ich habe Unternehmen kennengelernt, in der nahezu jeder Vorgesetzte von seinen Mitarbeitern emotional und sozial so negativ besetzt wurde, daß alles, was sie unternahmen, nicht nur negativ bewertet wurde, sondern auch die Mitarbeiter stark demotivierte. Es ist nahezu unmöglich, in einem Unternehmen dieser Art eine biophile Unternehmensstruktur aufzubauen. Den Interaktionen in solchen Unternehmen sind oft die letzten Spuren von Weisheit abhanden gekommen.

Was aber kann man tun, wenn man von Angst beherrscht wird, wenn man Opfer von Mobbing-Strategien geworden ist oder als phantastisch realitätsabgelöstes Phantom Interaktionsangebote erhält, die unverständlich sind? Ist es möglich, mit Feinden leben zu lernen? Sicherlich wird es uns nicht schwerfallen, mit dem einen oder anderen Feind zu leben. Aber das Leben in einer Welt voller Feinde setzt schon ein Selbstvertrauen voraus, das nur selten entwickelt wurde. Zunächst wird sich ein Mensch, der in einer Welt voller Feinde lebt, fragen müssen, welche seiner Verhaltensmuster dazu beigetragen haben, daß ein solches Konstrukt ausgebildet wurde, das bei anderen feindselige Reaktionen auslöste – und endlich gar das Konstrukt »Feind« dauerhaft etablierte. Sicherlich werden Menschen mit Charakterneurosen (etwa des *Borderline*typs oder des narzißtischen Typs) von vielen Menschen abgelehnt, ohne daß sie in der Lage wären, ohne therapeutische Hilfe daran etwas zu ändern. Andererseits gibt es jedoch Schemata, die nicht selten das Konstrukt »Feind« bei vielen – mitunter den meisten – aktivieren. Hier gehören

- stolze und damit oft als arrogant abgestempelte Sieger,
- dauerhaft Erfolgreiche, die ihren Erfolg prostituieren,
- Menschen mit mangelnder Hilfsbereitschaft (vor allem mangelnder nachbarschaftlicher Hilfsbereitschaft),
- Menschen, die sich resigniert aus menschlichen Beziehungen in Einsamkeiten zurückzogen (was ihnen als elitäres Verhalten ausgelegt wird: »Wir sind ihm/ihr nicht gut genug!«),
- Menschen, die unfähig sind zum *small talk* und damit nicht in der Lage, soziale Netze zu knüpfen,

- Menschen, die – in genauem Gegenteil – ständig von sich selbst reden und andere, die auch etwas von sich mitteilen möchten, nicht zu Worte kommen lassen,
- Menschen, welche die bestehenden Konventionen nicht beachten.

Mit einiger Mühe könnte es gelingen, solche Verhaltensmuster abzulegen. Doch ist nicht damit zu rechnen, daß das Feindkonstrukt von einem auf den anderen Tag damit verschwinden würde. Leider verstärken solche Strategien eher noch das Feindkonstrukt.

d. Shareholder value

Das Gerede vom *Shareholder value* (dem Wert des Unternehmens aus Sicht der Aktionäre)[288] zeugt von erheblicher Unweisheit. Den Unternehmenswert ausschließlich auf geldwerte Größen zu reduzieren beweist einen mehr als eigenartigen Sinn für Werte. In den USA bildete sich der schwer ins Deutsche zu übersetzende Begriff des *Shareholder value* aus. Damit sind Wertorientierungen bezeichnet, die das gesamte soziale Umfeld des Unternehmens umfassen: die Mitarbeiter, die Aktionäre, die Kunden, die Lieferanten, die Wettbewerber, die Behörden, die Gewerkschaften…[289] *Stakeholder* ist ein Überbegriff, der das gesamte gesellschaftliche Umfeld des Unternehmens bezeichnet, systemtheoretisch gesprochen: seine Innere und Äußere Umwelt. *»Alle* Stakeholders *haben legitime, aber unterschiedlich strukturierte Interessen an den Aktivitäten des Unternehmens und – wenn auch im unterschiedlichen Maße – ein Anrecht auf die Berücksichtigung ihrer Anliegen.«*[290] Alle for-

---

288 In manchen Reden von Vorstandsvorsitzenden anläßlich von Hauptversammlungen wird dieser *Shareholder value* in beschämender Vereinfachung noch gleichgesetzt mit einer Optimierung des Bilanzgewinns, was wie gesagt durchaus die Minderung des Unternehmenswerts bedeuten kann.

289 Vgl. hierzu: Klaus M. Leisinger, Unternehmensethik – Globale Verantwortung und modernes Management, München 1997, 97–106.

290 Ibd., 97.

dern vom Unternehmen die Beachtung (sieht man einmal von den Aktionären ab) bestimmter Werteinstellungen, die zumindest gewollte oder vorsätzliche, fahrlässig nicht bedachte sozialunverträgliche Handlungen und Entscheidungen ausschließen. Die Überwindung des *Shareholder-value*-Denkens zugunsten eines *Stakeholder-value*-Denkens macht aus einer Führungskraft eine Führungspersönlichkeit, aus einem Manager einen Unternehmer, der in der Lage ist, jenseits der Begehrlichkeiten der Aktionäre Werteinstellungen zu realisieren. Das *Shareholder-value*-Denken führt in eine verdummende Einäugigkeit. Das *Stakeholder-value*-Denken sieht das Unternehmen eingebettet in die Pluralität verschiedener Erwartungen, Werteinstellungen, Interessen und Bedürfnisse. Wer sie fahrlässig nicht bedenkt, wird früher oder später auch den Unternehmenswert mindern. Weisheit realisiert sich nur in *Stakeholder-value*-Orientierungen.

2. Unweisheit volkswirtschaftlicher Systeme

Man würde Unternehmen bitter unrecht tun, wenn man sie nicht als Ausdrucksformen makroökonomischer Abläufe interpretierte. Die Volkswirtschaft macht konkreter Betriebswirtschaft Vorgaben, die gelegentlich die von der Politik vorgegebenen Rahmenbedingungen weit überschreiten. Andererseits gilt es als wirtschaftswissenschaftliches Dogma, daß es einer Volkswirtschaft nur gutgehe, wenn es den Unternehmen, die unter ihrem Dach wirtschaften, gutgeht. Zudem bedeutet jedoch Globalisierung Ersetzen des volkswirtschaftlichen Denkens zugunsten eines weltwirtschaftlichen. Wie alle Systeme, die über autodynamische Prozesse sich selbst auflösen, versuchen derzeit viele Volkswirtschaften, ihre Unentbehrlichkeit zu dokumentieren. Hier wird die enge Verquickung von Politik und Volkswirtschaft deutlich: Noch immer orientiert sich die Politik am BIP (einer volkswirtschaftlichen Kennzahl also), um etwa den nationalen Wohlstand zu bestimmen. Der Vertrag von Maastricht und seine Folgeverträge orientieren sich langfristig noch an solchen nationalen Kennzahlen. Für die Unweisheit volkswirtschaftlicher Prozesse mag der Vertrag von Maastricht stehen (wennschon auch an seiner Abfassung kein einziger namhafter Volkswirt beteiligt war), verbunden mit dem Versuch vor allem der deutschen und französischen Politik, ihn ernsthaft zu realisieren.

a. Unweisheit in der EU-Umweltpolitik

Diese Überschrift suggeriert etwas Falsches: daß es nämlich so etwas wie eine vertraglich vereinbarte EU-Umweltpolitik gäbe. Der Vertrag von Maastricht handelt über alles mögliche – nicht aber über Umwelt. Eine gemeinsame Umweltpolitik ist nicht geplant, so daß auch weiterhin die nationalen Wirtschaftssysteme im Wettbewerb mit- und gegeneinander versuchen werden, sich von dem scheinbar freien Gut »intakte Umwelt« möglichst viel kostenlos anzueignen. Sicherlich wäre es nicht befriedigend, eine Reglementierung des Umweltverbrauchs nur für die EU anzustreben, doch wäre damit schon einmal ein erster Schritt hin auf eine weltwirtschaftliche Lösung getan. Vermutlich ist jedoch niemand an einem solchen Schritt interessiert. Ich habe an anderer Stelle schon verschiedentlich darauf verwiesen, daß man durch die Versteigerung von handelbaren Zertifikaten, die von der EU-Kommission jeweils zu Jahresanfang meistbietend versteigert werden, eine gewisse Reglementierung erreichen könnte, wenn die erzielten Einnahmen steuermindernd an die entsprechenden Branchen (wie etwa Energieversorgungsunternehmen, die fossile Brennstoffe verwenden, oder Unternehmen der Großchemie) quasi zurückgezahlt würden. Es begänne ein Wettlauf um den geringsten Umweltverbrauch, ohne Wettbewerbsnachteile für Unternehmen in der EU gegenüber solchen, die nicht der EU-Kontrolle unterliegen, befürchten zu müssen. Schauen wir uns einmal die Werte an, die bei Einführung eines SO_2-Zertifikatesystems für das vom Osloer Protokoll der UN-ECE festgelegten Basisjahres (1990) zugrunde lagen:

Verkäufer von Emissionsrechten von je 1000 Tonnen wären:[291]

Belgien:	10	Griechenland:	105	Irland:	4
Spanien:	1027	Portugal:	38		

Käufer solcher Emissionsrechte wären:

Deutschland:	567	Dänemark:	51	Frankreich:	107
Italien:	107	Niederlande:	15	Großbritannien:	349

Da die Käufernationen in Maastricht das Sagen hatten, ist leicht erklärlich, warum es nicht zu einer Regelung des Umweltverbrauchs kam. Ein grandioser Sieg der Unvernunft und des nationalen Interesses – zugleich auch eine Demonstration der Unweisheit.

b. Der Euro

Die zweite Manifestation volkswirtschaftlicher Unweisheit, die sich in der Weigerung demonstrierte, eine EU-Volkswirtschaft zu begründen, ist die Einführung des Euro. Dabei hatte man schon mit der Einführung einer Einheitswährung sowie deren Scheitern zureichende Erfahrung gesammelt. Am 23. 7. 1944 versuchten die USA, für die wirtschaftliche Nachkriegsordnung in Bretton Woods die vertraglichen Grundlagen zu legen. Gegründet wurden ein Internationaler Währungsfonds und eine Weltbank. Am 27. 12. 1945 verpflichteten sich die Mitgliedsländer des IWF, ein System vereinbarter Wechselkurse anzuerkennen und die Preise ihrer Währungen nicht mehr zu ändern. Die Währungsparitäten der Mitgliedsländer wurden bezogen auf Gold, den US-Dollar bzw. auf »Sonderziehungsrechte«, zwischen denen die Relation bestand 1 SZR = 1 US-Dollar = 0,888 g Feingold. Jedes Mitgliedsland (die Bundesrepublik seit 1952) entsendet einen Gouverneur in das oberste Gremium des IWF, den Rat der Gouverneure. Der US-Dollar wurde zu einer Art Weltwährung (durchaus vergleichbar dem Euro in der EU). Die volkswirtschaftlichen Verwerfungen zwi-

291 Tobias F. N. Schmidt in: ZEW-News (Zentrum für europäische Wirtschaftsforschung – Mannheim), Juni 1997, 5.

schen den Mitgliedsländern führten am 27. 7. 1961 dazu, sich auf eine einzige internationale Geld- und Reserveeinheit, das SZR (Sonderziehungsrecht), zu beschränken und den Preis des US-Dollars sowie des Goldes freizugeben. Jedoch spielte diese Kunstwährung – zu einer reinen Reservewährung verkommen – bald kaum mehr eine Rolle. Das war das Ende von Bretton Woods. Wird das Ende von Maastricht anders aussehen – wenn ja, warum? Immerhin waren die Väter des ersten Versuchs, eine internationale Währung einzuführen, so weise, die nationalen Zahlungsmittel nicht untergehen zu lassen, sondern sie nur durch feste Paritäten aneinanderzukoppeln. Diese Weisheit läßt Maastricht vermissen: Die Einführung des Euro als Bargeld (und nicht nur als Verrechnungs- oder Giralgeld) macht den Prozeß – wie auch immer die nationalökonomischen Verwerfungen innerhalb der EU aussehen mögen – irreversibel.
Der Vertrag von Maastricht führt ein Dachinstitut ein, dessen vorrangiges Ziel es ist, die Preisstabilität zu sichern, das ESZB (Art. 105, das Europäische System der Zentralbanken). Es besteht aus der Europäischen Zentralbank (EZB) und den nationalen Zentralbanken (Art. 106). Beide, die EZB und die nationalen Zentralbanken, sind zur Ausgabe der Euro-Banknoten berechtigt (Art. 105a). Das oberste Beschlußorgan der EZB, der EZB-Rat, besteht aus den Mitgliedern des Direktoriums der EZB und den Präsidenten der nationalen Zentralbanken. Die Mitglieder des sechsköpfigen Direktoriums werden politisch bestimmt und auf acht Jahre ernannt (Art. 109a). Da die Präsidenten der nationalen Zentralbanken, für die solche Beschränkungen nicht gelten, voraussichtlich de facto (wenn auch nicht de jure) die nationalen Wirtschaftspolitiken zu fördern versuchen, um nicht abgelöst zu werden, ist es offensichtlich unwahr zu behaupten, der Euro wäre wenigstens ebenso stabil wie die DM (immerhin geglaubt bis Anfang 1997, bevor also die Flucht in den US-Dollar begann). Auch hier wieder eine Eruption von Unweisheit.

3. Unweisheit in der Politik (Parteien)

Als Beispiel für politische Unweisheit seien hier die politischen Parteien gewählt. Daß Parteien Horte der Unweisheit sind, ist jedem offensichtlich, der einmal an einer lokalen oder auch überlokalen Parteiversammlung teilgenommen hat. Sollte die Vermutung *Joseph Alois Schumpeters* in seinem Buch »Kapitalismus, Sozialismus und Demokratie« aus dem Jahre 1942 stimmen, daß die Beschäftigung mit Politik augenblicklich die menschliche Intelligenz um Grade mindert?[292] Einem sorgfältigen Beobachter wird es schwerfallen, diese Frage zu verneinen, vor allem wenn es um politische Hauptberufler und hauptberufliche politische Leitartikler geht. Hier baut sich Unweisheit ein gemütliches Nest. Parteien sind organisierte Zusammenschlüsse von Bürgern mit gemeinsamen sozialen Interessen und politischen Vorstellungen über die Gestaltung der politischen, ökonomischen und sozialen Ordnungen mit dem Ziel der Übernahme, der Behauptung oder der Kontrolle der Herrschaft in einem Staat. Ihre wichtigste Funktion besteht darin, aus dem multioptionalen Angebot diejenigen Optionen auszuwählen, die ihren politischen Vorstellungen am nächsten kommen unter der vorgegebenen Randbedingung, dadurch schweren Schaden vom Gemeinwohl[293] abzuhalten. Die Erfüllung dieser Aufgabe setzt jedoch eine Parteiinteressen transzendierende politische Wertvorstellung voraus. Die gegen-

292 »So fällt der typische Bürger auf eine tiefere Stufe der gedanklichen Leistung, sobald er das politische Gebiet betritt« (a. a. O., 416).

293 »Gemeinwohl« bezeichnet die in einem Gemeinwesen meist über selbstreferentielle Prozesse entstandenen Überzeugungen über das Gesamtinteresse (im Gegensatz zu Individual-, Gruppen-, Verbands- oder ideologischen Interessen). Was das Gesamtinteresse ausmacht, wird streitig gesehen und kann nur ideologisch (etwa christlich, sozialistisch, liberal ...) bestimmt werden. Damit aber ist die Definition zirkulär. Das bedeutet, daß eine positive Definition von Gemeinwohl wesentlich unmöglich ist. In einer beschreibenden Definition könnte man eventuell versuchen, Gemeinwohl in einer pluralistischen Gesellschaft in der ständigen Auseinandersetzung der verschiedenen Interessen auszumachen, für deren Ergebnis letztlich die Machtverteilung unter den gesellschaftlichen Gruppen ausschlaggebend sein wird. Da es aber auch so nicht zu einer konsensuellen Bestimmung von Gemeinwohl in konkreten politischen Entscheidungssituationen kommt, müssen wir uns darauf beschränken, dem Staat die Aufgabe zuzuerteilen, schweren Schaden vom Gemeinwohl zu wenden. Diese Funktionsbestimmung setzt nicht eine positive Definition von »Gemeinwohl« voraus. Es ist sehr wohl konsensuell auszumachen, was dem Gemeinwohl (wie auch immer definiert) schweren Schaden zufügt. So sind etwa die meisten Paragraphen des StGB konsensuell in ihrer Funktion, schweren Schaden vom Gemeinwohl abzuwenden.

wärtige politische Szene läßt vermuten, daß das einzige Interesse einer Partei der Machterwerb oder der Machterhalt ist. Diesem Ziel werden alle anderen Werte – auch und vor allem sittliche – zum Opfer gebracht. Der Erfolg (und das gilt für Parteien wie Regierung) ist der einzige Wert, der die Politik zu bestimmen scheint.[294]

Niccolò Machiavelli (1469–1527) wird – auch im Ökonomischen – wieder zum Lieblingsautor. Der Machiavellismus scheint zur Schule der Politik geworden zu sein. Das wird deutlich, wenn wir uns die Mühe machen, einmal in Machiavellis Schrift aus dem Jahre 1513, »Der Fürst«[295], zu blättern:

- *»Ein kluger Herrscher kann und soll daher sein Wort nicht halten, wenn ihm dies zum Schaden gereicht und die Gründe, aus denen er es gab, hinfällig geworden sind.«* (87)
- *»Ein Fürst braucht also nicht alle oben genannten Tugenden (Mitleid, Treue, Menschlichkeit, Redlichkeit und Frömmigkeit) zu besitzen, muß aber im Rufe davon stehen. Ja, ich wage zu sagen, daß es sehr schädlich ist, sie zu besitzen und sie stets zu beachten; aber fromm, treu menschenfreundlich, gottesfürchtig und ehrlich zu scheinen, ist nützlich.«* (88)
- *»Daher muß ein Fürst, der sich behaupten will, imstande sein, schlecht zu handeln, wenn die Notwendigkeit es erfordert.«* (78)
- *»Daher muß ein kluger Fürst weise Männer berufen und ihnen allein verstatten, ihm die Wahrheit zu sagen, aber nur über die Dinge, nach denen er fragt, und nicht über andere.«* (113)

---

294 J. A. Schumpeter meint dazu: »So sind denn (politische) Informationen und Argumente, für die schlagende Beweise vorgebracht werden, zumeist die Diener politischer Absichten. Da der Mensch immer als erstes für seine Ideale und Interessen zu lügen bereit sein wird, dürfen wir erwarten und finden wir auch tatsächlich, daß eine wirksame Information beinahe immer verfälscht und ausgewählt ist und daß eine wirksame Argumentation in der Politik hauptsächlich darin besteht, gewisse Behauptungen zu Axiomen zu erheben und andere von der Traktandenliste zu streichen« (a. a. O., 419).

295 Wir verwenden hier die Übersetzung von Friedrich von Oppeln-Bronikowski, erschienen 1990 in Frankfurt. Die den Zitaten nachgestellten Ziffern verweisen auf die Seite dieser Ausgabe.

- *»... denn die Menschen sind immer schlecht, wenn die Notwendigkeit sie nicht gut macht.«* (114)

Vermutlich wird der aufmerksame Leser Grundzüge des politischen Entscheidens heute, aber auch das Menschenbild mancher Politiker hier unschwer wiedererkennen.
Gerade die Politik arbeitet nicht selten mit gezielten Indiskretionen, ja mit verleumderischen Unterstellungen, um ihre Ziele zu erreichen. Die Massenmedien haben sie sicher immer dann bald auf ihrer Seite, wenn es ihnen gelingt, den politischen Gegner (sei es eine Person, sei es eine Partei) zu diffamieren, kommen doch solche Geschichten bei manchen Menschen recht gut an. Wer zudem auch noch so naiv ist, den von den Massenmedien verbreiteten Skandalgeschichten zu glauben, wird zum hilflosen Spielball der politischen Meinungsmache. Die Kunst, den Gegner, den innerhalb der eigenen Partei, aber auch den einer anderen Partei angehörenden, kleinzumachen, in den Augen der potentiellen Wähler als unfähig abzustempeln – das gilt heute in Deutschland als politische Kunst. Daß hier die Unweisheit regiert, dürfte unmittelbar einsichtig sein, denn nekrophiles Handeln und Entscheiden sind im Gegensatz zur Vermutung *Machiavellis* stets unweise.
Die Annahme, daß der Erfolg jedes Mittel heilige, dürfte zu den Maximen politischen Handelns geworden sein. Das Schweigen jedwelcher Sittlichkeit ist sicherlich ärger als der Radau von Menschen, die – zwar unklug – in Krawallen dagegen aufbegehren.
Eine Politik, in der Weisheit eine Chance hat, wird stets die möglichen Alternativen bedenken, die ihr eine multioptionale Gesellschaft bietet. Besonders fatal ist das Versagen der Linken, während die Unbeweglichkeit der Rechten zu ihrem Wesen gehört. Manchen, denen doch die kritische Verantwortung auch in der Opposition zuzusprechen ist, erkennen erst jetzt, daß der Zerfall der Strukturen des bisherigen soziopolitischen Systems auch die Grundlagen des Sozialstaates nicht nur in Frage stellt, sondern sie auch gefährdet.[296] Jedoch anstatt sich mit den veränderten

---

296 Vgl. dazu die bedenkenswerte Studie, die Siegmar Mosdorf (SPD) und Hubert Kleinert (Die Grünen) verfaßt haben. Sie wurde veröffentlicht in: Der Spiegel 13/1997, 42–47.

ökonomischen (Globalisierung), technologischen (Informationsgesellschaft) und sozialen Rahmenbedingungen (80 Prozent des Produktivvermögens wird von 3 Prozent der Bevölkerung gehalten) zu beschäftigen und innerhalb deren neue Konzepte zu entwerfen, scheint es der Linken näherzuliegen, klagend die Rolle der Desorientierung zu spielen. Dabei sind doch einige Fakten unbestreitbar (wenn auch von den derzeitigen Regierungsparteien kaum zur Kenntnis genommen):

- Im EU-Bereich existieren Volkswirtschaften nicht mehr als überschaubare Wirtschaftsräume. Damit verlieren die volkswirtschaftlichen Modelle (seien sie neokeynesianisch oder der Neoklassik verpflichtet) an Bedeutung. Genauer: Sie handeln über Sachverhalte, die nicht mehr existieren.
- Die nationale Zinshoheit geht desto stärker verloren, je mehr wir uns dem Euro annähern. Deshalb wird es unmöglich, über Zinspolitik Investitionen zu begünstigen. Die Staatsverschuldung macht eine Investitionen begünstigende Ausgabenpolitik unmöglich.
- Da es gefährlich ist, sich ausschließlich oder doch vorwiegend im Bereich der industriellen Produktion auf die Außenkonjunktur und damit auch auf die Außennachfrage zu verlassen, muß die Binnennachfrage angeregt werden. Das ist sicherlich nur dann zu erreichen, wenn die Konsumquote ansteigt. Sie wird aber nur ansteigen, wenn es gelingt, Massenarbeitslosigkeit und überhöhte Steuerlast abzubauen.
- Das Zentrum der Weltwirtschaft wird sich von der EU und den USA nach Ostasien verlagern. Wenn China (und vielleicht auch Indien) Angebotsmärkte werden, dann ist die japanische Wirtschaftsmacht nur ein unerheblicher Vorläufer dessen, was auf uns zukommt.
- Unter dem Zwang europäischer Integration werden sich auf die Dauer Steuern, aber auch Soziallasten aneinander angleichen. Das bedeutet für Deutschland vermutlich ein deutliches Absinken des durchschnittlichen Lebensstandards.
- Deutschland wird, wenn es nicht bald gelingt, den Trend zu

wenden, von ausländischen Investoren weitgehend verschont bleiben.[297]

Doch was ist da zu tun?

- Die Arbeitnehmer müssen in erheblichem Umfange am Produktivkapital beteiligt werden.
- Die »Information« wird zum wesentlichen Produktionsfaktor. Damit werden die Großunternehmen der Industriegesellschaft als Dinosaurier langsam, aber sicher absterben. Die augenblicklich zu beobachtenden Konzentrationsbewegungen wirken dann archaisch, wenn sie nicht zum Ziele haben, zentral zu planen und zu steuern, aber dezentral in der Nähe der Absatzmärkte zu produzieren. Aus weltweit agierenden Konzernen werden Netzwerke.
- Damit entsteht auch ein neuer Arbeitnehmertyp, der bereit und fähig ist, mehr Verantwortung zu übernehmen, und Flexibilität und Zeitsouveränität sucht und schätzt. Teilzeitarbeitsplätze werden und müssen entstehen, um dieser veränderten Lage gerecht zu werden.
- Aber auch die Selbständigkeit wird attraktiver werden. Die neuen Medien begünstigen kleine Unternehmen, den neu entstehenden Märkten mit geringsten Anpassungs- und Umstellungszeiten neue Dienstleistungen anzubieten. In Zukunft wird nicht mehr der Große den Kleinen schlucken, sondern der Schnelle dem Langsamen die Aufträge wegnehmen. Es wird möglich werden – was heute aus mir unerklärlichen Gründen unmöglich zu sein scheint –, die Faktoren Kapital, Arbeit und Innovationen zusammenzubringen, denn alle drei sind im Überfluß in Deutschland vorhanden.

Doch weder die Regierung noch die Opposition werden dieser Sachlage gerecht. In trüber Unweisheit wählen sie entweder vor

---

297 Zwischen 1985 und 1995 flossen von den insgesamt 893 Milliarden US-Dollar ausländischer Investitionen 53 Prozent in die USA, 23 Prozent nach Großbritannien, 11 Prozent nach Frankreich, 6 Prozent in die Niederlande, 4 Prozent nach Schweden und nur 3 Prozent nach Deutschland.

dem Anspruch der Multioptionalität die Null-Option oder die Desorientierung.

4. Unweisheit in den Kirchen

Daß die Kirchen nicht unbedingt Horte weisen Miteinander-Umgehens sind, zeigt die in ihnen verbreitete Intoleranz. Welches sind die Gestalten, unter denen sich die Intoleranz mitunter zu maskieren versucht:

a. Der Dialogmythos

Tatsächlich stehen viele christliche Kirchen in einem mehr oder minder dauerhaften Dialog. Doch in Unkenntnis sprachphilosophischer Vorgaben verkennen sie nicht selten die Möglichkeiten dialogischer Situationen. Deshalb seien hier einige Gedanken über die Möglichkeiten und Grenzen dialogischen Interagierens vorgestellt. Das scheint um so angebrachter, als kommunikative Situationen, in denen sich Weisheit einstellt, dialogisch verlaufen.

»Dialog« bezeichnet eine Interaktion, die durch wechselseitige Mitteilung irgendwelcher Art zu einem interpersonalen Zwischen führt. Dieses »Zwischen« wird verschiedentlich als »gemeinsamer Sinnbestand« interpretiert.[298] Als erster führte *F. H. Jacobi* (1804–1851) das dialogische Denken als *»Quelle aller Gewißheit: Du bist, und ich bin«* ein.[299] Um 1920 entwickelte sich eine eigentliche Dialogphilosophie.[300] Gegen 1950 brach dann eine wahre Dialogwelle über das moderne philosophische Denken herein. Nur im Dialog geschehe Wahrheit. Im Dialog ließen sich alle Irrtümer und Täuschungen, die Menschen in widerstreitende

---

298 Vgl. dazu Martin Buber, Werke I (1962), 271 f., 405.

299 Friedrich Heinrich Jacobi, Fliegende Blätter, Werke (Nachdruck 1968) 6, 292.

300 Hermann Cohen, Religion der Vernunft aus den Quellen des Judentums (1919); Ferdinand Ebner, Das Wort und die geistigen Realitäten (1921); Franz Rosenzweig, Der Stern der Erlösung (1921); Martin Buber, Ich und Du (1923).

Positionen führen, überwinden. Es entwickelte sich sogar eine »Kommunikative Philosophie« der Konfliktbewältigung.[301] Die Idee der Moderne: Wir Menschen verfügen alle über ganz dieselbe Vernunft, und deshalb könne auf dieser Ebene stets Konsens, ja täuschungs- und irrtumsfreier Konsens gefunden werden, ist falsifiziert. Diese Lehre von der Universalität der Vernunft findet ihre Fortsetzung in der Lehre von der »dialogischen Vernunft« bei *Jürgen Habermas*. Die kommunikative Vernunft erzeugte in gelingender Kommunikation selbst das Vernünftige. Sie sei nicht mehr wie die »praktische Vernunft« (individualisiert oder kollektiviert) eine Quelle, aus der bestimmte Normen der Moral und des Rechts abgeleitet werden. Vielmehr sei sie ein Leitfaden, um das Geflecht meinungsbildender und entscheidungsvorbereitender Diskurse, die zur Ausbildung von Normen führen, zu entwirren. Hier begegnen wir einer naiven, weil rekonstruktivistisch denkenden Erkenntnistheorie.
Da war es schon ein Fortschritt, als man erkannte, daß »Dialog« nicht das »Wesen der Kommunikation« sei, sondern eine metaphorische Erklärung von Kommunikation. Doch wie bei allen von ihr zur Erklärung verwandten Metaphern konnte es die Moderne wegen ihrer rekonstruktivistischen Erkenntnistheorie nicht vermeiden, sie – ähnlich wie schon die Containermetapher – realistisch zu interpretieren.

---

301 Dieser Theorie lag zumeist ein spieltheoretischer Ansatz des Verstehens zugrunde: Im Verlauf der Kommunikation würden die Beteiligten über denselben Vorrat an Zeichen und Regeln verfügen, den Zeichen ähnliche Bedeutung zusprechen, über dieselben Sachverhalte wissen ... Menschen könnten im Lauf der Zeit durch Mitspielen oder als Zuschauer des Spiels (wie beim Schach oder beim Fußball) sowohl die Bedeutungen der einzelnen Spielhandlungen als auch die Regeln, nach denen spielgerecht die Handlungen zu ketten sind, erkennen und regelgeleitet mitspielen können. Dieser Ansatz ist brauchbar, wenn (a) die im Spiel aktivierten Konstrukte der Mitspieler zureichend ähnlich sind und (b) keine widerstreitenden aktuellen Interessen, Erwartungen, Bedürfnisse oder Werteinstellungen im Spiel sind. In diesem Fall würde vom Mitspieler erwartet, daß er seine Werteinstellungen, Interessen, Bedürfnisse und Erwartungen (das sind wichtige Elemente seiner persönlichen Identität) aufgibt.

Die Dialogmetapher gründet in der zutreffenden Einsicht, daß

- Kommunikation Allgemeines Bewußtsein und eine kollektive »ursprüngliche« Theorie-Praxis-Einheit erzeugt,[302]
- Kommunikation das Konstrukt »soziale Systeme« aktiviert,
- Kommunikation emotionale Widerstände überwinden helfen kann und
- Kommunikation nicht selten konsensuelle Absichten verfolgt.

Die Metapher wird jedoch unzulässig verallgemeinert, wenn angenommen wird, gelingende Kommunikation führe stets dazu, daß Menschen ihre Meinungen, Ansichten und Werteinstellungen einander annähern könnten, falls sie dieses nur wünschten oder zuließen: Im Verlauf des Dialogs entwickelten – so meinte man – die Kommunikanten eine Durchschnittsmenge von identischen Regeln und Bedeutungen (»Venn-Diagramm«). Restmengen, denen so nicht beizukommen sei, seien als für die Kommunikation unerhebliche Subjektivität, als Ideosynkrasien[303] oder als Neologismen aus dem dialogischen Geschehen exkommuniziert.

Die Sprache nicht weniger Menschen verrät, daß sie die Dialogmetapher realistisch interpretieren, wenn sie der naiv-realistischen Meinung sind, daß ein Satz, ein Text … eine objektive Information enthalte, die man kommunikativ erheben könne. Auch Fragen wie:

- »Hast du das verstanden?«,
- »Kannst du dem zustimmen?«,
- »Haben wir dieselben Interessen?« …

---

302 Vgl. zu den Begriffen »Allgemeines Bewußtsein« und »Ursprüngliche Theorie-Praxis-Einheit« R. Lay, Wissenschaftsphilosophie, Frankfurt/M. 1990, 2–29.

303 »Ideosynkrasie« bezeichnet eine hochgradige Abneigung gegen bestimmte Personen, soziale Gebilde, Meinungen, Wertvorstellungen, Ideologien. Sie ist dann ein Symptom von Krankheitswert (Zwang, Wahn), wenn sie durch entgegengesetzte Ansichten nicht etwa dynamisiert, sondern stabilisiert und aggressiv verteidigt wird.

unterstellen die Möglichkeit eines *cognitive sharing*. Sie setzen im Sinne der realistischen Interpretation der Containermetapher die Möglichkeit voraus, daß Menschen aus gleichen Signalfolgen identische und damit gemeinsame Informationen erzeugen. Insofern »Gemeinsamkeit« einen sozial hoch bewerteten Sachverhalt bezeichnet, wird der, der sich nicht zu dieser »kommunikativen Gemeinsamkeit« bekennt, sozial bestraft – bis hin zur Exkommunikation.

Ein konstruktivistischer Interaktionismus ist dagegen der Überzeugung, daß nicht dialogisch einzuholende Restmengen keineswegs ein Übel vorstellen, sondern schlechterdings unvermeidbar sind und die Grundlage »kognitiver Autonomie« bilden. Sollte zufällig eine Durchschnittsmenge identischer Informationen gebildet werden, ließe sich nicht ausmachen, um welche Informationen es sich handelt. Die Akzeptation dieses Sachverhalts ist vielmehr die Voraussetzung für Interaktionen, in denen Würde, Freiheit, Gerechtigkeit... geschehen. Selbst Ideosynkrasien ohne Krankheitswert sind, als werthaft positiv besetzt, nicht nur zuzulassen, sondern positiv zu akzeptieren.

Der Metaphernrealismus der »Gemeinsamkeitsmetapher« führt mit seiner Verpflichtung, sich in eine dialogische Einheit zu fügen, zu einer inhumanen Entwürdigung, einer inhumanen Beraubung von Freiheit, einem fundamentalen Unrecht in der Verkennung des Rechts auf eine dialogisch nicht zu vereinnahmende Eigenmenge von Vorstellungen und Werten. Er erzeugt repressive soziale Einheiten – bis hin zu denen, die Auschwitz, Hiroschima, Katyn ... [304] ermöglichten. Es ist eine wichtige Aufgabe der Philosophie, Allgemeines Bewußtsein so zu begleiten,

---

304 »Auch internationale Konflikte sind unzweifelhaft im Sprachgebrauch eingebettet, wobei im Konfliktfall die eine Seite gewöhnlich glaubt, ihr Anspruch sei korrekt, vernünftig und historisch gerechtfertigt, und der anderen Seite vorwirft, sie sei nicht willens, diese eine Interpretation zu akzeptieren. Wir wollen hier nicht den Eindruck erwecken, als sei alle Gewalt ausschließlich auf Sprache zurückzuführen. Doch rührt Gewalt meistens daher, daß die Metapher des Mitteilens, die Vorstellung, Kommunikation müsse Gemeinsamkeiten zur Folge haben, dort angewandt wird, wo sie einfach nicht hinpaßt und ihre Implikate dann nicht mehr im Gespräch der Beteiligten reflektiert werden können.« K. Krippendorf, a. a. O., 38.

daß solches nicht mehr möglich wird. Die beschleunigte Entwicklung hin zum Interaktionismus ist also wichtiges Ziel jeder Philosophie heute, wenn sie den Namen »Philosophie« für sich noch in Anspruch nehmen will.
Damit dürften die Grenzen des Anspruchs, im, mit und durch Dialog die Einheit der christlichen Kirchen zu erlangen, deutlich gemacht worden sein. Nicht selten grenzen Dialoge aus und erzeugen somit ein Feld aktiver Intoleranz gegenüber denen, die sich entweder dem Dialog verweigern oder aber nicht im Dialog zum Konsens kommen können. Nicht selten maskiert sich mit dem Wort »Dialog« eine Art von Kommunikation, die Gemeinsamkeiten vermeiden will. Dann kommt es zu einem Konsens des Verurteilens. Es entsteht eine Situation, die aktiv intolerant wird. Sie fordert, damit Toleranz sich nicht selbst vernichtet, reaktive Intoleranz ein.
Es sei dagegen nicht geleugnet, daß es Formen kommunikativer Interaktionen gibt, die nicht nur zu einem emotionalen und rationalen Konsens führen, sondern auch ein gestelltes Problem optimal lösen – soweit das überhaupt möglich ist –: den Diskurs.[305] Ich habe aber noch von keiner kirchlichen Veranstaltung gehört oder gelesen, die auch nur in Ansätzen diskursive Techniken verwandte. Vermutlich sind sie auch den meisten kirchlichen »Dialogpartnern« völlig unbekannt.

b. Manipulation als Ausdruck von Unweisheit

»Manipulation« bezeichnet eine versuchte oder erfolgreiche Verhaltensbeeinflussung eines oder mehrerer Menschen, um dem Manipulierenden oder einem Dritten zu nutzen. Die religiöse Manipulation[306] hat viele Gesichter. Nicht selten fällt es vor allem gläubigen Menschen schwer, sie zu entlarven. Entweder wird der Nutzen »Gottes« angesprochen oder der scheinbare Nutzen des Manipulierten oder der Nutzen gottgefälliger Werke und Institutionen, die vorgeben, Gottes Willen zu verwalten. Die Schwierig-

305 Vgl. R. Lay, Kommunikation für Manager, Düsseldorf 1990. Hier werden die wichtigsten Diskurstechniken vorgestellt.
306 Vgl. dazu R. Lay, Manipulation durch die Sprache, Reinbek 1980, 242–260.

keit, hier Manipulation von berechtigten Forderungen und Einflußnahmen zu unterschieden, ist offensichtlich. So vor allem, wenn man mit dem Autor annimmt, daß christliche Religiosität biophil ist, daß sie weise Interaktionen erleichtert, wird es schwer zu unterscheiden, was nun zum Nutzen des biophil Religiösen ist und was zum Nutzen irgendwelcher Institutionen, die für sich beanspruchen, in besonderer Weise den Willen des Göttlichen zu kennen und ihn deshalb einfordern zu dürfen. Diese Unterscheidung zutreffend zu kennzeichnen, setzt an sich ein beherrschtes Verfahren voraus zu entscheiden, wie sich das Wirken und Wollen des Göttlichen in Welt repräsentiert. Dennoch scheint es ekklesiale Darstellungsformen zu geben, die mit einigem Recht die Vermutung, es handele sich um Manipulation, gegen sich gelten lassen müssen:

- die Einführung der Idee eines lohnenden und strafenden Gottes mit dem Ziel, bestimmte Normen oder Verhaltensweisen innerhalb einer Religionsgemeinschaft durchzusetzen,[307]
- die sich vom Religiösen sozial und intentional abspaltenden Eigenwirklichkeiten mancher religiöser Einrichtungen und Religionsgemeinschaften,
- die auf ein »christliches Milieu« verkommene Vorstellung von einer Religionsgemeinschaft, deren Ziel es sein sollte, das Göttliche unter uns Menschen präsent zu machen und zu halten,
- das Verteilen von »Ketzerhüten« vor dem »Tag der Ernte«,
- die Reduzierung des Religiösen auf Theologie.

307 Daß es einen buchführenden Gott nicht geben kann (da diese Vorstellung mit der vom Göttlichen widersprüchlich ist), der die Taten und Untaten eines Menschen gegeneinander auflistet, hat sich vermutlich herumgesprochen. Daß früher einmal die Kirche über das Instrumentar zu verfügen beansprucht, Menschen ewige Verdammnis oder ewiges Glück zusichern zu können, wenn sie bestimmte Handlungen (meist »Sünden« genannt) unterließen oder andere Handlungen (wie etwa Beichten) unternähmen, ist sicherlich unbestritten. Da die meisten Europäer sich diesen Überzeugungen nicht mehr anschlossen, mußten andere Mittel helfen, die Notwendigkeit der Kirchen zu begründen.

Dieser sicherlich unvollständige Katalog mag aufzeigen, daß religiöse Manipulation stets nur ein dominantes Nutzenziel hat, das eines religiösen Systems. Insoweit könnte man religiöse Manipulation als eine Spielart der sozialen abhandeln. Versuchen wir nun, die oben genannten Gestalten potentieller religiöser Manipulationen etwas genauer unter die Lupe zu nehmen.

(a) Das Göttliche als Begründer und Garant materieller Normen

»Material« nennen wir Normen, die in konkreten Situationen festlegen, was Gut und Böse ist. Das Gewissen eines Menschen, zu beurteilen, was in dieser konkreten Situation sittlich verantwortet zu tun ist, spielt keine Rolle. Materiale Normen sind Patentrezepte des scheinbar »Guten«. Diesen materialen Normen stehen formale gegenüber, die verlangen, daß ein Mensch aufgrund eines sittlich gebildeten Gewissens selbst entscheidet, wie diese Norm in einer definierten materialen Situation anzuwenden ist.[308] In diesem Abschnitt soll nun bedacht werden, ob sich das Göttliche in christlichem Verstehen in formalen oder materialen Normen ausdrückt. Das Bild vom rechnenden oder manipulierbaren Gott geht in besonderer Weise davon aus, daß sich das Christliche in materialen Normen vorstellt. Wenn sich ein Mensch an diese Normen hält, wird ihm – so die manipulatorische Insinuation – sein Leben gelingen. Ein Mensch, der so seine Religiosität versteht, ist religiös unmündig geblieben.
Das Wort vom »mündigen Christen« geisterte bis vor wenigen Jahren durch die religiös orientierte Literatur. Heute ist es nahezu untergegangen. Das mag zwei Gründe haben: Entweder sind Christen grundsätzlich mündig oder aber grundsätzlich unmündig. Sicherlich gibt es ihn, den Christen, der sein religiöses Fundament, das seines Glaubens und das seines Handelns aus der Grundorientierung eines auf das Göttliche[309] bezogenen Ichs

308 Ein Beispiel einer formalen Norm bildet die der Biophilie. Sie kann in verschiedenen privaten oder beruflichen Umständen völlig verschiedene Verhaltensweisen und damit die Beachtung völlig verschiedener materialer Normen einfordern.

309 Ich bevorzuge den Terminus »das Göttliche«, weil das Wort »Gott« dazu verführen könnte, sich das Göttliche im modernen Sinne personal zu den-

bezieht. Das religiöse Fundament wird gelegt durch kritische Entscheidungsprozesse, die die Stellung des Göttlichen im eigenen Leben ausmachen und zum anderen den Ort der Institutionalisierung des Religiösen (etwa in Kirchen) festlegten. Ein solches emanzipiertes Glauben wird sicherlich gegenüber Manipulationsversuchen immun sein. Darüber hinaus realisiert es eine fundamentale Wurzel des Menschseins, die nur in etwas gründen kann, das letzter Grund aller Menschlichkeit ist, das Göttliche. Aber mündige Christen sind selten, fast ebenso selten wie »mündige Bürger« oder »mündige Verbraucher«. Viele sind unter dem Anspruch ihrer Mündigkeit in das kirchliche oder gar religiöse Abseits geraten.
Die religiöse Unmündigkeit läßt sich oft schon am Gottesbild[310] ablesen. Werden kindliche Gottesbilder (wie etwa die Vorstellung eines durch Gebete oder gute Taten manipulierbaren Gottes oder eines rechnenden Gottes) im religiösen Erwachsenwerden nicht aufgehoben, wird das Geglaubte[311] nicht kindlich bleiben, sondern kindisch werden. Zumeist ist ein solches Gottesbild ins Über-Ich eingelagert und kann, wenn das Kind in seiner religiösen Entwicklung nicht optimal begleitet wird, nur unter Schuldgefühlen[312] überwunden werden. Die Schuldgefühle haben oft ihren Ursprung in der Vermutung, die Überwindung des kindlichen Gottesbildes führe in einen »Atheismus« – und dieser sei religiös verwerflich. Sicherlich sind religiöse Krisen nicht selten von dem Anschein des Atheismus begleitet. Hier handelt es sich jedoch zumeist nur um

---

ken. Gott ist keine Person – im heutigen Verständnis des Wortes, das »Person« als psychisches und soziales Etwas versteht. Zudem wird nicht zureichend deutlich, daß das Göttliche nicht nur eine adynamische Einheit bedeutet, sondern ein prozessual-dynamisches Etwas, das einmal mit der dialektischen Einheit der »Dreipersonalität« metaphorisch beschrieben wurde.

310 Genauer müßten wir hier von »Gotteskonstrukt« sprechen, da wir über kein Abbild von Gott verfügen. Dieses potentielle Mißverständnis wird durch den Terminus »Gotteskonstrukt« vermieden.

311 Wie schon erwähnt, bezieht sich das Glauben auf einen transrationalen Akt, in dem wir dem Göttlichen begegnen. Das Geglaubte sind Inhalte konkreter Religiosität, die niemals frei sein können von Irrtum und Täuschung.

312 Viele ekklesiogene Neurosen haben ihren Ursprung in der Vorstellung eines unbarmherzig strafenden oder manipulierbaren Gottes. Nahezu die Hälfte meiner Patienten litten/leiden unter einem solchen durch die kirchliche Darstellung der Jesusbotschaft entstellten vermeintlich christlich Geglaubten.

die Aufgabe einer kindlichen Religiosität. Damit es zu einem Überzeugungsatheismus kommt, ist ein Versagen christlicher Verkündigung während der Pubertät und Adoleszenz eines jungen Menschen nahezu unverzichtbar. Andererseits ist diese Periode eines scheinbaren Atheismus nahezu unvermeidbar, wenn ein Mensch erlebt, daß durch seine Gebete und andere Versuche, Gott zu seinen Gunsten zu manipulieren (etwa Opfer und andere Formen religiösen Wohlverhaltens), nichts geändert wird – sie bleiben erfolglos. Daraus folgt nicht etwa, daß sich das Göttliche in und unter uns orientierungs- und hilflos umhertreiben läßt, sondern nur das, was Jesus über das Bittgebet sagte: *»Darum sage ich euch: Alles, worum ihr betet und bittet – glaubt nur, daß ihr es schon erhalten habet, dann wird es euch schon zuteil!«* (Mk 11, 24). Was wäre das für ein Gott, den man erst darauf aufmerksam machen müßte, was zu eigenem Nutzen in dieser Welt zu verbessern wäre? Ein Kind nimmt zu Recht an, daß durch sein Bitten und Wohlverhalten die Einstellungen seiner Eltern und anderer Autoritäten veränderbar seien. So ist denn selbstverständlich, daß es auch Gott für manipulierbar hält. Aber selbst die Kirchen lehnen ein solches Gottesbild ab, da sie das Göttliche als von außen unbeeinflußbar erklärten.
Es gibt also keine materiale Normen (wie sie etwa nahezu zwangsläufig in der Vorstellung von einem rechnenden und manipulierbaren Gott vorausgesetzt werden). Die Normen, die uns das Göttliche in christlichem Verstehen vorgibt, sind vielmehr formaler Art. Hierher gehören vor allem:

- Das Gebot von der materiellen und geistigen Ablösung, das es uns verbietet, uns von irgend etwas besitzen zu lassen (weder von Reichtum, von Ansehen, von Macht, von Einfluß, von vermeintlicher Wahrheit, von vermeintlichem Wissen, was gut sei und was böse, noch von Haß, Gleichgültigkeit, Neid, Mißgunst), und
- das Gebot der Liebe, das die Erfüllung des Vorgenannten allerdings voraussetzt. Liebe bedeutet in der Lehre Jesu, das Anderssein des anderen zu bejahen (wie etwa das des von den Juden verachteten Samariters).

Diese beiden Gebote verlangen in jeder Situation ein material anderes Verhalten ein. Sie sind keine Patentrezepte, die – ohne Berücksichtigung von Personen und Situationen – konkretes Handeln schon als christlich oder unchristlich beurteilen lassen. Ablösung und Liebe verlangen eine situationsgerechte Interpretation. Beide formalen Gebote enthalten die vermutlich höchsten und unüberholbaren Weisheiten. Nur ein Mensch, der von nichts besessen wird (der also so frei ist, wie eben ein Mensch frei sein kann) und der liebt, ist fähig, daß Weisheit in seinen Interaktionen von ihm ausgeht. Und mit der Weisheit erstellt er ein Feld, das beherrscht wird von Biophilie.

Die Kirchen müssen sich fragen lassen, ob sie nicht Menschen Lasten aufbürden, die über das von Jesus verlangte Maß hinausgehen. Vor allem die Moraltheologie fand eine Fülle materialer Normen, die es zu befolgen galt, wenn man sich nicht die Strafe einer ewigen Verdammnis einhandeln möchte. Wenn sie solches tut, muß sie es sich gefallen lassen, daß man sie nach ihren Motiven fragt. Jesus hat das Auferlegen unnützer Lasten sehr getadelt. Damals diente es dazu, die Herrschaft der »Pharisäer und Schriftgelehrten« zu stabilisieren. Sie gaben sich als Fachleute aus, die genau zu wissen vorgaben, was Jahwe von Menschen erwarte und verlange, was er gebiete und verbiete. Hat sich das im Christentum grundlegend geändert? Begegnen wir nicht auch hier solchen »Fachleuten«, die weniger daran interessiert sind, die Frohe Botschaft Jesu zu verkünden? So die Botschaft, daß das Göttliche uns liebt, was und wer wir auch immer sein mögen, was wir auch immer tun oder lassen werden, die Botschaft, daß nicht Leid, Not und Tod das letzte sind, sondern daß das Wissen um das endgültige Glücken unseres Lebens auf uns wartet. So daß alle Trauer sich in Freude wandeln wird. Mühen sich vielmehr nicht wenige christliche »Pharisäer und Schriftgelehrte« darum, immer wieder neue Normen aufzustellen, statt herauszufinden, was die Jesusbotschaft uns heute zu sagen hat? Dieses Verhalten gründet in einem – rein soziologisch gesehen – klugen Gedanken: Um die Einheit eines sozialen Systems zu bewahren, muß man etwas von den Menschen, welche die innere Umwelt dieses Systems ausmachen, fordern. Das Fordern von Handlungen und Unterlassungen solidarisiert die so gemeinsam und gemeinschaftlich Geknechteten. Eine solche »Solidargemeinschaft der Sünder« ist aber ein dankbares Objekt manipulatorischer Absichten. Was wurde nicht im Laufe der Zeit mit dem Schlachtruf, »Gott will es« für ein Schindluder getrieben. Im Namen des Christengottes wurde, ihn blasphemisch verleugnend, gemordet, geplündert, geschändet, geraubt, eingeäschert, gehaßt, vertrieben, vergewaltigt, betrogen, gelogen. Man sollte dabei nicht nur an die Zeit der Kreuzzüge und der Ketzer- und Hexenverbrennungen denken. Es genügt, sich dessen zu erinnern, was in den neunziger Jahren in Bosnien geschah. Und manche Menschen ließen das, was da im Namen Gottes geschah, ohne Widerstand über sich ergehen, weil sie anderes Verhalten als Gotteslästerung verstanden hätten. So wurde das Wort »Gott« viele tausendmal geschändet, verleumdet, getreten und verhöhnt. Und dennoch ist es ein Wort geblieben, das zumindest in der Verfremdung des »Göttlichen« wie aus einer anderen, besseren Welt noch in der Lage sein kann, das Gute im Menschen zu wecken und aufzurufen. Man sollte das Wort vom Göttlichen nicht einfach beiseite legen, weil es für viele ein Wort ist, das aus der Fremde der Unwirklichkeit kommt. Aber es gilt, es wieder reinzuwaschen von den Ungeheuerlichkeiten, die vorgeblich im Namen und Auftrag dessen, den das Wort bezeichnet, geschehen sind. Das aber bedeutet vor allem den Verzicht auf das Einfordern von materialen Normen, die nicht von den fundamental formalen der Jesusbotschaft gedeckt sind. Unmenschlich (und also auch radikal unchristlich) sind alle Normen, die praktisch nicht erfüllbar sind (wie etwa das Verbot der Selbstbefriedigung männlicher Jugendlicher heute), oder solche, die es verbieten, menschliche Begabungen zu realisieren (wie etwa das Verbot von Liebesbeziehungen zwischen homoerotisch geprägten Menschen), selbst wenn sie theoretisch und im seltenen Einzelfall erfüllbar zu sein scheinen. Das einer moraltheologischen Norm zugrunde liegende Menschenbild muß den konkreten Menschen abbilden und darf nicht ausgehen vom »Wesen des Menschen«[313], das wir ohnehin nur konstruieren können aus dem Verhalten und den Vorstellungen der Mehrzahl der

313 Das »Wesen« einer Sache ist logisch das, worauf es für die Zwecke des Denkens ankommt, was man im Begriff der Sache festlegen, festhalten, betonen will oder muß. Wegen der Relativität und Unabgeschlossenheit

Menschen. Nicht selten geschieht weisheitswidrige Manipulation unter Berufung auf jene mysteriöse »Natur des Menschen«. Manche »Naturrechtslehrer« begründen ihre Meinung mit dem eigentümlichen Hinweis, daß Gott die Menschheit (und damit auch ihr Wesen) geschaffen habe, wobei – zumindest oder offiziellen Lehre der Kirchen folgend – Gott nicht die Gattung »Mensch« geschaffen habe, sondern jeden einzelnen mit seinen individuellen Neigungen, Begabungen und Grenzen. Dann aber wäre das Wesen der Menschen individuell.[314] Von dieser Tatsache hätte jede Normentheologie auszugehen. Das wäre weise und biophil. Aber sie tut es in aller Regel nicht. Wem aber nutzen solche Normen, bei deren Begründung man sich entweder auf unmittelbares göttliches Wollen oder mittelbares göttliches Verfügen über die Schöpfung einer menschlichen Natur beruft? Sicherlich sichern sie – wie gesagt – den Bestand des sozialen Systems der Kirche, das wie alle sozialen Systeme auch durch normative Vorgaben erst bestehen kann. Ohne »Gesetz« wäre die Gemeinschaft des jüdischen Volkes in den Jahrhunderten der Verbannung sicher kaum erhalten geblieben. Nicht selten aber nutzt die Beachtung einer Norm niemandem mehr. Sie gründet in einer Tradition, deren Strukturen heute nicht mehr bestehen. Es gehört zu den Eigentümlichkeiten menschlichen Beisammenseins, daß auch die Befolgung solcher Normen noch gelegentlich eingefordert wird. Hier wäre etwa im römisch-katholischen Raum an den Pflichtzölibat der Priester zu denken.

---

aller unserer Erkenntnis ist uns das Wesen der Dinge nicht absolut oder total zugänglich, sondern es unterliegt der Eigendynamik des Begriffs. So bestimmt Thomas von Aquin zutreffend: »Das Wesen ist das, was durch die Definition bezeichnet wird« (Summa I, 29, 2 ad 3). Aus diesem »Wesen« werden dann »Naturgesetze« hergeleitet. Das mag noch angehen, wenn man sie mit Thomas von Aquin definiert als »natürliche Neigungen der Dinge innerhalb der eigenen Grenzen« (Nom. 10,1) oder als etwas, »das dem Licht der Vernunft uns von Gott eingegossen wurde, durch das wir erkennen, was zu tun und wie zu leben ist« (Summa I, 60, 5a). Solche formalen Bestimmungen lassen sich nicht autoritativ in materiale wandeln, sondern nur durch das individuelle sittlich geprägte Gewissen.

314 Wer dächte hier nicht an die bedenkenswerten Worte des Karl Marx in seiner sechsten These gegen Feuerbach: »Aber das menschliche Wesen ist kein dem einzelnen Individuum innewohnendes Abstraktum. In seiner Wirklichkeit ist es das Ensemble der gesellschaftlichen Verhältnisse.«

(b) Die Verselbständigung religiöser Systeme

Es ist nun ein zwingendes Merkmal jedes sozialen Systems, daß es nicht etwa vor allem den Zweck verfolgt, der seiner Stiftung zugrunde lag, sondern eigene Zwecke entwickelt (vor allem den des Selbsterhalts um nahezu jeden Preis). Es wäre merkwürdig und würde allen Regeln der Soziologie widersprechen, wenn dieses Gesetz nicht für soziale Systeme gälte, die gegründet wurden, um religiöse Ziele zu erreichen. So entstand die christliche Kirche mit dem Ziel, Gottes Reich auf Erden zu verbreiten und seine endgültige Herrschaft vorzubereiten. Die Aufgabe der Kirche ist also vergleichbar der *Johannes des Täufers*: Gottes Reich muß wachsen, ich muß abnehmen. Kirche hat also als soziales System die wichtige Funktion, sich selbst überflüssig zu machen, wie *Joachim von Fiore* (1130–1202) in seiner niemals von der Kirche verworfenen Lehre von den drei Reichen[315] deutlich zu machen versuchte. Im Gegensatz zu ihrer Gründungsintention aber tun nicht wenige religiöse soziale Systeme so, als sei ihre Existenz selbstzwecklich. Sie unterstellen, alles sei von Gott gewollt, was ihnen, den religiösen Gemeinschaften, nütze. Damit aber werden sie zu Schmarotzern. Sie schmarotzen an der Religiosität ihrer Mitglieder, die sie auf sich hin orientieren statt auf Gottes Reich. Auch hier handelt es sich zweifelsfrei um ein manipulatorisches Verhalten, denn es nützt niemandem (weder den Gläubigen noch der Gemeinschaft der Glaubenden, noch dem Gottesreich) außer jenen sozialen Systemen. Die Ablösung von ihrer Gründungsintention hat aber für die Kirchen ähnliche Folgen wie für die Gewerkschaften, die sich von Solidarverbänden zu ganz gewöhnlichen sozialen Systemen mauserten, mausern mußten. Damit geraten sie unter systemische Handlungszwänge, die keineswegs mehr mit der Gründungsintention vereinbar sind. Während eine Solidargemeinschaft (wie etwa die der Glaubenden oder die der abhängig Arbeitenden) keine sichtbaren Außenerfolge benötigt, um ihren Bestand zu sichern, sind Institutionen, weil sie stets ihre

---

315 Das Reich des Vaters sei das des Gesetzes (das Alte Testament), das des Sohnes sei das der Kirche (Neues Testament) und das des kommenden Heiligen Geistes das der Liebe.

Existenzberechtigung nachweisen müssen, auf Außenerfolge angewiesen. Und weil weder die Gewerkschaften noch die Kirchen in Mitteleuropa solche Erfolge vorweisen können, ist es nicht gut um sie bestellt. Legitimationsprobleme sind für ideologisch begründete Institutionen eines ihrer Hauptprobleme. Religiöse Institutionen verweisen, um sich zu legitimieren, zumeist auf religiöse oder profane Dienstleistungen, die sie erbringen. Das aber degradiert eine religiöse Institution zu einer Art von Dienstleistungsgesellschaft, die mit ihrem Gründungsziel wenig zu tun hat. Sicherlich sind die Dienstleistungen, welche die Kirchen erbringen (in Kindergärten, in Krankenhäusern, in Schulen, in Obdachlosenwohnheimen ...), keineswegs geringzuachten. Aber über all diesen Aufgaben darf die einzig wesentliche nicht aus dem Blick geraten: in, mit und durch die Gemeinschaft der Glaubenden – Gottes Reich zum Wachsen und zur Vollendung zu bringen. Gerät dieses Ziel ins Abseits der Beachtung, werden die Mitglieder einer Glaubensgemeinschaft manipuliert, vorwiegend profanen Diensten an Menschen verpflichtet zu sein.[316]

(c) Der Rückzug einer Religionsgemeinschaft ins Ghetto

Für den gläubigen Juden ist das Wort »Ghetto« zumeist emotional positiv besetzt,[317] für Christen dagegen nicht. Stärker noch als das Christentum ist jüdische Religiosität gemeindeorientiert. Sie

---

316 Es soll hier nicht geleugnet werden, daß solche Dienste schon seit Beginn christlichen Lebens mit eine wichtige Rolle spielten. Doch wurden sie geleistet zum Zeichen, daß Gottes Reich schon unter uns Menschen begonnen hat. Dieser Zeichencharakter ist heute nur noch selten bewußt und wird auch nur selten vermittelt.

317 Viele Juden lebten freiwillig schon in der Antike – vor allem aber seit der Zerstörung Jerusalems durch Titus (70 n. Chr.) – und im frühen Mittelalter in Straßen oder Stadtvierteln zusammen. Um die Jahrtausendwende wurde dann von christlicher Seite aus das Zusammenwohnen von Juden und Christen verboten. Es entstanden Judenquartiere oder -gassen, die mit Mauern umgeben und nachts durch Tore geschlossen wurden. Mit der Aufklärung und der Erlangung der Bürgerrechte im 19. Jahrhundert entfiel für die Juden der Zwang, in Ghettos zu leben. Dennoch blieben nicht wenige der alten Ghettotradition verpflichtet und lebten in enger Nachbarschaft zusammen.

kennt nicht den missionarischen Auftrag: *»Geht hin in alle Welt und taufet ...«* (Mt 28, 19). Christen ging es nicht primär um die Bildung und Erhaltung von Gemeinden (diese hatten nur Hilfsfunktion), sondern um die Ausbreitung der Jesusbotschaft. Das scheint heute nicht mehr so zu sein. Das Gemeindeleben erhält einen primären Stellenwert, die missionarische Verkündigung trat zumindest in Europa dahinter zurück. Menschen aber, die in Gemeinden leben und hier ihre religiöse Heimat finden, sind sicherlich leichter manipulativ zu beeinflussen als Menschen, die versuchen, aller Welt die Botschaft Jesu zu verkünden. Vor allem nach dem Zweiten Weltkrieg entstand auch in Deutschland eine Situation, die Franzosen Jahrzehnte zuvor mit dem abschätzigen Begriff vom *»Milieu catholique«* beschrieben. Das »kirchliche Milieu« ist aber kaum etwas anderes als die Folge eines *Exodus* des christlich Religiösen aus der Welt in ein wenigstens emotionales und mentales Ghetto. Was waren die Gründe für diesen Rückzug?

- Es gelang den Kirchen nicht, sich mit profanem Denken (etwa den Naturwissenschaften) und den Handlungswissenschaften samt dem von ihnen ausgelösten »Fortschritt« zu versöhnen.[318]
- Es gelang den Kirchen nicht, eine Moraltheologie zu entwik-

318 Die Naturwissenschaften im christlichen Europa wurden im Ungehorsam gezeugt. 1231 verbot Papst Gregor IX. die Beschäftigung mit den naturwissenschaftlichen Abhandlungen des Aristoteles, eine Beschäftigung, die bei den Muslimen zu einer frühen Blüte dieser Wissenschaften geführt hatte. Jedoch im gleichen Jahr begannen die Universitäten von Paris und Oxford, über diese Schriften Vorlesungen abzuhalten. 1263 wiederholte Papst Urban IV. dieses Verbot. Ohne jeden Erfolg. Am 8. August 1269 entstand die erste rein experimentell-naturwissenschaftliche Abhandlung des christlichen Abendlandes. Petrus Peregrinus vollendete seine Schrift: »Über den Magneten«. Man sollte das Jahr 1231 in den Geschichtsbüchern wenigstens ebenso hervorheben wie die Jahre 1492 oder 1789, denn damals geschah etwas Ungeheuerliches: Es wurde ein neues Denken geboren, das sich von der Theologie emanzipierte und sich gegen sie entwickelte. Das den Theologen so zugefügte Mindergefühl rief nach Kompensation. Und so stürzten sich einige mit einem nachhaltenden Eifer auf die Naturwissenschaften. Ein paar Beispiele mögen das belegen: Als Albert Einstein aus den Differentialgleichungen der Allgemeinen Relativitätstheorie ein kosmisches Modell entwickelte, nach dem die Welt zwar unbegrenzt, aber

keln, die den Problemen der Zeit (Überbevölkerung, technischer Fortschritt, Umweltproblematik, unsoziales Verhalten sozialer Systeme wie Staaten, Parteien, Gewerkschaften, Unternehmen) gerecht geworden wäre.

- Die Bindung an die staatliche Gewalt und der informelle Einfluß auf diese führten zu der Illusion einer Öffnung zur Welt.
- Das Zweite Vatikanische Konzil, das gerade die Öffnung zur Welt wollte, weil Papst Johannes XXIII. der Meinung war, aus dem Innen der Kirche würden Anregungen in die Welt einfließen, die menschliches Zusammen erleichtern könnten, ist insoweit gescheitert, als gerade das Gegenteil eintrat: Die Welt drang in die Kirche ein, so daß vor allem Papst Johannes Paul II. versuchen mußte, die Schotten wieder zu schließen.
- Die christliche Toleranz entwickelte sich in einer falschen Richtung. Sie artikulierte sich – meist unausgesprochen, oft nicht einmal zugestanden – als passive Duldung anderer theistischer Glaubensformen und nicht hin zu einer aktiven Toleranz, die davon überzeugt ist, anderen Menschen Wichtiges zu sagen zu haben, ohne diesen eine Meinung aufzuzwingen. Die Akzeptation der anderen Meinung als der eigenen gleichberechtigt setzt nicht voraus, daß man sie auch der eigenen für gleichwertig erachtet.
- Nicht wenige Christen leben in Ungleichzeitigkeit unter ihren Mitbürgern. Sie sind – wenigstens partiell – eher an Vergangenheit orientiert als diese.
- Es gelang den Kirchen nicht, von Gott zu sprechen in der Sprache der Welt. Die meisten mir bekannten Theologen behaupten, die Jesusbotschaft sei nur theologisch zu reflektieren und nicht in einer anderen Sprache als der der Theologie.

---

endlich sei, stützten sich manche Theologen auf diese erwiesene »Endlichkeit« und übersahen dabei, daß der Einstein-Kosmos ein Denkmodell war, dessen Voraussetzungen sicherlich nicht vollständig erfüllt sind (Quellfreiheit und Statik). Als die Lehre vom »Urknall« populär wurde, stürzten sich wiederum einige Theologen auf diese Theorie und vermeinten, im Urknall den Augenblick der Schöpfung erwischt zu haben. Sie übersahen, daß dieser Knall nicht in der realen, sondern allenfalls in einer imaginären Zeit stattgefunden hatte. So kam es denn in den fünfziger und sechziger Jahren zu der das ganze Dilemma grell erleuchtenden Lüge von den Naturwissenschaften auf dem Wege zur Religion oder gar zu Gott.

Das Leben im Ghetto entspricht der menschlichen (und systemischen) Trägheit. Jede Änderung ist mit Aufwand verbunden, und dieser kann den möglichen Nutzen nicht aufwiegen. So kommt es denn, daß sich die religiöse Szene polarisierte: die einen flüchteten ins *Milieu catholique*, die anderen kündigten den Kirchen die Mitgliedschaft auf, da ihnen das Leben in einem »religiösen Milieu« nicht paßte. Die Sprachlosigkeiten der Kirchen in der modernen Welt läßt Weisheit erst gar nicht aufkommen, denn sie geschieht nur in Sprache.

(d) Die Manipulation über das Verteilen von Ketzerhüten

Unter den Verdacht, gefährliche Abweichler zu sein, geraten vor allem Menschen, die versuchen, die Kirchen wachzurütteln, denn sie bilden als einzige potentielle Institutionen, die in der Lage sind, jene Aufgaben wahrzunehmen, die relativ erfolgreich von *Greenpeace* und *Amnesty International* wahrgenommen werden. Diese haben sich zu moralischen Instanzen entwickelt, indem sie Bereiche besetzen, die von den Kirchen gröblichst vernachlässigt wurden. Noch immer gibt es Felder, in denen christliche Vorstellungen auf Realisierung warten. Hierher gehören etwa:

- der Schutz ethnischer Minderheiten,
- der Schutz bestehender Kulturräume vor Touristen,
- die Vermeidung der Überbevölkerung der Erde,
- die Begrenzung des technisch Möglichen,
- die Abwehr schleichender Minderungen von Grundrechten etwa in Deutschland,
- die Verteidigung des Islam vor Ignoranten,
- die Abwehr des Mißbrauchs des christlichen Namens (etwa durch Parteien).

Statt dieses weite Gebiet abzudecken, macht sich die Kirche viel lieber auf die Suche nach Menschen, die geliebte Vorurteile in Frage stellen. So geraten regelmäßig in Häresieverdacht alle, die sich weigern, die Ghettomentalität zu kultivieren, und als Christen versuchen, in der nicht-christlichen Welt (d. h. außerhalb des

Milieus) seelsorgerisch tätig zu werden. Da dies nur möglich ist, wenn die Jesusbotschaft anders als theologisch, etwa psychologisch oder soziologisch, reflektiert wird, diese Sprache den geschulten Theologen aber fremd ist, wird schnell abweichendes Denken unterstellt. Es wird mangelnde Identifikation mit der Kirche behauptet, wenn man die Sprache der Theologie heute nur für begrenzt einsatzfähig hält, um Gottes Reich zum Wachsen zu bringen.

Es ist nicht leicht einzusehen, wie man die Unterlegenheit einer an religiösen Werten orientierten Rationalität gegenüber der technischen und rein zweckorientierten belegen könnte. Dennoch ist sie vorhanden. Vermutlich fühlt sich das kirchliche Milieu irgendwie unterlegen und ist es deshalb auch. Um Mindergefühle zu tarnen und sich ein zureichendes Maß an Fremdanerkennung zu sichern, kann man versuchen, die Mindergefühle aggressiv abzureagieren. Und das geschieht eben in der Verteilung von Ketzerhüten. Es ist kein ganz einfaches Leben, wenn man einmal genötigt wird, einen solchen Hut zu tragen, denn nur wenige Menschen verachten Ketzerhüte wie die Kopfbedeckung des Herrn Hermann Geßler.

Kompensierte Minder- oder Unterlegenheitsgefühle führen bei den meisten Menschen zu unangebrachten Macht- und Herrschaftsansprüchen. So verstärkt die Flucht ins Milieu, in der allein wirksam solche Ansprüche ausgelebt werden können, die Ghettomauern. Menschen, die auf diese Weise innerhalb des Ghettos solchen Ansprüchen ausgeliefert sind, werden sich entweder unterwerfen oder das Ghetto verlassen. Die im Ghetto Verbleibenden konstruieren sich eine Welt voller Unwirklichkeiten und bilden so falsche Kriterien aus, um die Qualität ihrer Konstrukte zu überprüfen. Der Mangel an Möglichkeiten, das Selbstkonstrukt in einer realen sozialen Welt, die nicht zu wahnhaft verstellten Ansichten führt, zu überprüfen, entfällt. So kenne ich einige Menschen, die sich im Ghetto ein Selbstkonstrukt aufbauten, in dem sie selbst die Rolle von nahezu Heiligen spielten, während sie entsprechend den üblichen Kriterien sich geradezu unmenschlich – und damit völlig unweise – verhielten. Der Versuch einer wie auch immer gearteten Selbstverwirklichung muß im Ghetto nahezu sicher selbstentwirklichend ausgehen.

Zudem untersagte Jesus seinen Jüngern das moralische Richten. Und mit der Exkommunikation eines Ketzers ist immer auch ein moralisches Richten verbunden, denn exkommuniziert werden kann nur ein Mensch, der schwer gesündigt hat. Durch lange Jahrhunderte war die Ketzerjagd die Lieblingsbeschäftigung nicht nur der Inquisition und ihrer Nachfolger, sondern ist es auch heute noch – und das wiederum gegen ein ausdrückliches Verbot Jesu.[319] Wie kam es aber trotz des so bestimmten Jesusverbots immer wieder zu solchen Verketzerungen? Sicherlich ist es dürftig um einen Menschen bestellt, der der Verketzerungen anderer bedarf, um sich seiner eigenen Rechtgläubigkeit zu versichern und seine Glaubensidentität (mit all ihren Konstrukten) unversehrt zu erhalten. Aber hinter dieser Dürftigkeit steht ganz sicher auch der Anspruch der Manipulation. Wer andere der Ketzerei beschuldigt, will sich selbst helfen, indem er andere schädigt. Der Ketzerjäger hat nicht erkannt, wenn er denn schon überhaupt zu einer eigenständigen Erkenntnis fähig ist, daß gerade im Zusammen widersprüchlicher Meinungen, im Diskurs beiderseitig Irrtümer und Täuschungen gemindert werden. Der Diskurs ist die weise Art, mit »Ketzern« umzugehen.

(e) Die Manipulation über Aberglaube und Schuldgefühle

Neben den eher öffentlichen Gefahren, die religiöse Institutionen darstellen können, immer mit dem Ziel, ihre Mitglieder meist zum eigenen Nutzen zu manipulieren, gibt es auch eine Reihe eher privater. Hier sind etwa zu nennen:

---

319 Jesus legte seinen Jüngern folgendes Gleichnis vor: Mit dem Himmelreich (die Form, in der das Matthäusevangelium vom Gottesreich spricht) verhält es sich wie mit einem Mann, der guten Samen säte auf seinen Acker. Während die Leute schliefen, kam nun ein Feind und säte Unkraut unter den Weizen. Da wuchs die Saat auf und mit ihr das Unkraut. Nun kamen die Knechte und fragten: »Herr, hast du nicht gute Saat gesät? Woher kommt das Unkraut?« Er entgegnete ihnen: »Das hat einer meiner Feinde getan!« Die Knechte fragten weiter: »Sollen wir gehen und das Unkraut jäten?« Er entgegnete ihnen: »Nein, ihr würdet beim Jäten des Unkrautes auch den Weizen niedertreten. Beides soll bis zum Tag der Ernte wachsen. Dann erst werde ich den Schnittern sagen: Lest das Unkraut zusammen und bindet es in Bündel, um es zu verbrennen. Den Weizen aber fahrt in meine Scheune« (Mt 13, 24 ff.).

- Mangelnde Aufklärung und das Konservieren einer problematischen Volksfrömmigkeit.
- Das Errichten eines Schuld-Sühne-Rhythmus in manipulatorischer Absicht.

Volksfrömmigkeit halte ich für problematisch, wenn Inhalte und Formen dieser Frömmigkeit nicht dem Stand der religiösen Entwicklung entsprechen.[320] Vermutlich gehört es zwingend zur verwalteten Religiosität, daß sie nachzeitig ist. Das galt schon für den Reformversuch des *Tutanchamun* und der Propheten in Israel.

Ein Paradigma für die Manipulation der Volksfrömmigkeit über abergläubische Rituale und Gebete ist sicherlich das Bittgebet oder der Wettersegen. In beiden Fällen neigt die Volksfrömmigkeit dazu anzunehmen, Gott sei manipulierbar. Ein manipulierbarer Gott hat aber nichts Göttliches an sich, sondern ist ein Götze. Sein Kult ist nicht religiös, sondern Aberglaube[321]. Damit ist keineswegs gesagt, daß solche symbolischen Handlungen für religiöse Vollzüge ohne Bedeutung seien. In beiden Fällen erkennt ein Mensch oder eine Gruppe von Menschen ihre eigenen Grenzen und ihre eigene Ohnmacht an. Beides ist jedoch eine notwendige Voraussetzung jeder Religiosität. Der Über-Ich-Gott vieler Menschen, insofern sie überhaupt religiös erzogen wurden, ist

320 G. W. F. Hegel meinte dazu im »4. Fragment über Volksreligion und Christentum«: »Dieser Kindessinn in der Religion sieht Gott als einen mächtigen Herrn an, der im übrigen Neigungen, Leidenschaften, gar auch Launen hat ... bei dem man sich einschmeicheln kann, gegen den man kaum mehr Furcht, sondern höchstens Ehrfurcht empfindet ... Dieser Kindessinn hat den religiösen Einrichtungen und Gebräuchen und Vorstellungen (besonders Opfer-Gebet und Abbüßung) den Ursprung gegeben, die der Vernunft oft bizarr und lächerlich, oft verabscheuungswürdig – und das am meisten, wenn sie sieht, daß Herrschsucht die guten Herzen der Menschen dabei betrogen –, immer unwürdig scheinen, dem Geist aber und der Phantasie, die sich in jedem Sinne zurücksetzt, oft lieblich, oft erhaben, gar oft im höchsten Grade rührend sind.«

321 Im Aberglauben werden Handlungen und Worten Wirkungen zugeschrieben, die sie nicht haben können. Der Aberglaube gründet in einer magischen Weltanschauung, in der ein Mensch meint, durch außergewöhnliche Handlungen Einfluß auf übersinnliche Mächte nehmen zu können.

jedoch ein solches Monstrum. Es ist nicht einzusehen, warum die Kirchen, sehr wohl den Tatbestand erkennend, sich aber scheuen, ihm den Garaus zu machen. Ist es vielleicht die Sorge, daß emanzipiertes und aufgeklärtes Denken sich dann auch gegen die Kirchen selbst richten könnte?
Ähnlich verwerflich scheint mir die Manipulation über Schuldgefühle zu sein. Auch hier wird ein Über-Ich-Imperativ aktiviert: »Wenn du gegen dein moralisches Gewissen verstößt, wirst du durch Schuldgefühle bestraft.« Dieser Imperativ behält, wenn er nicht religiös oder therapeutisch abgebaut wurde, seine lebenslange Gültigkeit, selbst wenn ein Mensch inzwischen überzeugter Atheist geworden sein sollte. Nun gibt es einige Mechanismen, sich zu entschulden:

- Den religiösen. Fast alle Religionen bieten solche entschuldenden Mechanismen an. Hierher gehört etwa für viele Christen das Bußsakrament.
- Den sozialen. Auch gruppendynamische Prozesse und das im Rahmen solcher Prozesse ablaufende offene Bekenntnis der Übertretung eines Über-Ich-Imperativs und der daraus resultierenden Schuldgefühle können dazu führen, daß nicht nur die Schuldgefühle schwinden, sondern sich auch das Gefühl völliger Entschuldung einstellt. Diese Weise der Entschuldung ist an die Stelle der in der frühen Kirche üblichen Weise der öffentlichen Selbstbezichtigung getreten, nach der dann die Gemeinde einen entschuldenden Spruch fand.
- Den therapeutischen. Hier wird nachvollziehbar erlebt, daß solche Über-Ich-Imperative sowie die Strafe, die auf die Übertretung solcher Imperative angesetzt ist (Schuldgefühle), den einzigen Zweck haben, eine bestimmte sozio-kulturelle Einheit zu stabilisieren. Schuldgefühle werden sich zwar einstellen können, aber sie sind unerheblich geworden. An deren Stelle tritt die »objektive Schuld«, die immer dann vorliegt, wenn ein Mensch fahrlässig seinen obersten handlungsleitenden Werten untreu geworden ist. Hier gelingt die Entschuldung durch ein offenes Gruppengespräch oder auch im gekonnten Coaching.
- Den der Selbstbestrafung. Manche Menschen versuchen, ihre

Schuldgefühle, die meist verdrängt wurden, zu überwinden, indem sie sich selbst bestrafen. Die klassischen Formen der Selbstbestrafung liegen in lebensmindernden Aktivitäten wie Süchten (Alkoholsucht, Nikotinsucht, Arbeitssucht, Geschwindigkeitssucht [etwa beim Autofahren]), aber auch in der Ausbildung psychosomatischer Symptome (Schlafstörungen, Verdauungsstörungen, Kopfschmerzen ...). Da diese Strategien nicht zur Entschuldung führen, sind sie als neurotisch zu qualifizieren.

Da die erstgenannte Form der Entschuldung die am wenigsten aufwendigste zu sein scheint, wurde sie einst von vielen Christen gewählt. Da jedoch zum einen rigide Über-Ich-Imperative durch eine mildere Form der Erziehung selten geworden sind und zum anderen der Glaube an einen strafenden Gott sanft entschlummerte sowie die kirchliche Bindung vieler abgenommen hat, sind Schuldgefühle sehr viel seltener geworden. Andererseits läßt die steigende Zahl lebensmindernder Abhängigkeiten und psychosomatisch Erkrankter vermuten, daß die in der Regel ins Unbewußte verdrängten Schuldgefühle durch Selbstbestrafung überwunden werden sollen. Unbestritten ist jedoch, daß viele Jahrhunderte hindurch die Manipulation über die Entschuldung der Kirche eine so zentrale Rolle gab, daß sie es leicht hatte, mittels der Überzeugung ihrer Unverzichtbarkeit, Menschen zu manipulieren. Es sei auch nicht unbestritten, daß neuere Formen des Beichtgesprächs, in denen der »Schuldige« offen mit einem anderen Menschen über sich sprechen kann, außerordentlich sinnvoll erscheinen. In ihnen kann Weisheit geschehen.

Nachwort

Man mag darüber streiten, ob man über Weisheit wissenschaftlich handeln kann. Dieses Buch möchte weder als wissenschaftliche Abhandlung gelesen werden noch als erheblicher Beitrag zur Weisheitsforschung. Es will vielmehr Wege weisen helfen, um diese Welt etwas lebenswerter zu machen. Weise Menschen sind selten geworden, weil Weisheit scheinbar dieser Welt nichts mehr zu sagen hat. Andere haben das Sagen übernommen, die Technik und die Politik, die Funktion und die Wirtschaft. Und so werden Worte der Weisheit nicht immer gerne gehört. Erst recht droht ihnen die Gleichgültigkeit. Den meisten Menschen scheinen Geld, Macht und Einfluß wichtiger zu sein als Weisheit. Damit leben sie in ständiger Gefahr, von Geld, Macht und Einfluß besessen zu werden, ohne sie zu besitzen (was durchaus nützlich, mitunter gar wünschenswert sein kann). So mag es denn sein, daß dieses Buch ein Rufen in der Wüste bleibt. Und dennoch war es mir wichtig, es zu schreiben. Denn die kleine Hoffnung, daß in Politik und Wirtschaft Weisheit einmal einziehen wird, sollte niemals aufgegeben werden. Das wäre ähnlich töricht und gefährlich, wie den Glauben an die Menschen aufzugeben. Und dieses Buch will nichts anderes sagen, als daß es noch Menschen gibt, die sich diesen Glauben zu erhalten trachten.

Und zum Schluß noch ein weises Wort aus dem Zen-Buddhismus: Dieses Buch wurde geschrieben, daß Menschen sich selbst besser verstehen lernen. Wenn sie aber vermuten, sich selbst verstanden zu haben, und dabei Worte dieses Buches verwenden, haben sie nichts verstanden.

Anhang

Hier sollen einige Vorschläge für die auf den Seiten 60 und 61 vorgestellten Fälle gegeben werden.

Fall 1.

Antworten mit niedrigem Weisheitswert:

① Selbstverständlich geht die Familie vor. Die Frau hat die moralische Pflicht, sich vorwiegend um ihre Enkel zu kümmern.

② Selbstverständlich hat jeder Mensch das Recht auf Autonomie. Wenn die Frau schon so viele Jahre ihres Lebens in eine bestimmte Aufgabe gesteckt hat, dann soll sie sich in ihrer Arbeit verwirklichen. Um ihre Enkel muß sich jemand anderes sorgen.

Antworten mit hohem Weisheitswert:

① Es wäre gemeinsam zu bedenken, ob eine Gesprächsfolge mit einem geeigneten Coach über die dominanten Bedürfnisse, Erwartungen, Interessen und Werteinstellungen der Frau sie selbst die rechte Lösung finden läßt.

② Welche der beiden Möglichkeiten mehrt am ehesten in biophiler Intention das Leben der in dieser Konfliktsituation beteiligten Personen? Dazu bedarf es weiterer Informationen vor allem über das Verhältnis des Sohnes zu seiner Mutter und der Enkel zu ihrer Großmutter. Ferner ist auszumachen, wie sehr die Arbeit in der Boutique dem Leben der Frau Sinn gibt. Welche Entscheidung würde sie sich am Ende ihres Lebens getroffen zu haben wünschen?

Fall 2.

Reaktionen mit niedrigem Weisheitswert:

① Berufstätige Frauen vernachlässigen ihre Familie oder überfordern sich. Deshalb war es richtig und vernünftig, sich gegen diese Doppelbelastung zu entscheiden.

② Moderne Frauen sind nicht mehr den »3 K« (Kirche, Küche, Kinder) verpflichtet, sondern suchen – wie ja auch die Männer – ihren Lebenssinn in einem Beruf. Deshalb ist Ihre Entscheidung, nur für die Familie dazusein, falsch. Zudem geht die Familienphase zu Ende, wenn die Kinder um die 20 sind. Sie erleben zu Recht die Leere Ihres Lebens. Zudem sind Sie finanziell von Ihrem Mann und seinen Launen abhängig. Das ist menschenunwürdig.

Reaktionen mit hohem Weisheitswert:

① Jeder Mensch hat das Recht, seinem Leben Prioritäten zu geben. Wenn Sie sich für Ihre Familie entschieden haben, werden Sie Ihren Kindern eine sehr viel bessere Mutter gewesen sein, als wenn Sie sich für eine Doppelrolle entschieden hätten. Vielleicht wäre zu bedenken, ob Sie sich nicht ehrenamtlich in einer karitativen Institution betätigen (Krankenbesuche zu Hause oder im Krankenhaus; Vormundschaft für straf-entlassene Jugendliche; sich noch mehr um ihre Enkel kümmern und so die Eltern entlasten; Babysitting; Mitarbeit in Ihrer [politischen und/oder kirchlichen] Gemeinde ...).

② Ein Leben ist geglückt, wenn man sich im Guten selbst treu geblieben ist. Sie haben sich für Ihre Familie entschieden und sind diesem Entscheid treu geblieben. Die Begegnung mit anderen Menschen, die einen anderen Weg als den unseren wählen, sollte uns nicht unseren Weg in Frage stellen lassen. Wenn Sie wollen, können Sie nach dem Ende der Familienphase sich nach einer anderen Beschäftigung umsehen (s. o.). Ich denke, daß Sie auch Ihren Mann bitten sollten, Ihnen ein »Nadelgeld« (= Geld, das Sie nach Ihren eigenen Wünschen ausgeben oder nicht ausgeben können – ohne daß es zum Haushaltsgeld gezählt würde) zuzugestehen.

Fall 3.

Antworten mit niedrigem Weisheitswert:

① Der Selbstmord ist von Gott verboten. Du hast kein Recht, dich selbst umzubringen. Darauf steht die Strafe ewiger Verdammung.

② Wenn du meinst, deine Entscheidung sei richtig, dann will ich dich nicht davon abhalten.

Antworten mit hohem Weisheitswert:

① Ich komme so schnell als irgend möglich zu dir, um mit dir über deine Bilanz zu sprechen. Bei Durchsprache der Bilanz fällt mir auf, daß du einige wichtige Positionen übersehen hast. Hast du ein Testament errichtet, das deinem jetzigen Willen entspricht? Hast du bedacht, wer dich finden soll? Hast du alle Menschen um Verzeihung gebeten, denen du unrecht tatest? Hast du allen verziehen, die dir unrecht taten?

② Ich komme so schnell als möglich zu dir, um mit dir über deine Bilanz zu sprechen. Es ist nicht mit absoluter Sicherheit auszuschließen, daß du einige Positionen überbewertest. Wenn Gefühle wie Einsamkeit, Sorgen, Angst vor Entdeckung oder Strafe eine Rolle spielen, verzerrt sich bei allen Menschen die Wertigkeit einzelner Positionen. Darüber müssen wir einmal sprechen. Es ist denkbar – wenn auch nicht sicher –, daß dann die Bilanz anders aussieht.

Register